ゼロからはじめる
建築の[構造]入門

原口秀昭著

彰国社

装丁＝早瀬芳文
装画＝内山良治
本文フォーマットデザイン＝鈴木陽子

はじめに

「構造の授業かー。つまらんなー…」

筆者の学生時代のひとりごとです。構造の授業はさぼって、というかほとんどの授業をさぼって、製図室で楽しい設計ばかりやっていました。試験前に友人のノートをコピーしたり、建築士試験の前は構造研の後輩に教えてもらったり。東大の建築学科は優秀な人が雲のごとくにいるところで、学生時代も今も教わることが多く、本当に助かっています。

絵を描くのが好きで建築を選んだものの、のんきに絵ばかり描いていられない分野だと気がついたのは卒業してから。これではいけないといろんな技術分野の入門書を手当たり次第に読んだのですが、入門書と銘打つ本は内容が薄く、特に構造の入門書は入門にも役立たない。入門書の次に読む大学の先生の本は、これぐらいわかって当たり前、わからないお前は馬鹿なのだ！　という本。結局、難解な本を何回も読んで、自分なりに納得しながら、亀のように徐々に読み進んだ経験があります。

本書も入門書と銘打っていますが、初学者が読んで何らかの役に立つように、少しでも記憶の片隅にアンカーできるように、あれこれと工夫しました。ここで言う初学者は、筆者が勤めている女子大の学生、デザインは好きだけど構造は大嫌いという学生を念頭に置いています。学生に毎日読ませる目的でブログ（http://plaza.rakuten.co.jp/mikao/）にマンガを添えて書いてきたのが、そもそものはじまりです。ブログをまとめて本にしてきましたが、これで9冊目になり、韓国、台湾、中国で翻訳本も出版されています。マンガは自信なげな草食系男子、高ビーで肉食系の女子という、デフォルメされたキャラで通しております。

いきなり力学の話をするのは、構造の面白さが伝わらず、筆者の学生時代と同じ状況に追い込んでしまいます。構造を中心とした歴史的事例を多く挙げ、その際の説明に構造的なポイントを記すようにしました。

「体重が500ニュートンだよ」とか「1ミリ平方メートルに200ニュートンの力！」とか言われた場合、どれだけの人が実感として理解できるのでしょうか。単位をSI単位に統一するなら、体重もSI単位表示とすべきだと思います。本書では、ニュートンや重さを実感してもらおうと、いろいろと工夫しています。

「応力、応力度って何？」　と何度学生に聞かれたかわかりません。構造で一番重要と思われるこれらの概念を、しつこく書いています。またヤング率 E、断面2次モーメント I の意味や単位、$\sigma-\varepsilon$ のグラフ、学生

の苦手なモール円、たわみ角法の基本式を、繰り返しています。塑性ヒンジ、座屈、たわみ、水平力のかかったラーメン、地震荷重などに頁を割いて、建築士試験対策ともなるように配慮しました。逆に力学計算、各種構造は、頁数の関係で思い切って省いて、別の機会に譲ることとしました。

各頁はQ&Aと短い解説、イラストで構成しています。1R（ラウンド）3分を目安に読み進んでください。モール円やたわみ角法の式などの難しいと思われる項目は、最初は読み飛ばして次に進みましょう。何度も読み返せば頭に入ります。力学がまるでダメ、モーメント？　ベクトル？？　という方は、拙著『マンガでわかる構造力学』をあわせて読むことを強くおすすめします。

公式の導入や微積分の理屈などに関しては別の拙著『構造力学スーパー解法術』、ゼロからシリーズの『建築の［数学・物理］教室』に詳しく書きましたので、そちらも参照してください。土関係、RC、Sの施工関係は同シリーズの『建築の［施工］入門』を、またRC造、S造、木造の構法、設計などに関することは、同シリーズ『［RC造建築］入門』『［S造建築］入門』『［木造建築］入門』をご参照ください。

根気がいる、何度も投げ出したくなる（本当です！）イラスト描きを、おだてながら10年近くにわたって支え続けてくれた彰国社編集部の中神和彦さん、文章の校正、内容の不備の指摘、頁構成などの煩雑な仕事をしてくれた同編集部の尾関恵さん、また多くのことを教えてくださった専門家の皆様、専門書の著者の皆様、ブログの読者の方々、基本的質問を投げかけてくれた多くの学生たちに、この場を借りてお礼申し上げます。皆様の力がなければ、本の形になることはなかったと思います。本当にありがとうございました。

2013年7月　　　　　　　　　　　　　　　　　　　　　　　原口秀昭

も　く　じ　　　　　　　　　　　　CONTENTS
はじめに…3

1　構造の概要
木造…8　組積造…20　S造…31　RC造…49　リブ…61　ラチス…64

2　力と重さ
ニュートン…65　質量と加速度…76

3　力の基本
力の3要素…88　モーメント…89　偶力…91　支点と反力…92
集中荷重と等分布荷重…98　等変分布荷重…100

4　応力
応力と応力度…101　曲げモーメント…107　せん断力…113
MとQ…117　Mの最大値…121　M図の形…124

5　力と変形
ひずみ度…129　フックの法則…131　ヤング率…132　弾性…133
降伏点…136　塑性…137　靱性、脆性…138　断面…139　H形鋼…141
断面2次モーメント…145　断面1次モーメント…150
EとIの単位…152

6　応力度
曲げ応力度…153　柱の応力度…158　せん断応力度…162
σ、σ_b、τのまとめ…167　モール円…171　せん断ひび割れの方向…179
曲げひび割れの方向…180　主応力…181　材料の強さ…183
鋼材の規格…191　木材の強度…197　塑性ヒンジ…198　崩壊荷重…206

7　たわみ
モールの定理…210　たわみδとたわみ角θ…213　座屈…217

8　不静定構造（ラーメン）
判別式…222　モールの定理の応用…224　水平荷重のラーメン…228

9　たわみ角法
たわみ角法の基本式…246　材端モーメント…249　荷重項…252
剛度と剛比…254　節点方程式…258　有効剛比…262
到達モーメント…266　層方程式…267
材端Mから曲げMを求める…272　固定モーメント法…273

10　建築にかかる外力
積載荷重…275　雪荷重…283　風圧力…285　地震力…291

11　構造計算
荷重のとらえ方…309　1次設計…312　2次設計…313
層間変形角…314　剛性率…315　偏心率…316　塔状比…317
保有水平耐力…318　限界耐力計算…320　時刻歴応答解析…321

ゼロからはじめる

建築の[構造]入門

★ R001　　　　　　　　　　　　　　　木造　その1

Q 叉首（さす）、合掌とは？

A 長い木材などを三角形に組む構造方式です。

丸太や枝を三角形に互いに立て掛けた叉首（＝合掌）は、原始的な小屋のひとつです。木の幹や岩壁に立て掛けただけでも、簡単なシェルター（shelter：雨風を防ぐ小屋）ができます。棒状の軸組みによる構造の、最も単純、簡単なものです。

> 棒を合掌に組むだけだから簡単だ

> 合掌！

> 原始的なシェルター Shelter

> ホームレスになったらつくるのよ

叉首＝合掌

- 日本の竪穴住居も、屋根を三角形に組んだものや、柱を立ててその上に棒を斜めに立て掛けたものです。穴を掘って壁をつくり、屋根を架けただけの簡素な構造です。壁をつくってその上に大きな合掌を組む民家や、高床の倉庫や神社も屋根を叉首でつくるようになります。

★ R002　　　　　　　　　　　　　　　木造　その2

Q 山形の叉首（さす）が広がらないようにするには？

A 土に埋め込んだり、棒やひもで足元を引っ張るなどします。

木の皮や土などを積んで叉首に重みがかかると、足元に開こうとする力（thrust：スラスト）が発生します。開こうとする力を押しとどめるために、内側へと押すような、あるいは引くような工夫をするようになります。われわれの祖先は、構造計算ではなく試行錯誤によって、そのような工夫をしてきました。

- 石やレンガを積んでつくったアーチ、ヴォールト、ドームも、この開こうとする力、スラストに悩まされ、さまざまな工夫がされるようになります（R018参照）。三角形に線状の部材を組み合わせてつくるトラス（truss）でも、三角形が開かないように抵抗する部材には、引張りの力が働いています。

★ **R003**　　　　　　　　　　　　　　　　　　　木造　その3

Q 固定端、回転端、移動端とは？

A 構造物を支える支点のうちで、回転もすべりもしないものが固定端、回転はするけどすべらないのが回転端、回転して横すべりもするのが移動端です。

　固定端はフィックス（fix）、回転端はピン（pin）、ヒンジ（hinge）、移動端はローラー（roller）ともいいます。柱を土に埋め込んで立てる掘立て柱（ほったてばしら）は、固定端です。木を土に埋めるのではすぐに腐るからと石を敷いて、その上に柱を置いたのが移動端です。横にずれては困ると中央がへこんだ石を置いて、そこに柱をはめたのが回転端です。

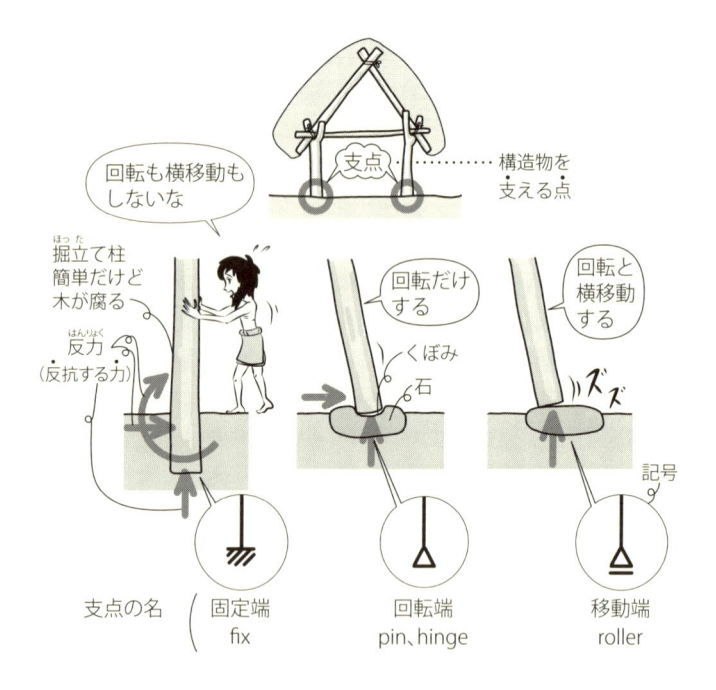

| 支点の名 | 固定端 fix | 回転端 pin、hinge | 移動端 roller |

- 横にずれないようにするには、ダボ（細くて短い棒）を石と柱の間に差すのが一般的です。
- フィックスは固定するという意味で、ガラスを開かないように固定する、はめ殺しにすることもフィックスといいます。

★ R004　木造　その4

Q 単純梁とは？

A 片方の支点が回転端（ピン、ヒンジ）、もう片方の支点が移動端（ローラー）の梁です。

最も単純な梁で、つり合いの式だけで解ける（地面が支える力と内部に働く力がわかる）ので、単純梁と呼ばれます。下図のような立ち木を倒して川に架け渡した丸木橋（まるきばし）で、根が引っ掛かって片側が横に動かないものは単純梁です。

丸木橋は
単純梁（たんじゅんばり）

回転だけする

反力

回転端
pin、hinge

単純梁

記号

ズズ

回転と横移動する

移動端
roller

- ヘアピンというように、細い金属製の棒のことをピンといいます。回転端のピンは、心棒をピンというところから来ています。
- 蝶の羽根のように開閉するドアの蝶番をヒンジといい、回転端のヒンジの名はそこから来ています。ドアの蝶番のように回転するので、回そうとする力＝モーメントは受けません。
- ローラーはローラースケートと一緒で、車が付いたように横にもすべり、回転もする支点です。車が付いていなくても、横にすべるならローラーです。橋の端部でよく見かける支点です。

★ **R005** 木造 その5

Q 滑節点（かっせつてん）、剛節点（ごうせつてん）とは？

A 部材と部材を接合する節点（せってん）で、回転するものが滑節点、回転しないものが剛節点です。

部材と部材を接合する点、関節となる点を節点といいます。人間の関節のように回転する節点が滑節点で、回転端と同様にピン、ヒンジともいいます。まったく回転しない節点は剛節点といいます。

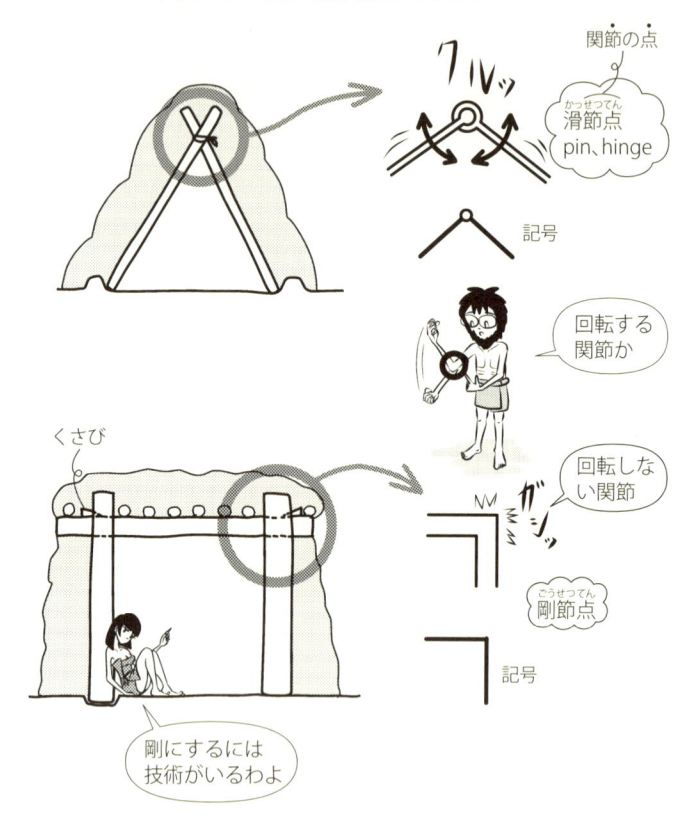

- 木の棒を縄で結んだ節点は、回転するので滑節点です。太い柱に孔をあけて棒を差し込み、くさびを打ち込んだ節点は、回転しないので剛節点です。
- 支点は支える点、節点は関節の点です。動く方向に力を受けないのは支点も節点も同じで、回転する滑節点では回転する方向の力＝モーメントは受けません。相手を回そうとしても、接合部が回ってしまって、力が伝わりません。

★ R006　　　　　　　　　木造　その6

Q 木造に剛節点はある？

A 大断面の柱に横材を差し込んだり特殊な仕口を使えば、剛節点とすることができます。

東大寺南大門（奈良、1199年）では、円柱に貫（ぬき）と呼ばれる水平材が差し込まれ、その貫は挿肘木（さしひじき）と呼ばれる腕で支えられています。大きな梁は柱頂部にありますが、柱の中間にも多数の水平材をxy方向に差し込んで、それぞれを剛節点として、巨大な構造物が倒れないようにしています。

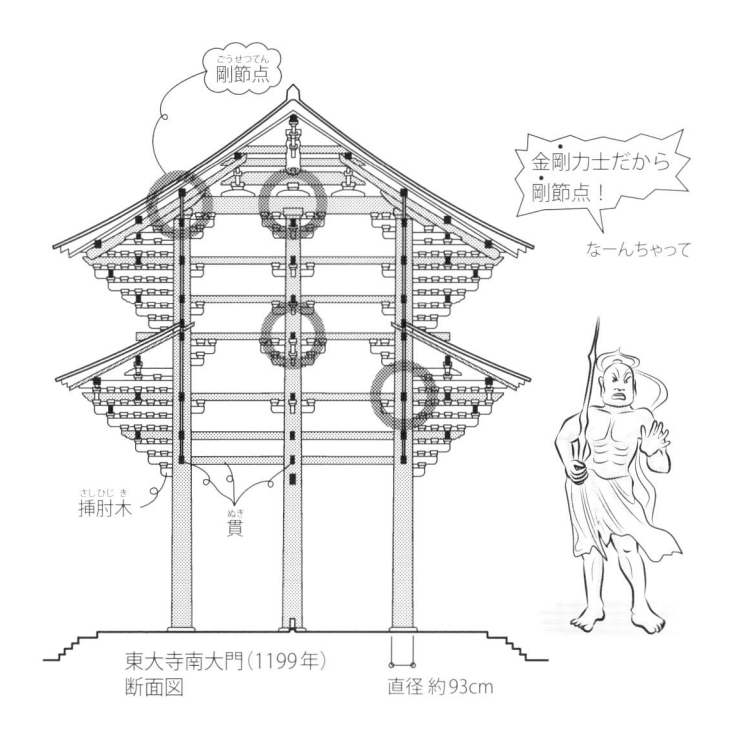

東大寺南大門（1199年）断面図　　直径 約93cm

- 現地で柱下端の円周を測って計算したところ、直径は約93cmでした。巨大な柱を6本×3列＝18本（桁行5間、梁間2間）並べた木造の大構造物です。
- このように柱と横材を組む方式は、俊乗坊重源（しゅんじょうぼうちょうげん、1121〜1206年）によって中国から移入されたもので、大仏様（だいぶつよう）とか天竺様（てんじくよう）と呼ばれています。兵庫にある浄土寺浄土堂（1192年）も同様な様式で、内部のダイナミックな構造体は必見です。

★ R007　　　　　　　　　　　　　　　木造　その7

Q 長押（なげし）には柱が倒れるのを防ぐ効果はある？

A 太い材をしっかりと留めれば効果はあります。

当初、長押と柱は剛節点に近く、構造的な意味がありましたが、現在では完全な化粧材となっています。

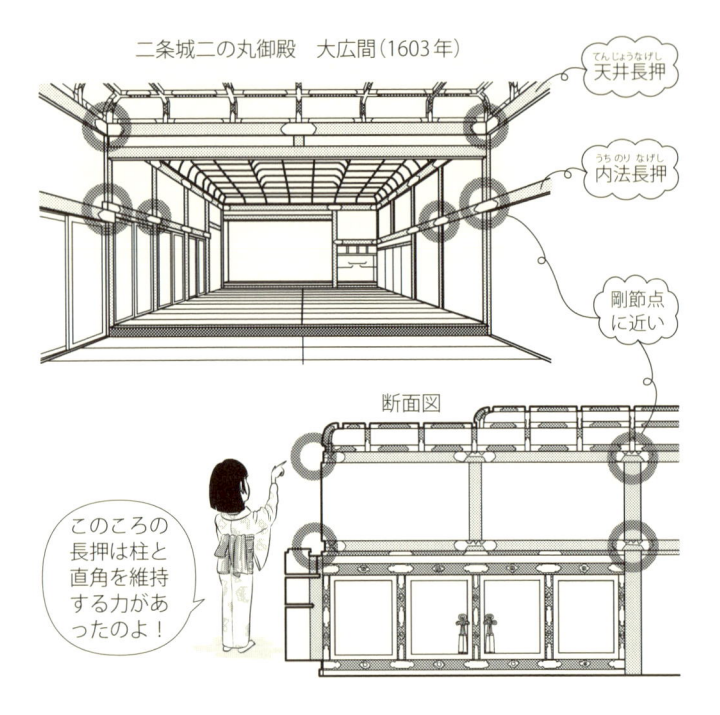

二条城二の丸御殿　大広間（1603年）

- てんじょうなげし　天井長押
- うちのりなげし　内法長押
- 剛節点に近い

断面図

このころの長押は柱と直角を維持する力があったのよ！

- 書院造の代表とされる二条城二の丸御殿（京都、1603年）の柱は、筆者が現地で測ったところ、大広間で約26cm角、黒書院で約23cm角、白書院で約19cm角でした。二条城の長押は厚みのある材で、壁の中間と天井下の2カ所に付けられています。しかし書院造の伝統を受け継いだ現在の木造在来構法では、柱は10cm角程度で、長押も薄いペラペラの化粧材です。しっかりとした壁をつくらないと、柱は簡単に倒れてしまいます。
- 平安時代末の1177年に京都、奈良を中心に起きた大地震で、多くの建物が被害を受けました。藤原定家が日記『明月記』に、自邸の持仏堂が倒壊した理由を「長押なきによる」と記しています（後藤治著『日本建築史』共立出版、2003年、p103より）。そのため、鎌倉時代には長押や貫（ぬき）などにより、水平力に対抗しようとする工夫がされるようになります。

★ R008　　木造　その8

Q 10cm角程度の木造の柱で剛節点は可能？

A 不可能です。

10cm角程度の柱に梁を接合する場合、その接合部だけで直角を維持しようとすると、柱が折れてしまいます。そこで書院造では薄い板の貫を柱に通し、竹を編むなどして、壁で柱が倒れないようにしています。現在では壁の中に筋かいや合板を入れるなどして、壁によって直角を維持します。

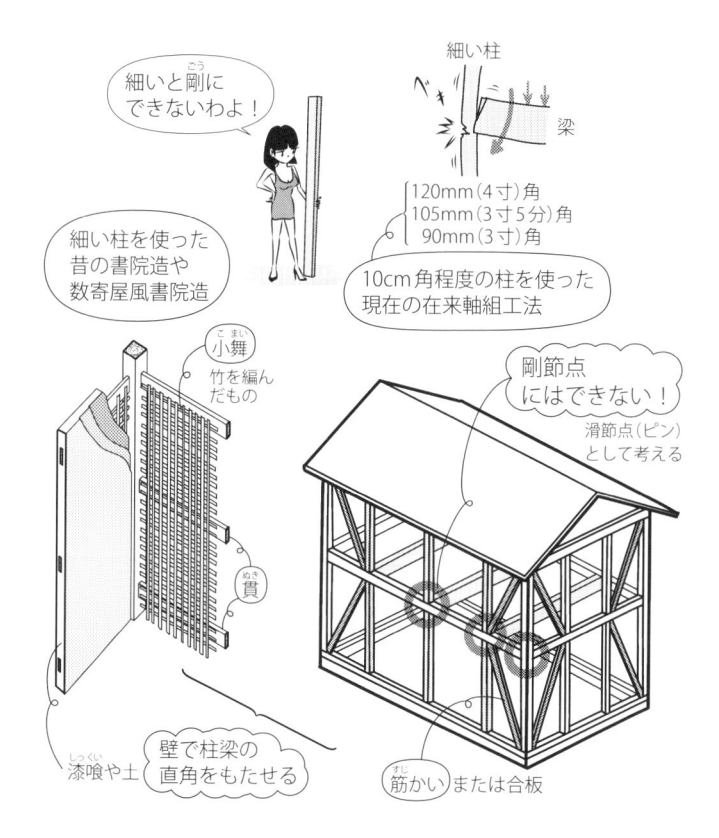

- 細いと剛にできないわよ！
- 細い柱を使った昔の書院造や数寄屋風書院造
- 細い柱
- 梁
- 120mm（4寸）角
- 105mm（3寸5分）角
- 90mm（3寸）角
- 10cm角程度の柱を使った現在の在来軸組工法
- 小舞　竹を編んだもの
- 貫
- 漆喰や土
- 壁で柱梁の直角をもたせる
- 剛節点にはできない！
- 滑節点（ピン）として考える
- 筋かいまたは合板

- 「木造の柱は、なぜRC造やS造の柱のように部屋の四隅だけでなく、壁の中にいっぱい立てる必要があるのか？」とよく学生に聞かれます。柱が細いからというのがその答えです。木造でも太い柱を使って、柱梁の仕口の部分に金物を使えば、剛節点による構造が可能です。

★ **R009** 木造 その9

Q 和小屋、洋小屋とは？

A 梁の上に束（つか：短い柱）を立てて屋根を支えるのが和小屋、三角形の軸組みを組み合わせて屋根を支えるのが洋小屋です。

▼

本を半開きにして山形をつくるのに、短い棒を立てるのが和小屋、糸で引っ張るのが洋小屋の原理です。三角形を組み合わせる構造体はトラス（truss）と呼ばれ、西洋では古くから積極的に使われています。

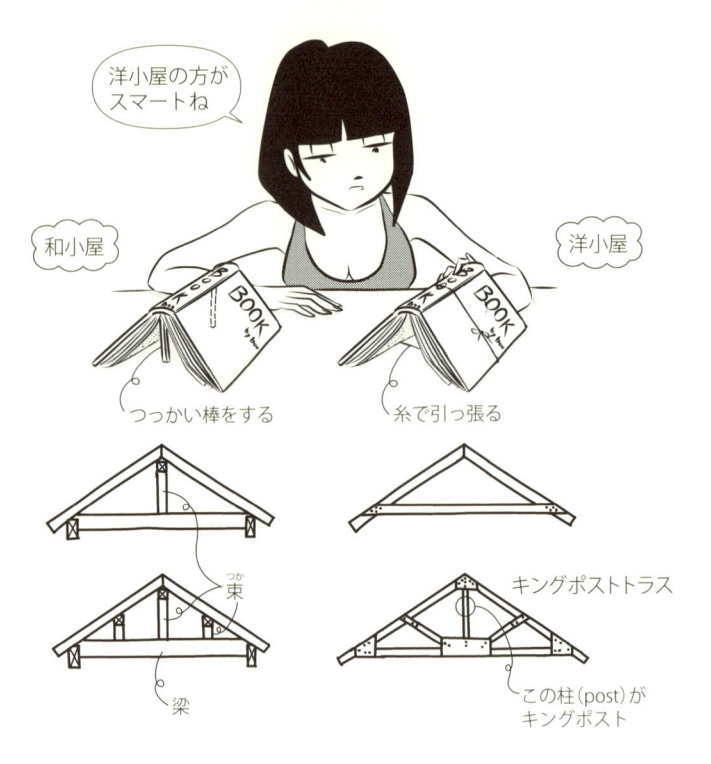

洋小屋の方が
スマートね

和小屋　　　　　　　　　　　　　　　洋小屋

つっかい棒をする　　　　　　糸で引っ張る

束

キングポストトラス

梁

この柱（post）が
キングポスト

- 唐招提寺金堂（8世紀後半）の小屋組みは、創建時、梁中央部に小さな叉首（さす）を載せたものでしたが、元禄の改修により和小屋とされ、屋根の高さが約2m上がりました。明治の改修ではキングポストトラスによる洋小屋とされ、さらに平成の改修ではキングポストトラスの下に、直交するようにトラスの梁を入れています。唐招提寺に構造模型が置かれていますので、よく見てきてください。筆者は最初に模型を見たとき、トラスが2段に入っていたのでエッと驚いた記憶があります。天平の甍（いらか）にトラス！　と、複雑な心境になりました。

★ R010　木造　その10

Q 前項のキングポストトラスの中央の束、キングポストにかかるのは圧縮力？ それとも引張り力？

A 引張り力です。

各材には軸方向の力しかかからないのがトラスの特徴です。トラスの接合部（節点）に丸印（ピンの記号）を付け、その丸に働く力のつり合いを考えると、各材に働く力の向きと大きさを求めることができます。

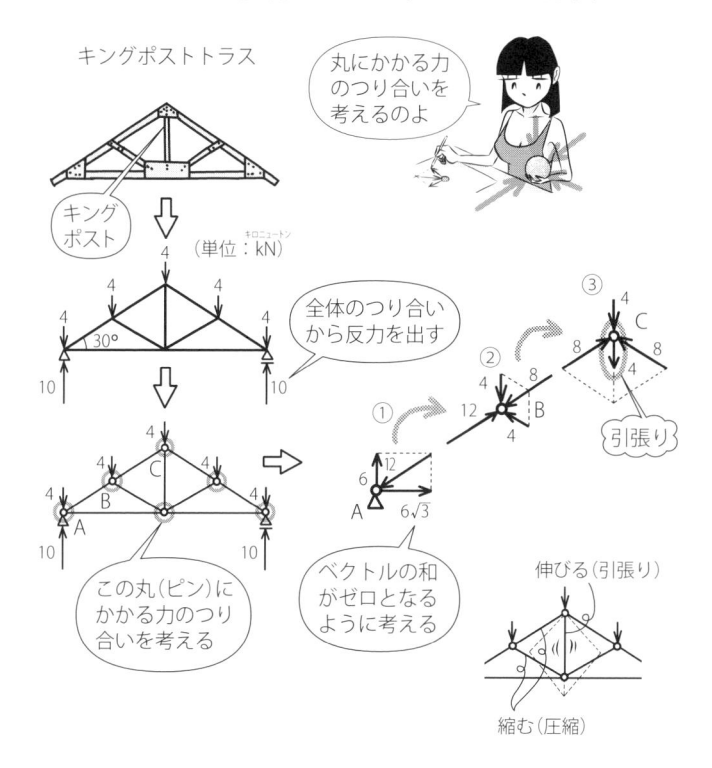

- トラスの線材に描かれた矢印（ベクトル）は引張りなのか圧縮なのかわかりにくいですが、節点の丸に対する力と考えれば納得できます。
- 上記は部材どうしの接合部（節点）が回転するピンとしたものですが、回転する接合部を実際につくることは難しく、剛に接合しているものがほとんどです。キングポストにかかる力を実際に測定してみると、引張りではなく圧縮となっているケースがあり、その場合はトラスではなく和小屋か張弦梁（ちょうげんばり：R027参照）ということになります。

★ **R011** 木造 その11

Q 曲がった丸太を屋根の梁にするにはどう使う？

A 上に凸になるように配置します。

樹皮をはがしただけの曲がった丸太材は2階の床梁にはなりにくく、小屋梁（屋根組みを支える梁）に使うと逆に長所を発揮します。梁には曲げようとする力が働きますが、湾曲しているとその力を弱くすることができるからです。天井を内部で折り上げて高くする場合も、湾曲した梁は天井の邪魔にならずに便利です。

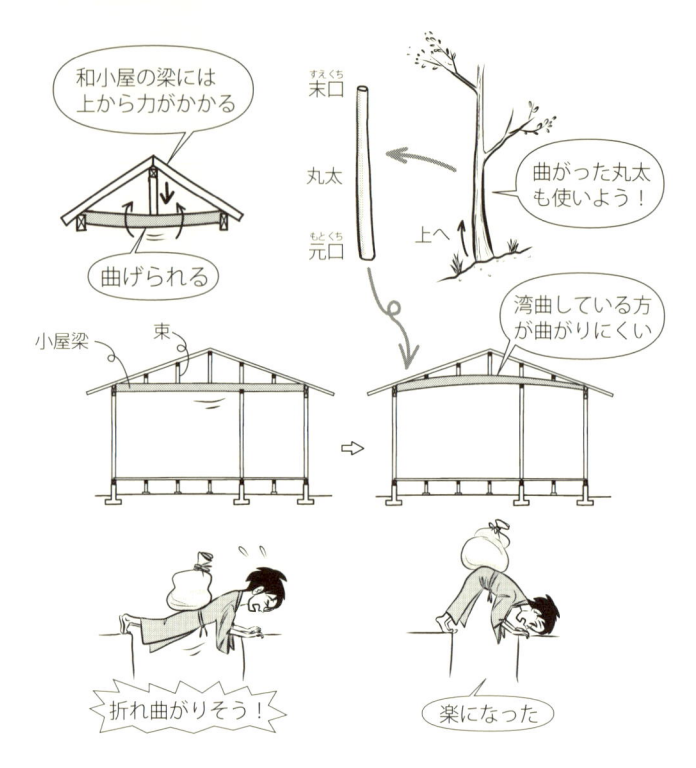

- 傾斜した山で木は上に伸びようとして曲がることが多く、また根元ほど太くなります。太い根元の方を元口（もとくち）、先の細い方を末口（すえくち）といい、その直径を指すこともあります。今の木造の小屋組みでは丸太材はほとんど使われなくなり、集成材の直線の梁が多くなりました。
- 神社仏閣に使われる丸柱、円柱は、大きな材を切り出して垂直な円柱としたもので、皮をむいただけの丸太材とは天と地ほどグレードに開きがあります。

★ **R012** 木造 その12

Q 木造の弱点とは?

A 燃える、腐る、虫に食われるなどです。

東大寺大仏殿（金堂）は、753年に創建されたものは1180年の兵火で焼け、1190年に再建されたものは1567年の兵火で焼失してしまいます。現存するのは1709年、江戸時代に建設された3度目のものです。

東大寺炎上！
2度！

大仏もろとも

木は燃える、腐る、虫に食われる
（軽くて強いけど）

ああ
もったいない！

世界遺産が…

- あれだけ巨大な堂が2回も全焼してしまう木造のはかなさと、3度も巨大な堂を建設する関係者の情熱を感じます。ヨーロッパに比べて日本の古建築の残存数が少ないのは、木造であったことに多くの原因があります。落雷や兵火で、大型の重要な施設も簡単に焼けてしまいます。最近、木造で大規模な構造をつくることも多くなり、また木造を評価することが日本の独自性と言う方もいます。木は軽い割に強度がある優れた材ですが、東大寺炎上の教訓を忘れてはいけません。
- 現在の東大寺大仏殿の巨大な丸柱は、1本ものではなく、複数の材を合わせて鉄のたがで締めたものです。現地で1本の円周を測って直径を計算すると、根元で約120cmありました。一方、南大門の柱は直径約93cmの1本ものです。

★ R013　　組積造　その1

Q 組積造（そせきぞう）とは？

A 石、レンガ、コンクリートブロックなどを積み上げてつくる構造です。

組んで積んでつくる構造なら、みな組積造です。その辺にころがっている石を崩れないように積み上げて、丸太で屋根を架けたものが、原始的なシェルターのひとつです。2階の床を架けるにも、丸太を使います。適当な野石がなければ、粘土を天日で干して固めた日干しレンガ、粘土を焼いたレンガなどを積むようになります。今でも乾燥した地域を旅行したときに天井を見上げると、丸太が並んでいることがよくあります。

組積造　石、レンガなどを組んで積んで造る

屋根と床は木を使うのよ

屋根は丸太を並べて木の皮や土などを載せる

燃えると壁だけが残る

その辺の石を積む

- 最近、アムステルダム、ブリュッセル、ラン、ランスを経由してパリに車で出たことがあります。そのルート上の農家をずーっと車窓から眺めていましたが、いまだにレンガで壁をつくり、木で屋根と2階の床をつくった建物がほとんどだったのには驚きました。山が少なく、木材、石材がとれにくい平坦な土地では、レンガが最も安い材料です。このエリアでは、そもそも壁を木造でつくろうという発想そのものがないようです。
- レンガや石は重く、水平に長く架けるには、アーチ、ヴォールト、ドームなどの高度な技術が必要となります。そのため、屋根と床だけ木造という建物が非常に多いのです。このような建物が戦災などで焼けると、壁だけ残されます。壁だけ残った廃墟も数多くあります。ゴシックの大聖堂も、天井を石のヴォールトでつくりながら、屋根は木造で架けています。

R014　組積造　その2

Q 石と石の間に何を詰めると安定する？

A モルタル（セメント＋砂＋水）です。

砂利や土を詰めても、こぼれたり流れたりしてしまいますが、セメントで固めると石やレンガが安定します。

> レンガは片手で持てる大きさが主流になるのよ

> 接着剤や充てん剤として便利だな

> モルタル＝セメント＋砂＋水

> 崩れにくいすき間がない

- 水と反応して硬くなる水硬性セメントに砂を混ぜてつくるモルタルは、5000年前のピラミッドからも見つかっています。接着剤として、充てん剤として、モルタルは古代から使われていたようです。石と石をピッタリと合わせるには高い技術が必要ですが、すき間をモルタルで埋めるのは簡単です。
- モルタルに砂利を入れるコンクリートは、ローマ時代によく使われました。当時は両側にレンガを積んで型枠とし、その間にコンクリートを詰めて厚い壁をつくっていました。そのコンクリートに鉄筋が入れられるのは、19世紀半ばになってからのことです。

★ **R015** 組積造 その3

Q 石造で柱梁構造をつくるときに問題となるのは？

A 梁に長い石材が必要なことです。

柱は輪切りにした石材を積み重ねればつくれますが、梁は途中でつなぐわけにはいかず、1本ものでなければなりません。組積造に柱梁構造が向いていないのは、水平の梁がつくりにくいことにあります。

水平と斜めが難しいのよ！

屋根の架構は木造だった

1本の梁

パルテノン神殿

建築の始原？

木製のダボ

柱は積み重ねてつくる

- 組積造は本来、壁を積んでつくることで成立する構造方式です。ギリシャやエジプトの神殿は、組積造による巨大な柱梁構造ですが、木造の柱梁構造に起源をもつといわれています。実際、パルテノン神殿の屋根を支える斜め材（垂木：たるき）は木造で、その上に薄い大理石の瓦が載せられていました。
- ギリシャ神殿に発するオーダー（円柱とその上下の形式）は、元をたどれば木造的な柱梁構造でした。ヨーロッパの無数の古典主義建築（ギリシャ、ローマに範をとる建築）は、そのオーダーをレンガや石を積んだ壁の箱に張り付けることによって成立していました。
- 左側のイラストは、ロージエ（1713〜1769年）による『建築試論』（1755年）の扉絵のパロディーです。建築の始原の象徴として、4本の木とその上の叉首（合掌）が描かれています。古典主義の原点であるギリシャ神殿の、原型となる小屋のイメージです。

★ R016　　　　　　　　　　　　　　　　　　組積造　その4

Q 組積造の壁に扉や窓のための開口をあけるには？

A 開口上部にまぐさを入れるか、アーチを架けます。

まぐさとは開口部の上に付ける横材のことですが、石や丈夫な木を横にして付けると、上にある石やレンガの重みを支えることができます。アーチは円弧状に石やレンガを組んで、各部材を曲げようとする力を避けて、石どうしが押し合いながら重みを横へと逃がす方式です。

- 水平材のまぐさに重さが載ると、まぐさを折り曲げようとする力がかかります。アーチに重さが載ると、各々の石を押しつぶそうとする力がかかります。腕立て伏せをしていて体を水平にすると、腰が下に曲がろうとする力を感じます。体をくの字にして腕立て伏せをすると、腰にかかる曲げようとする力が弱くなりますが、地面を横に押す力も必要になるのがわかります。
- 木造でも、開口上部に入れる横材をまぐさといいます。窓と外壁材を留めるためのもので、組積造のまぐさほど重要な役割はありません。

★ **R017** 組積造　その5

Q 組積造の窓はなぜ縦長が多い？

A ①壁で建物全体の重量を支えているので壁の量が必要となるため、②まぐさやアーチが長くなると、その上の重量を支えきれなくなるため、の2つの理由からです。

近代以前のヨーロッパの窓がほとんど縦長なのは、壁をレンガ積みでつくっているからです。組積造の壁に大きな窓をあけようとすると、縦長にしなければなりません。古典主義もゴシックも、窓まわりのデザインは縦長を基調としてつくられています。

- ヨーロッパの建物の多くは、レンガを積んで壁をつくり、表面に石を張ったものです。大きくて重い石を積んでいるのは、聖堂などのコストと労力がかけられるごく一部の建物です。横長の窓や全面ガラスが登場するのは、19世紀後半、鉄骨造やRC造が出てきてからです。ル・コルビュジエが近代建築の5原則に横長連続窓を挙げたのも、それまでの窓が縦長だったからです。

★ R018　組積造　その6

Q アーチでは横に広がろうとする力が発生しますが、それを押さえるにはどうする?

A アーチの両側に重い壁をつくるか、アーチを金属の棒で引っ張ります。

アーチが広がらないようにするには、アーチの両側を中央に向けて押すか、アーチの真ん中で引っ張るかです。アーチが連続する場合は、左右のアーチの押す力は相殺されるので、端部のアーチの脇だけ壁を広くすればすみます。またアーチを鉄の棒で引っ張ることも、ヨーロッパのあちこちで見かけます。

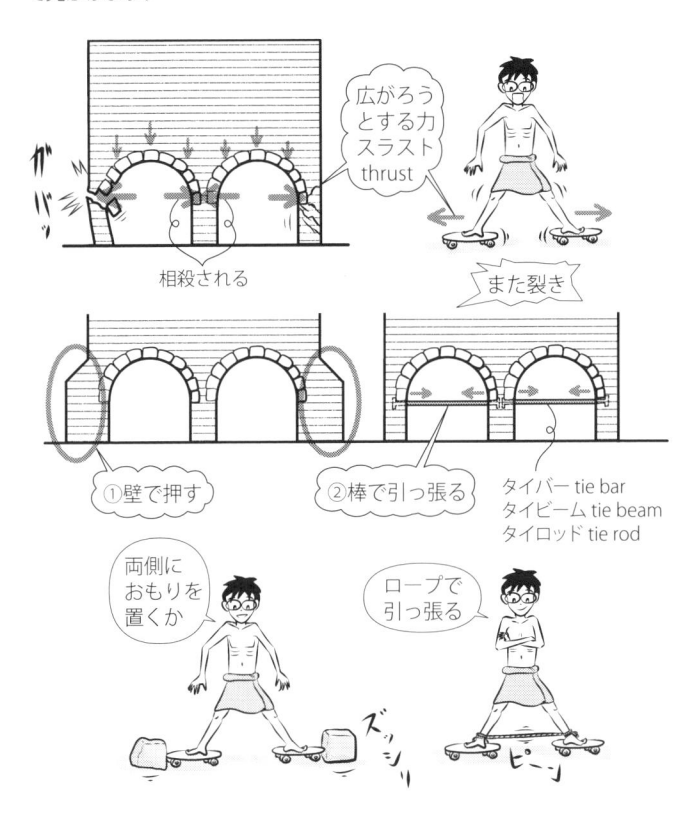

広がろうとする力 スラスト thrust

相殺される

また裂き

①壁で押す

②棒で引っ張る

タイバー tie bar
タイビーム tie beam
タイロッド tie rod

両側におもりを置くか

ロープで引っ張る

- 水平に広がろうとする力をスラスト(thrust)といいます。広がらないように引っ張る棒や梁のことを、タイバー(tie bar:締める棒)、タイビーム(tie beam:締める小梁)、タイロッド(tie rod:締めるさお)などと呼びます。

★ R019 組積造 その7

Q ローマ時代以降のヴォールトの変遷は？

A ローマの円筒状ヴォールトが、ロマネスクで交差ヴォールトとなり、それにリブ（肋骨）が付けられます。対角線が扁平になることを避けるため、ゴシックではとがった尖頭（せんとう）アーチに変化します。

アーチの横力を受けるのは、ローマとロマネスクでは厚い壁でしたが、ゴシックではアーチの横力に抵抗する方向に立つ控え壁（buttress）になり、控え壁と控え壁の間は窓として開放してしまいます。控え壁に力を伝えるアーチ状のフライングバットレスも開発されます。

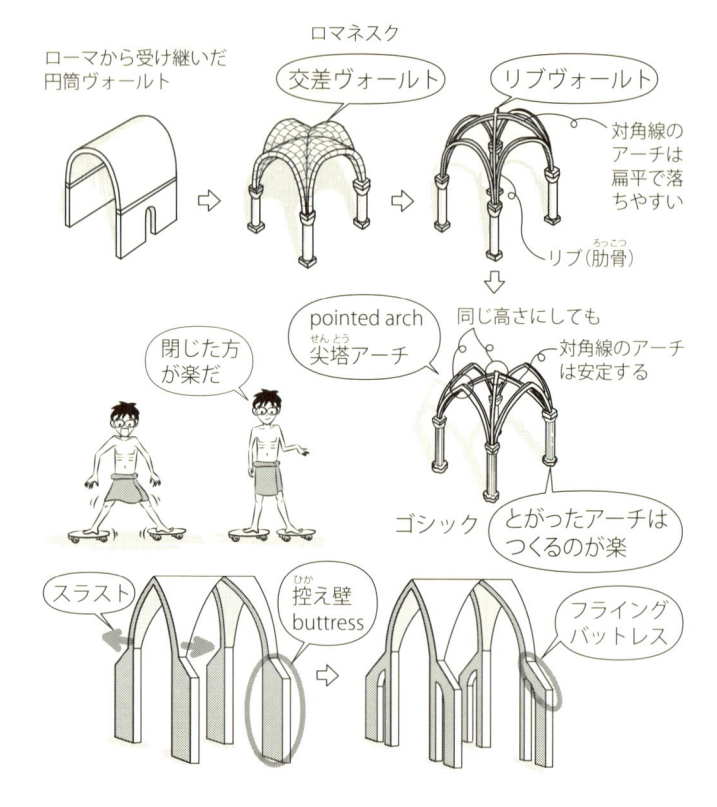

- ロマネスク（Romanesque）は「ローマ風」という意味で、ローマ後期の初期キリスト教建築に起源をもちます。ゴシック（Gothic）は「ゴート人のように野蛮な」を意味し、ロマネスクが進展した様式です。

★ R020　組積造　その8

Q ドーム周囲を厚い壁でつくるのは？

A ドームが開こうとする力（スラスト）を押さえるためです。

アーチを連続させるとヴォールト（vault）になり、回転させるとドーム（dome）になります。アーチ、ヴォールト、ドームを大々的に使って大空間をつくったのは、古代ローマ人です。古代ローマの万有神殿パンテオン（128年）では、ドームの肉厚が下に行くほど厚くされ、ドーム周囲には厚い壁がつくられています。

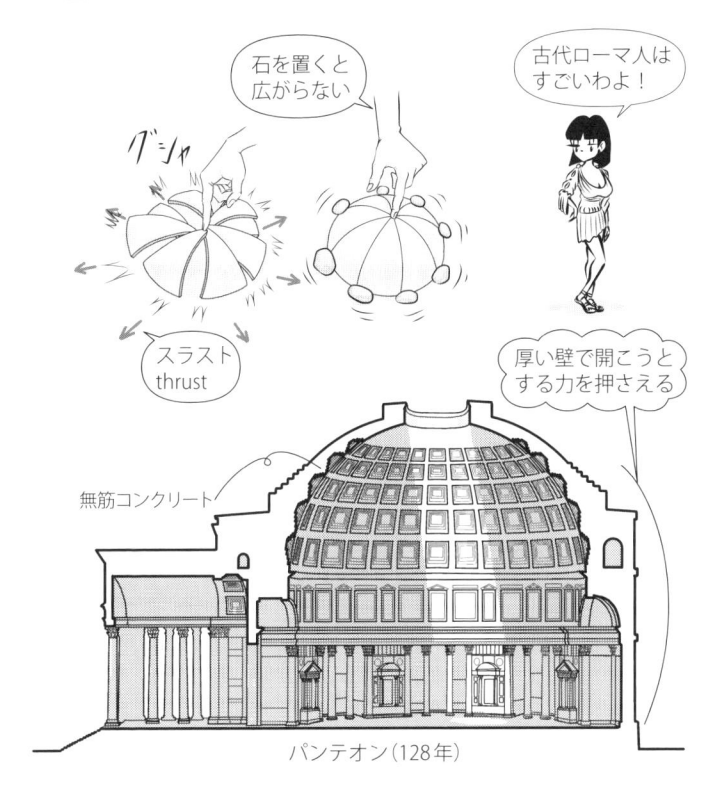

（石を置くと広がらない）

（古代ローマ人はすごいわよ！）

スラスト thrust

（厚い壁で開こうとする力を押さえる）

無筋コンクリート

パンテオン（128年）

- 無筋コンクリートでつくられたパンテオンのドームは、直径43mの球がすっぽりと入るプロポーションをしていて、頂部には円形の穴があけられています。ドーム表面は格間（ごうま：coffer）で覆われた格天井（ごうてんじょう）です。格間の階段状の彫り込みも、上にずらして彫り込まれ、ドーム面の重量を軽くしていると同時に、半球面に覆われた空間を強く印象づけています。

★ **R021** 組積造 その9

Q ドームを二重にすることがあるのは？

A 1 二重にした内側にドームが開くのを押さえる引張り材、たが（締める輪）などの構造材を入れるため。
2 外側と内側の視覚的効果のためです。

フィレンツェ大聖堂のドーム（**1436年**）は、リブ（肋骨）と鎖や木製のリングを二重のドームの間に隠しています。ルネサンス以降、ドームを二重にして、その内側に鉄や木の鎖や輪を入れて、ドームが広がるのを押さえる工夫が多くなされるようになりました。

石を置くよりスマートね！

糸の輪で引っ張ると広がらない

テンションリング
tension ring
引張り

糸

たがをはめるのか

外観上もアピールする二重ドーム

二重ドームの間にリブ（肋骨）やリングを隠している

レンガ　ドームの設計者

フィレンツェ大聖堂のドーム（1436年）　ブルネレスキ（1377～1446年）
（サンタ・マリア・デル・フィオーレ）　Brunelleschi
　　　　　　　　　　　　　　　　　　ルネサンス建築の先駆者

● パンテオンのドームは外側からは見えません。ルネサンス以降のドームは、内側とは別のドームを上に高く突出させて、外観上のアピールもしています。後期バロックでは、木で組んでスタッコ（しっくい）を塗った上に絵を描く、張りぼてのドームもかなりあります。

28

★ R022　組積造　その10

Q カテナリー曲線、カテナリーアーチとは？

A 糸が自重で垂れ下がってできるのがカテナリー曲線、それを上下逆にしたのがカテナリーアーチです。

真珠のネックレスを両手で持つと、カテナリー曲線になります。そのひとつの真珠を取り出すと、重力と糸の引く力がつり合っています。上下を逆にしたアーチを考えると、ひとつの石に働く力は、重力と隣の石から押される力だけになります。圧縮力だけで成立するアーチができ上がります。

［スーパー記憶術］
曲がりは重力の勝手なり
　　　　　　カテナリー

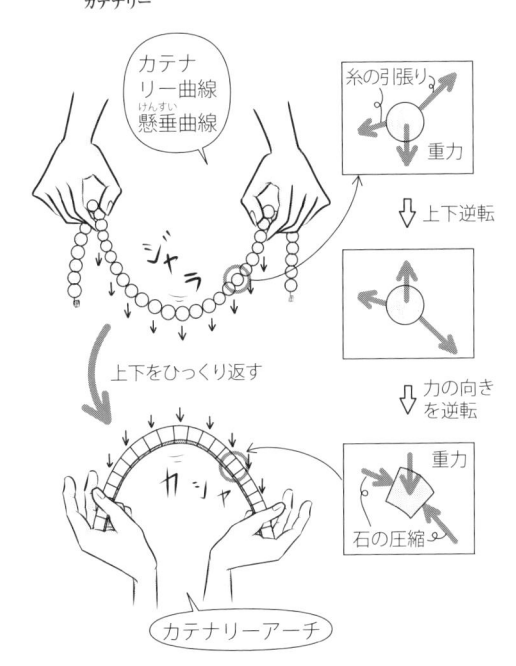

- ガウディ（Antoni Plàcid Guillem Gaudí i Cornet、1852～1926年）は、グエル教会（1914年）をカテナリーアーチでつくろうと、天井から吊した大きな模型で実験していました（地下礼拝堂のみがつくられ地上部分は実現されず）。ゴシックの尖頭（せんとう）アーチよりも、カテナリーアーチや放物線アーチの方が構造的に安定すると考えていました。ガウディは近代建築家のひとりによく数えられますが、組積造の進化の最後にいた建築家でもあったわけです。

★ **R023** 組積造 その11

Q 1 長さ方向に等間隔に、ケーブルに等しい荷重をかけた場合の曲線は？
2 水平方向に等間隔に、ケーブルに等しい荷重をかけた場合の曲線は？
▼
A 1 カテナリー曲線
2 放物線

ケーブルの自重による曲線は、真珠のネックレスを自然に垂らしたような形、すなわちカテナリー曲線となります。吊り橋のように水平方向に等分布荷重をかけた場合は、放物線＝2次関数の曲線となります。

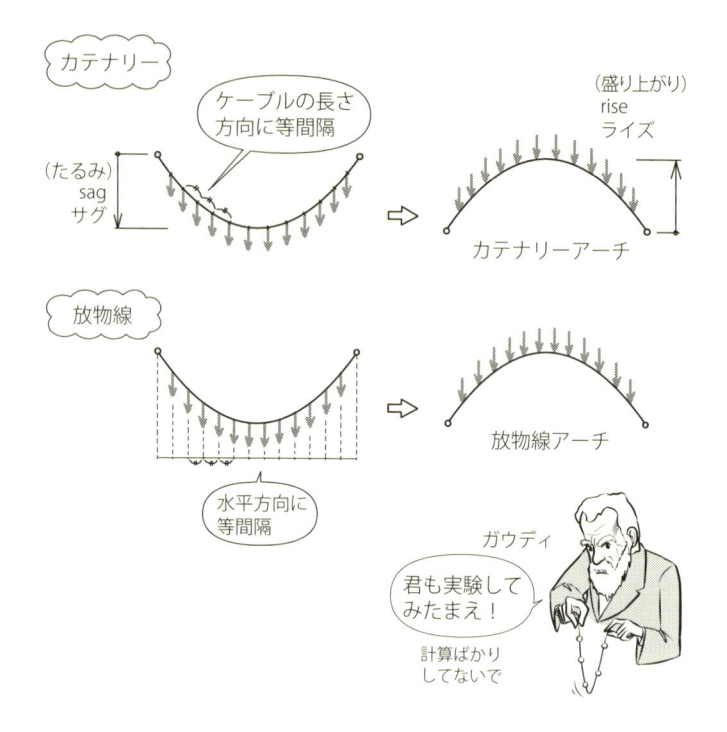

カテナリー

ケーブルの長さ方向に等間隔

（たるみ）
sag
サグ

（盛り上がり）
rise
ライズ

⇒ カテナリーアーチ

放物線

水平方向に等間隔

⇒ 放物線アーチ

ガウディ

君も実験してみたまえ！

計算ばかりしてないで

- カテナリー曲線と放物線は、かなり近い形をしていますが、カテナリー曲線の方が緩いカーブです。ガウディのつくろうとしたカテナリーアーチ、放物線アーチは、この曲線を上下逆にしたものです。ガウディは、天井からおもりを吊り下げる実験を繰り返ししていました。
- アーチの高さはライズ（rise）といいますが、ケーブルの垂れ下がる高さはサグ（sag：たるみ）といいます。同じ荷重の場合でも、サグが大きいほど張力は小さくなり、サグが小さいほど張力は大きくなります。

★ R024　　S造　その1

Q 鉄の構造物はいつごろからつくられた？

A 18世紀後半からです。

世界初の鉄の構造物は、鋳鉄（ちゅうてつ）で組み立てられたアイアンブリッジ（1779年、地名からコールブルックデール橋ともいう）です。製鉄所に鉄鉱石と石炭を運ぶためにつくられたものです。230年以上経った今でも現存し、世界遺産にも登録されています。

世界初の鉄骨造の構造物
アイアンブリッジ（1779年）

鋳型（いがた）に溶かした鉄を入れてつくった部材を組み立てた

橋は安いレンガでアーチをかければいいんじゃない？

頭がレンガみたいに固いのね！

スパンが長いとどうするの？

アイアンブリッジのあるコールブルックデール
ロンドン

- 鉄の歴史は文明発生当時までさかのぼれます。木炭で鉄鉱石を融かす背の高い炉＝高炉が誕生するのは、14世紀のドイツ、ライン川沿いです。18〜19世紀、産業革命時代のイギリスで、コークスが高炉に使われるようになって炉の温度が上がり、鉄が大量生産されるようになります。
- アイアンブリッジは鋳鉄（ちゅうてつ）でつくられています。鋳鉄は融点が鋼よりも低く、型に流し込んでつくる鋳造（ちゅうぞう）に使われます。鋳造された製品は鋳物（いもの）と呼ばれます。鋳鉄は英語ではcast ironですが、castは、型に入れてつくる、鋳造するという意味です。

31

★ **R025**　　　　　　　　　　　　　　　　　　　　　　S造　その2

Q 吊り橋で、全スパンに対して支柱の位置を1：2：1に入れるといいのは？

A 支柱の左右で重さのバランスがとれるからです。

川の両側に支柱を立てると、支柱が倒れないように後方へ引っ張る必要があります。川の中に1：2：1の位置に支柱を立てると、重さのバランスがとれて合理的です。ただし、水流の中で支柱の工事をすることになるので、流されないようにするなどの別の問題が発生します。

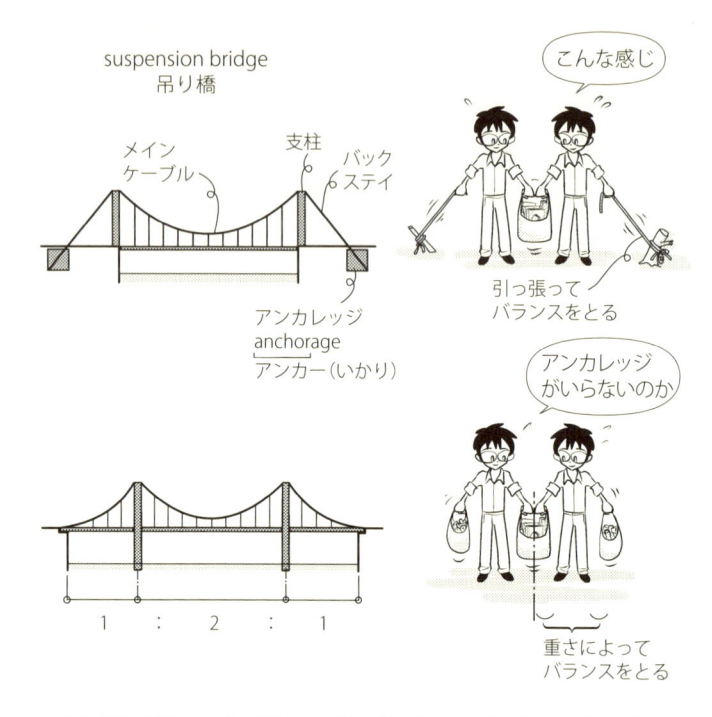

```
suspension bridge
吊り橋
```

メインケーブル　支柱　バックステイ

アンカレッジ
anchorage
アンカー（いかり）

こんな感じ

引っ張ってバランスをとる

アンカレッジがいらないのか

1 ： 2 ： 1

重さによってバランスをとる

- 支柱を地面の方へと引っ張るケーブルはバックステイ（backstay：後方支援材、控え綱）、バックステイを埋め込むためのコンクリートのおもりをアンカレッジ（anchorage：投錨（とうびょう）地）といいます。アンカーするための場所がアンカレッジで、アラスカの地名ともなっています。
- 吊り橋の起源は古く、つる草や藤（とう）によるものはインド、中国で、鎖によるものは中国でつくられていました。19世紀に入って鉄板でボルトをつないだ鎖、19世紀後半には高張力鋼の鋼線をよったワイヤーへと移り、20世紀には長大な吊り橋がつくられるようになります。ブルックリン橋（ニューヨーク、1883年）、ゴールデンゲートブリッジ（サンフランシスコ、1937年）は必見です。

32

★ R026　　　　　　　　　　　　　　　　　　　S造　その3

Q 斜張橋（しゃちょうきょう）とは？

A 支柱から斜めにケーブルを出して支える橋です。

斜めに引っ張る橋だから斜張橋です。建築でも屋根を大きな柱から吊って支えるなど、斜張橋の考えがよく応用されます。

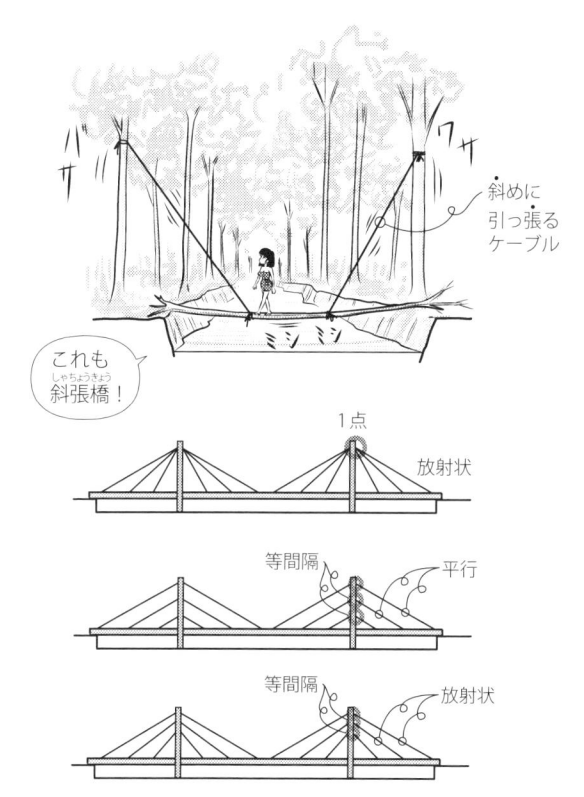

斜めに引っ張るケーブル

これも斜張橋！

1点／放射状

等間隔／平行

等間隔／放射状

- 斜張橋は17世紀にはありましたが、この構造が本格的に使われるのは20世紀後半になってからです。日本でも最近、高速道路などで多くつくられるようになりました。
- ケーブルを斜めに張り出すのですが、その張り方にさまざまな形があります。1点から放射状、等間隔の点から平行、等間隔の点から放射状などです。メインケーブルから垂直に吊る普通の吊り橋を安定させるために、斜めにケーブルを追加することもあります。ブルックリン橋にも、斜めにケーブルが入れられています。

★ **R027**　　　　　　　　　　　　　　　　　　　　　　S造　その4

Q 斜張橋の支柱をなくして、ケーブルを橋の下にもっていける？

A 可能です。その場合は、張弦梁橋（ちょうげんばりきょう）となります。

下から押す小さな柱（束）を入れて、その柱の下を吊るという方法です。高い支柱が不要となります。張った弦で下から支える張弦梁（ちょうげんばり）です。細い梁で大きな梁と同じ効果が得られるため、現代建築で多く用いられるようになりました。

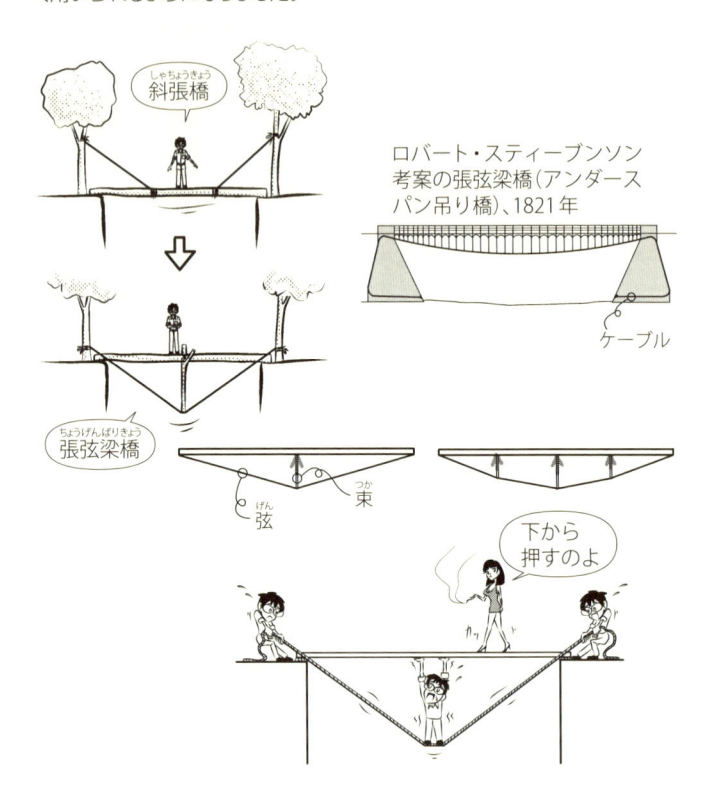

- イギリス鉄道の父ジョージ・スティーブンソンの息子で土木技術者のロバート・スティーブンソンが、張弦梁による橋を1821年に考案しています。アンダースパン吊り橋とも呼ばれます。この構造が建築で本格的に使われるようになるのは、20世紀後半になってからです。

※参考文献：藤本盛久編『構造物の技術史』（市ヶ谷出版社、2001年）

★ **R028** S造 その5

Q トラス (truss) を梁や橋に使うようになったのはいつ？

A 木造のトラス橋、トラス梁は16世紀の書物にも書かれていますが、鉄骨トラスが大々的に使われるようになるのは、19世紀に入ってからです。

パラーディオ (Andrea Palladio、1508〜1580年) による『建築四書』(1570年) のⅢ書7章に、4つの木造トラス橋が描かれています。アーチを木造トラスでつくった図面も載せられています。また同著作、Ⅱ書10章、エジプト式広間の断面図では、小屋組みをキングポストトラスとしています。

アンドレア・パラーディオ

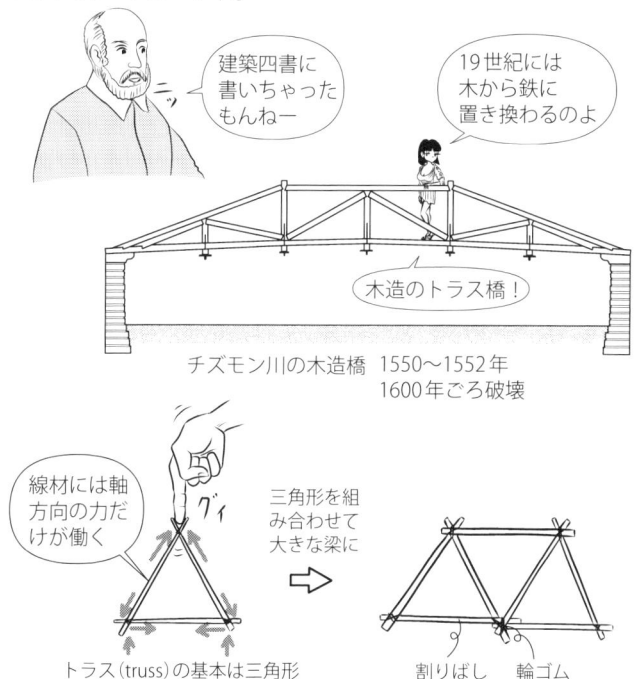

建築四書に書いちゃったもんねー

19世紀には木から鉄に置き換わるのよ

木造のトラス橋！

チズモン川の木造橋 1550〜1552年
1600年ごろ破壊

線材には軸方向の力だけが働く

三角形を組み合わせて大きな梁に

トラス (truss) の基本は三角形

割りばし　輪ゴム

- トラスとは、軸力のみが生じるように線材を組み合わせた骨組みです。各節点はピンとして、圧縮、引張りの軸力のみが各線材に働くという前提です。しかし、実際は完全なピンとするのは不可能で、曲げやせん断も働き、その検討も必要となります。

※参考文献：桐敷真次郎編著『パラーディオ「建築四書」注解』(中央公論美術出版、1986年)

★ R029 S造 その6

Q 片持ち梁（キャンティレバー）でつくられた鉄橋はある？

A フォース橋（Forth Railway Bridge）は、片持ち梁でつくられた巨大な鉄橋です。

フォース湾に架けられたフォース橋（イギリス、エジンバラ近郊、1890年、ベーカーとファウラーほかによる）は、全長約1600m、高さ約100mの巨大な鉄橋です。

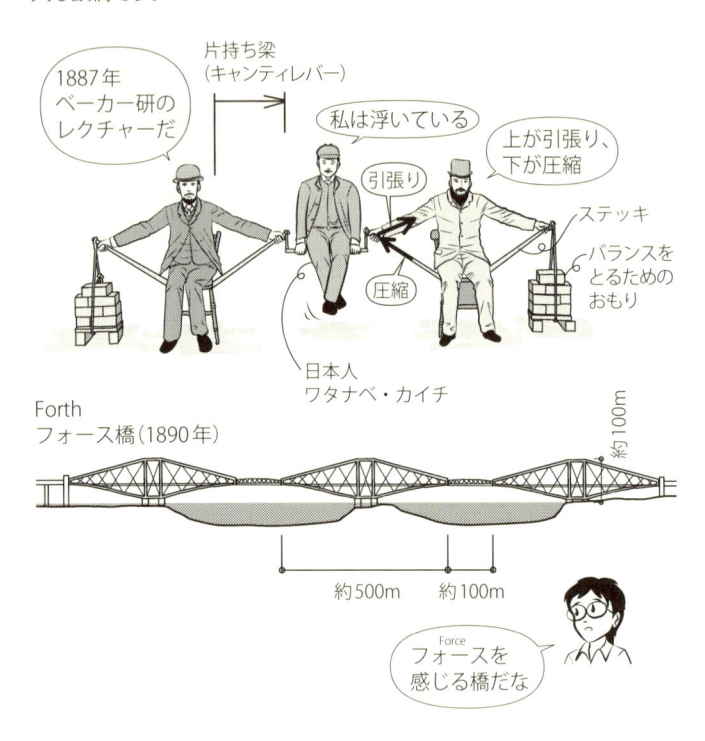

図中のラベル：
- 1887年 ベーカー研のレクチャーだ
- 片持ち梁（キャンティレバー）
- 私は浮いている
- 引張り
- 上が引張り、下が圧縮
- ステッキ
- バランスをとるためのおもり
- 圧縮
- 日本人 ワタナベ・カイチ

Forth フォース橋（1890年）
約100m
約500m　約100m

Forceを感じる橋だな

- 3人が座った有名な写真は、1887年にベーカーの研究所のレクチャーを撮影したもので、中央に座るのはイギリスに学びに来たワタナベ・カイチという名の日本人です（「建築文化」1997年1月号、p54、播繁著から）。
- フォース橋は鋼を使った初期の例です。セントルイスのイーズ橋（1874年、ジェームズ・イーズ）が鋼による最初の橋といわれています。アイアンブリッジ（1779年）は鋳鉄、エッフェルのガラビの高架橋（1884年）、エッフェル塔（1889年）は錬鉄です。エッフェルはさびやすい鋼を信用せず、エッフェル塔に至るまで錬鉄を使っています。鋳鉄、錬鉄、鋼は製造法や炭素の含有量が違います。

★ R030　S造　その7

Q 鉄とガラスの建物の起源は？

A 19世紀中ごろのイギリスの温室です。

鉄とガラスの近代建築とよく表現されますが、そのルーツは19世紀中ごろのイギリスに建てられた温室です。キブル・パレス（グラスゴー、1860年ごろ、1873年移築、J. キブル設計）は、上流階級が建てた大型の温室です。

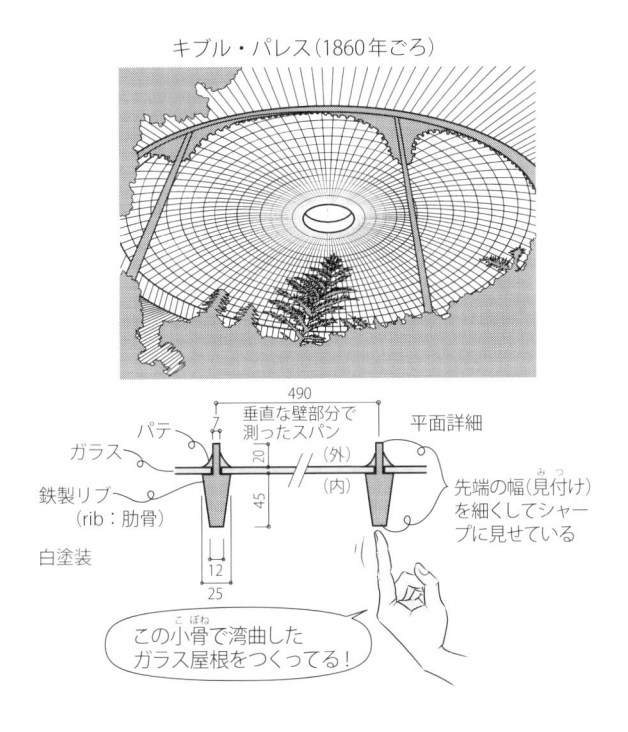

キブル・パレス（1860年ごろ）

パテ／ガラス／鉄製リブ（rib：肋骨）／白塗装

垂直な壁部分で測ったスパン　490

平面詳細

先端の幅（見付け）を細くしてシャープに見せている

この小骨で湾曲したガラス屋根をつくってる！

- 19世紀中ごろ、ヴィクトリア朝期のイギリスでは、鉄とガラスが大量生産され、また世界中から集めた植物を育てる場所が必要になったため、温室が数多くつくられました。ロンドン近郊、キューガーデンにあるヤシの温室（1848年）が有名ですが、筆者が現地で骨組みを簡単に測ったキブル・パレスを絵にしてみました。細い線材を組み合わせてシェル（貝殻状の曲面）としています。ガラスは非常に重い（比重2.5：水の2.5倍）ものですが、それを感じさせません。隣に現代に建てられた温室もありましたが、無骨な鉄骨ラーメン構造の温室でした。150年前の建物の方が、構造、デザイン、ディテールいずれも気合いが入っていて、ヴィクトリア女王治世の大英帝国の勢いを見た思いです。

★ **R031** S造 その8

Q 大規模な建築物を短期間でつくるには？

A 工場で規格大量生産した部材を現場でボルトやリベットで留めるプレファブ構法だと、工期は短くなります。

クリスタル・パレス（ロンドン万博、1851年、ヨゼフ・パクストン設計）は、24フィート（約7.3m）のモデュール（基準寸法）で規格化された鋳鉄製パネルと柱を縦横に並べて、横約564m、幅約124m、天井高約20mの巨大な鉄とガラス（一部木造）の展示用建物を、たったの4カ月で組み上げました。

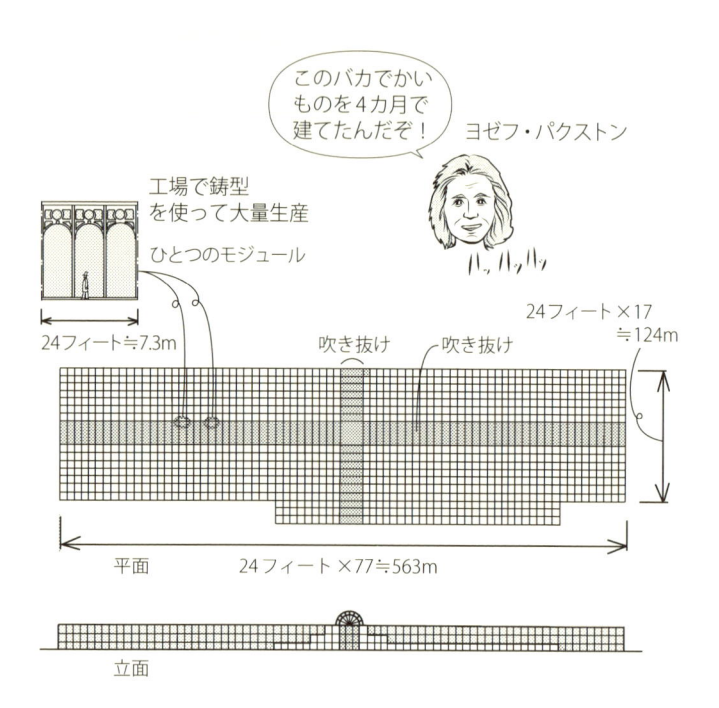

「このバカでかいものを4カ月で建てたんだぞ！」 ヨゼフ・パクストン

工場で鋳型を使って大量生産
ひとつのモジュール
24フィート≒7.3m

24フィート×17 ≒124m
吹き抜け　吹き抜け

平面　24フィート×77≒563m

立面

- パクストン（Joseph Paxton、1801～1865年）は造園技師で、温室の設計からこのような大規模な鉄とガラスの建物をつくるようになりました。レンガを積んで石を張り、古代や中世の様式をいかにつくるかに腐心していた建築家たちとはまったく違うルートから来た人物なので、このような画期的なことができたものと思われます。

38

★ **R032** S造 その9

Q 大きな建造物に鉄骨造が多いのは？

A 鉄の強度が大きいからです。

鉄骨は鉄筋コンクリートほど重くなく、木造ほど火、水、虫に弱くなく、部材の工場生産が可能で、豊富な接合法があるというメリットもあります。自由の女神内部の骨組み（ニューヨーク、1886年、彫像はF.A.バルトルディ）、エッフェル塔（パリ万博、1889年）は、鉄の強度と接合法を生かしたエッフェル（Alexandre Gustave Eiffel、1832〜1923年）とエッフェル社の作品です。

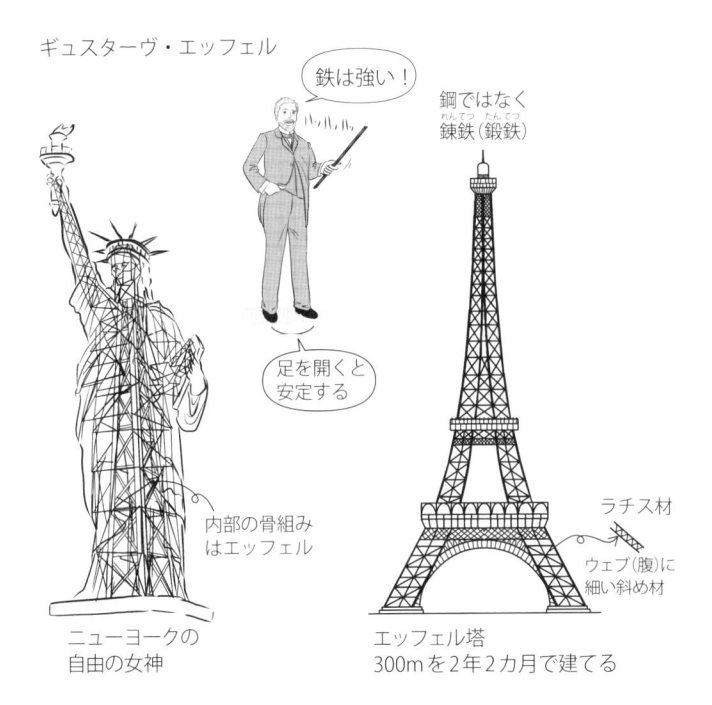

ギュスターヴ・エッフェル

鉄は強い！

足を開くと安定する

鋼ではなく
錬鉄（鍛鉄）

ラチス材

ウェブ（腹）に細い斜め材

内部の骨組みはエッフェル

ニューヨークの自由の女神

エッフェル塔
300mを2年2カ月で建てる

- 容積当たりの重量は鉄の方がコンクリートよりも重いですが、強度はコンクリートに比べて圧倒的に大きく、細い部材でももつため、結果的に鉄筋コンクリートよりも軽くてすみます。
- エッフェル塔の軸組みを現地に行ってよく見ると、1本の材が1本の鉄骨ではなく、腹（ウェブ）に細い鉄骨をジグザグに入れた組み合わせ材（ラチス材）が多く使われています。そのラチス材が装飾的細部と相まって、「鉄のレース編み」といわれるようなデザインの繊細さを生んでいます。

★ **R033** S造 その10

Q エッフェル塔では鉄材の接合はどうしている？
▼
A リベットとボルトで接合しています。

リベット（rivet）とは、熱した頭をハンマーでたたいてつぶして接合する、円筒形の鋲（びょう）のことです。リベット打ちは、19世紀に最も多く使われた鉄の接合法です。

②リベットの頭を打つ

ボルトも使ってるのか

ナットを回してボルト接合

①リベットの頭を真っ赤に熱して

エッフェル塔の仕事

- 上のイラストは、当時の絵を参考にして描いたものです。リベットは日本でも多く使われ、昔の鉄橋や蒸気機関車などに半球形の頭が並んでいるのを、今でも見ることができます。現在では、工場で溶接した部材を現場でボルト接合する方法が一般的です。
- 鉄は火事で飴のようにクニャクニャになってしまうし、定期的に塗装しないとさびてしまいます。その欠点があっても大型の鉄骨造の建物、鉄塔、鉄橋、看板などが19世紀以来つくられ続けているのは、鉄の強度と加工、接合のしやすさなどの長所が抜きん出ているからです。鉄筋コンクリートも、鉄筋という鉄材がなければ成立しないので、鉄がなければ大型建築物はできなかったということです。

★ R034 S造 その11

Q スリーヒンジアーチとは？

A 支点と中央にヒンジ（ピン）のあるアーチです。

パリ万博機械館（1889年、F. デュテール、V. コンタマン設計）では、鋼製トラスのスリーヒンジアーチで大空間をつくることに成功しています。

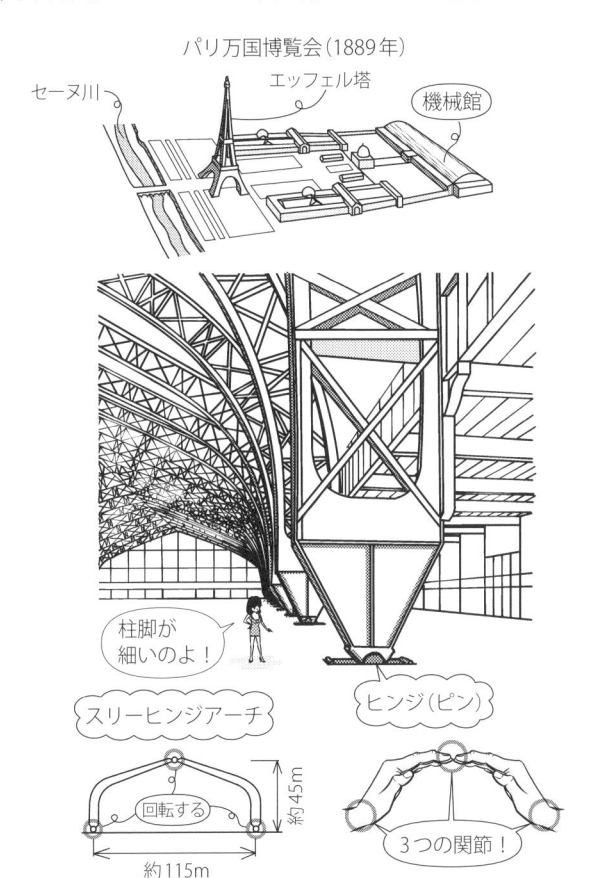

パリ万国博覧会（1889年）
- セーヌ川
- エッフェル塔
- 機械館

- 柱脚が細いのよ！
- スリーヒンジアーチ
- ヒンジ（ピン）
- 回転する
- 約45m
- 約115m
- 3つの関節！

- スリーヒンジアーチは、力のつり合いだけで反力（地面の支える力）や応力（部材内部に発生する力）を導くことができる静定構造（R216参照）です。さらに基礎の移動や温度による膨張収縮にもヒンジの回転である程度追従でき、材に無理な力がかかりにくい構造形式です。

★ R035　S造　その12

Q パリ万博機械館のピン支点（回転端）では、モーメントの反力は受ける？

A 回転するので受けません。

反力とは地面が反発する力、構造物を支える力のことです。「のれんに腕押し」と同じで、動く方向には反力を受けません。この場合は回転する方向には反力を受けません。地面からの反力が柱を曲げようとしても、回ってしまうから曲げることができません。

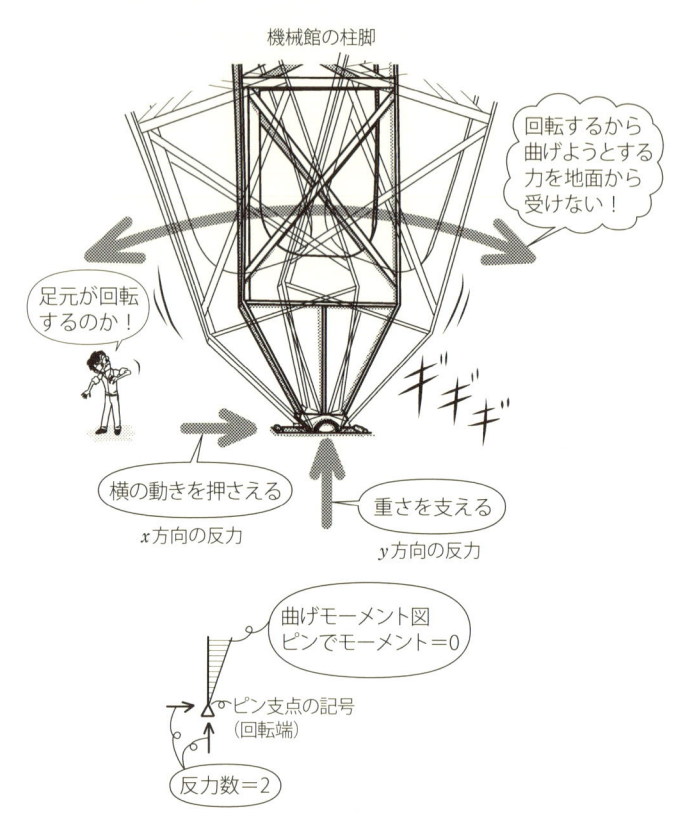

機械館の柱脚

回転するから曲げようとする力を地面から受けない！

足元が回転するのか！

ギギギ

横の動きを押さえる　x方向の反力

重さを支える　y方向の反力

曲げモーメント図　ピンでモーメント＝0

ピン支点の記号（回転端）

反力数＝2

- 荷重を支えるy方向の力と、横にずれないようにするx方向の力の、2つの反力を受けます。判別式（R215参照）では反力数は2と数えます。
- 柱の根元は太くする、台のようにしっかりと根づかせるのがそれまでの常識でした。それをピンとして軽々と支えてしまったところが、デザインとしても画期的でした。

★ R036　　S造　その13

Q 大きなスパン（柱から柱の距離）に鉄骨トラスを架けることが多いのは？

A コンクリートの梁では重く、木の梁では弱いからです。

19世紀には鉄道の駅、飛行船の格納庫、体育館などの大スパンを鉄骨トラスで架けるようになります。パリのオルセー駅（1900年）のように、壁はレンガの組積造、大スパンの部分だけ鉄骨トラスでガラス屋根という組み合わせも増えます。オルセー駅は、1986年にリノベーションされてオルセー美術館としてオープンします。

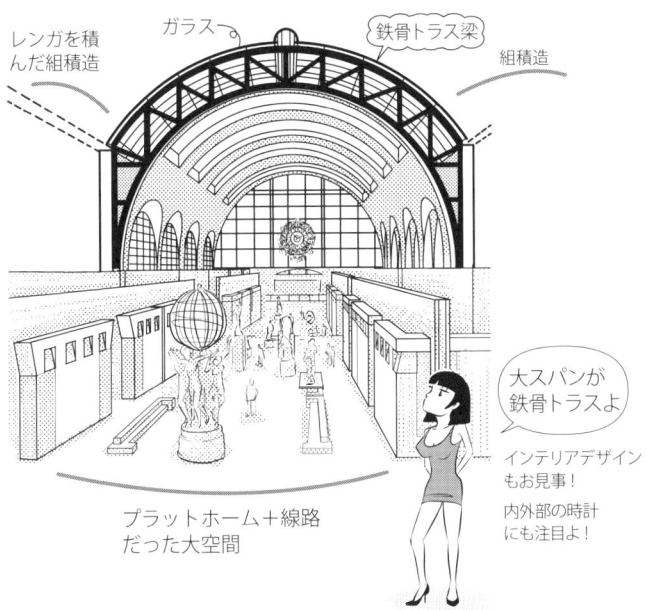

パリのオルセー駅 → オルセー美術館
　（1900年）　　　（1986年）

- レンガを積んだ組積造
- ガラス
- 鉄骨トラス梁
- 組積造
- プラットホーム＋線路だった大空間

大スパンが鉄骨トラスよ

インテリアデザインもお見事！
内外部の時計にも注目よ！

- 当時の鉄骨大空間では、鉄骨をむき出しにするよりも、古典主義やゴシックの衣を付けた組積造の建物で囲み込んで鉄骨部分を隠し、街並みや世俗の趣味と合わせる努力がされているものが多いです。近代建築の旗手たちが非難した方法ですが、今から見ると、そのような努力のされている建物の方が人気があるように思えます。当時の鉄とガラスの駅舎としては、ロンドンのキングスクロス駅（映画『ハリー・ポッター』シリーズにも登場、1852年）、パディントン駅（1854年）なども有名です。

★ R037　S造　その14

Q 鉄筋コンクリート造（RC造）、鉄骨造（S造）で $\dfrac{梁成}{スパン}$ は？

A RC造で $\dfrac{1}{10} \sim \dfrac{1}{12}$ 程度、S造で $\dfrac{1}{14} \sim \dfrac{1}{20}$ 程度です。

梁の間隔やかかる重さによって変わりますが、大まかにはこの程度です。S造の場合は線材を組み合わせたトラスに組め、長大なスパンも $\dfrac{1}{20}$ 程度の梁成で可能となります。

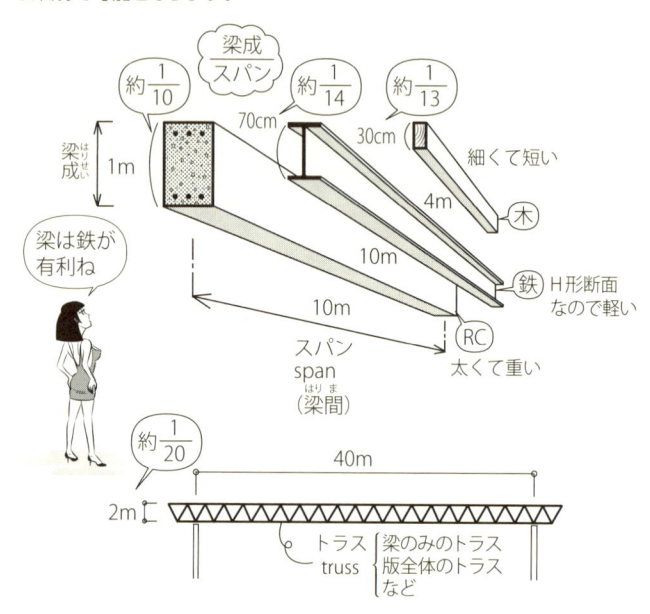

- H形鋼の梁は、20世紀初頭にはかなり普及していました。近代建築史で有名なアムステルダム株式取引所（H. P. ベルラーヘ設計、1897～1903年）、グラスゴー美術学校（C. R. マッキントッシュ設計、1897～1909年）は、ともに壁はレンガの組積造ですが、床をH形鋼で支えています。その際、密に並べたH形鋼の間に、レンガのヴォールトをかけて床をつくっています。前者は1階カフェの天井、後者は1階アトリエの天井で見ることができます。
- RC造の梁でも大スパンは可能ですが、断面の大きなRC梁は重くなるのが難点です。自らの重さを支えるために、力をかなり使うことになってしまいます。
- 木造の梁の場合、$\dfrac{梁成}{スパン}$ は $\dfrac{1}{12}$ 程度ですが、自然の木から製材するので、長さ、太さに制限があります。人工的に木を貼り合わせた集成材を使うと、長いスパンが可能となります。

★ **R038**   S造　その15

Q RC造、S造で柱の $\dfrac{太さ}{高さ}$ は？

▼

A RC造で $\dfrac{1}{10}$ 程度、S造で $\dfrac{1}{40}$ 程度です。

RC造の柱は $\dfrac{1}{15}$ 程度が限界です。それに対してS造の柱は $\dfrac{1}{40}$ まで細くでき、細長い、スレンダーな印象となります。平面に現れる柱の面積が少なく、床も構造体に占拠されず無駄がありません。ただしS造の細い柱や梁は、折り曲げによる破壊（**座屈**）に注意しなければなりません。

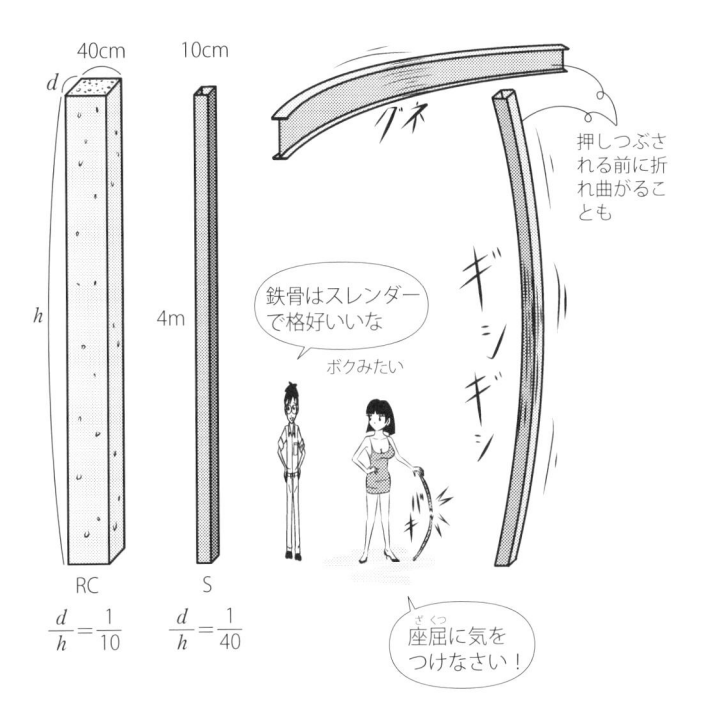

RC　　　　S

$\dfrac{d}{h} = \dfrac{1}{10}$ $\dfrac{d}{h} = \dfrac{1}{40}$

- 細長さを表す係数は、構造力学で細長比 λ（ラムダ、R210参照）を使います。λはS造の柱で200以下と決められています。

★ **R039** S造 その16

Q 高層ビルはどこでできた？

A 19世紀後半のシカゴ、20世紀初頭のニューヨークなどで盛んに建てられました。

高層ビルは最初はなんといってもアメリカです。シカゴのミシガン湖畔からニューヨーク・マンハッタン島へ、そして世界各地へと広がっていきました。

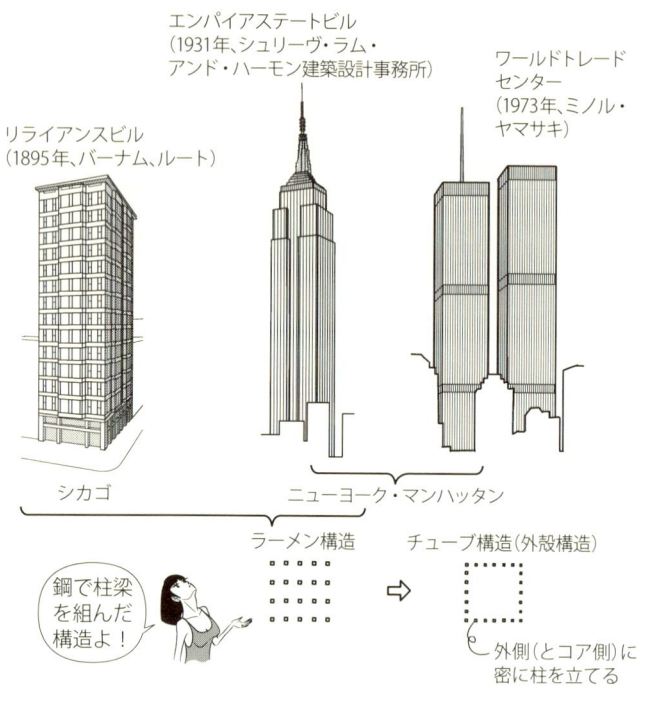

リライアンスビル
(1895年、バーナム、ルート)

エンパイアステートビル
(1931年、シュリーヴ・ラム・アンド・ハーモン建築設計事務所)

ワールドトレードセンター
(1973年、ミノル・ヤマサキ)

シカゴ　　ニューヨーク・マンハッタン

ラーメン構造　　チューブ構造(外殻構造)

鋼で柱梁を組んだ構造よ！

外側(とコア側)に密に柱を立てる

- 高層ビルは経済の勃興によって建ち上がる傾向にあって、19世紀後半から20世紀初頭にかけてアメリカの経済が一気に突出する時期に、伝統のしがらみのないアメリカに次々に建てられていきます。それにシカゴ大火(1871年)後の復興が加わります。シカゴ派と呼ばれるビル群が現れるのは大火後で、最初は組積造によっていたのが、上記のリライアンスビルで鉄の骨組みが試されます。
- ラーメン構造という柱をほぼ均等に立てて梁と床を架ける方法から、柱を外周部に集中させるチューブ構造へと変わっていきます。9.11の被害に遭ったワールドトレードセンターはチューブ構造の超高層です。チューブ構造は、外殻構造、ラーメン型外殻構造などとも呼ばれます。

★ **R040**   S造 その17

Q 露出された鉄は火事でどうなる？
▼
A 飴（あめ）のようにやわらかくなって曲がってしまいます。

鋼は500度で強度が約半分となってしまうので、大型の建物では耐火被覆をすることになります。

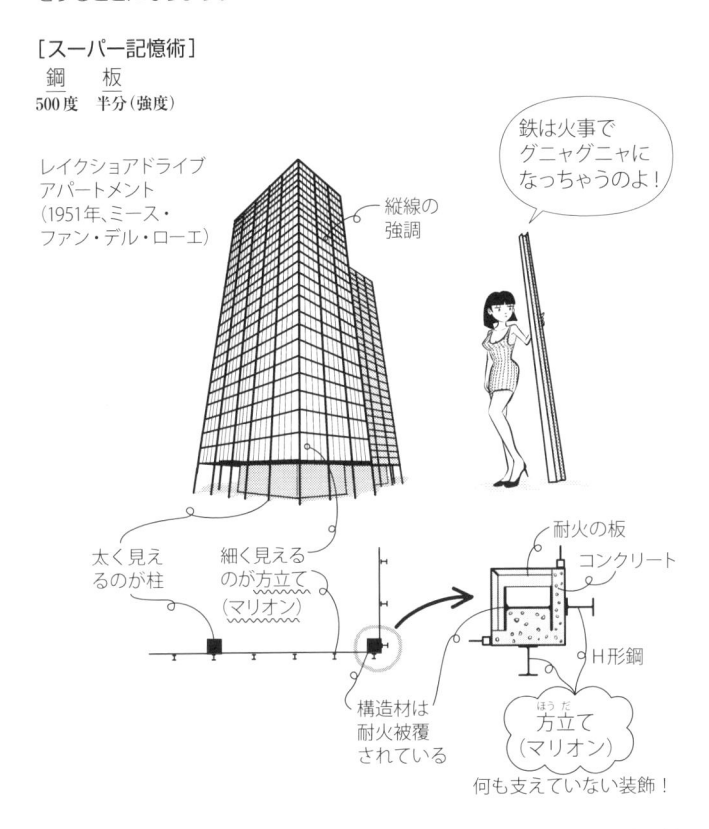

[スーパー記憶術]
鋼　板
500度　半分（強度）

レイクショアドライブ
アパートメント
（1951年、ミース・
ファン・デル・ローエ）

縦線の強調

鉄は火事でグニャグニャになっちゃうのよ！

太く見えるのが柱

細く見えるのが方立て（マリオン）

構造材は耐火被覆されている

耐火の板
コンクリート
H形鋼

方立て（マリオン）

何も支えていない装飾！

- シカゴのミシガン湖畔（レイクショア）に立つ上記の高層アパートでは、柱は鉄筋コンクリートと耐火板で耐火被覆されています。ミース（Mies van der Rohe、1886〜1969年）お得意のH形鋼を表に見せるデザインは、高層ビルでは耐火被覆の関係で使えません。そこで窓の方立て（マリオン）にH形鋼を露出させて、垂直線を出す工夫をしています。特に柱の外側の方立てはガラスも支えておらず、完全に化粧としての効果を狙ったものといえます。ミースにとってのH形鋼は、古典主義者のオーダーのようなものだったのです。

47

★ **R041**　　　　　　　　　　　　　　　　　　　　S造　その18

Q 立体トラスとは？
▼
A 一方向に三角形をつないで梁などにするのではなく、奥行き方向、上下方向にもつないで立体的に展開するトラスです。

フラー（Buckminster Fuller、1895～1983年）によるジオデシックドーム（フラードーム、1947年）、モントリオール万国博覧会のアメリカ館（1967年）、丹下健三（1913～2005年）ほかによる大阪万国博覧会のお祭り広場（1970年）の屋根は、立体トラスの例です。

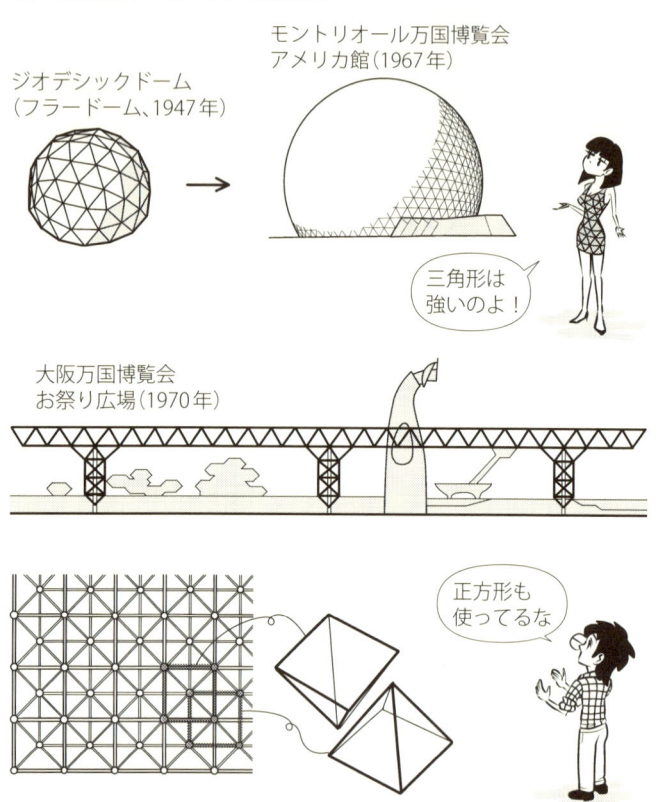

ジオデシックドーム
（フラードーム、1947年）

モントリオール万国博覧会
アメリカ館（1967年）

三角形は
強いのよ！

大阪万国博覧会
お祭り広場（1970年）

正方形も
使ってるな

- ジオデシック（geodesic）とは測地学的なという意味ですが、ジオデシックドームはフラーによる造語です。1960～70年代、立体トラスを使って大きな水平屋根やヴォールト、ドームなどのシェルをつくることがはやりました。スペースフレームと呼ばれることもあります。

R042　RC造　その1

Q コンクリートに鉄筋を入れるのは？

A 引張りに弱いコンクリートを補強するためです。

セメントに砂を入れたモルタル、モルタルに砂利を入れたコンクリートは、固まると引張りやせん断に弱いので割れやすくなります。古代ローマで大量に使われたコンクリートは、圧縮材としてのみの役割でした。

> モルタル、コンクリートだけじゃ弱いのよ！

> モルタル(セメント＋砂)
> コンクリート(セメント＋砂＋砂利)
> は引張り、せん断に弱い

> 鉄筋は引張りに強い！

> ボートや植木鉢に鉄の網を入れて壊れにくくしたのか

鉄網

鉄網

J.ランボーによる
鉄網モルタルの
ボート(1855年)

J.モニエによる
鉄網モルタルの
植木鉢(1867年)

- 鉄筋コンクリートを意味するRCは、Reinforced Concrete（補強されたコンクリート）の略です。
- 1850年にフランスのJ.ランボーが鉄網を入れたモルタルでボートを試作して、1855年のパリ万国博に出品し、特許もとっています。またフランスの植木職人J.モニエは、鉄網の入った植木鉢を試作して、1867年に特許をとっています。これらが鉄筋コンクリートの起源とされています。19世紀後半には、鉄筋コンクリートの構造理論も、整備されていきます。鉄もコンクリートも紀元前から使われていますが、両方をミックスするという画期的発想は、19世紀半ばになってからです。偶然にも鉄とコンクリートの熱に対する膨張率が、ほとんど一緒だったことが功を奏したかたちです。鉄骨造の歴史は200年程度、RC造の歴史は150年程度となります。

★ R043　RC造　その2

Q ラーメン構造とは？

A 柱と梁で組んで、柱梁接合部で直角を維持し、その上に床版（しょうばん＝床スラブ）を載せる構造方式です。

フランスの建設業者フランソワ・エヌビック（François Hennebique、1842～1921年）は、RCによる柱梁の構造システム（要はラーメン構造）を1892年に提唱します。ラーメン構造は、テーブルのように足と横棒を剛に接合して直角を保ち、その上に板を載せる構造です。

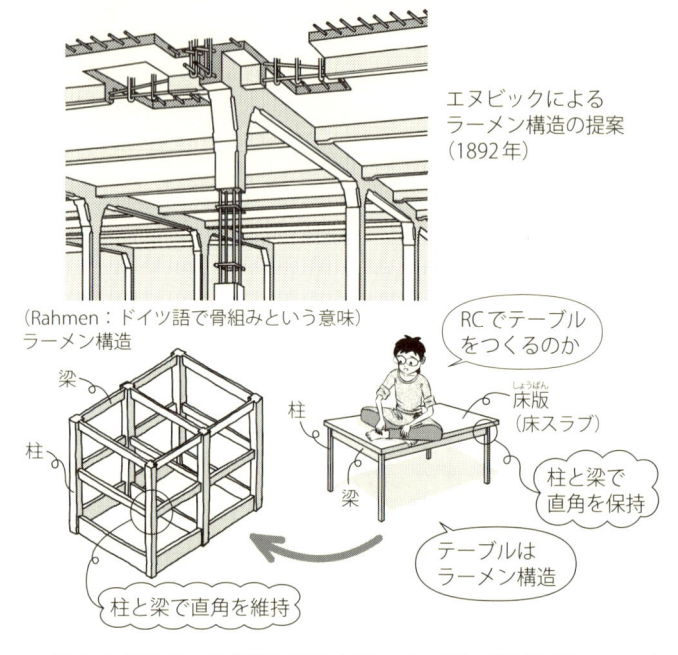

エヌビックによるラーメン構造の提案（1892年）

（Rahmen：ドイツ語で骨組みという意味）
ラーメン構造

梁
柱
柱と梁で直角を維持

RCでテーブルをつくるのか

柱
梁
床版（しょうばん）（床スラブ）
柱と梁で直角を保持

テーブルはラーメン構造

- エヌビックはRCラーメン構造を提唱した後に、シャルル6世紡績工場（1895年）をRC造で建てています。1900年のパリ万博では、多くの展示館の階段などに部分的ですがRC造が使われています。
- アナトール・ド・ボー（Anatole de Baudot、1834～1915年）は、サン・ジャン・ド・モンマルトル聖堂（1894～1902年）をRC造で建てています。ゴシック風の様式にまとめてはいますが、鉄筋コンクリート造という点ではペレのフランクリン街のアパート（次頁参照）よりもわずかに早く、現存する最古のRC造といわれています。モンマルトルの丘に現存するので、すぐ近くのH. ギマール（Hector Guimard、1867～1942年）によるアール・ヌーヴォーの地下鉄アベッス駅入口（1900年）と一緒に見てきてください。

★ R044 RC造 その3

Q RCによるラーメン構造がつくられるようになったのはいつごろから？

A 19世紀後半から部分的に使いはじめられますが、本格的には20世紀に入ってからです。

オーギュスト・ペレ（Auguste Perret、1874〜1954年）は、パリのフランクリン街にRCラーメン構造のアパート（1902〜1903年）を建てています。建物全体がRCラーメン構造で、近代的なデザイン要素をもつ建築物の最初の実例です。施工はエヌビック社なので、技術と施工はエヌビックに負っているといえます。

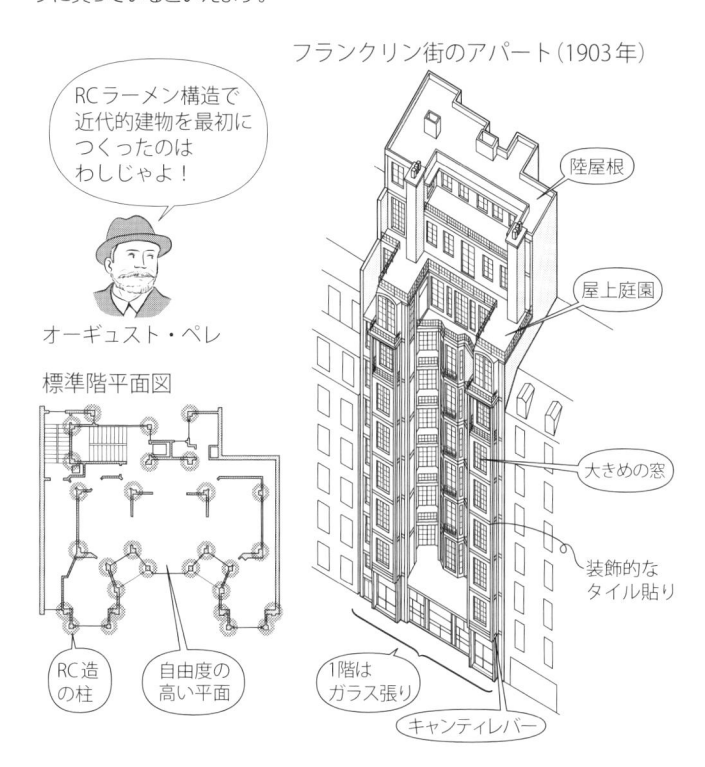

フランクリン街のアパート（1903年）

RCラーメン構造で近代的建物を最初につくったのはわしじゃよ！

オーギュスト・ペレ

標準階平面図

- 陸屋根
- 屋上庭園
- 大きめの窓
- 装飾的なタイル貼り
- RC造の柱
- 自由度の高い平面
- 1階はガラス張り
- キャンティレバー

- ペレはパリのフランクリン街に面した土地を買ってアパートを建て、アパートの大家となるとともに1階を自分の事務所、最上階を自宅としました。約30年前に筆者が見たときには外壁は薄汚れていましたが、2012年に訪れた際には外壁はきれいに洗浄され、柱梁型の間に張られた陶製の葉の模様が、大変美しく見えていたのに驚かされました。

★ **R045**　　　　　　　　　　　　　　　　　　　　　　RC造　その4

Q コンクリート打ち放し（仕上げなしのコンクリート）による建物はいつごろから？

A 20世紀初頭からです。

都市内で建物全体をコンクリート打ち放しでつくった早い例は、ペレによるポンテュウ街のガレージ（車業者の建物、1905年）です。柱梁の構造体を露出して、中央の吹き抜けに大きなガラスをはめています。吹き抜けに架かるブリッジには鉄骨のトラス梁が架けられて車も載ることができ、構造、デザインともに先進的な作品でした。

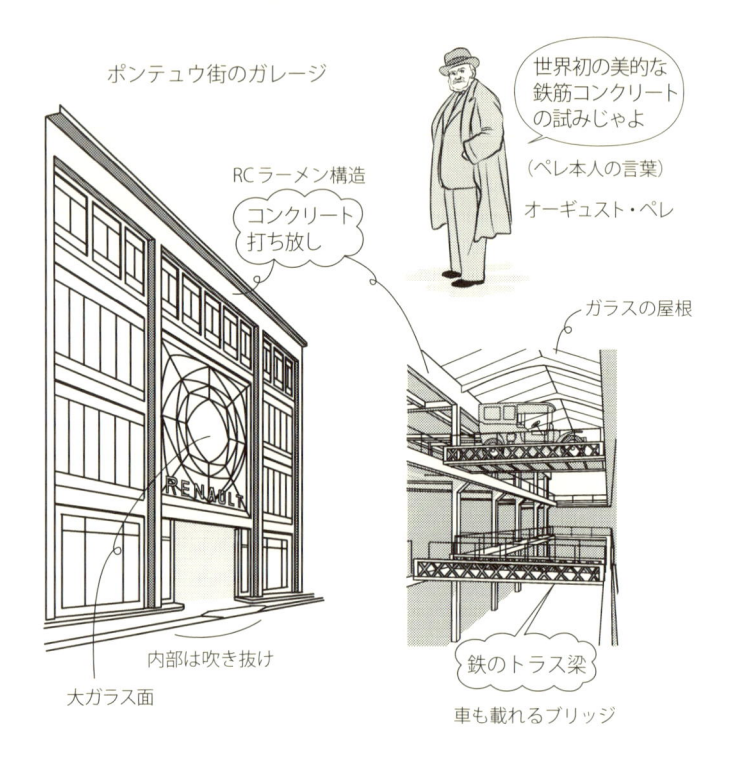

ポンテュウ街のガレージ

RCラーメン構造

コンクリート打ち放し

世界初の美的な鉄筋コンクリートの試みじゃよ

（ペレ本人の言葉）

オーギュスト・ペレ

ガラスの屋根

内部は吹き抜け

大ガラス面

鉄のトラス梁

車も載れるブリッジ

- コンクリートを「打って」、型枠を「放した」だけのコンクリートなので、「打ち放し」コンクリートと呼ばれます。仕上げのないコンクリートは、階段、バルコニーなどのパーツや工場などの安価な建物で、19世紀末ごろから多くつくられています。日本ではアントニン・レーモンド（1888～1976年）の自邸（1923年）が、コンクリート打ち放しによる建物の初期のものと思われます。

R046　RC造　その5

Q シェル構造とは？

A 貝殻（shell）のような曲面の板による構造です。

組積造によるヴォールト、ドームも、シェルの一種ですが、20世紀に入ってRCによるシェルが盛んにつくられるようになります。ペレによるランシのノートルダム聖堂（1922〜23年）が早い例です。高さ（ライズ）の低い扁平なヴォールトを、細長い柱で支えています。

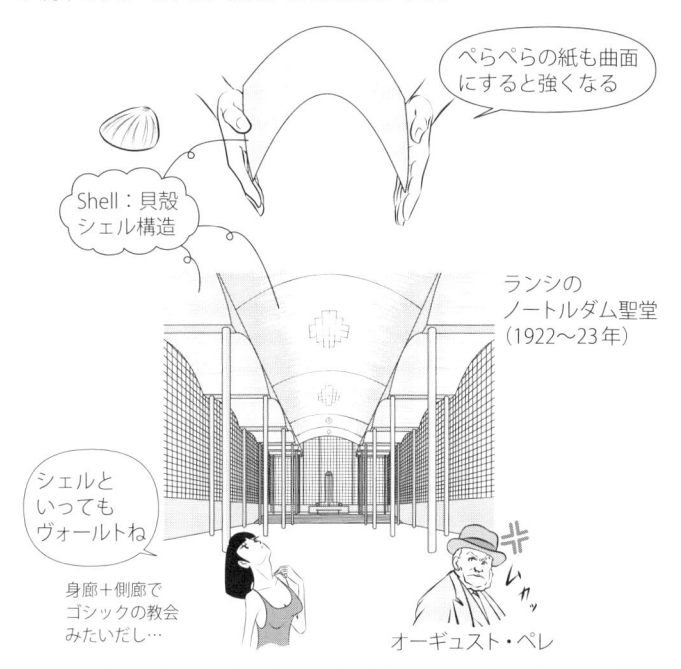

ぺらぺらの紙も曲面にすると強くなる

Shell：貝殻
シェル構造

ランシの
ノートルダム聖堂
（1922〜23年）

シェルと
いっても
ヴォールトね

身廊＋側廊で
ゴシックの教会
みたいだし…

オーギュスト・ペレ

- 側面の壁は、工場で鋳型に入れてつくるプレキャストコンクリートにステンドグラスをはめたブロックを天井まで積んだものです。
- フランクリン街のアパートでは、装飾の多いタイルで表面を覆ったり、壁最上部にはコーニスのような張り出しが付いていたりします。ポンテュウ街のガレージでも、コーニスのような張り出しが見られます。シャンゼリゼ劇場（1911〜13年）は大空間をRCラーメン構造でつくった意欲作ですが、表層表現は古典主義的色彩が濃厚です。ランシのノートルダム聖堂も、ゴシックの面影を強く残しています。ペレは伝統的なエコール・デ・ボザール（パリ国立高等美術学校）で教育を受けたせいか（最終試験前に退学してRC造を専門とする家族の会社に入る）、RC造を専門としながらも、ル・コルビュジエのような抜けきった抽象性を獲得するにはいたりませんでした。

★ **R047** RC造 その6

Q 梁なしで柱だけで床スラブを支えられる？

▼

A 床スラブと柱の接合部を、マッシュルーム状にするなどの工夫をすれば可能です。

梁のない版（ばん）なので、文字通り無梁版（むりょうばん）構造といいます。ロベール・マイヤール（Robert Maillart、1872〜1940年）はチューリヒの倉庫（1908年）で、柱上部を広げて床スラブと一体化することにより、梁をなくすことに成功しています。

[スーパー記憶術]
梁がなくてもまあいーや
　　　　　　　　マイヤール

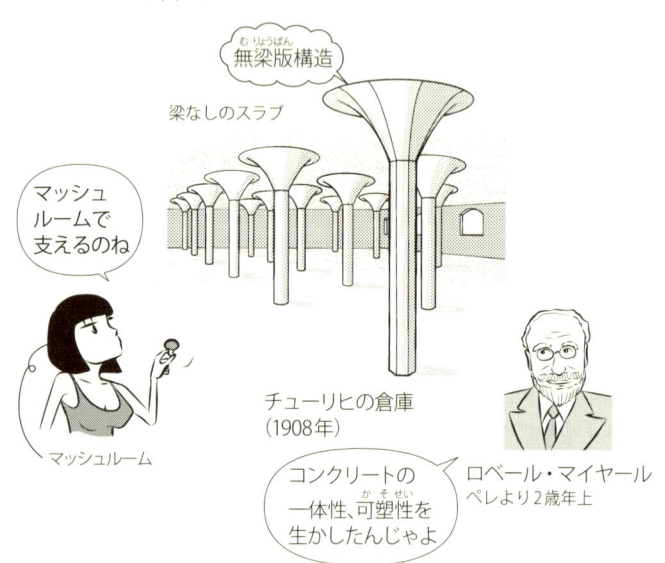

無梁版（むりょうばん）構造

梁なしのスラブ

マッシュルームで支えるのね

マッシュルーム

チューリヒの倉庫（1908年）

コンクリートの一体性、可塑性（かそせい）を生かしたんじゃよ

ロベール・マイヤール
ペレより2歳年上

- エヌビック、ペレらのラーメン構造は柱梁という線材による構成でした。固まると全体としてひとつの塊となるコンクリートの一体性、粘土のようにどんな形にもなる可塑性を生かしたのは、マイヤールでした。
- トニー・ガルニエ（Tony Garnier、1869〜1948年）による工業都市計画案（1901〜1917年）の中心地区パースを見ると、バス停を巨大な無梁版で覆っているのがわかります。
- マッシュルーム状の柱は、フランク・ロイド・ライト（Frank Lloyd Wright、1867〜1959年）によるジョンソンワックスビル（1939年）が有名ですが、約30年前にマイヤールが実現しています。

54

★ **R048**　RC造　その7

Q RC造のアーチを薄くつくるには？

A スリーヒンジアーチとします。

ヒンジ（ピン）はドアの蝶番のように回転する接合部で、回そうとする力、曲げようとする力がかかりません。ヒンジの近くの部材は曲げられないので、細くすることができます。

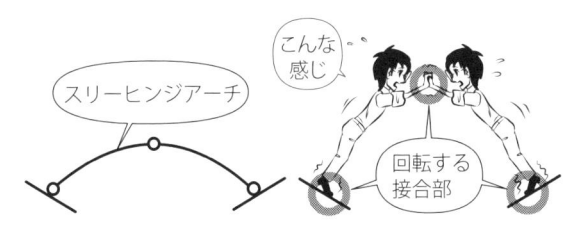

スイスの景色とも調和する薄いアーチじゃよ

どんなもんだ

ロベール・マイヤール

RC造スリーヒンジアーチ

中央と端部が薄い！

ザルギナトーベル橋

こんな感じ

スリーヒンジアーチ

回転する接合部

- マイヤールは1899年から68歳で生涯を終えるまで、アーチ橋をスイスに多数つくっています。その多くがスリーヒンジアーチの応用で、中央部の薄さが橋の美しさを際立たせています。世界的な景観、スイスの渓谷に架かっていても、何ら違和感なく調和するすばらしい形態です。晩年につくったスイス博のセメント館では、スパン16m、ライズ16mの放物線アーチを、スラブ厚わずか6cmで実現しています。マイヤールは、RCの面材としての可能性を極限まで引き出した建築家、技術者でした。

55

★ R049　RC造　その8

Q RCシェルで大きなキャンティレバー（片持ち構造）は可能？

A 20世紀前半からいくつもの実例があります。

スペインの構造家トロハ（Eduardo Torroja、1899～1961年）によるサルスエラ競馬場（1935年）では、大きな双曲面シェルの屋根が片持ちで張り出して、観客席を覆っています。

サルスエラ競馬場（1935年）

RC双曲面シェル
厚さは5.1cm!!

薄いシェルの片持ちだぞ！

エドゥアルド・トロハ

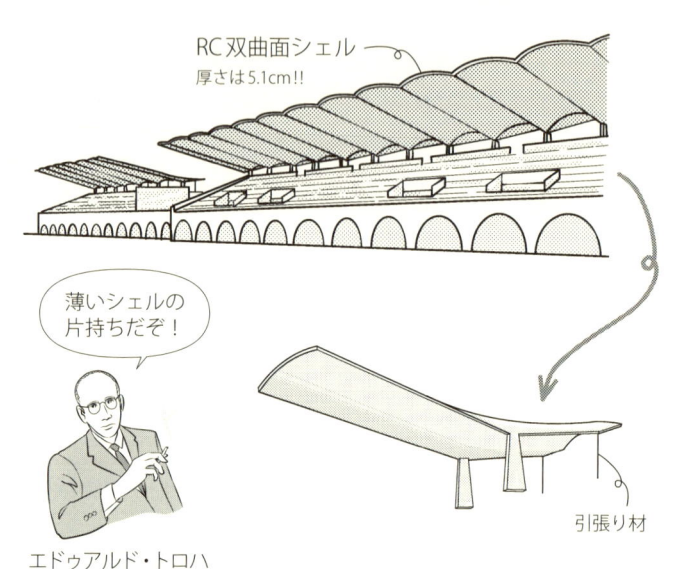

引張り材

- シェル屋根の後方には引張り材を入れて、下向きに引っ張ってバランスをとっています。双曲面とはある軸に対して傾いた同一平面にない直線を回転させることでできる曲面です。直線の組み合わせで曲面がつくれるので、建築では多く使われてきました。
- RCによるシェル、鉄骨トラスによるシェル（ラチスシェル：latticeとは格子のこと）は、体育館、展示場、ホールなどの大空間によく使われてきましたが、上記のような大きな片持ち屋根にも使われています。

※参考文献：エドゥアルド・トロハ著、川口衛監修・解説『エドゥアルド・トロハの構造デザイン』（相模書房、2002年）

★ **R050**　RC造　その9

Q ラーメン構造を使うことによるメリットは？

A 1 内部に重さを支える壁がないので、平面の自由度が高い（自由な平面）。
2 外周に重さを支える壁が不要なので、立面の自由度が高い（自由な立面）。
3 1階をピロティとして公に開放できる（ピロティ）。
4 縦長ではなく横長の連続窓が可能で、室内を明るくできる（横長連続窓）。
5 平らな屋根が可能で、屋上を庭園にできる（屋上庭園）。

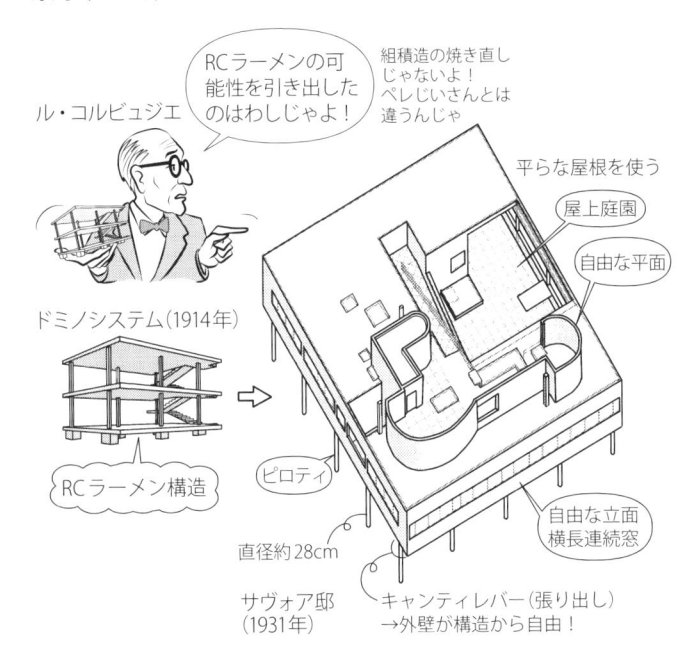

ル・コルビュジエ（Le Corbusier、1887～1965年）による近代建築の5原則（1926年）です。

▼

ル・コルビュジエ：RCラーメンの可能性を引き出したのはわしじゃよ！
組積造の焼き直しじゃないよ！ペレじいさんとは違うんじゃ

平らな屋根を使う
屋上庭園
自由な平面

ドミノシステム（1914年）
RCラーメン構造
ピロティ
自由な立面
横長連続窓

直径約28cm
サヴォア邸（1931年）
キャンティレバー（張り出し）
→外壁が構造から自由！

- ドミノシステム（1914年）とサヴォア邸（1931年）は、二重の床スラブの間にリブ（小梁）を入れたヴォイドスラブ（R054参照）として梁を見せない工夫をしていますが、基本的にはRCラーメン構造です。サヴォア邸で、5原則すべてが盛り込まれた作品が完成します。
- サヴォア邸の円柱は非常に細く、筆者がピロティの柱の円周を現地で測って直径を計算したところ、各柱で多少の違いはあるものの28cm前後でした。

R051　RC造　その10

Q キャンティレバー（cantilever）とは？

A 片持ち梁や張り出された部分全体のことです。

キャンティレバーとすることにより、デザインのダイナミックさ、横長につながる窓、コーナーを回り込む大ガラス面などが実現できるようになりました。近代的デザインの切り札でもあります。下の3つの名作住宅は、キャンティレバーによる水平線の強調という点で共通しています。

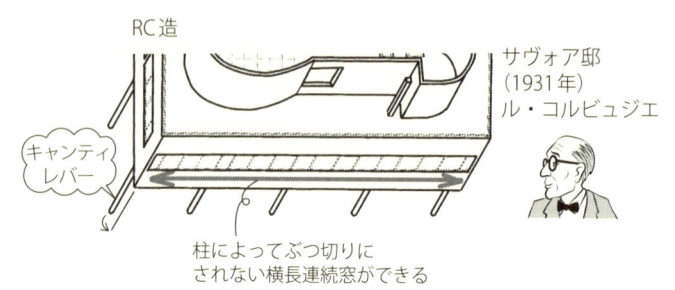

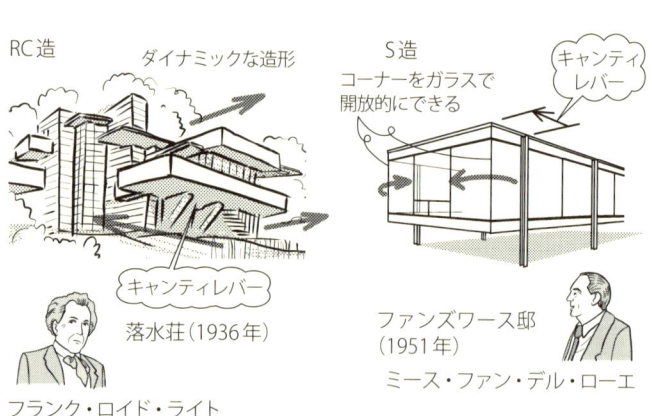

RC造

サヴォア邸
(1931年)
ル・コルビュジエ

キャンティレバー

柱によってぶつ切りにされない横長連続窓ができる

RC造　ダイナミックな造形

S造　コーナーをガラスで開放的にできる

キャンティレバー

キャンティレバー

落水荘(1936年)

フランク・ロイド・ライト

ファンズワース邸
(1951年)

ミース・ファン・デル・ローエ

★ **R052**　RC造　その11

Q コンクリートの可塑性（かそせい：粘土のように自由に形をつくれること）を生かした造形をする際に困るのは？

A デザインを曲面にした場合、型枠も曲面につくる必要があることです。

エーリヒ・メンデルゾーン（Erich Mendelsohn、1887～1953年）によるアインシュタイン塔（ポツダム、1921年）は、彫塑的（ちょうそてき）形態でドイツ表現主義の代表作とされています。コンクリートの可塑性を生かした造形にしたかったようですが、実際はレンガを積んで表面をモルタルで均したものでした。戦後の資材不足が理由に挙げられていますが、型枠をつくるのが難しかったのも一因と思われます。

ロンシャンの教会（1955年）
　RC造（張りぼて）
壁はRC造＋組積造
　特に間口のある所

エーリヒ・メンデルゾーン
コルビュジエと同年齢
「RCでやりたかったんだけどな…」

「実は石やレンガを積んでいる！」

「実はレンガを積んでいる！」

アインシュタイン塔（1921年）

ル・コルビュジエ
「頭を柔軟にしたまえ！」

- シェルの曲面はおだやかで曲がりが一定のところが多いですが、アインシュタイン塔のような完全に自由な造形だと、型枠をつくるのは難しくなります。現在では、表面を細い金網でつくって、中のコンクリートが固まる前にコテで表面を塗って均す、あるいはガラス繊維の入ったコンクリート（GRC）を塗るなどの方法でつくることが多いです。コンクリートの可塑性とよくいわれますが、型枠を考えると、案外つくるのは大変です。
- ル・コルビュジエによるロンシャンの教会（1955年）では、壁は以前あった教会のがれきを再び積んだ組積造と骨組みとなるRC造を合わせた構造、表面は金網にモルタルを塗って均したもの、屋根は内部に骨組みを入れて表面をRC打ち放しとした「張りぼて」です。構造の一貫性、合理性よりも造形を重んじる姿勢が感じられます。

★ R053　RC造　その12

Q プレストレストコンクリートとは？

A 張力を与えたケーブルをコンクリートに入れて、引張り力に対する抵抗を強めたコンクリートです。事前に（pre）緊張させられた（stressed）コンクリートという意味です。

下図のようにコンクリートの中のケーブルを引っ張ることでコンクリートには圧縮力がかかります。引張りに弱いコンクリートのひび割れを防ぎ、たわみも小さくできます。1930年代には実用化されました。

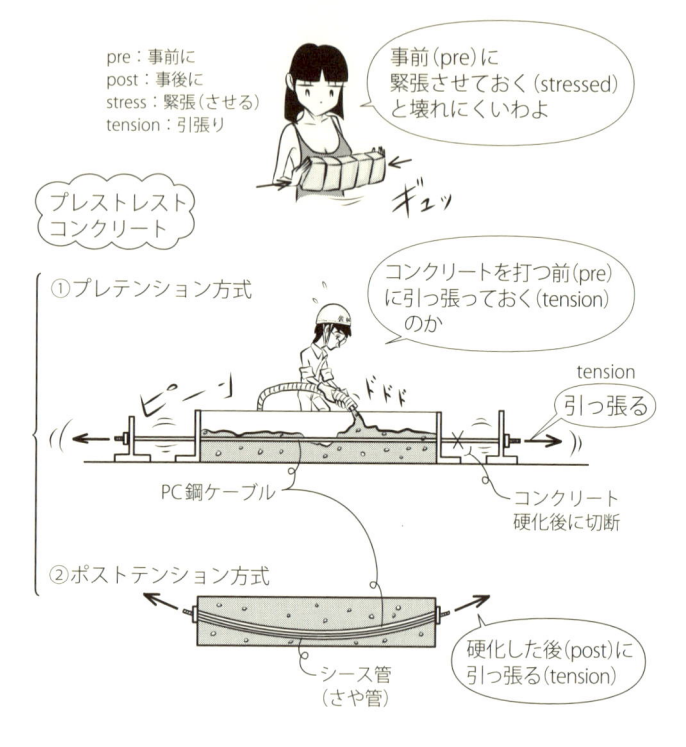

pre：事前に
post：事後に
stress：緊張（させる）
tension：引張り

事前（pre）に緊張させておく（stressed）と壊れにくいわよ

ギュッ

プレストレストコンクリート

①プレテンション方式

コンクリートを打つ前（pre）に引っ張っておく（tension）のか

ビーン　ドドド

tension
引っ張る

PC鋼ケーブル　　コンクリート硬化後に切断

②ポストテンション方式

シース管（さや管）

硬化した後（post）に引っ張る（tension）

- プレストレスにはコンクリート打設前にケーブルを引っ張っておくプレテンション方式と、コンクリート打設後にシース管内のケーブルを引っ張るポストテンション方式があります。この場合のプレ（事前）、ポスト（事後）は、コンクリートを打つ前後のことです。プレストレスは組み立てる前のという意味です。
- ケーブルにはPC鋼材というプレストレストコンクリート専用の高張力鋼が使われます。

★ R054　リブ　その1

Q ワッフルスラブとは？

A 格子状に細い梁（リブ：肋骨）を入れた床板のことです。

床板で大きな梁を抜くには、前述のマッシュルーム状の柱とする以外に、縦や縦横に小さな梁＝リブ（肋骨）を付ける方法、円筒形などの中空を等間隔で並べる中空スラブとする方法などがあります。

新国立美術館（ベルリン、1968年、ミース・ファン・デル・ローエ）

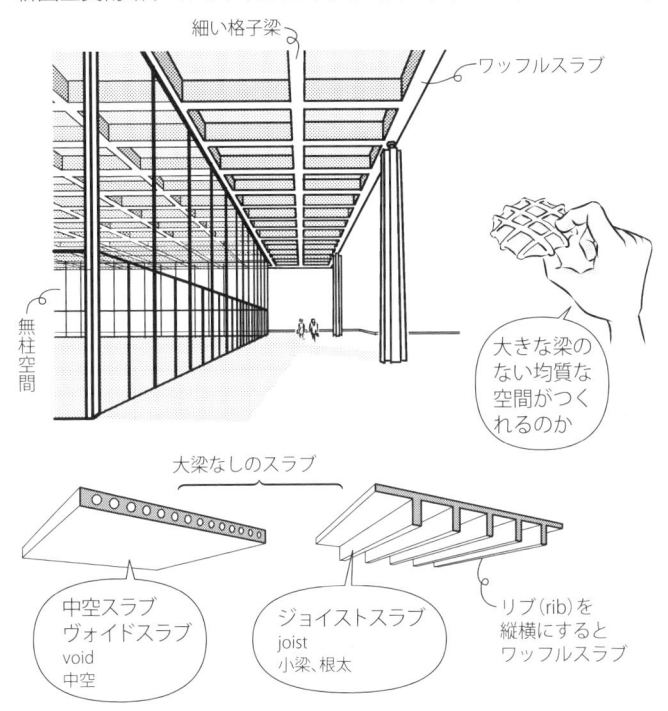

- 細い格子梁
- ワッフルスラブ
- 無柱空間
- 大きな梁のない均質な空間がつくれるのか

大梁なしのスラブ

- 中空スラブ ヴォイドスラブ void 中空
- ジョイストスラブ joist 小梁、根太
- リブ（rib）を縦横にするとワッフルスラブ

- 外廊下やバルコニーなどの小さな床版は梁なしで架けられます。中空スラブはヴォイドスラブ、リブによるスラブはジョイストスラブともいいます。ジョイストスラブでリブを縦横に入れたのがワッフルスラブです。
- ル・コルビュジエのサヴォア邸の床版にもリブが片方向に多く入れられ、そのリブと直交する方向に大きな梁が入れられています。リブは細い梁というよりも、木造でいうところの根太（ねだ）に近いものです。

★ R055　　　　　　　　　　　　　リブ　その2

Q リブ付きシェルとは？

A リブ（肋骨）と曲面が一体となったシェルです。

あばら（rib）のように並んだ骨格で、貝殻（shell）状の曲面をつくります。ネルヴィ（Pier Luigi Nervi、1891～1979年）によるローマオリンピック（1960年）の小体育館は、美しいリブ付きシェルの代表例です。

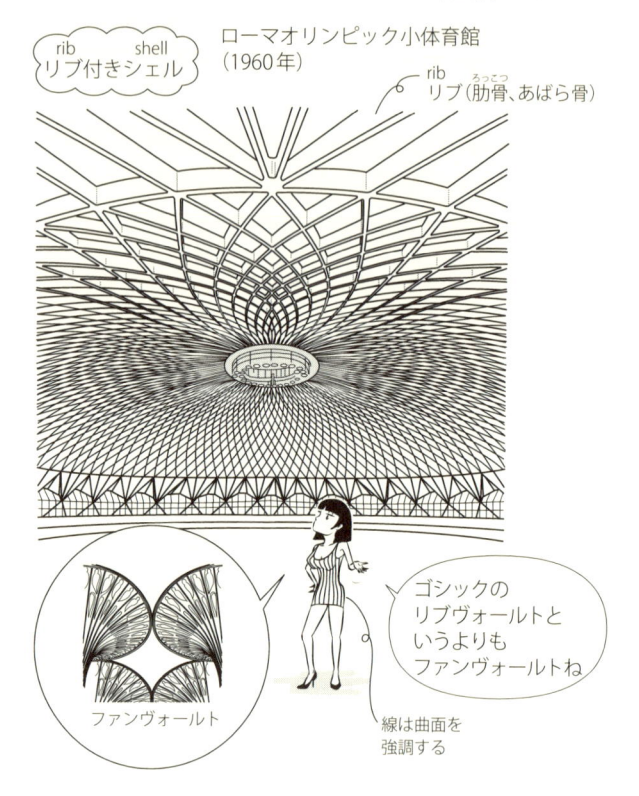

ローマオリンピック小体育館（1960年）

リブ付きシェル（rib shell）

リブ（肋骨、あばら骨）rib

ファンヴォールト

ゴシックのリブヴォールトというよりもファンヴォールトね

線は曲面を強調する

- ゴシックのリブヴォールトと同様に、力の流れを視覚的に表すことができるデザインです。しかしこの体育館のリブ付きシェルを見ると、「構造合理主義」の美しさというよりも、後期ゴシックのファンヴォールトのような「構造装飾主義」による美しさのように思われます。構造とコストを最適化すると、もっと無骨なものができ上がりそうです。このシェルは、工場で製作されたプレキャストコンクリート（事前に鋳型に打ったコンクリート、略してPC）部材を並べて、その上からコンクリートを打って一体化させたものです。

★ R056 リブ その3

Q 折板（せつばん）構造とは？

A ジグザグに折り曲げることにより強度を大きくした版による構造のことです。

ブロイヤー（Marcel Lajos Breuer、1902～1981年）とネルヴィ（Pier Luigi Nervi、1891～1979年）らによるパリのユネスコ本部ビル（1957年）の会議場部分（ほかはラーメン構造）は、壁と天井が折板でつくられています。

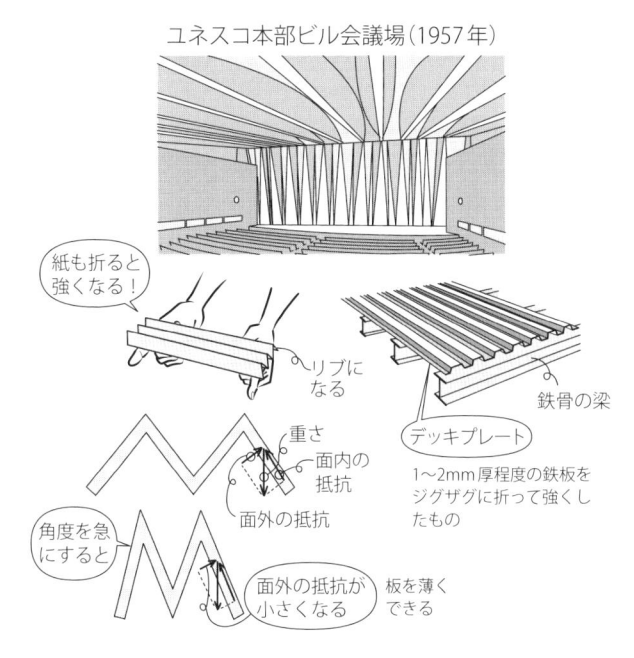

ユネスコ本部ビル会議場（1957年）

紙も折ると強くなる！
リブになる
鉄骨の梁
デッキプレート
1～2mm厚程度の鉄板をジグザグに折って強くしたもの

重さ
面内の抵抗
面外の抵抗
角度を急にすると
面外の抵抗が小さくなる
板を薄くできる

- 薄い板を折り曲げると断面がMの字のように板が縦に近くなり、それぞれの面がリブの働きをして、リブが多く入れられたジョイストスラブのようになります。折り曲げの角度を急にすると、下向きの重力と抵抗する力、面内の力と面外の力のうち、面内の圧縮力が大きくなり、面を折り曲げようとする面外の力が小さくなります。
- 建築部材には折板屋根やデッキプレートといった、折板構造が多く見受けられます。折板屋根は工場や倉庫、プレファブ小屋の屋根などによく使われます。デッキプレートはその上にコンクリートを打って、床をつくります。
- 日本ではレーモンド（Antonin Raymond、1888～1976年）による群馬音楽センター（1961年）が、すべて折板でつくられた音楽ホールとして有名です。

★ **R057** ラチス

Q ラチスシェルとは？

A 三角形などの格子（lattice）を使ってつくるシェルです。

大英博物館の中庭にガラス屋根を架けた、ノーマン・フォスター（Norman Foster、1935年〜）によるグレートコート（2000年）は、薄いラチスシェルによってつくられました。

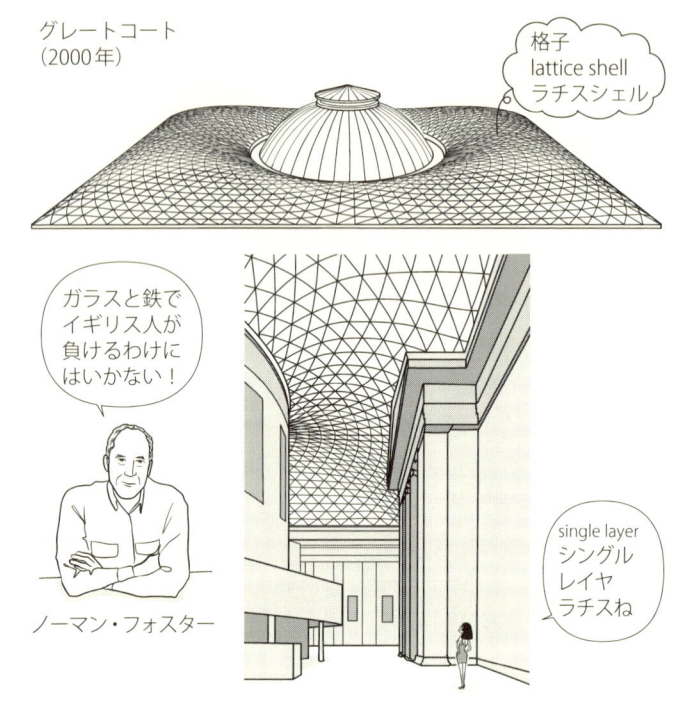

グレートコート
（2000年）

格子
lattice shell
ラチスシェル

ガラスと鉄で
イギリス人が
負けるわけに
はいかない！

ノーマン・フォスター

single layer
シングル
レイヤ
ラチスね

- 主に軸方向力だけを受ける線材を、三角形にして組み立てたトラスの一種です。1960〜70年代に多くつくられた厚みのある立体トラスのシェルに比べて、現在のラチスシェルは薄くつくる例が多く見られます。上記のシェルはスパンが短いことも手伝い、一重のラチスだけで支えられています。一重のラチスをシングルレイヤーラチス（single layer lattice、ひとつの層の格子）といいます。
- 構造の歴史ものとして、小澤雄樹著『20世紀を築いた構造家たち』（オーム社、2014年）をおすすめします。写真、文章共に圧巻です。

※参考文献：Norman Foster and Partners, "Norman Foster Works 4"（Prestel Verlag, 2004）

R058 ニュートン　その1

Q 体重40kg、50kg、60kgをニュートン（N）で表すと？

A 40kgの重さ→約400N
50kgの重さ→約500N
60kgの重さ→約600N

55kgの重さは約550N（ニュートン）と、体重のkgを10倍すればおおよそのニュートンの値となります。自分の体重は、今日からニュートンで覚えておいて、すぐにいえるようにしておきましょう。体重を聞かれたら、「セクハラです！」なんて言わずに、「450ニュートンです！」と答えればいいわけです。

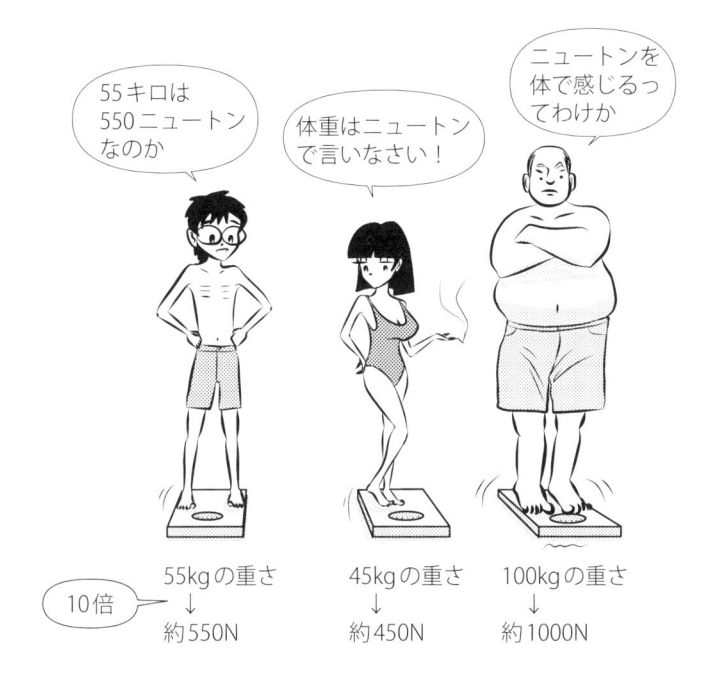

（55キロは550ニュートンなのか）

（体重はニュートンで言いなさい！）

（ニュートンを体で感じるってわけか）

55kgの重さ　　45kgの重さ　　100kgの重さ
↓　　　　　　↓　　　　　　↓
約550N　　　約450N　　　約1000N

（10倍）

- 昔は構造ではキログラムの重さで力を表していたので、実感として理解できました。しかし国際単位であるニュートンに統一されてから、構造の勉強をする人が、本当にニュートンを実感として理解しているか否かがあやしくなってきました。これは大変危険なことです。ニュートンの単位は実生活では使われておらず、実感としてわかる人は少ないのではないでしょうか。質量、重さの区別、単位の定義は後回しにして、まずはニュートンを実感できるようになるところからはじめましょう。

★ R059　　　ニュートン　その2

Q 小さなりんご100gの重さ、大きめのみかん100gの重さをニュートン（N）で表すと？

A 約1Nです。

100g＝0.1kgの重さは、約1Nです。大きめのみかん1個、小さなりんご1個が約1Nと覚えておきましょう。持ってみてニュートンを感じてみてください。1Nは意外と小さい単位、小さな力であることがわかります。

「ニュートンってちっぽけな単位ね！」

小さな
りんご
100gの重さ
↓
1N

大きめのみかん
100gの重さ
↓
1N

100gの重さが1N
（0.1kg）

アイザック・ニュートン

- 家にあった果物を量ってみると、中くらいのりんごが約200g、大きめのみかんと普通のキウイフルーツが約100gでした。100gのりんごは、かなり小さなものとなるようです。アイザック・ニュートン（Isaac Newton、1642〜1727年）はりんごが木から落ちるのを見て、万有引力を発見したという有名な逸話があります。1Nは、小さなりんご1個分の重さと連想させて覚えておくといいでしょう。

★ R060　ニュートン　その3

Q ペットボトルに入った、水1ℓ（リットル）の重さをニュートン（N）で表すと?

A 約10Nです。

水1ℓ（1000mℓ＝1000cm³＝1000cc）は、1kgの重さがあります。1kgの重さは、約10Nです。体重と同様に、10倍して換算します。水1ℓは1kgの重さで、約10Nであることは、持った重さとともに覚えておきましょう。

> 水1ℓの重さは
> 約10Nよ！

水1ℓは
1kgの重さ
↓
約10N

（水は1cm³で1g
1000cm³で1000g）

- 絵を描くときにペットボトルをわが家やコンビニで調べると、2000mℓ、500mℓに比べ、1000mℓは意外と少なく、また1000mℓはほとんど角形という結果でした。わが家の牛乳の紙パックはすべて1000mℓだったので、重さを量ってみました。すると牛乳は水よりも重く（比重が1.03程度）、1kgをかなりオーバーしていて、上記の例としては使えませんでした。なおお話を簡単にするため、ペットボトルの重さは入れていません。
- 水を重さの基準とするのは、昔から行われていて、比重は水と「比」べた「重」さです。ちなみに比熱は温度を上げるのに、水と「比」べて「熱」量がどれくらい必要かを表すものです。

★ R061　　ニュートン　その4

Q お米10kgの重さをN（ニュートン）で表すと？

A 約100Nです。

kg数の10を10倍して、100Nです。100Nは、無理せずに持てる重さの限度のようです。

> 100Nの重さが無理せず持てる限界だな

重さ50N
（5kgの米）

お米
10kgの重さ
↓
100N

> 10kgの重さが100N

重さ100N
（10kgの米）

- 近所のスーパーで見ると、米は5kgと10kgの袋が多く積まれています。10kg程度までが買い物で持てる限界の重さのようです。15kgとか20kgだと重すぎるようで、スーパーには置いてませんでした。150N、200Nは、買い物としては重すぎるということです。

★ R062 ニュートン その5

Q セメント20kgの重さをN（ニュートン）で表すと？

A 約200Nです。

小規模な工事では、モルタル（セメントと砂を混ぜたもの）、コンクリート（セメント、砂、砂利を混ぜたもの）は生コン工場からミキサー車で買わずに、袋詰めを買って現場で混ぜてつくります。そのため、セメント、砂、砂利は、人が持てる20kgとか25kgの重さに分けて、袋詰めされています。

> 200Nの重さが
> やっと持てる
> 限界かな

> 限界が
> 低いのね

砂利200N
（20kg）

砂200N
（20kg）

セメント
20kgの重さ　　25kgの重さ
↓　　　　　　↓
200N　　　　　250N

> 20kgの重さが200N

- セメントは20kg、25kgの袋、砂、砂利は20kgの袋が多いようです。人が、やっと持ち上げられる重さ、肩にかつげる重さの限界が200N、250N程度ということです。
- セメント、砂、砂利をホームセンターから買ってきて、スコップで混ぜ、コンクリートを調合したことが何度かあります。20kgのセメントは、かなり重いという印象です。ホームセンターでセメント袋を持ち上げて、200Nを実感してみてください。

★ R063 ニュートン　その6

Q 1m³の水1t（トン）の重さをN（ニュートン）で表すと？

A 約10000N（10kN：キロニュートン）です。

🔲 1tの重さは、1000kgの重さですから、ニュートンで表すには10倍して 10000N＝10×1000N＝10kNとなります。

[スーパー記憶術]

トン	テン	カン
1tの重さ＝	10	kN

1m³の水の重さは1tよ！

水1m³

1t（1000kg）の重さ
↓
10000N
↓
10kN

1tの重さが10kN

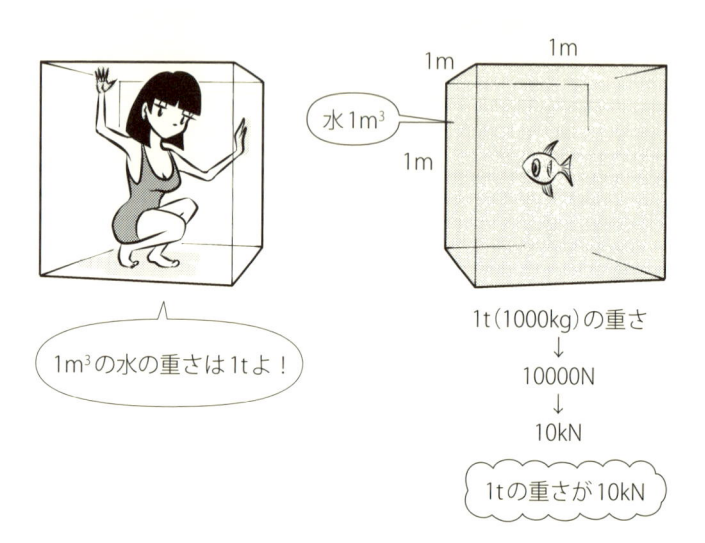

- 比重1とは水に比べて1倍の重さで、1cm³当たり1gの重さです。「比重1」の1は1t/m³の「1」にも対応しています。t（トン）で表記すれば1のままなのでわかりやすいのですが、ニュートンを使うと10kN/m³と、多少ややこしくなります。1tの重さ＝10kNと、1m³の水の重さは1tということは覚えておきましょう。

★ R064 ニュートン その7

Q $1m^3$の鉄筋コンクリート2.4t（トン）の重さをN（ニュートン）で表すと？

A 約24kN（キロニュートン）です。

鉄筋コンクリートの重さは水の約2.4倍（比重2.4）で、$1m^3$では2.4tの重さ、24kNとなります。

[スーパー記憶術]
<u>西</u>（西洋）から来た<u>鉄筋コンクリート</u>
2.4倍

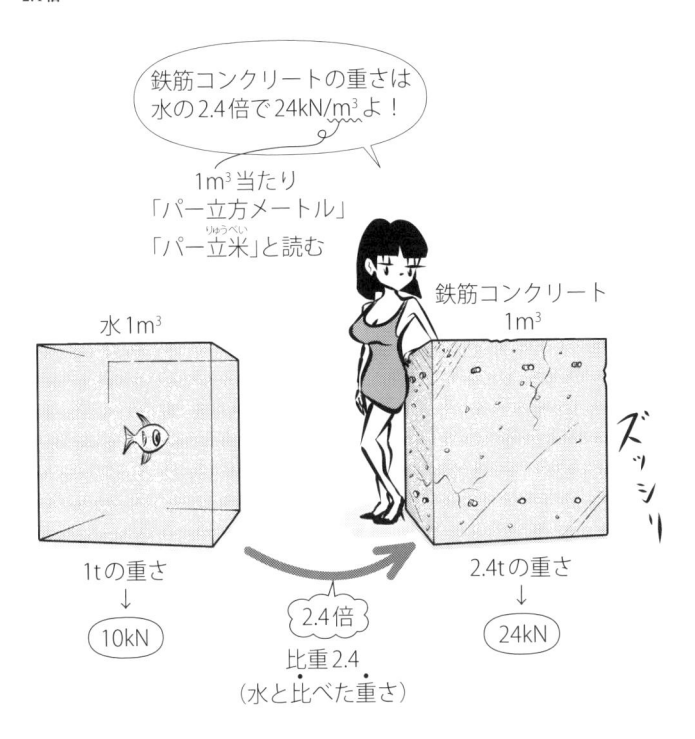

鉄筋コンクリートの重さは水の2.4倍で24kN/m^3よ！

$1m^3$当たり
「パー立方メートル」
「パー立米(りゅうべい)」と読む

水 $1m^3$

鉄筋コンクリート $1m^3$

ズッシリ

1tの重さ
↓
10kN

2.4倍

比重2.4
（水と比べた重さ）

2.4tの重さ
↓
24kN

- 鉄筋の入っていないコンクリートでは少し軽く、重さは水の2.3倍（比重2.3）で$1m^3$では2.3tの重さ、23kNになります。鉄筋コンクリートの重さは水の2.4倍、コンクリートの重さは水の2.3倍と覚えておきましょう。鉄筋コンクリートの2.4tは、鉄筋の量によって多少変わります。
- 水の重さを1とすると、鉄筋コンクリートは2.4、コンクリートは2.3となります。2.4、2.3は水と「比」べた「重」さで、比重といいます。

★ R065　　　ニュートン　その8

Q 1m³の鋼7.85t（トン）の重さをN（ニュートン）で表すと？

A 約78.5kN（キロニュートン）です。

鋼は水の重さの7.85倍（比重7.85）と、かなり重い物質です。水の重さを1とすると、鉄筋コンクリートは約2.4、鋼は約7.85となり、それが比重に相当します。

[スーパー記憶術]
<u>ナンパご難</u>の鉄の女
　7.85倍

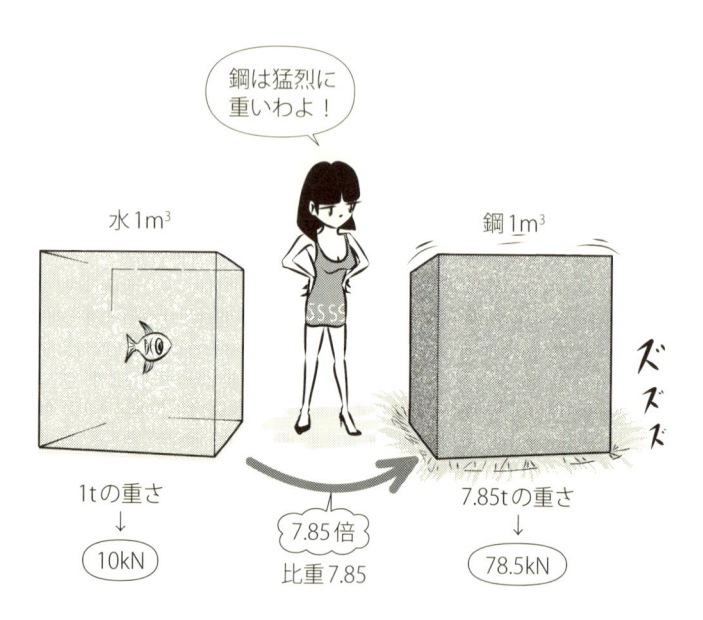

鋼は猛烈に重いわよ！

水1m³　　　　　　　　　　　鋼1m³

1tの重さ　　　　　　　　　　7.85tの重さ
↓　　　　　　7.85倍　　　　　↓
10kN　　　　　比重7.85　　　78.5kN

- 一般に鉄骨造の建物がRC造に比べて軽いといわれるのは、鉄骨の強度が高く、薄い厚みの柱や梁などで組み立てるからです。RC造の柱梁にはぎっしりとコンクリートが詰まっているのに、S造の柱の中は空洞、梁はH形にしか鋼がありません。肉厚が薄くて軽いというわけです。
- 鋼（steel）とは鉄（iron）に炭素が0.15～0.6%程度入った粘り強い鉄のことです。日常的に目にする鉄は、ほとんどが鋼です。鉄骨造は正確には鋼構造といいます。S造のSはsteelの頭文字です。

★ **R066** ニュートン　その9

Q $1m^3$の木0.5t（トン）の重さをN（ニュートン）で表すと？

A 約5kN（キロニュートン）です。

🟦 木は水に浮くので、水よりも小さい比重であることがわかります。スギ、ヒノキで比重は0.4程度、マツは0.6程度です。

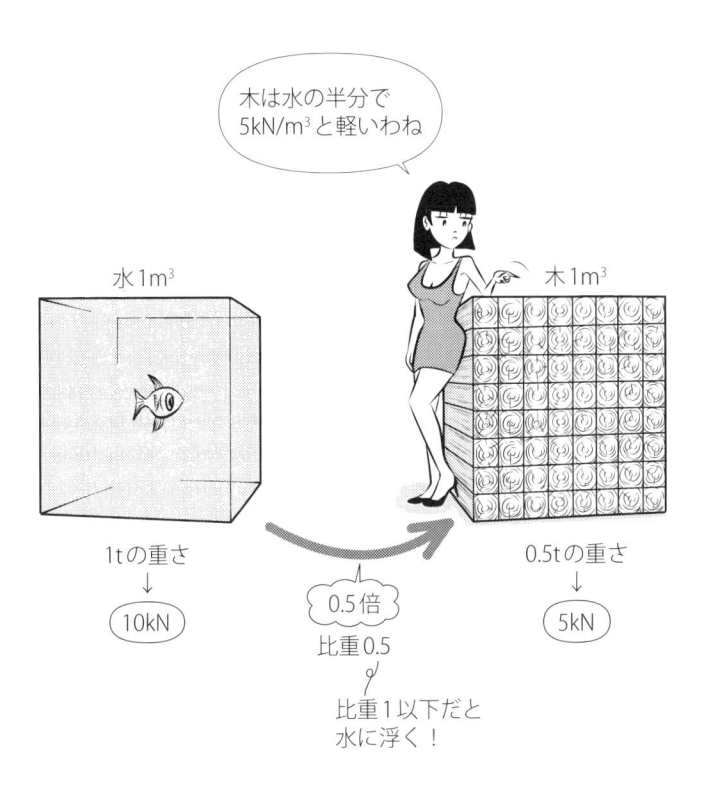

> 木は水の半分で
> $5kN/m^3$と軽いわね

水 $1m^3$

木 $1m^3$

1tの重さ
↓
10kN

0.5倍
比重0.5
比重1以下だと
水に浮く！

0.5tの重さ
↓
5kN

- 比重が1より小さいものは水に浮き、大きいものは沈みます。木は比重が0.5程度しかない割に強度が高く、比強度（強度／比重）では、木＞鋼＞コンクリートという順となります。木は燃える、腐る、虫に食われるなどの欠点もありますが、軽くて強い優れた構造材であることがわかります。

★ **R067** 　　　　　　　　　　　ニュートン　その10

Q 1m³のガラス2.5t（トン）の重さをN（ニュートン）で表すと？

A 約25kN（キロニュートン）です。

ガラスの重さは水の約2.5倍、比重2.5です。ガラスは透明なので軽そうに見えますが、鉄筋コンクリートと同程度の重さがあって、少し大きめのガラスは、ひとりでは持ち上げられません。

[スーパー記憶術]
<u>日</u>光を通す<u>ガラス</u>
2.5倍

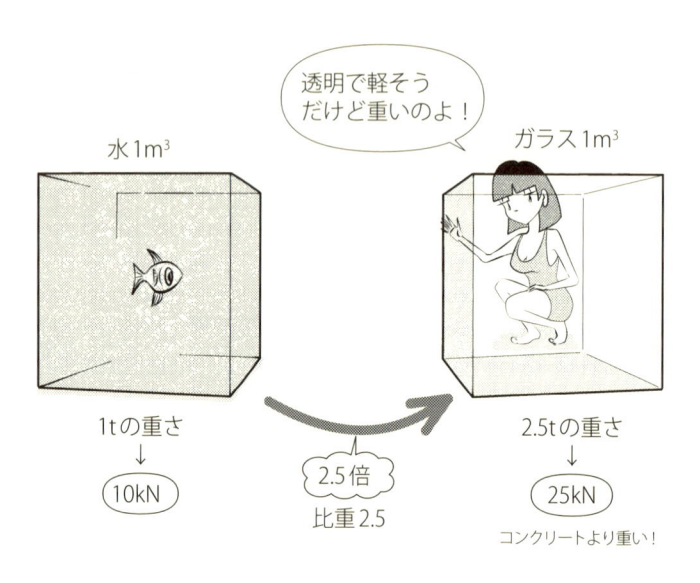

　　　　　　　　　　透明で軽そう
　　　　　　　　　　だけど重いのよ！

水1m³　　　　　　　　　　　　　　ガラス1m³

1tの重さ　　　　　　　　　　　　2.5tの重さ
↓　　　　　　　2.5倍　　　　　　↓
10kN　　　　　比重2.5　　　　　25kN

　　　　　　　　　　　　　　コンクリートより重い！

- 一般的なフロートガラスのほかに、鉛を混入したガラスもあり、そちらは比重が4前後あります。フロートガラスとは、融かしたガラスを溶融金属の入った大きなプールに浮かせて（フロートさせて）平滑な面とした、ごく一般的なガラスです。
- ガラスの代わりに軽くて割れない樹脂も使われますが、熱に融けやすいのが難点です。またガラスのように硬くないので、表面が傷つきやすいという欠点もあります。

74

★ R068　　　　　　　　　　　　ニュートン　その11

Q 小型自動車1t（トン）の重さをN（ニュートン）で表すと？

A 約10kN（キロニュートン）です。

1tの重さを身近なもので探すと、小型自動車があります。軽自動車は1t弱、普通自動車のセダンは1〜1.5t程度です。

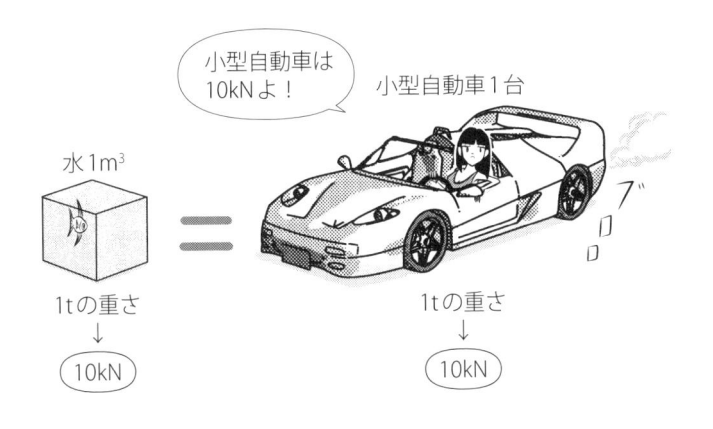

水1m³ ＝ 小型自動車1台

「小型自動車は10kNよ！」

1tの重さ → 10kN

1tの重さ → 10kN

- 筆者の車は、スバル・サンバーという軽のワゴン車です。サブロク板を縦に積んだり流し台を積んだりできるように、また駐車がしやすいように、サンバーのハイルーフにしています。重量は1t弱です。少し大きめの牛、馬も1tあるそうです。小型自動車は約1tと覚えておきましょう。

★ R069　　　　　　　　　　　　　　　　　　　　　　**質量と加速度　その1**

Q 質量1kgのものの「重さ」は?
▼
A 1kgf（キログラムエフ、キログラムフォース）です。

1kgは質量の単位で、1kgの質量の物体にかかる重力の大きさが1kgfです。
重さは地球の引力の大きさ、質量は物体のもつ物質の分量です。

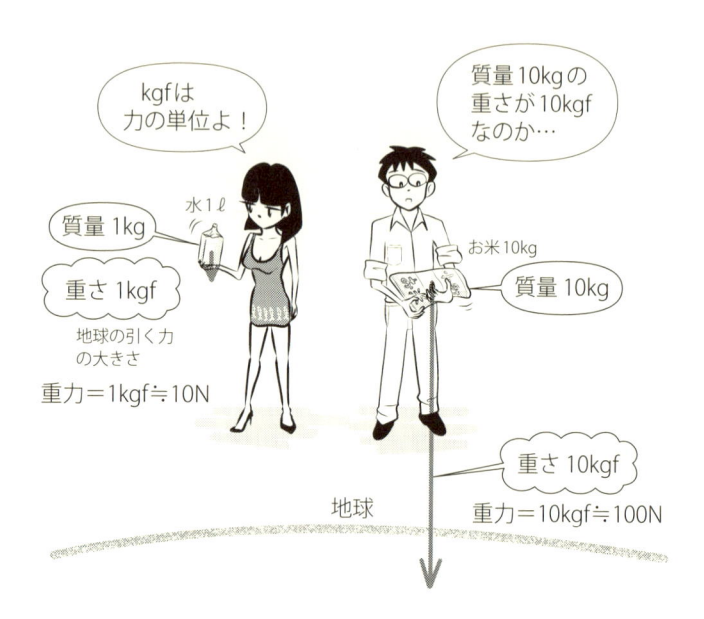

kgfは
力の単位よ！

質量10kgの
重さが10kgf
なのか…

水1ℓ

質量 1kg

重さ 1kgf

地球の引く力
の大きさ

重力＝1kgf≒10N

お米10kg

質量 10kg

地球

重さ 10kgf

重力＝10kgf≒100N

- 一般にはkgが「重さ」の単位とされていますが、物理学上、正確に表現すればkgfとなります。kgfのfはforce（力）のことです。kgfを重量キログラムと読むこともあります。
- 1kgfは1kg重（キログラムじゅう）と書くこともあります。「重」とは重力のことです。
- 質量は慣性の大小を表す分量です。慣性とは、加速させにくさです。1kgの質量は地球でも月でも宇宙空間でも同じで、同じ加速度を生じさせるには同じ力が必要となります。一方、同じ1kgでもその天体が下に引っ張る重力、重量は、地球よりも月の方が小さくなります。月の方が地球よりも小さく、引力が小さくなるからです。

★ R070　質量と加速度　その2

Q 質量1t（トン）のものの「重さ」は？

A 1tf（トンエフ、トンフォース）です。

1tは質量の単位で、1tの質量の物体にかかる重力の大きさが1tfです。1tfという重さは地球の引力の大きさを表し、質量1tは物体のもつ物質の分量を表しています。

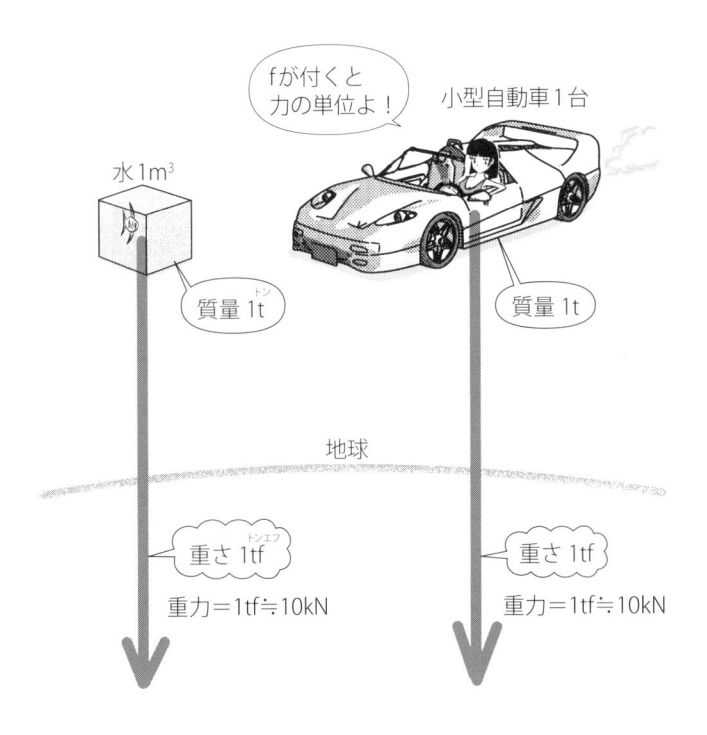

fが付くと力の単位よ！

小型自動車1台

水1m³

質量1t

質量1t

地球

重さ1tf

重力＝1tf≒10kN

重さ1tf

重力＝1tf≒10kN

- 水1m³は質量が1t、重量が1tfとなり、同様に小型自動車は質量が1t、重量が1tfとなります。

★ R071 質量と加速度 その3

Q 力=質量×□で表される?

A 加速度です。

質量に加速度をかけると、その物体に働いている力が出ます。力=質量×加速度という式は、「**ニュートンの運動方程式**」といいます。記号では力を F（Force）、質量を m、加速度を a（アルファ α を使うこともある）として、$F=ma$ と書きます。

[スーパー記憶術]
<u>力</u> を <u>し</u>っ <u>か</u>りと入れる
力 = 質 × 加

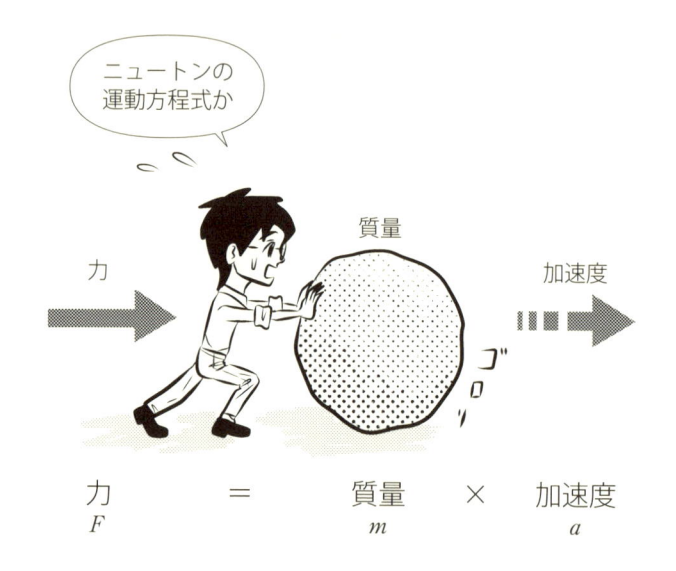

ニュートンの運動方程式か

力　　　＝　　　質量　　×　　加速度
F　　　　　　　m　　　　　　a

- ニュートンの単位やさまざまな式は、この運動方程式をもととしています。ここで運動方程式をしっかりと覚えておきましょう。
- 加速度とは速度の増える（減る）割合です。1秒間に速度が何m/s増えるか（減るか）が加速度です。車でアクセルを踏んだときはプラスの加速度、ブレーキを踏んだときはマイナスの加速度がかかります。

★ R072　　　　　　　　　　　　　　　　　　　　　　　質量と加速度　その4

Q 1kgの質量に$1m/s^2$（メートル毎秒毎秒）の加速度を生じさせる力は？

A 1N（ニュートン）です。

運動方程式の「力＝質量×加速度」の式に数字を入れると、力＝$1kg \times 1m/s^2 = 1kg \cdot m/s^2$ となります。この$kg \cdot m/s^2$という単位をN（ニュートン）とする、と決めたわけです。要は、この式はニュートンの定義でもあります。

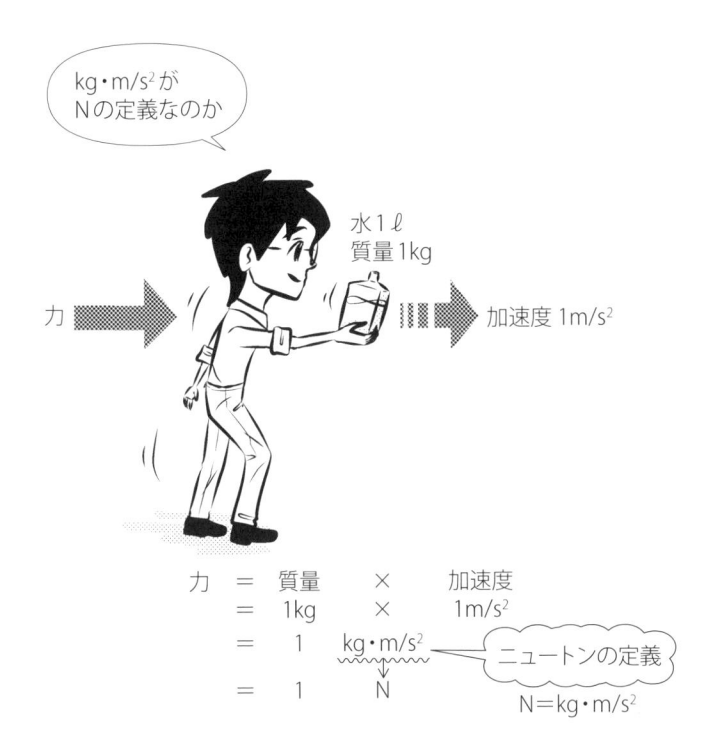

$kg \cdot m/s^2$が
Nの定義なのか

水1ℓ
質量1kg

力 ➡　　　　　　　　　加速度 $1m/s^2$

```
力 = 質量    ×   加速度
   = 1kg    ×   1m/s²
   = 1     kg・m/s²      ← ニュートンの定義
   = 1       N
                    N = kg・m/s²
```

- 運動方程式からニュートンの単位の定義が求められます。$N = kg \cdot m/s^2$ は運動方程式と一緒に覚えておきましょう。
- そもそもm（メートル）の定義が、地球上の弧の長さの何分の1などという人間の感覚からは大きすぎるものから来ているので、ニュートンが実感しにくい単位になるのは当然です。グラムは水$1cm^3$、キログラムは水1ℓ（$1000cm^3$）の質量から定義されたのが大もとなので、実感しやすい単位です。

★ R073 質量と加速度 その5

Q 重力加速度を10m/s²とすると、1kgfは何N（ニュートン）？

A 10Nです。

1kgfとは質量1kgにかかる重力ですから（R069参照）、力＝質量×加速度＝1kg×10m/s²＝10kg・m/s²＝10Nとなります。重力加速度は、より正確には9.8m/s²ですから、9.8Nがより正確な数値です。

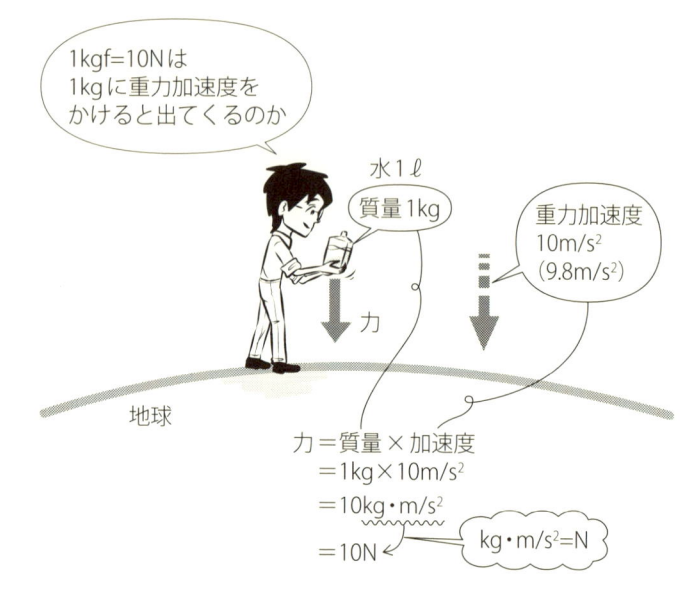

吹き出し：1kgf=10Nは1kgに重力加速度をかけると出てくるのか

水1ℓ　質量1kg

重力加速度 10m/s² (9.8m/s²)

力

地球

力＝質量×加速度
＝1kg×10m/s²
＝10kg・m/s²
＝10N

kg・m/s²=N

- 今までの解説で「1kgの重さ」といっていたのは、記号で書くと1kgfとなります。N（ニュートン）で表すと9.8N、約10Nです。水1ℓは質量では1kg、重さでは1kgf、9.8N、約10Nと表されます。
- 1m/s²（1メートル毎秒毎秒）という加速度は、いったいどれくらいの加速度なのでしょうか？ わかりやすいように、車の表示である時速（km/h）に置き換えてみます。1m/s²＝1m/s・1/sとは1秒間に1m/sずつ速度が増えるということ。その秒速1m/sを時速に置き換えると、$\dfrac{\dfrac{1}{1000}\cdot km}{\dfrac{1}{3600}\cdot h}=3.6km/h$ となり、1秒間に時速3.6kmだけ増える加速度となります。アクセルを踏んで「いーち」と数えている間に、止まっていた車が時速3.6kmで走り出す、時速40kmで走っていた車が時速43.6kmと少し速くなる加速度です。自分の車で実験してみましたが、大した加速ではありませんでした。

★ **R074** 質量と加速度 その6

Q 重力加速度を$10m/s^2$とすると、1tf（トンエフ）は何N（ニュートン）？

A 10000N＝10kN（キロニュートン）です。

1tfとは質量1tにかかる重力ですから、力＝質量×加速度＝$1t×10m/s^2$＝$1000kg×10m/s^2$＝$100000kg・m/s^2$＝10000N＝10kNとなります。重力加速度$9.8m/s^2$を使うと、9.8kNとなります。

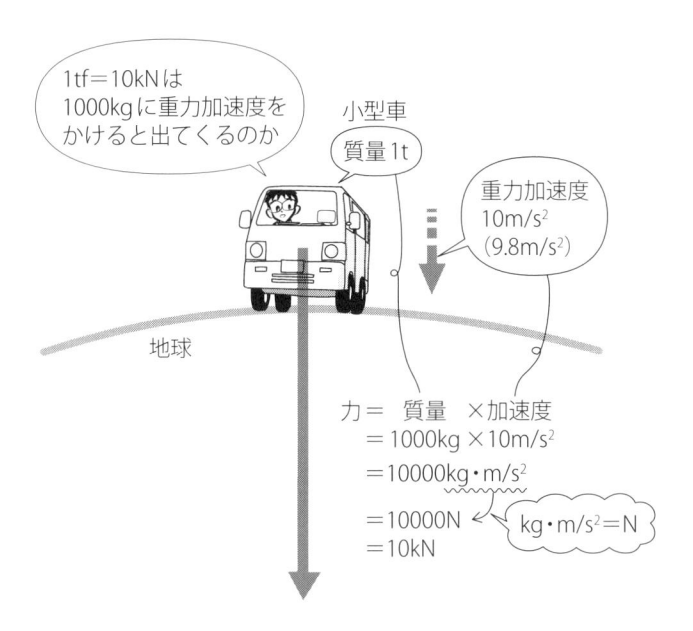

```
1tf＝10kNは
1000kgに重力加速度を
かけると出てくるのか
```

小型車
質量1t

重力加速度
$10m/s^2$
（$9.8m/s^2$）

地球

力＝ 質量 ×加速度
　＝ $1000kg × 10m/s^2$
　＝ $10000kg・m/s^2$
　＝ 10000N　（$kg・m/s^2＝N$）
　＝ 10kN

- 1tの車の重さは1tf、それをニュートンに直すと10000N＝10kNとなります。
- 重力加速度$10m/s^2$はどれくらいの加速度なのかを、前項と同様に車の時速で考えてみます。$10m/s^2＝10m/s・1/s$ですから、1秒間に10m/sだけ増える加速度です。10m/sを時速に換算すると、$10m/s＝\dfrac{\dfrac{10}{1000}・km}{\dfrac{1}{3600}・h}＝36km/h$となり、1秒間に時速36kmだけ増える加速度となります。アクセルを踏んで「いーち」と数えている間に、止まっていた車が時速36kmまで加速する、時速40kmで走っていた車が時速76kmまで加速する加速度です。これは相当性能の良い車でないと実現できない、かなり大きな加速度であることがわかります。

★ / R075 質量と加速度　その7

Q 地耐力1000kN/m²の岩盤、50kN/m²のローム層は、1m²で何tfの重さまで耐えられる？

A 岩盤は100tf、ローム層は5tfまで大丈夫です。

地耐力とは地面が支えられる重さのことで、地面の強さを表します。重力加速度 $G=10\text{m/s}^2$ とすると、1tf＝10kNですから、1000kN/m²＝100tf/m²、50kN/m²＝5tf/m²となります。岩盤は1m²当たり100tの重さ、ローム層は1m²当たり5tの重さまで載せられます。

地耐力1000kN/m²とは1m²で100tの重さまでOKってことよ！

岩盤の地耐力 1000kN/m²

1000kN＝100×10kN
　　　≒100tf

10kN≒1tf

1m²当たり100tの重さまでOK！

ローム層の地耐力 50kN/m²

50kN＝5×10kN
　　　≒5tf

1m²当たりにかけられる重さ

10kN≒1tf

1m²当たり5tの重さまでOK！

- 岩盤は最も強い地盤で、マンハッタンや香港の高層ビル群は、岩盤の上に建っています。ローム層は火山灰が堆積して、長時間かけて固くなった地盤です。関東で大地や丘陵地にある赤土は関東ローム層で、富士山、浅間山、赤城山などの噴火による火山灰が堆積して固まったものです。上記の数字は、建築基準法に依拠しているものです。

★ R076 質量と加速度 その8

Q RC造（鉄筋コンクリート造）で床1m²当たりの重さは？

A 大ざっぱには1tf（10kN）です。

建物本体の荷重（**固定荷重**）のほかに、建物の中の荷物の荷重（**積載荷重**）も含めてのかなり大ざっぱな値です。1階では基礎の梁や版が重くて、**1.5tf＝15kN**程度です。S造（鉄骨造）では2割減の**0.8tf**程度、木造では1/4の**0.25tf**程度です。

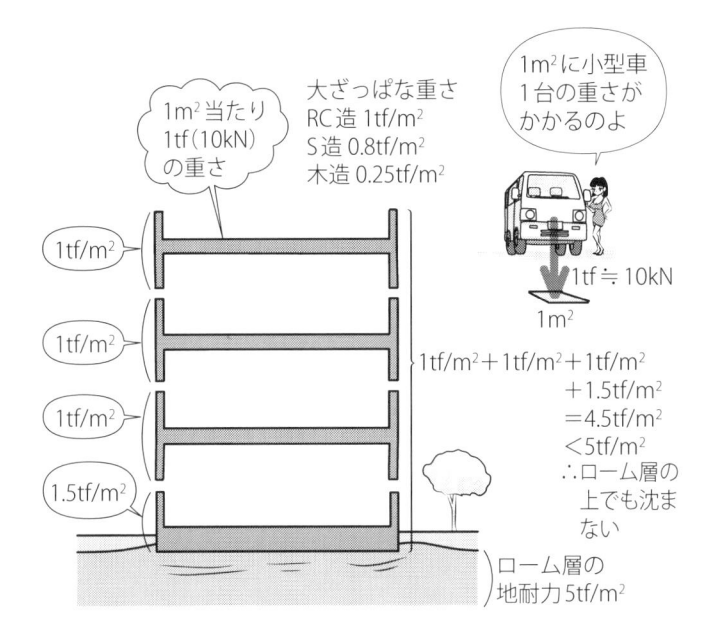

大ざっぱな重さ
RC造 1tf/m²
S造 0.8tf/m²
木造 0.25tf/m²

1m²当たり1tf（10kN）の重さ

1m²に小型車1台の重さがかかるのよ

1tf ≒ 10kN
1m²

1tf/m²
1tf/m²
1tf/m²
1.5tf/m²

1tf/m²＋1tf/m²＋1tf/m²
＋1.5tf/m²
＝4.5tf/m²
＜5tf/m²
∴ローム層の上でも沈まない

ローム層の地耐力5tf/m²

- ここでいうだいたいの重さは構造計算には使えませんが、大ざっぱに考える、感覚でとらえる際には有効です。床1m²あたり1tfとは、1m²に小型自動車が1台載っている重量です。
- RC造3階建てだと、建物全体の重さは1m²当たり1＋1＋1＋1.5＝4.5tfとなります。地耐力5tf/m²のローム層だとすると、底面全体で支える耐圧版だけで支えられることになります。

R077 質量と加速度 その9

Q 柱から上の質量が40tの建物に地震の加速度0.2G（G：重力加速度＝約10m/s²）が水平方向にかかった場合、柱が受ける地震の水平力は？

A 地震の加速度0.2G＝0.2×10m/s²＝2m/s²となります。地震の水平力＝40t×2m/s²＝40000kg×2m/s²＝80000kg·m/s²＝80000N＝80kNとなります。

地震の加速度は、重力加速度Gの何倍かでよく表されます。10m/s²（9.8m/s²）の何倍かで加速度が出るので、あとは運動方程式、力＝質量×加速度で力を計算すればいいわけです。

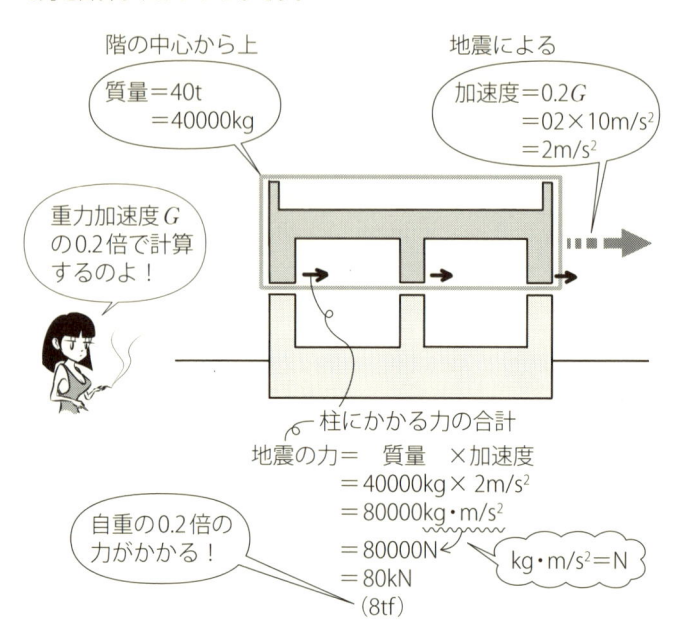

階の中心から上
質量＝40t
　　＝40000kg

地震による
加速度＝0.2G
　　　＝02×10m/s²
　　　＝2m/s²

重力加速度Gの0.2倍で計算するのよ！

柱にかかる力の合計
地震の力＝　質量　×加速度
　　　　＝40000kg×2m/s²
　　　　＝80000kg·m/s²
　　　　＝80000N　　← kg·m/s²＝N
　　　　＝80kN
　　　　（8tf）

自重の0.2倍の力がかかる！

- 階の中心から上の質量に加速度をかけて、その階のすべての柱や壁にかかる水平力を計算するのが一般的です。
- 重力加速度の何倍かを表す数値は「震度」と呼ばれていましたが、1981年の新耐震設計法では「層せん断力係数（R287参照）」に変わりました。層せん断力係数も、基本的にはGの何倍かを表す数値です。地震力の計算では、0.2Gに修正を加えた値が使われています。
- 昔、構造計算で使われていた何Gに相当する「震度」は、気象庁が発表する震度3とか4などの「震度階級」とは別ものです。震度階級は体感と被害状況をもとに階級分けしたのがもとで、日本独自のものです。地震の加速度でよく使われる「ガル（Gal）」は16世紀のイタリアの科学者ガリレオからとったもので、cm/s²です。1Gal＝1cm/s²＝0.01m/s²と換算できます。

R078 質量と加速度 その10

Q 柱から上の質量が50tの建物と12.5tの建物に、地震の加速度$0.2G$（G：重力加速度$=10\text{m/s}^2$）が水平方向にかかった場合、それぞれの柱と壁が受ける地震の水平力は？

A 地震の加速度$0.2G=0.2×10\text{m/s}^2=2\text{m/s}^2$、とすると、
質量50tの建物の地震力$=50000\text{kg}×2\text{m/s}^2=100000\text{kg}\cdot\text{m/s}^2=100000\text{N}=100\text{kN}$
質量12.5tの建物の地震力$=12500\text{kg}×2\text{m/s}^2=25000\text{kg}\cdot\text{m/s}^2=25000\text{N}=25\text{kN}$

同じ地震の加速度$0.2G$が加わった場合でも、質量の違いで、受ける地震力がまったく違ってきます。質量が2倍になれば、地震力も2倍になります。RC造は木造の約4倍の質量なので、地震力も4倍となります。

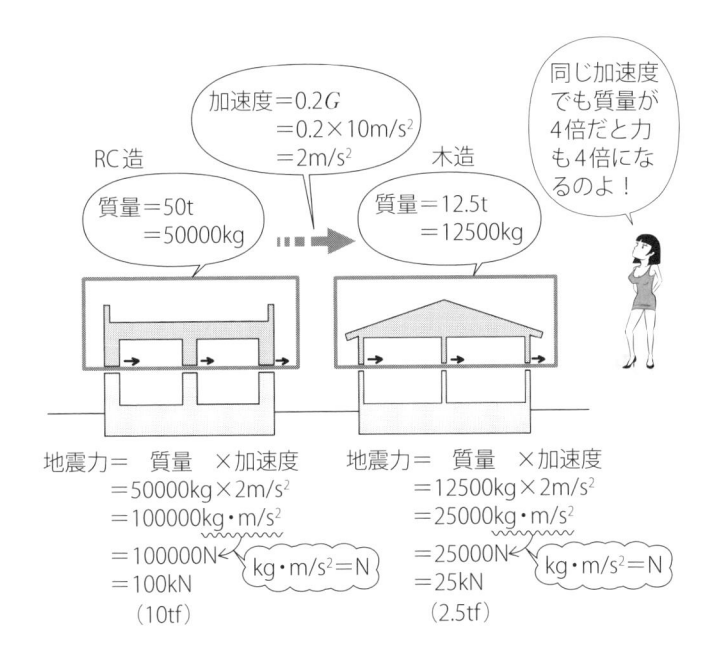

同じ加速度でも質量が4倍だと力も4倍になるのよ！

加速度$=0.2G$
$=0.2×10\text{m/s}^2$
$=2\text{m/s}^2$

RC造　質量$=50\text{t}$
$=50000\text{kg}$

木造　質量$=12.5\text{t}$
$=12500\text{kg}$

地震力$=$　質量　×加速度
$=50000\text{kg}×2\text{m/s}^2$
$=100000\text{kg}\cdot\text{m/s}^2$
$=100000\text{N}$ （$\text{kg}\cdot\text{m/s}^2=\text{N}$）
$=100\text{kN}$
（10tf）

地震力$=$　質量　×加速度
$=12500\text{kg}×2\text{m/s}^2$
$=25000\text{kg}\cdot\text{m/s}^2$
$=25000\text{N}$ （$\text{kg}\cdot\text{m/s}^2=\text{N}$）
$=25\text{kN}$
（2.5tf）

- 同じ木造でも、瓦葺きの屋根の方が金属板葺きの屋根よりも重く（質量が大きく）、地震力が大きくなります。地震のことだけ考えれば、屋根は軽い方がいいわけです。
- 地面が右方向に動くと建物には左方向に加速度が生じ、地面が左方向に動くと建物には右方向に加速度が生じます。

★ **R079** 質量と加速度 その11

Q 下表の左列のkgfをNに置き換えましょう。重力加速度は10m/s^2とします。

A 表の一番右が答えです。

スラスラ言えるように！

	運動方程式	N数（ニュートン）
体重 □kgf	□kg×10m/s² =10×□kg・m/s²	10×□N
りんご 0.1kgf	0.1kg×10m/s² =1kg・m/s²	1N
水1ℓ 1kgf	1kg×10m/s² =10kg・m/s²	10N
お米 10kgf	10kg×10m/s² =100kg・m/s²	100N
セメント 20kgf	20kg×10m/s² =200kg・m/s²	200N

● 質量と加速度のお話の最後に、今までやったことをまとめておきましょう。自分の体重、0.1kgf、1kgf、10kgfなどの代表的な数値や、次項の水、RC、鋼、木などの代表的な素材の数値は、すらすらと言えるようにしておきましょう。

★ R080 質量と加速度 その12

Q 下表の左列の材料の重さをtfとNで表しましょう。重力加速度は10m/s^2とします。

A 表の一番右が答えです。

水の何倍か（比重）

		tf	運動方程式	kは1000倍
水 1m³		(1) 1tf	$1000\text{kg} \times 10\text{m/s}^2$ $= 10000\text{kg} \cdot \text{m/s}^2$	10kN
鉄筋コンクリート 1m³		(2.4) 2.4tf	$2400\text{kg} \times 10\text{m/s}^2$ $= 24000\text{kg} \cdot \text{m/s}^2$	24kN
鋼 1m³		(7.85) 7.85tf	$7850\text{kg} \times 10\text{m/s}^2$ $= 78500\text{kg} \cdot \text{m/s}^2$	78.5kN
木 1m³		(0.5) 0.5tf	$500\text{kg} \times 10\text{m/s}^2$ $= 5000\text{kg} \cdot \text{m/s}^2$	5kN
ガラス 1m³		(2.5) 2.5tf	$2500\text{kg} \times 10\text{m/s}^2$ $= 25000\text{kg} \cdot \text{m/s}^2$	25kN

比重で覚えると便利よ！

★ R081　力の3要素

Q 力の3要素とは？

A 大きさ、方向、作用点です。

100N、10kgfなどの力の大きさ、右45°などの力の向き、梁中央部にかかるなどの力の作用する点が、力をひとつに決定する3要素です。そのどれかが欠けても、力は特定できません。

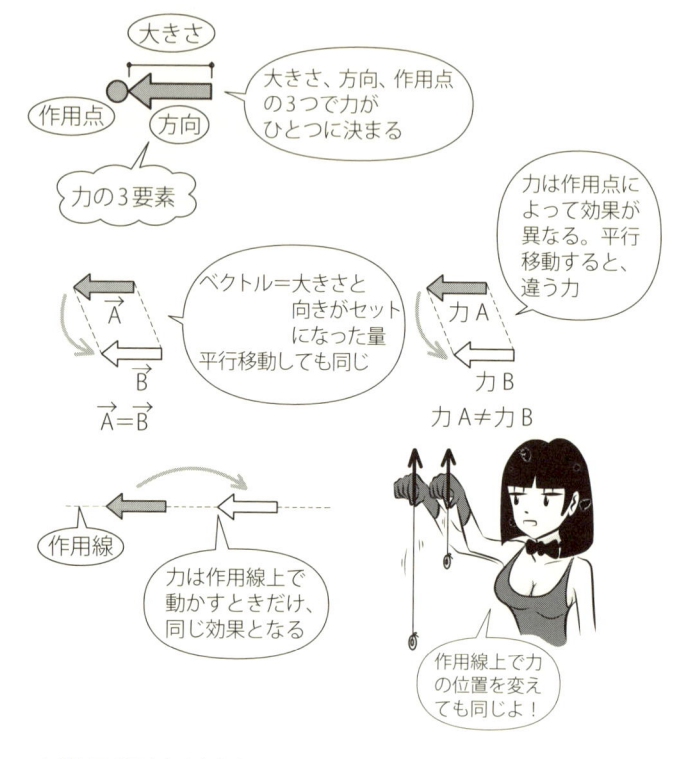

- 力が作用する点と方向を合わせて、作用線と呼びます。力は作用線上で動かしても、効果は同じです。作用線からずらして動かすと、別の力となります。糸を引く位置を変えても同じ大きさと方向ならば同じ力、棒を押す位置を変えても同じ大きさと方向ならば同じ力となります。
- 力は大きさと方向を持つベクトル（矢印で表される量）です。しかしベクトルは平行移動しても同じですが、力は違う力となってしまうので注意が必要です。力を移動して三角形をつくって合力を出すとき、作用点は別に考える必要があります。

★ R082　　モーメント　その1

Q モーメントとは？

A 物を回転させようとする力の働きです。

モーメント＝力×距離　で計算します。同じ力でも距離が長い方がモーメントは大きくなります。軸に対して直角の力のみ、モーメントに影響します。

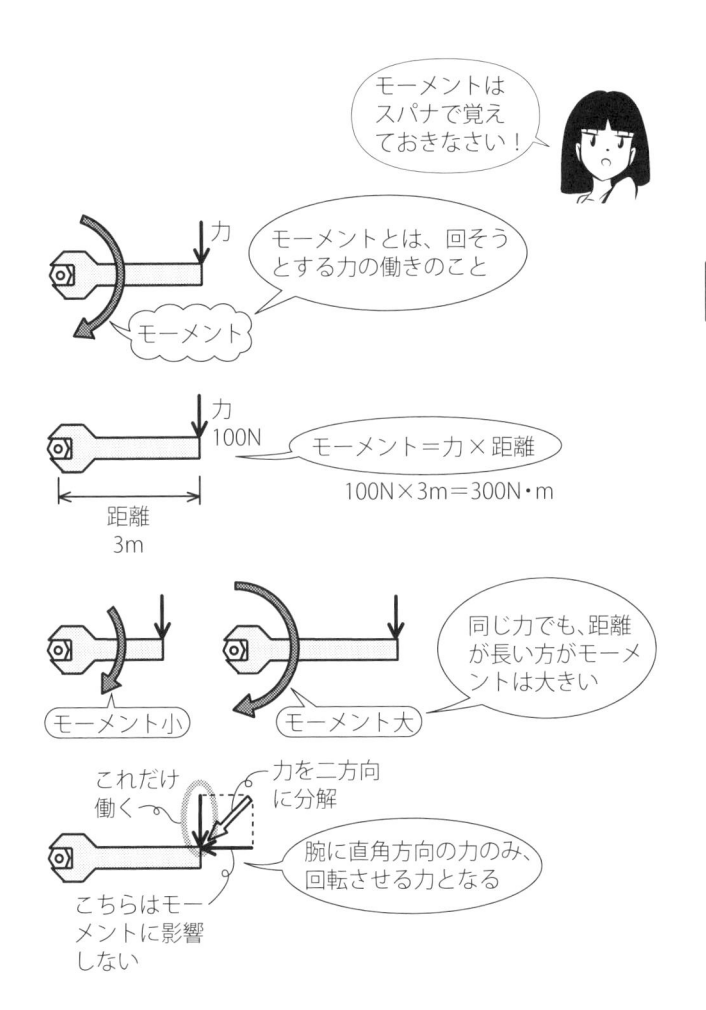

モーメントはスパナで覚えておきなさい！

モーメントとは、回そうとする力の働きのこと

モーメント＝力×距離

100N × 3m ＝ 300N・m

同じ力でも、距離が長い方がモーメントは大きい

モーメント小　　モーメント大

これだけ働く

力を二方向に分解

腕に直角方向の力のみ、回転させる力となる

こちらはモーメントに影響しない

3　力の基本

★ R083　モーメント　その2

Q テコや天秤の支点の左右で、モーメントはつり合っている？

A つり合っています。

モーメントは回そうとする力のことで、力×距離がその大きさとなります。スパナを回すときに、外側をもつほど楽に回せるのは、距離が長くなってモーメントが大きくなるからです。

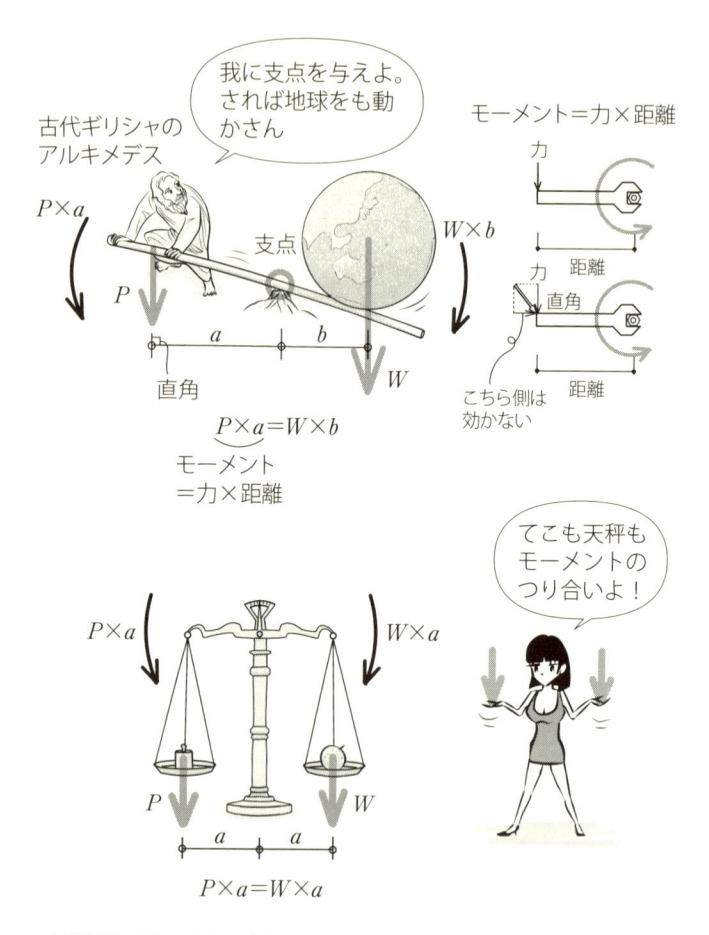

「我に支点を与えよ。されば地球をも動かさん」

古代ギリシャのアルキメデス

モーメント＝力×距離

$P \times a = W \times b$
モーメント＝力×距離

こちら側は効かない

$P \times a = W \times a$

てこも天秤もモーメントのつり合いよ！

- 力は距離に対して直角の成分で計算します。スパナを斜めに押しても、力すべてが有効に働きません。

★ R084　偶力

Q 偶力とは？

A 平行で、大きさが等しい、逆向きの1対の力のことです。

水道の水栓を回すとき、ハンドルを両手で回すとき、ずれた2つの力は偶力となっています。偶力は回転させるモーメントの一種で、どの点で計算しても（片方の力の大きさ）×（2力の距離）と、同じ大きさのモーメントとなります。

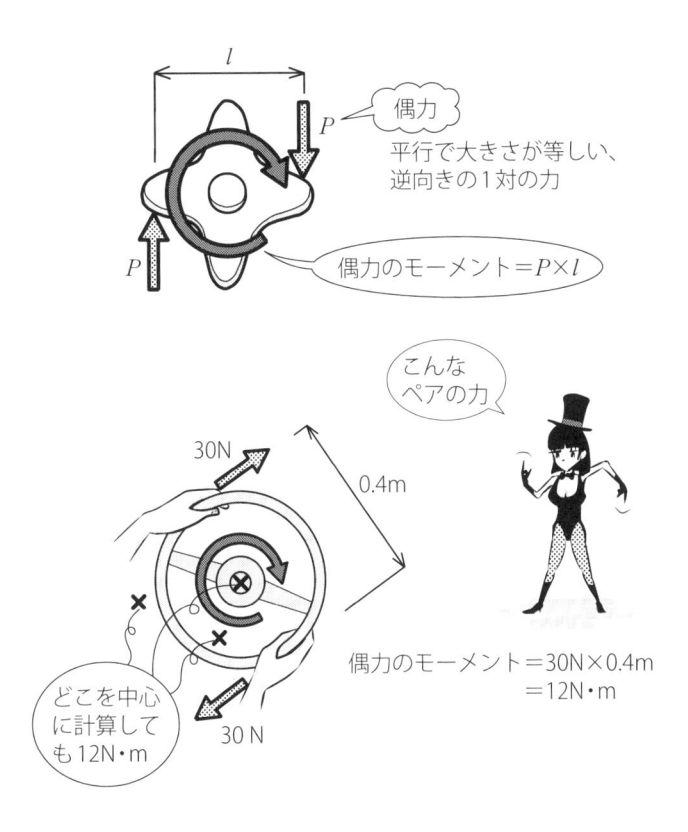

偶力
平行で大きさが等しい、逆向きの1対の力

偶力のモーメント＝$P \times l$

こんなペアの力

偶力のモーメント＝30N×0.4m
　　　　　　　　＝12N・m

どこを中心に計算しても12N・m

- 一般に複数の力は合成してひとつの力にできますが、偶力はひとつの力にすることはできません。

R085 支点と反力 その1

Q 反力（はんりょく）とは？

A 荷重に反発して構造物を支える力です。

反発する力なので反力です。通常は重力に反発して、つり合っています。重力のほかに風や地震などの横力にも反発して反力が発生します。このつり合いが崩れると、その構造物は動いてしまいます。

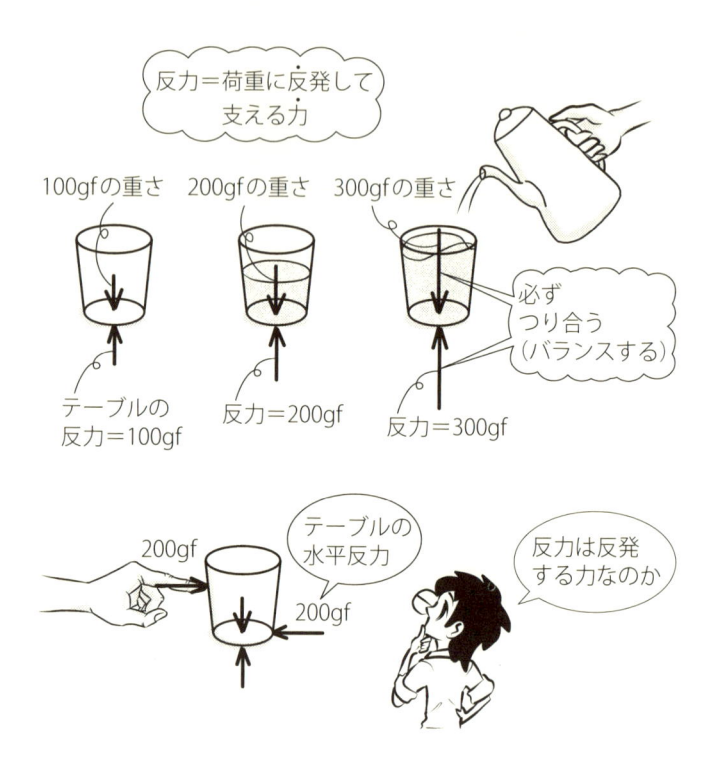

反力＝荷重に反発して支える力

100gfの重さ　200gfの重さ　300gfの重さ

必ずつり合う（バランスする）

テーブルの反力＝100gf　反力＝200gf　反力＝300gf

200gf　テーブルの水平反力　200gf

反力は反発する力なのか

- 静止している物体に外から働く外力は、反力と必ずつり合っています。つり合わなければ、加速度を持って動き出します。建築の場合、外力としての荷重や反力は、必ずつり合っているはずです。

★ R086 支点と反力 その2

Q 支点とは？ またその種類は？

A 構造物を支える点のことで、固定端（フィックス）、回転端（ピン、ヒンジ）、移動端（ローラー）の3種があります。

木造の柱の立て方で3種の支点を説明しましたが（**R003**参照）、支点はこの3種のみです。固定端は完全に固定して拘束してしまう支点、回転端は回転する支点、移動端は回転してさらに横方向に移動する支点です。単純梁では回転端と移動端、片持ち梁では固定端が支点です。

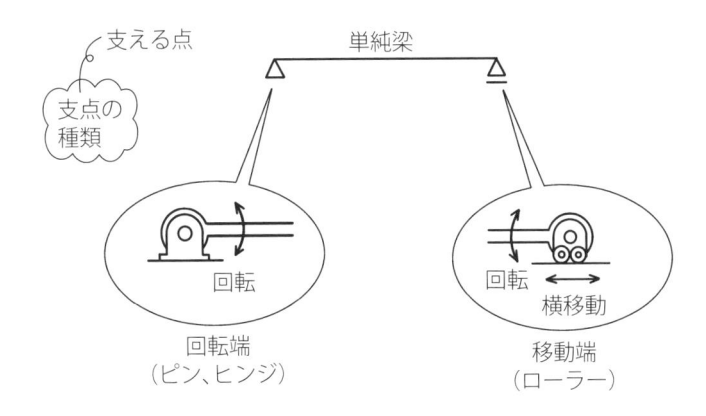

支える点

支点の種類

単純梁

回転
回転端
（ピン、ヒンジ）

回転　横移動
移動端
（ローラー）

片持ち梁

拘束の度合いで3種類あるのよ

ガチン
固定　グチン
固定端
（フィックス）

- 実際の建物では固定端が多いですが、柱や梁の拘束が緩い場合は、ピンとして扱うこともあります。

★ **R087** 支点と反力　その3

Q 3種の支点の反力はどうなる？

A 下図のように、動く方向には反力を受けず、拘束される方向に反力を受けます。

「のれんに腕押し」で、動く方向からは力を受けません。回転端は回転するので、回転する方向には反力を受けません。移動端は回転して横移動するので、回転する方向、横方向には反力を受けません。固定端は動かないので上下左右方向、回転方向に反力を受けます。

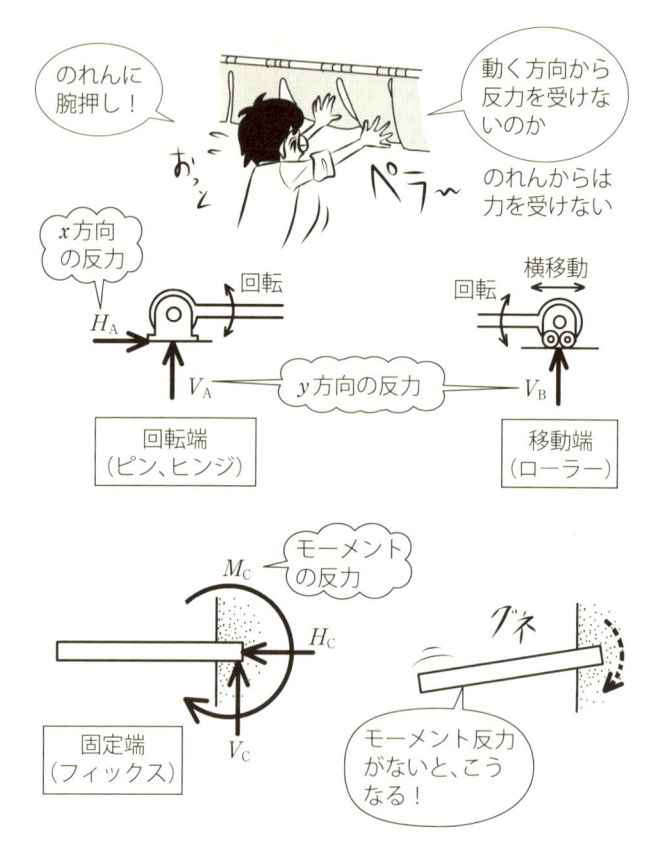

のれんに腕押し！

動く方向から反力を受けないのか

のれんからは力を受けない

x方向の反力　H_A　回転　V_A　y方向の反力　回転　横移動　V_B

回転端（ピン、ヒンジ）

移動端（ローラー）

モーメントの反力　M_C　H_C　V_C

固定端（フィックス）

グネ

モーメント反力がないと、こうなる！

- 回転方向に反力を受けるとは、回転させまいとするモーメント（回転させまいとする力の効果）を受けるということです。

★ R088 支点と反力 その4

Q 移動端、回転端、固定端で反力の数は？

A 1、2、3です。

🔲 x方向、y方向を別に数えます。また回転させまいとするモーメント反力もひとつと数えます。

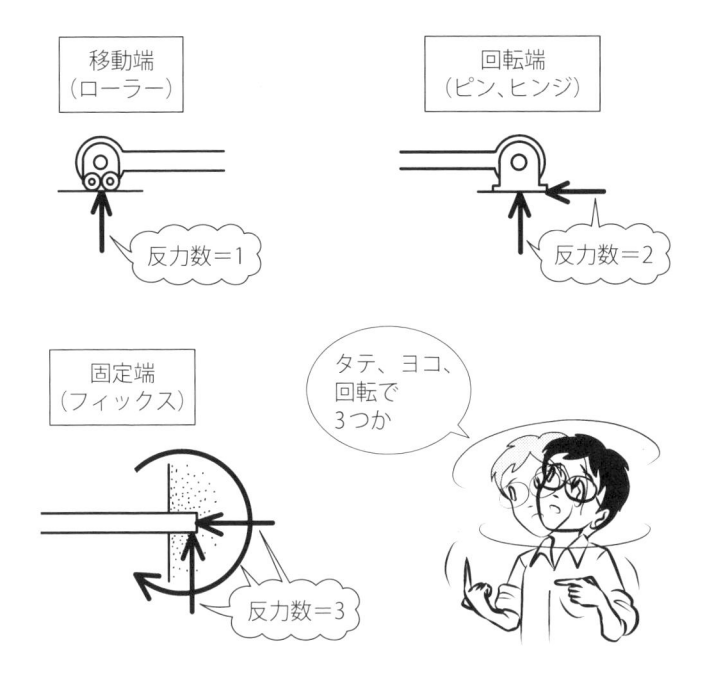

```
移動端
（ローラー）
```
反力数＝1

```
回転端
（ピン、ヒンジ）
```
反力数＝2

```
固定端
（フィックス）
```
反力数＝3

タテ、ヨコ、回転で3つか

- 反力数は、判別式で使われます。x方向、y方向の反力は、合成するとひとつの力になりますが、2と数えます。片方の反力の大きさがゼロであっても、反力数は2とします。

R089 支点と反力 その5

Q 下図左側の荷重を受けた構造体の反力は？

A 右側の図のようになります。

反力を求めるには、V_A、H_A、V_B、M_Cなどと仮定して、構造体全体のx方向の力のつり合い（$\Sigma x = 0$）、y方向の力のつり合い（$\Sigma y = 0$）、任意の点でのモーメントのつり合い（$\Sigma M = 0$）の式を立てて求めます。

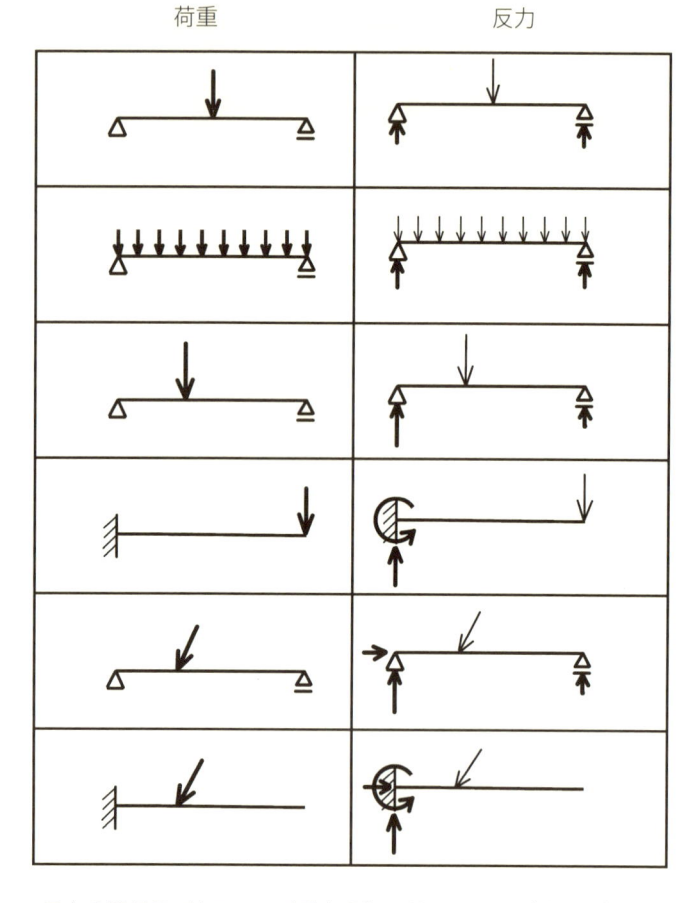

荷重	反力

- 反力の記号の V は Vertical（垂直の）、H は Horizontal（水平の）、M は Moment からとられています。

R090 支点と反力 その6

Q 力のつり合い条件で、x方向の力のつり合い（$\Sigma x=0$）、y方向の力のつり合い（$\Sigma y=0$）のほかに任意の点でのモーメントのつり合い（$\Sigma M=0$）があるのは？

A x、y方向の力がつり合っても、偶力が発生する可能性があるからです。

偶力はx、y方向の力はつり合っています。でも力の作用線がずれているので、回転してしまいます。静止させる条件には、$\Sigma x=0$、$\Sigma y=0$のほかに$\Sigma M=0$も必要となります。

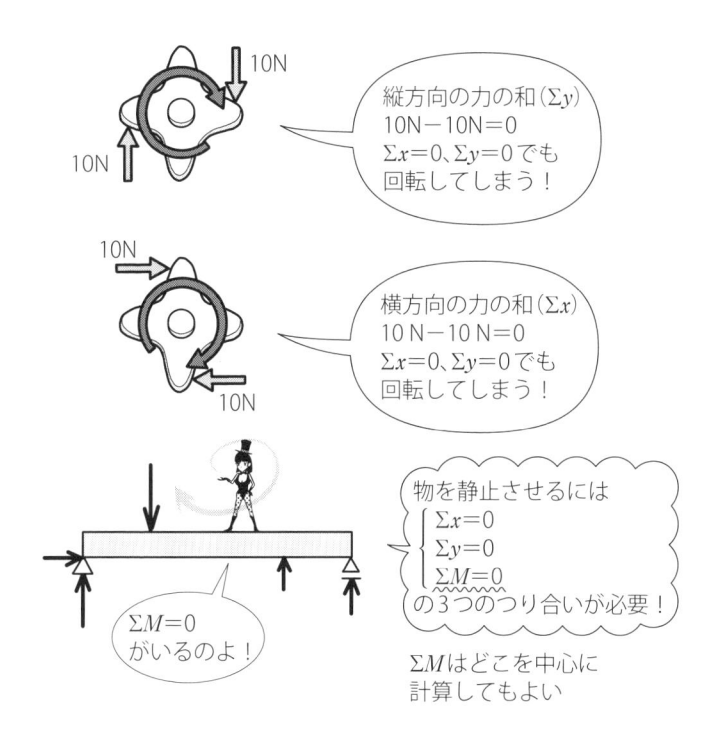

縦方向の力の和（Σy）
10N－10N＝0
$\Sigma x=0$、$\Sigma y=0$でも
回転してしまう！

横方向の力の和（Σx）
10N－10N＝0
$\Sigma x=0$、$\Sigma y=0$でも
回転してしまう！

物を静止させるには
$\begin{cases} \Sigma x=0 \\ \Sigma y=0 \\ \Sigma M=0 \end{cases}$
の3つのつり合いが必要！

$\Sigma M=0$
がいるのよ！

ΣMはどこを中心に
計算してもよい

★ R091　集中荷重と等分布荷重　その1

Q 集中荷重、等分布荷重とは？

A 1点に集中してかかる荷重を集中荷重、1mなどの単位長さ当たり、1m²などの単位面積当たりに等しくかかる荷重を等分布荷重といいます。

梁に人が1人だけ載ったら集中荷重、等間隔に同じ体重の人が何人も載ったら等分布荷重です。

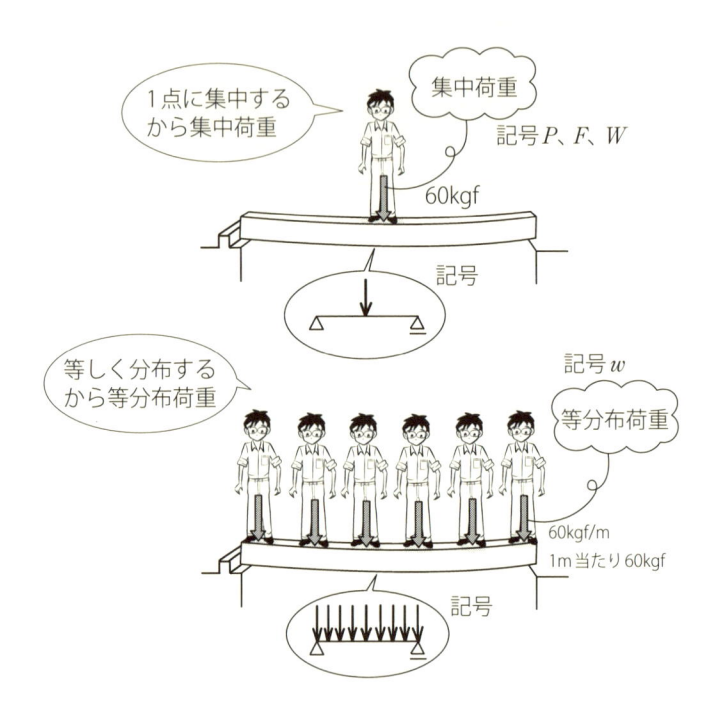

- 1点に集中するから集中荷重
- 集中荷重　記号 P、F、W
- 60kgf
- 記号
- 等しく分布するから等分布荷重
- 記号 w　等分布荷重
- 60kgf/m
- 1m当たり60kgf
- 記号

- 集中荷重がtfとかkNという単位なのに対して、等分布荷重はtf/m、kN/mといった長さ当たり、またはtf/m²とかkN/m²などの面積当たりの力の単位となります。
- 集中荷重の記号は P（Power）、F（Force）、W（Weight）などが使われ、等分布荷重の記号は w がよく使われます。

★ R092 集中荷重と等分布荷重 その2

Q 5kN/mの等分布荷重が4mにわたってかかっている場合、それを集中荷重に直すと?

A 4mの中央に、5kN/m×4m=20kNの集中荷重がかかっていることになります。

等分布荷重の重さの中心=重心に、その合計の力=合力がかかっていることになり力の効果は同じになります。

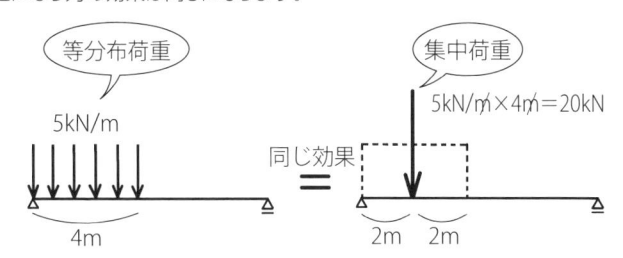

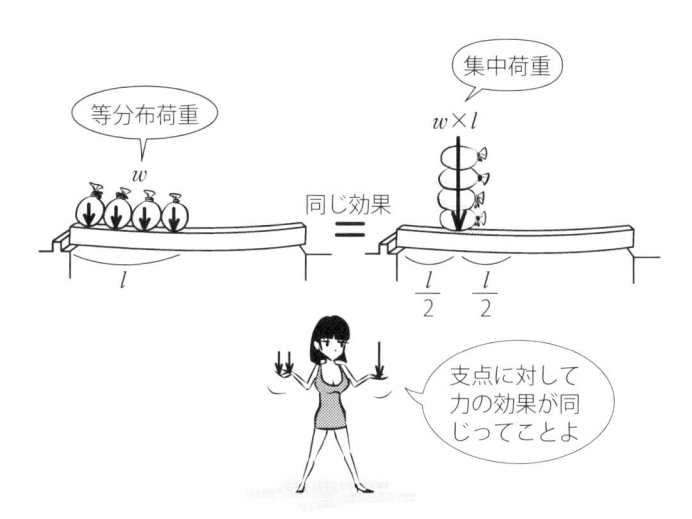

等分布荷重
5kN/m
4m

同じ効果 =

集中荷重
5kN/m×4m=20kN
2m 2m

等分布荷重
w
l

同じ効果 =

集中荷重
$w \times l$
$\dfrac{l}{2}$ $\dfrac{l}{2}$

支点に対して力の効果が同じってことよ

- 単位はkN/m×m=kNと、mがなくなって力だけの単位となります。物理量の計算は、単位を付けて行うと、間違いをしにくくなります。
- 等変分布荷重(R093参照)の場合は、三角形の面積から荷重を出し、三角形の重心の位置 $\left(高さ \times \dfrac{1}{3}\right)$ に集中荷重をかけます。台形状の等変分布荷重では、三角形と長方形に分けて、それぞれの重心に集中荷重をかけます。

R093 等変分布荷重

Q 等変分布荷重とは？

A 荷重が等しい割合で変化する分布荷重です。

三角形状、台形状の分布荷重です。床スラブにかかる重さを梁に振り分けると、梁の隅では等変分布荷重となります。

- 等しい割合で変化するから等変分布荷重か
- 記号
- 床の重さを分割すると、等変分布荷重が出てくるわよ
- 等分布荷重
- 等変分布荷重
- この梁にかかる重み

R094 応力と応力度 その1

Q 内力とは？

A 外からの力に応じて物体「内」部に生じる「力」のことです。

物体の外側からの力を**外力**、物体内に発生する力を内力といいます。下図のように消しゴムを上下から押す場合、指から消しゴムにかかる力が外力、消しゴム内部にかかる力が内力です。

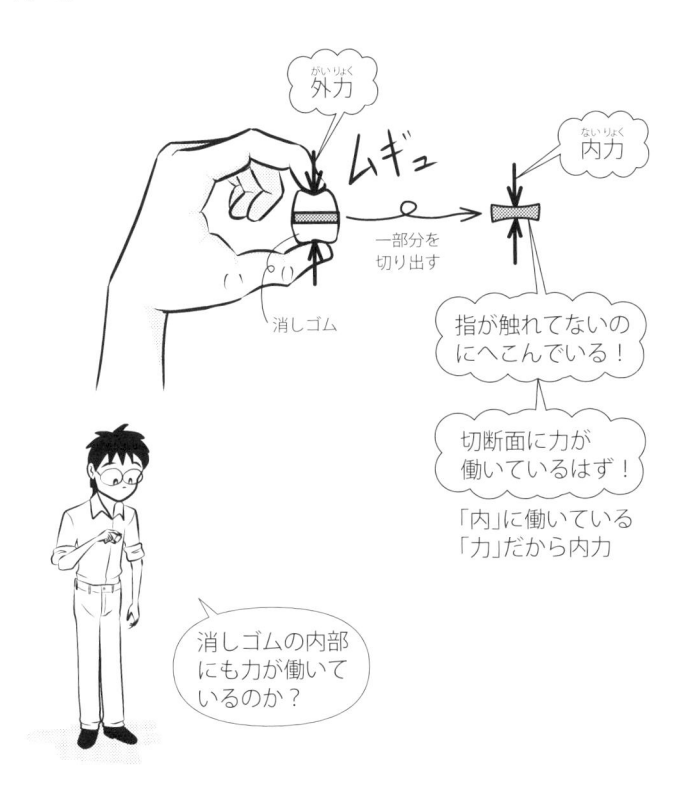

- 消しゴム内部になぜ力が働いていることがわかるのでしょうか？ 消しゴムをスライスして考えると、ひとつのスライス（切り出したひときれ）はやはりつぶされています。つぶされて変形しているということは、上下から押す力がかかっていることになりますが、そのスライスに指は直接触れていません。ということは切断面に力が働いているはずです。その切断面に働いている力が内力で、指の力が伝わってきた力です。

R095 応力と応力度 その2

Q 1kgfの力で消しゴムを押した場合、内力はどうなっている？

A 1kgfで外力とつり合うように働いています。

消しゴムを真ん中あたりで切って下側の部分に加わる力を考えます。下からは指で1kgfの力で押し上げられています。この力につり合うように、切断面の上からも1kgfで押し下げる力が働いているはずです。この内部に働く力が内力です。

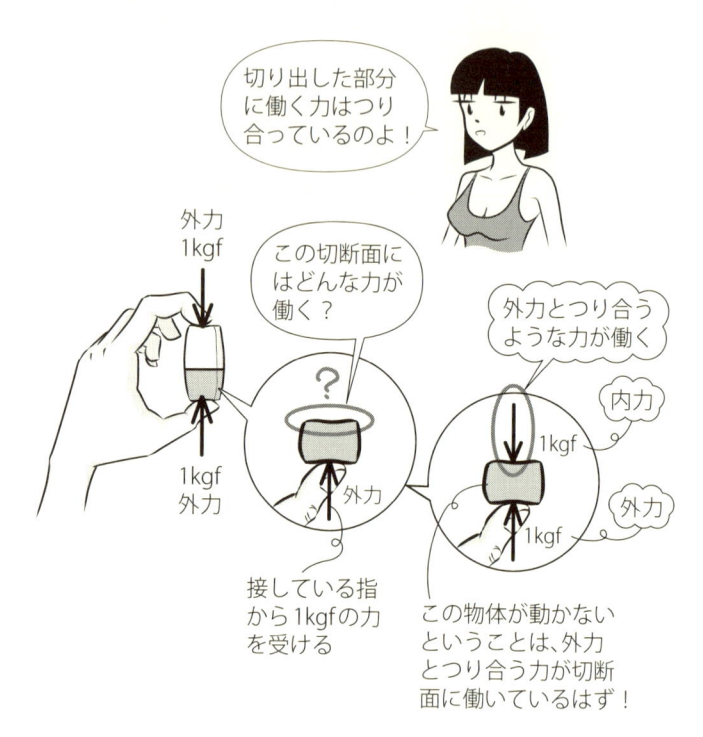

> 切り出した部分に働く力はつり合っているのよ！

外力 1kgf

> この切断面にはどんな力が働く？

1kgf 外力

接している指から1kgfの力を受ける

> 外力とつり合うような力が働く

内力 1kgf 外力 1kgf

この物体が動かないということは、外力とつり合う力が切断面に働いているはず！

- 力はつり合わないと、物体は加速度を持って動いてしまいます。消しゴムが静止しているということは、消しゴムのどこを切って取り出しても内部で力はつり合っているということです。切り出した部分だけに注目して、その部分に外から加わる力を考えると、必ずつり合っています。
- 消しゴム全体にかかる指の力＝外力は上と下で、大きさが等しく向きが反対で、つり合っています。そして内力と外力もつり合っています。内力を考える場合、切断して取り出した部分をひとつの物体と考え、その物体の境界面に加わる力のつり合い、バランスを考えれば内力の存在を納得することができます。

★ R096　応力と応力度　その3

Q 応力（おうりょく）とは？

A 内力のことです。

物体内部で、外力に「応」じて発生する「力」、「応」答して生じる「力」なので、応力と呼ばれます。内力と応力は同じ意味です。

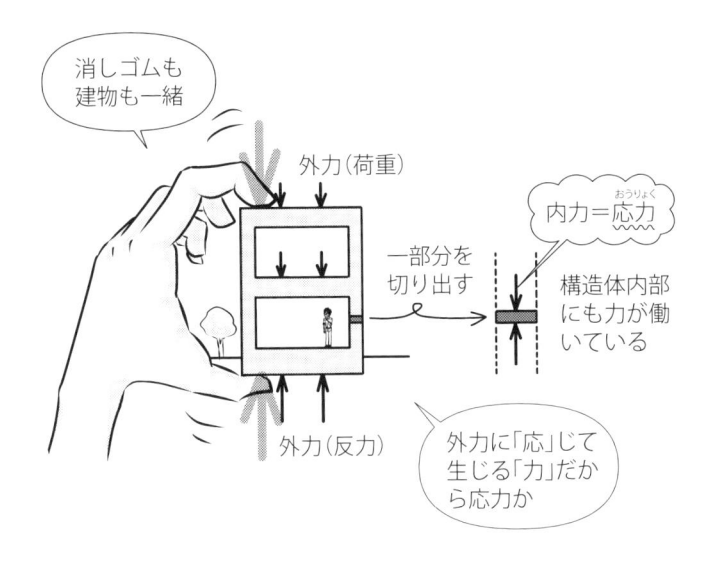

（図：消しゴムも建物も一緒。外力（荷重）、外力（反力）、一部分を切り出すと構造体内部にも力が働いている。内力＝応力。外力に「応」じて生じる「力」だから応力か）

- 建物にかかる外力には、荷重や反力があります。建物自体の重さ（固定荷重）や建物の中にある物の重さ（積載荷重）、雪、風、地震による力が荷重としてかかり、地面からはその荷重に反発してつり合わせる力、反力がかかります。それらの外力に対して、柱、梁、床、壁などに内力＝応力が発生します。
- 応力とは何ですか？　と、どれほど学生に聞かれたかわかりません。物理では内力と呼んでいますが、いっそ内力に統一してくれると、こんな質問は1/10に減りそうです。ちなみに材料力学では、断面積で割った単位面積当たりの内力を応力といっています。

★ R097　応力と応力度　その4

Q 応力にはどんな種類がある？

A 曲げモーメントM、圧縮力N、引張り力N、せん断力Qなどがあります。

圧縮力、引張り力は比較的、簡単に理解できますが、曲げモーメントとせん断力は、納得するのに手こずります。ここでは4つの応力を頭に入れてしまいましょう。

[スーパー記憶術]
ちょんまげあっぱれだ！
　曲　圧　張　断

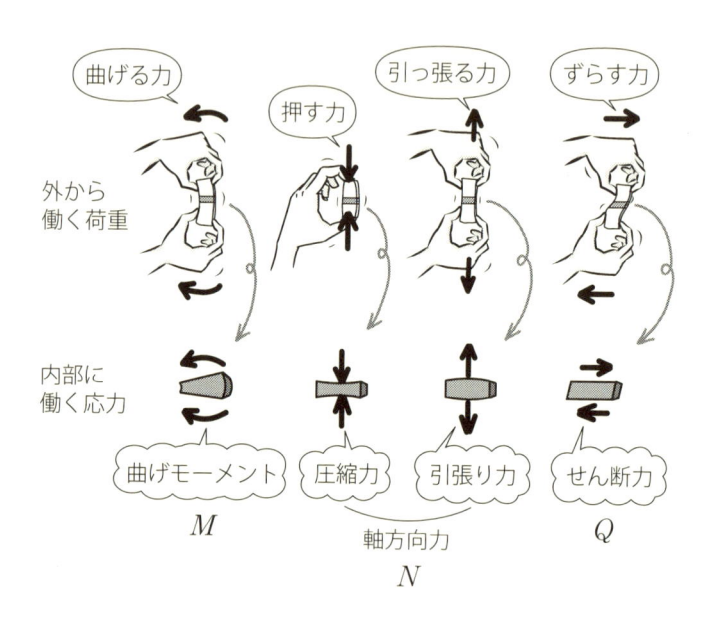

外から働く荷重：曲げる力／押す力／引っ張る力／ずらす力

内部に働く応力：曲げモーメント M ／圧縮力・引張り力（軸方向力）N ／せん断力 Q

- 圧縮応力は圧縮力などと、「応」を略すことが多いようです。圧縮と引張り力は軸方向力ともいいます。上記の4つの応力以外に、ねじり応力もあります。
- 応力の記号には、曲げモーメントはM（Moment）、軸方向力はN（Normal kraft：ドイツ語）、せん断力はQ（Quer kraft：ドイツ語）がよく使われるので、慣れてしまいましょう。
- 外力への応答を表わす量が、応力とひずみ（変形）となります。

R098 応力と応力度 その5

Q 同じ重さがかかった場合、細い柱と太い柱、どちらが単位面積当たりの応力が大きい?

A 細い柱です。

細い柱は断面積が小さいので、1mm²当たり、1cm²当たりにかかる応力が大きくなります。細い柱の方が壊れやすいのはそのためです。どれくらいの力で壊れるかを考える場合、力を断面積で割った力の密度を考える必要があります。内部に働く力、内力＝応力の密度は応力度と呼ばれます。

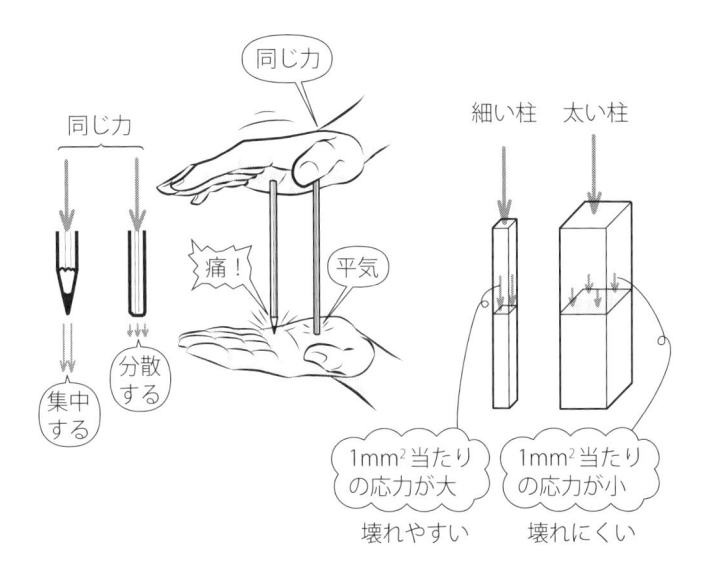

- 削ってとがった鉛筆と削っていない鉛筆を手のひらの上に置いて同じ力で押すと、とがった鉛筆の方が痛く感じます。先のとがった、小さい面積に力が集中するからで、その分、鉛筆の先は折れやすくなります。
- 応力度の度は、人口密度の度と一緒で、応力の密度です。同じ人口でも狭い土地に人が集中する場合と広い土地に分散する場合では、密度が違います。力も同様に、面積で割った密度で考えます。

★ R099　応力と応力度　その6

Q 応力度とは？

A 単位断面積当たりの応力です。

「応力」の密「度」だから応力度です。$\dfrac{応力}{断面積}$ で求めます。人口密度の度と同じ意味で、面積当たりの応力です。材料の各部にどれくらい力がかかっているかがわかります。

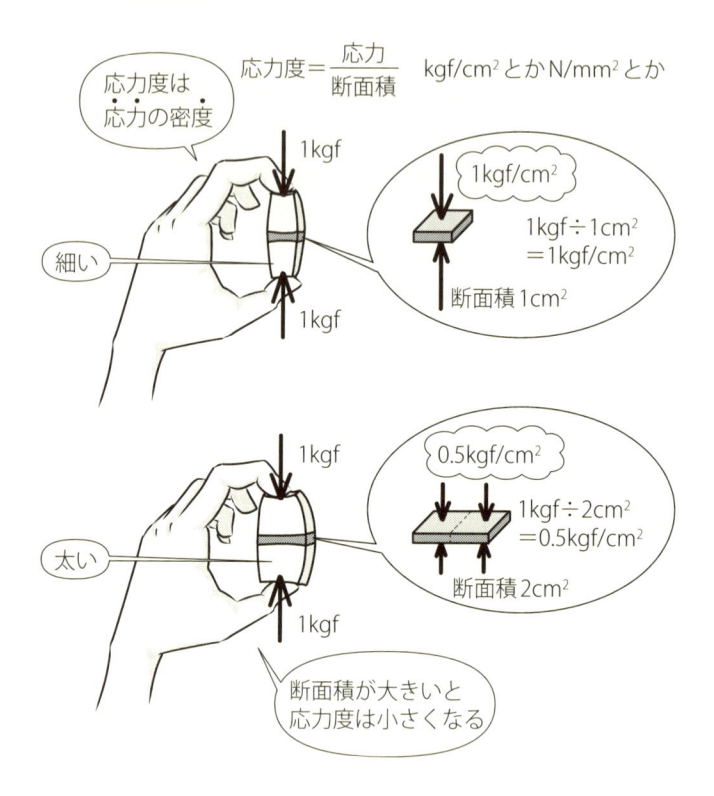

応力度 = $\dfrac{応力}{断面積}$　kgf/cm² とか N/mm² とか

応力度は応力の密度

細い

1kgf
1kgf

1kgf/cm²
1kgf ÷ 1cm²
= 1kgf/cm²
断面積 1cm²

太い

1kgf
1kgf

0.5kgf/cm²
1kgf ÷ 2cm²
= 0.5kgf/cm²
断面積 2cm²

断面積が大きいと応力度は小さくなる

- 消しゴムを押しつぶそうとする 1kgf の応力を、断面積 1cm² で受ける場合は応力度は 1kgf/cm²、断面積 2cm² で受ける場合は 0.5kgf/cm² となります。断面積が大きい方が、応力度が小さくなるので消しゴムはつぶれにくくなります。
- 建築では応力度は N/mm² で表すことが多いです。

★ R100　　曲げモーメント　その1

Q 梁中央付近にかかる曲げモーメント M はどのように働いている？

A 梁の下側が凸、上側が凹に曲がるように働いています。

ある部分を切り出して、その両側にモーメントが加えられた状態を考えます。その両側にかかる、大きさが等しく向きが逆の1対のモーメントを、曲げモーメントといいます。切り出された部分の両側が、下図のようにスパナで回されていると考えるとわかりやすいです。

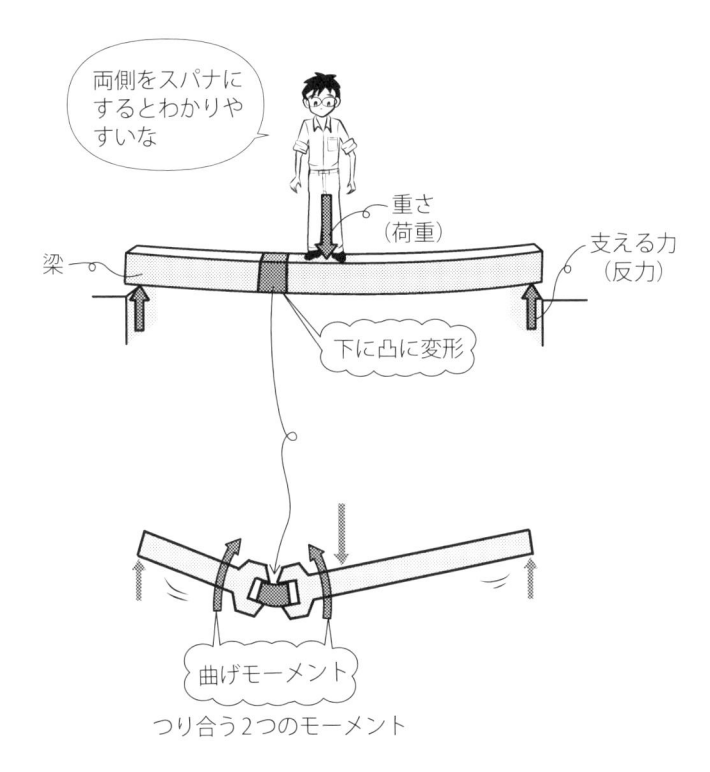

両側をスパナにするとわかりやすいな

重さ（荷重）
支える力（反力）
梁
下に凸に変形
曲げモーメント
つり合う2つのモーメント

- モーメントは物を回そうとする力の働きで、「モーメントの大きさ=力×距離」です。曲げモーメントは、上のスパナの図のように両側に反対の回転方向に、同じ大きさのモーメントがかかっていて、つり合った状態です。
- 建物の各部においてモーメントは、どの部分を取り出しても、すべてつり合っています。つり合っていなければ、物体は加速度をもって動き出してしまいます。建物は動きませんので、つり合っていなければおかしいわけです。

★ R101 曲げモーメント その2

Q 梁の端部を柱に直角に拘束した（剛節点R005参照）場合、梁の端部付近にかかる曲げモーメントMはどのように働いている？

A 梁の上側が凸、下側が凹に曲がるように働いています。

前項のイラストでは梁端部は台に載せているだけでしたから、端部に曲げるような力は働きません。普通の梁は端部を柱に拘束するので、梁が上に凸になるような曲げモーメントが働きます。

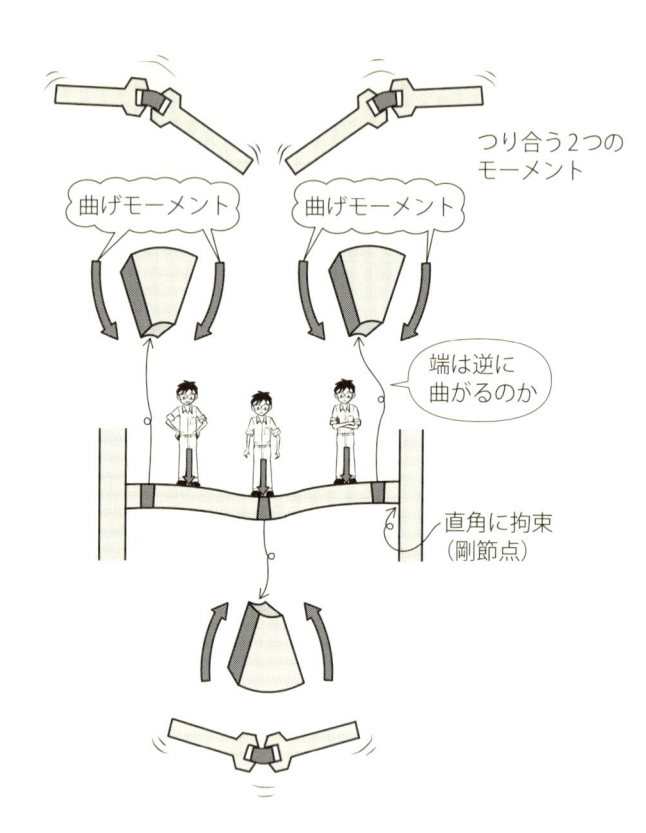

つり合う2つのモーメント

曲げモーメント　曲げモーメント

端は逆に曲がるのか

直角に拘束（剛節点）

- 柱、梁の接合部を直角に固めた（剛節した）構造を、ラーメン構造といいます。梁は等分布や等変分布に重さを受けるとして、応力を考えるのが一般的です。

★ R102　曲げモーメント　その3

Q 曲げモーメント図（M図）、せん断力図（Q図）とは？

A 構造体の上に載せるように描かれた、曲げモーメントMの大きさ、せん断力Qの大きさがわかるグラフです。

Mは凸に曲がる側に、Qは時計回りをプラスとして梁の上、柱の左に書くのが一般的です。

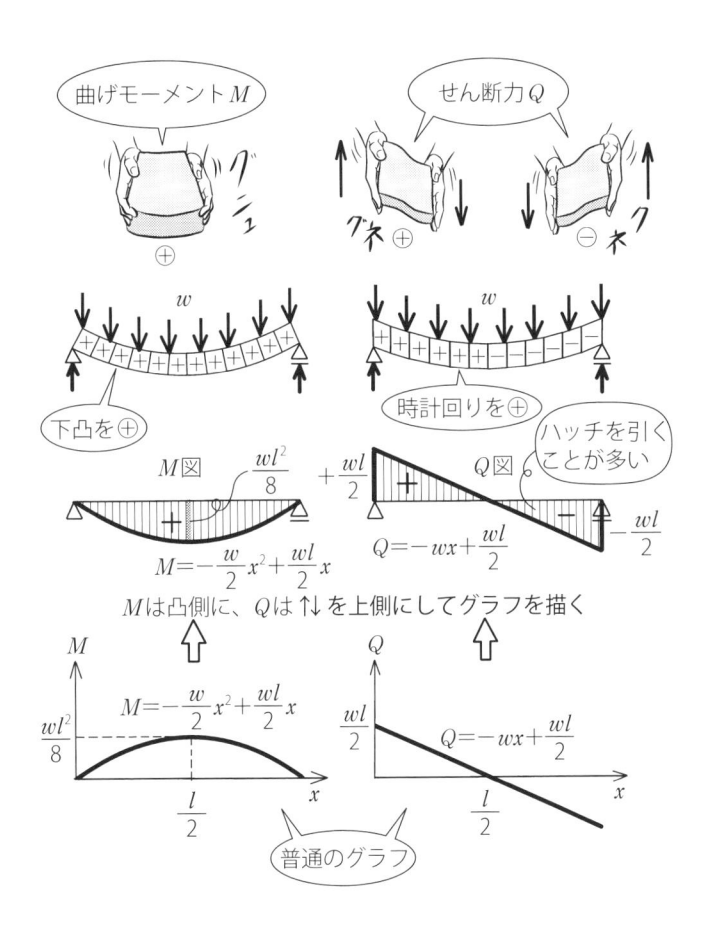

曲げモーメント M
$\oplus$

せん断力 Q
グネ $\oplus$　ネク $\ominus$

下凸を $\oplus$

時計回りを $\oplus$
ハッチを引くことが多い

M図　$\dfrac{wl^2}{8}$

$M = -\dfrac{w}{2}x^2 + \dfrac{wl}{2}x$

Q図　$+\dfrac{wl}{2}$　$-\dfrac{wl}{2}$

$Q = -wx + \dfrac{wl}{2}$

Mは凸側に、Qは $\uparrow\downarrow$ を上側にしてグラフを描く

$M = -\dfrac{w}{2}x^2 + \dfrac{wl}{2}x$

$\dfrac{wl^2}{8}$　$\dfrac{l}{2}$

$Q = -wx + \dfrac{wl}{2}$

$\dfrac{wl}{2}$　$\dfrac{l}{2}$

普通のグラフ

- せん断力図についてはR107を参照してください。

★ R103 曲げモーメント その4

Q 曲げモーメント図（M図）は梁のどちら側に描く？

A M図は、梁の引張り側、凸に曲がる側に描きます。

梁のどちら側が引っ張られているかは非常に重要なので、M図は必ず引張り側に図示します。引張り側とは凸に変形する側で、変形した凸の形をグラフの形と対応させることもできます。

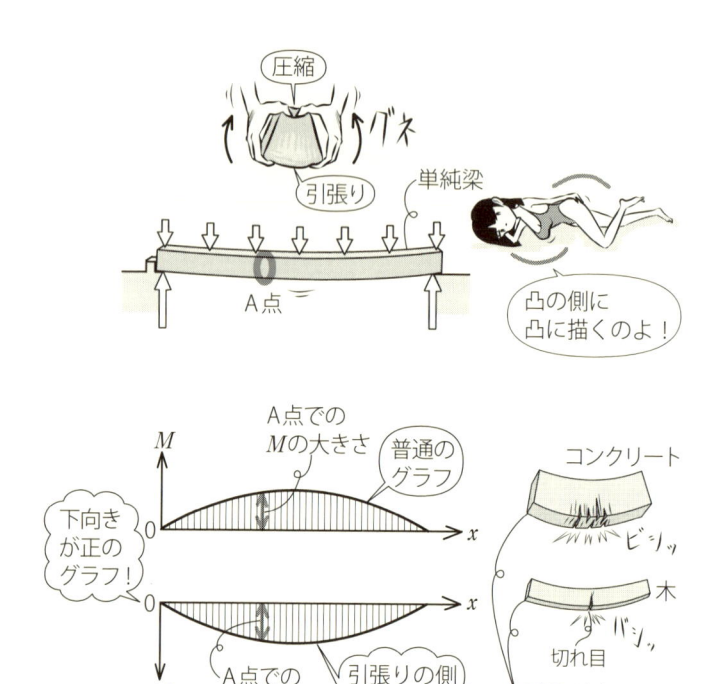

- 鋼は圧縮にも引張りにも強いのですが、コンクリートは引張りに弱く、鋼（鉄筋）を入れて補強しないと、梁は簡単に折れ曲がってしまいます。また木造の梁の場合、引張り側にノコを入れて切れ目が入ると、そこで割れて梁が折れ曲がってしまいます。引張り側の継手は、金物でしっかりとつなぐ必要があります。圧縮側に切れ目、つなぎ目があっても、引張り側ほど深刻ではありません。
- 柱の場合も、M図は引張りの側、凸の側に描きます。

★ R104 曲げモーメント その5

Q 等分布荷重がかかる梁を柱に直角に拘束した場合（剛節点）、曲げモーメント図（M図）はどんな形になる？

A 下図のような曲線になります。

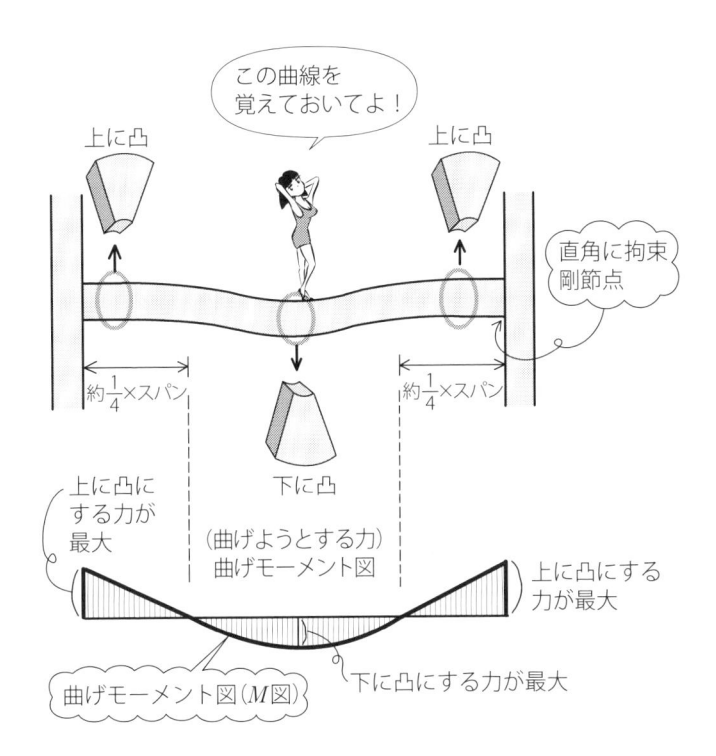

🟦 梁を1本の横線として、その横線から凸に曲がる側に、曲げモーメントの大きさ分の高さをとります。

（この曲線を覚えておいてよ！）

上に凸　　　　　　　　　　上に凸

直角に拘束
剛節点

約 $\frac{1}{4}$ ×スパン　　　約 $\frac{1}{4}$ ×スパン

上に凸にする力が最大

下に凸

（曲げようとする力）
曲げモーメント図

上に凸にする力が最大

曲げモーメント図（M図）

下に凸にする力が最大

- 等分布荷重がかかる部分のM図の形は2次曲線（放物線）、等変分布荷重がかかる部分のM図の形は3次曲線となります。梁の変形の仕方と曲げモーメント図のだいたいの形を、対応させて覚えておきましょう。
- 地震などの水平力がかかる場合は、まったく異なる曲げモーメント図となります。

★ R105　曲げモーメント　その6

Q 梁を柱に直角に拘束して（剛節点）、水平力が働いた場合、曲げモーメント図（M図）はどんな形になる？

A 下図のような直線になります。

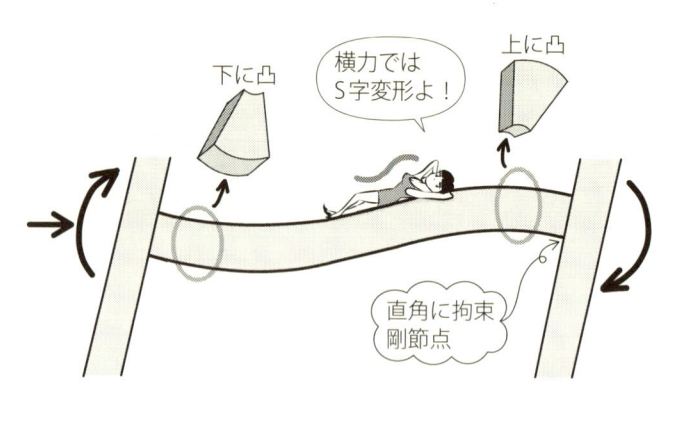

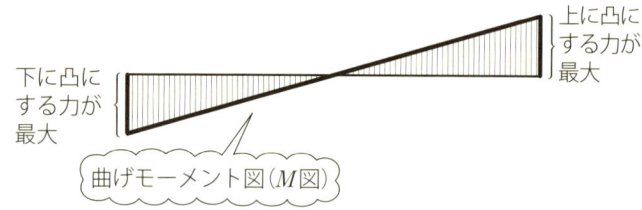

右へと力が働くと柱が右へと倒れ、梁は端部から回転する力を受け、S字形に変形します。左端部で下に凸の曲げモーメントが最大となり、反対側の端部では上に凸の曲げモーメントが最大になります。

下に凸　　　横力ではS字変形よ！　　　上に凸

直角に拘束　剛節点

上に凸にする力が最大

下に凸にする力が最大

曲げモーメント図（M図）

- 地震の水平力は、左から右からと、交互に働きます。梁のS字変形が上下反転を繰り返し、曲げモーメント図も右上がり、左上がりを交互に繰り返します。
- 地震力が働いている間も、鉛直荷重はかかっているので、この水平力による曲げモーメントと鉛直荷重による曲げモーメントが足されたものが、実際に働いている曲げモーメントとなります。

★ R106 せん断力 その1

Q 梁の左右にかかるせん断力 Q はどのように働いている？

A 左側では右肩下がり、右側では右肩上がりに、下図のスパナで挟んだ長方形を平行四辺形にずらすように働いています。

材軸に直角方向で、はさみのように同じ大きさで反対方向に働くペアの力がせん断力です。

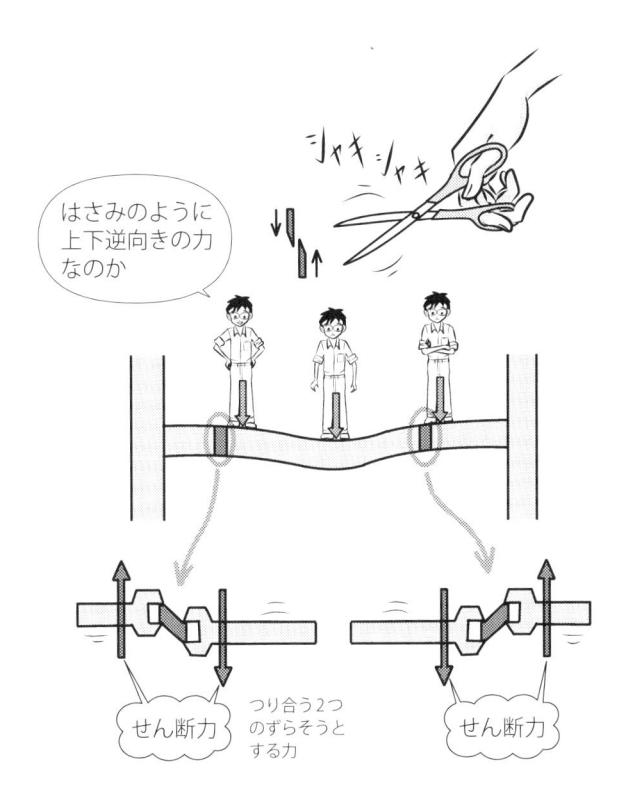

はさみのように上下逆向きの力なのか

シャキシャキ

せん断力

つり合う2つのずらそうとする力

せん断力

- 建物は加速度をもって動いていないので、どこをどのように切断しても、力はつり合っているはずです。上のように建物のごく小さな部材を切り出して考えると、その部材に働く外力、応力は必ずつり合っています。また梁のどこか1カ所で切断して、その左側だけの力を考えても、切断面に働く曲げモーメント、せん断力と外力がつり合っているはずです。

★ R107　せん断力　その2

Q せん断力図（Q図）は梁のどちら側に描く？

A 梁の一部を取り出してみてその部材の変形の方向が、↑□↓となる場合を正として梁の上に、↓□↑となる場合を負として梁の下に描きます。

Q図にはいろんな描き方がありますが、右下がり↑□↓（時計回り）となる場合を正、右上がり↓□↑（反時計回り）となる場合を負とすることが多いです。せん断力の式をグラフにする場合、正は上向き、負は下向きにとります。

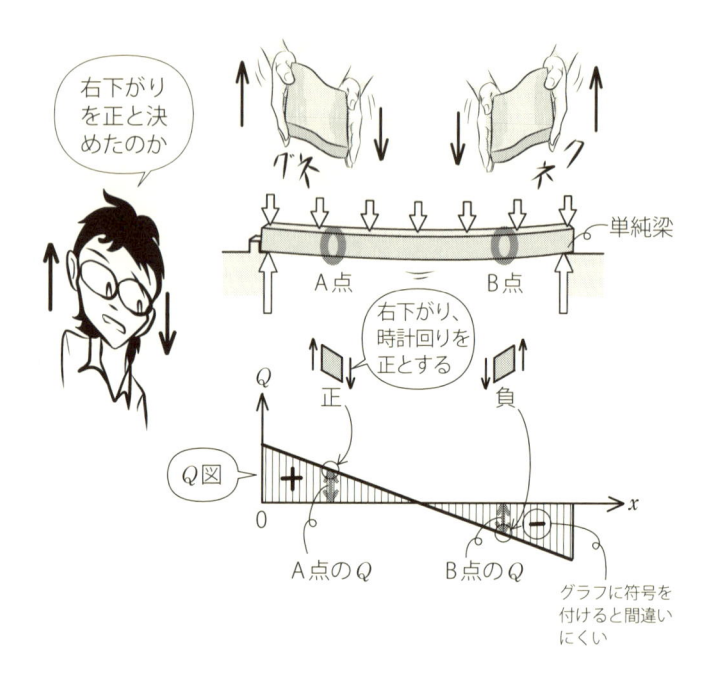

- 柱の場合は、左側を正とするのが一般的です。
- せん断力 Q、軸方向力 N による変形（ひずみ）は、曲げモーメント M による変形に比べて、きわめて小さいものです。また M、Q、N による各変形を合成したものが、実際の変形となります。

★ R108　せん断力　その3

Q 曲げモーメント M の傾きは？

A せん断力 Q となります。

M図を見ると、Q図のだいたいの形が想像できます。まずはMの傾きがQと覚えてしまいましょう。

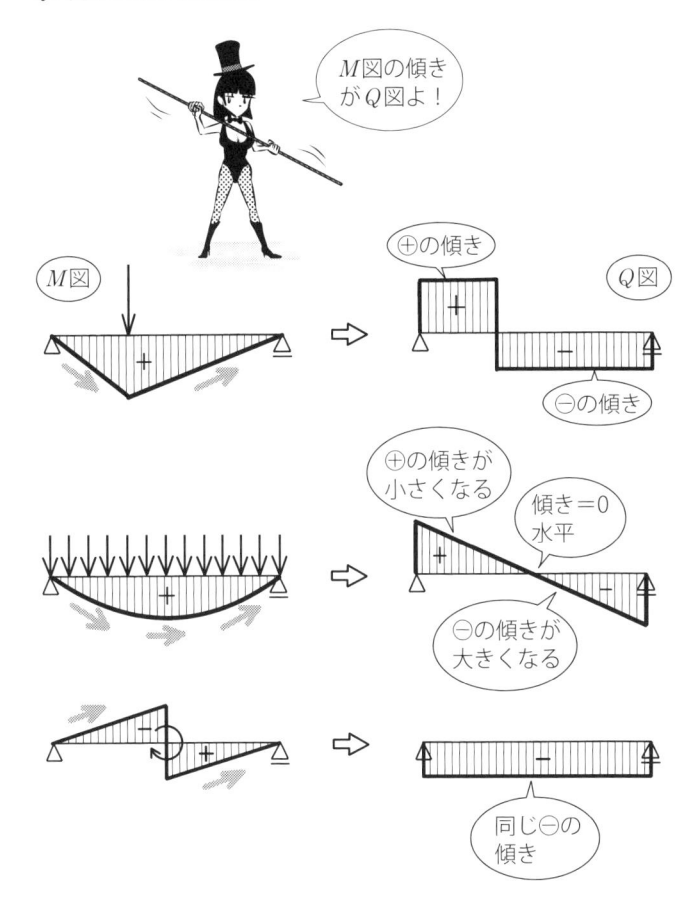

「M図の傾きがQ図よ！」

M図 ⇒ Q図

- ⊕の傾き
- ⊖の傾き

- ⊕の傾きが小さくなる
- 傾き=0 水平
- ⊖の傾きが大きくなる

- 同じ⊖の傾き

- グラフの傾きを出すには微分します。$\dfrac{dM}{dx}=Q$です。Mの式がわかればQの式が出ます。Mが1次式（直線）ならQは定数（水平線）、Mが2次式（放物線）ならQは1次式（直線）です。

★ R109　せん断力　その4

Q 等分布荷重がかかる梁を柱に直角に拘束した場合（剛節点）、せん断力図はどんな形になる？

A 下図のような直線状になります。

前頁の単純梁と同じようなQ図となります。せん断力は梁の一部分を取り出してみて、その部材が右肩下がり（時計回り）に働くときを正、右肩上がり（反時計回り）に働くときを負とするのが一般的です。ここでは、梁の M 図、Q 図のだいたいの形を覚えておきましょう。

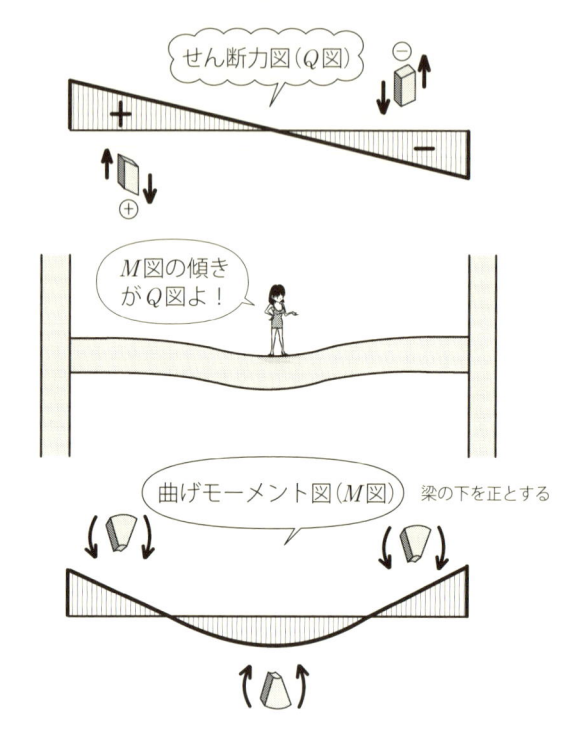

せん断力図（Q図）

M図の傾きがQ図よ！

曲げモーメント図（M図）　梁の下を正とする

- 曲げモーメント図は材が凸に変形する側に描きますが、値に正負を付ける場合は、両端を固定しない梁（単純梁）は下にたわむのが一般的なので、梁の下を正と考え、y軸は下方向へと伸びているとして式を立てます。
- 曲げモーメント図が2次曲線ならせん断力図は斜めの直線、曲げモーメント図が直線ならせん断力図は水平な線となります。曲げモーメントを微分（各点での傾き）したものがせん断力なので、2次関数→1次関数、1次関数→0次関数（定数）のグラフとなるのです（R112参照）。

★ R110　　　　　　　　　　　　　　　　　　　　　MとQ その1

Q 曲げとせん断の変形は同時に起きている？

A 同時に起きています。

計算においては曲げとせん断の変形を、別々に考えますが、実際には同時に起きています。変形の形も、下図のように曲げによる扇形の変形とせん断による平行四辺形を重ね合わせた、合成した形になります。

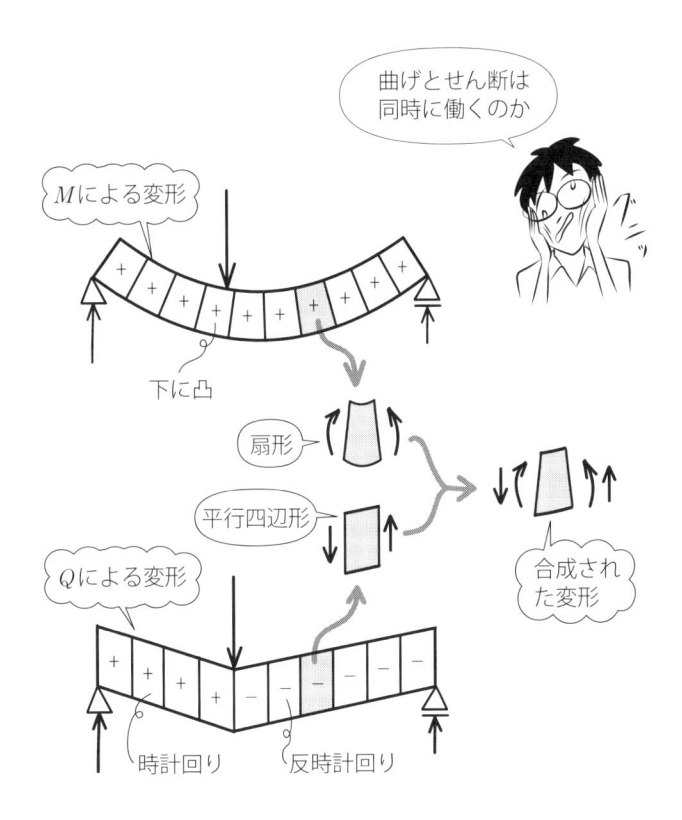

曲げとせん断は同時に働くのか

*M*による変形

下に凸

扇形

平行四辺形

*Q*による変形

時計回り　反時計回り

合成された変形

- 実際の*Q*による変形は、*M*による変形に比べて、非常に小さなものとなります。一般に棒のような部材では、*N*による伸縮、*Q*による平行四辺形のずれは、*M*による湾曲変形に比べて著しく小さなものです。

★ **R111**　　　　　　　　　　　　　　　　　　　　　　　　*M*と*Q*　その2

Q 曲げモーメント*M*、せん断力*Q*、等分布荷重*w*の関係は？

A *M*図の傾きが*Q*、*Q*図の傾きが−*w*です。

下図のように梁の一部（Δx）を取り出してみます。Δxの範囲の力のつり合いは下図のようになっています。Δxの幅の間に*M*、*Q*の増えた分をΔM、ΔQとします。モーメントのつり合いを考えると、$\frac{\Delta M}{\Delta x}=Q$、*y*方向のつり合いを考えると、$\frac{\Delta Q}{\Delta x}=-w$となります。構造体、荷重の形が変わっても、この式は成り立ちます。

[スーパー記憶術]
<u>無</u>　<u>休</u>　で荷を下ろす
M →　*Q* →　−*w*（*w*をマイナス）

「*M*の傾きが*Q*よ！」

「*Q*、*M*の増えた分」

● 左端でのモーメントのつり合い
　　（右回りを正とする）

$M-(M+\Delta M)+(w\Delta x)\times\dfrac{\Delta x}{2}$
$\qquad\qquad\qquad +(Q+\Delta Q)\times\Delta x=0$

$-\Delta M+\dfrac{w\Delta x^2}{2}+Q\Delta x+\Delta Q\Delta x=0$

$\begin{pmatrix}\Delta x^2、\Delta Q\Delta x は微小どうし\\の積なので0とすると\end{pmatrix}$

$-\Delta M+Q\Delta x=0$

$\therefore\ Q=\dfrac{\Delta M}{\Delta x}$　　「*Q*は*M*の傾き」

● *y*方向のつり合い
　　（上向きを正）

$Q-(Q+\Delta Q)-w\Delta x=0$
$-w\Delta x=\Delta Q$

$\therefore\ w=-\dfrac{\Delta Q}{\Delta x}$

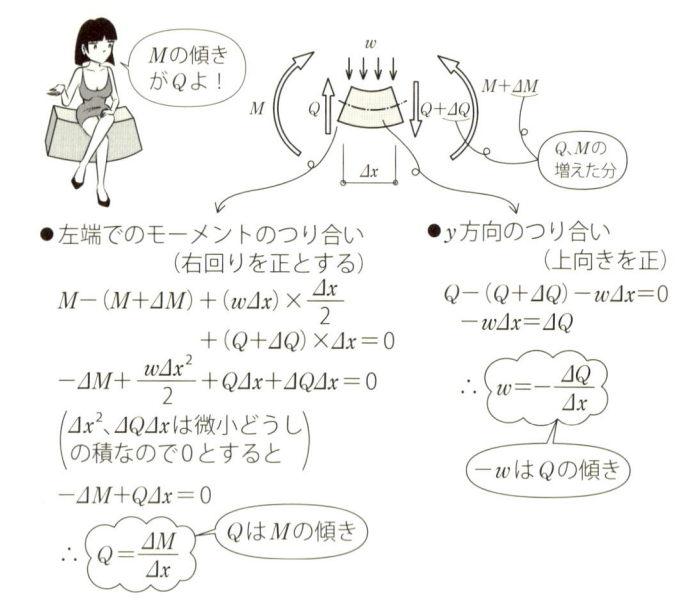

「−*w*は*Q*の傾き」

● イラスト中の式は、*x*方向は右向きを正、*y*方向は上向きを正としてつり合いの式を立てています。$\frac{\Delta Q}{\Delta x}=-w$のマイナスは、右側切断面のせん断力の方が左側より小さいことを意味しています。Δxの長さに*w*の分布荷重がかかっている分、右側下向きの*Q*は小さくならないと、左側上向き*Q*とつり合わないからです。

★ R112 MとQ その3

Q $M=-\dfrac{1}{2}wx^2+\dfrac{1}{2}wlx$ の時、Q の式は？

A $Q=\dfrac{dM}{dx}$ なので、$Q=-wx+\dfrac{1}{2}wl$ となります。

🔲 M の式を x 方向（横方向）に微分すれば Q の式になります。微分とは、曲線の各点における瞬間、瞬間の傾きの式を求めることです。

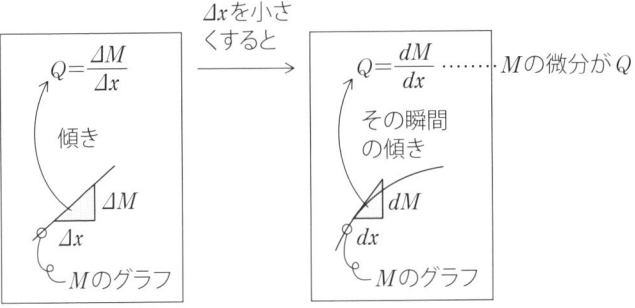

$Q=\dfrac{\Delta M}{\Delta x}$　傾き　ΔM　Δx　Mのグラフ

Δx を小さくすると

$Q=\dfrac{dM}{dx}$ ……Mの微分がQ　その瞬間の傾き　dM　dx　Mのグラフ

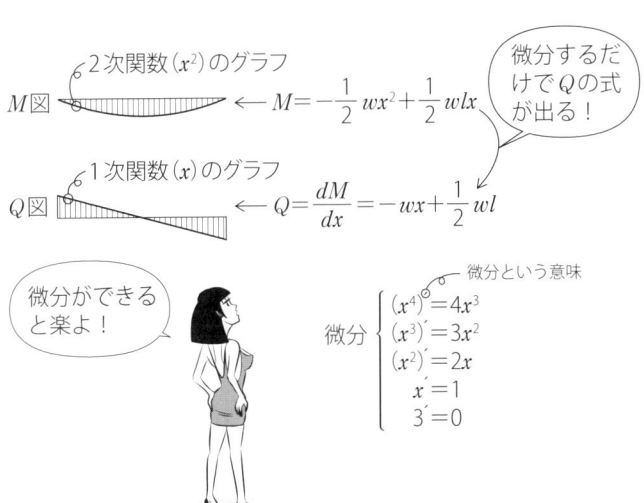

M図　2次関数 (x^2) のグラフ　← $M=-\dfrac{1}{2}wx^2+\dfrac{1}{2}wlx$

Q図　1次関数 (x) のグラフ　← $Q=\dfrac{dM}{dx}=-wx+\dfrac{1}{2}wl$

微分するだけでQの式が出る！

微分 $\begin{cases}(x^4)'=4x^3 \\ (x^3)'=3x^2 \\ (x^2)'=2x \\ x'=1 \\ 3'=0\end{cases}$ ←微分という意味

微分ができると楽よ！

- $M=-\dfrac{1}{2}wx^2+\dfrac{1}{2}wlx$ の式は、単純梁に等分布荷重がかかったときのMの式です。Qの式をさらに微分すると、$-w$ となります。

★ R113　　　　　　　　　　　　　　　　　　　　MとQ　その4

Q 等分布荷重 w が働いているスパン l の両端を固定した梁では、全体の荷重は $W=wl$ となります。では、曲げモーメント M、せん断力 Q の最大値は？

A $-\dfrac{Wl}{12}$、$\dfrac{W}{2}$ です。

両端を直角に拘束した端部は、固定端といいます。固定端の梁の M 図と、その端部、中央部の値を覚えておくと、不静定を解くときにも使えて便利です。

［スーパー記憶術］
<u>自由</u>に<u>妊娠</u>すると人生が<u>固定</u>される
　12　　24

- 単位は tf/m、kN/m など
- 全荷重 $W=wl$
- 等分布荷重 w
- 固定端
- 記号
- 長さ l
- W で式を覚えると、l の次数がそろって楽！
- 両端がつののように出る M 図よ

M 図
$-\dfrac{Wl}{12}$　　$-\dfrac{Wl}{12}$
$\dfrac{Wl}{24}$　　$\dfrac{Wl}{8}$
端で M が最大

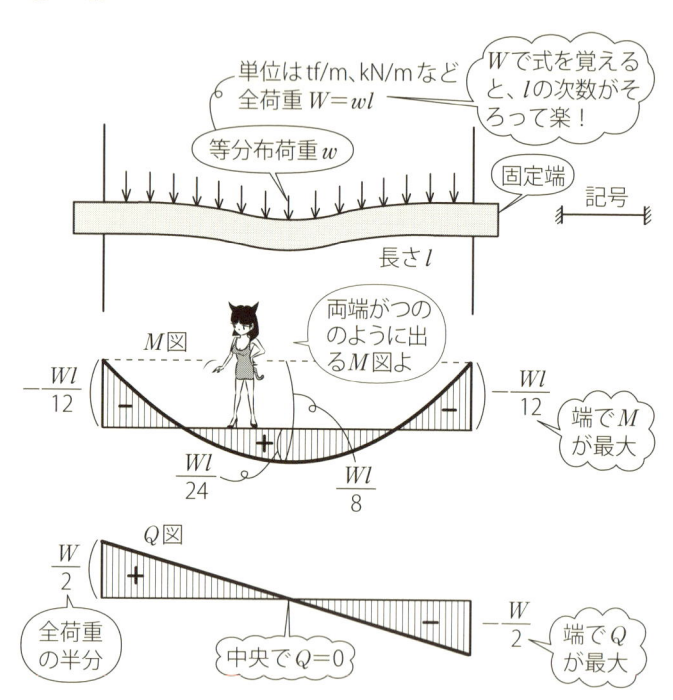

Q 図
$\dfrac{W}{2}$　　$-\dfrac{W}{2}$
全荷重の半分
中央で $Q=0$
端で Q が最大

- 全体の荷重 $W=wl$ を両側で支える力が $\dfrac{W}{2}$ ですから、それから発生するせん断力は $\dfrac{W}{2}$ となります。
- M は梁が下に凸に変形する側を正、Q は時計回りを正としています。

★ R114 Mの最大値 その1

Q 下図の左側の状態でのM図は？

A 右側のようになります。

代表的なM図の形とM_{max}（Mの最大値）の値は、早い段階でまる覚えしてしまうと楽です。

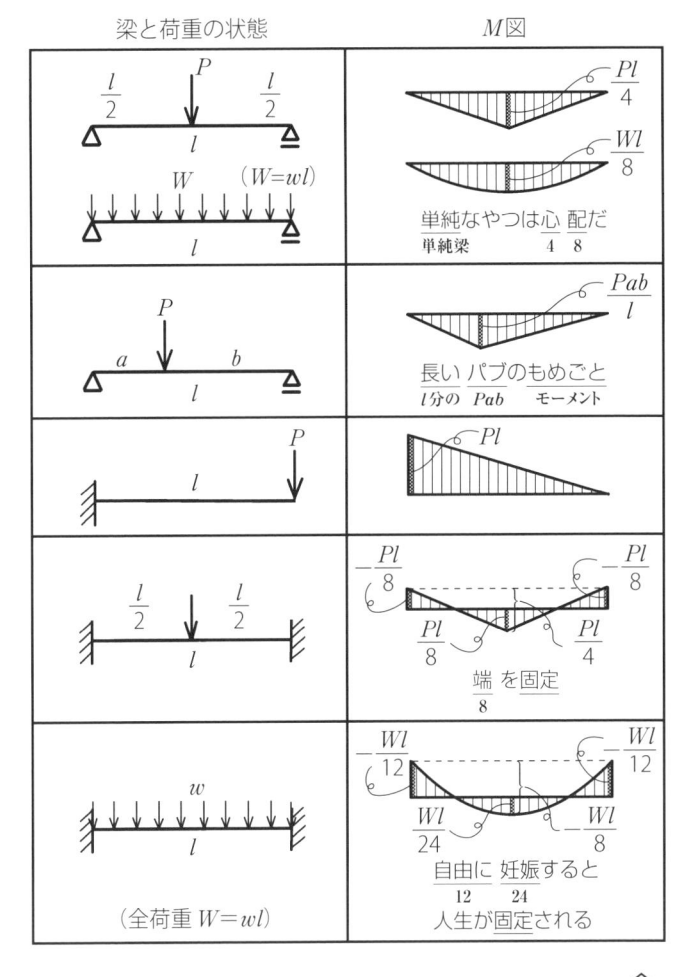

梁と荷重の状態	M図
単純梁 中央集中荷重 P、両端支持、$l/2$, $l/2$ / 等分布荷重 W ($W=wl$)	$\dfrac{Pl}{4}$ / $\dfrac{Wl}{8}$ 単純なやつは心配だ 単純梁　　4　8
単純梁 集中荷重 P、a, b	$\dfrac{Pab}{l}$ 長いパブのもめごと l分の　Pab　モーメント
片持梁 先端集中荷重 P	Pl
両端固定梁 中央集中荷重 P、$l/2$, $l/2$	$-\dfrac{Pl}{8}$　$-\dfrac{Pl}{8}$ $\dfrac{Pl}{8}$　$\dfrac{Pl}{4}$ 端 を 固定 8
両端固定梁 等分布荷重 w （全荷重 $W=wl$）	$-\dfrac{Wl}{12}$　$-\dfrac{Wl}{12}$ $\dfrac{Wl}{24}$　$-\dfrac{Wl}{8}$ 自由に 妊娠すると 　　　12　　24 人生が固定される

★ R115 Mの最大値 その2

Q 単純梁に中央集中荷重と等分布荷重がかかった場合、また、両端固定梁に中央集中荷重と等分布荷重がかかった場合のM_{max}の数字は？

A $\dfrac{1}{4}$、$\dfrac{1}{8}$、$\dfrac{1}{8}$、$\dfrac{1}{12}$ となります。

数字を見ると偶然ですが、4の倍数できれいな並びになっていて、暗記するにはありがたい数列です。

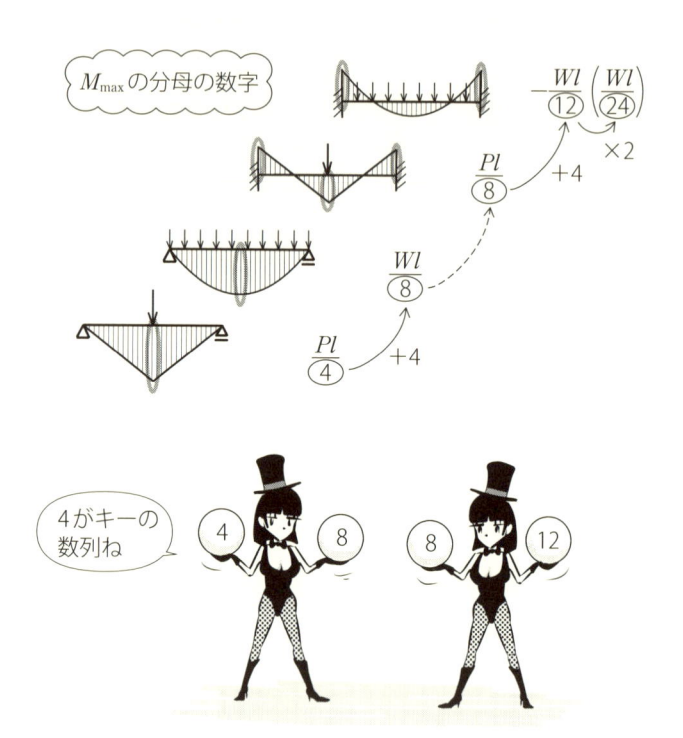

M_{max}の分母の数字

両端固定・等分布: $\dfrac{Wl}{12}$ $\left(\dfrac{Wl}{24}\right)$ ×2

両端固定・中央集中: $\dfrac{Pl}{8}$ +4

単純梁・等分布: $\dfrac{Wl}{8}$

単純梁・中央集中: $\dfrac{Pl}{4}$ +4

4がキーの数列ね 　④ ⑧ 　　⑧ ⑫

★ R116 — Mの最大値 その3

Q 両端固定梁と単純梁のM図の関係は?

A 両端固定梁のM図は、固定端にモーメントが発生する分、単純梁のM図が上に上がった形になります。

中央集中荷重Pがかかるとき、単純梁では中央で$\dfrac{Pl}{4}$、両端固定梁では中央で固定端のモーメントの分もち上がって、$\dfrac{Pl}{4} - \dfrac{Pl}{8} = \dfrac{Pl}{8}$となります。等分布荷重$W=wl$の場合、単純梁は中央で$\dfrac{Wl}{8}$、両端固定梁では固定端のモーメント分もち上がって、中央で$\dfrac{Wl}{8} - \dfrac{Wl}{12} = \dfrac{Wl}{24}$となります。

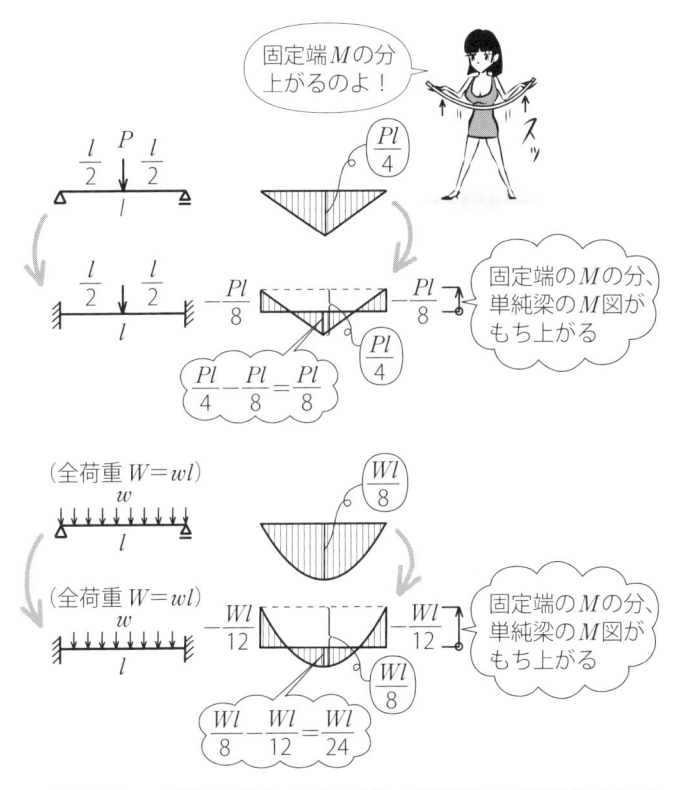

〔固定端Mの分上がるのよ!〕

〔$\dfrac{Pl}{4}$〕

〔固定端のMの分、単純梁のM図がもち上がる〕

〔$\dfrac{Pl}{4} - \dfrac{Pl}{8} = \dfrac{Pl}{8}$〕

(全荷重 $W=wl$)

〔$\dfrac{Wl}{8}$〕

〔固定端のMの分、単純梁のM図がもち上がる〕

〔$\dfrac{Wl}{8} - \dfrac{Wl}{12} = \dfrac{Wl}{24}$〕

- 両端固定梁のM図は固定端のMの大きさ分、同じ荷重でも単純梁のM図よりもち上がります。上記2種のM図は、完璧に覚えてしまいましょう。

★ **R117**　　　　　　　　　　　　　　　　　　*M*図の形　その1

Q 単純梁、連続梁に下図の左側のような荷重が働いた場合、*M*図の形は？

A 右側の図のようになります。

ゴムひもを想定して、*M*図の形をまるごと覚えてしまいましょう。*M*図は部材が凸に変形する側に描くのですが、部材もゴムひもも、力の方向に凸に曲がります。ピン、ローラーで*M*はゼロとなります。

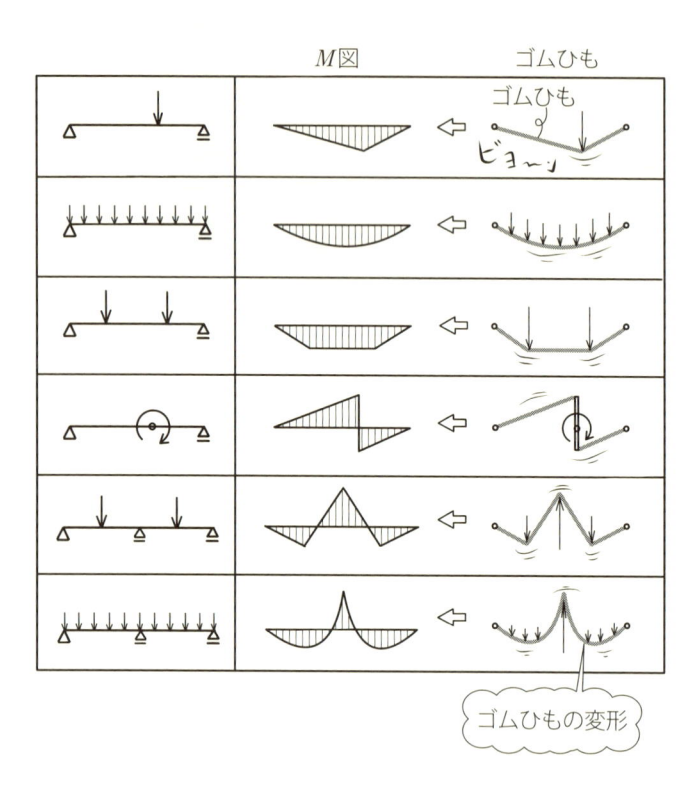

荷重図	*M*図	ゴムひも
（集中荷重）	（三角形）	⇐ ゴムひも ビョーン
（等分布荷重）	（放物線）	⇐
（2点集中荷重）	（台形）	⇐
（モーメント荷重）	（段差）	⇐
（中間支点あり、2点集中）	（山型）	⇐
（連続梁、等分布荷重）	（波型）	⇐

ゴムひもの変形

• 「ゴムひも理論」と勝手に命名しています。「超ひも理論（スーパーストリングセオリー）」は素粒子や宇宙を扱う理論で、まったく関係ありません。

★ R118　　M図の形　その2

Q 片持ち梁に下図の左側のような荷重が働いた場合、M図の形は？

A 右側の図のようになります。

棚の吊りひもを想定して、M図の形をまるごと覚えてしまいましょう。自由端ではMはゼロになります。

吊りひもの形で覚えておきなさい！

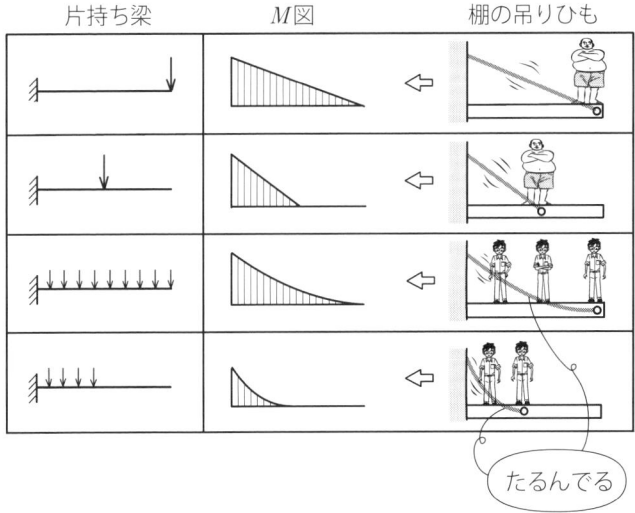

片持ち梁	M図	棚の吊りひも

たるんでる

★ R119　　M図の形　その3

Q 門形ラーメンに下図の左側のような荷重が働いた場合、M図の形は？

A 右側の図のようになります。

猫の正面の顔とのびのポーズで、M図の形を覚えてしまいましょう。多層多スパンのラーメンでも似たようなM図になるので、門形の2種類のM図を覚えておくと便利です。

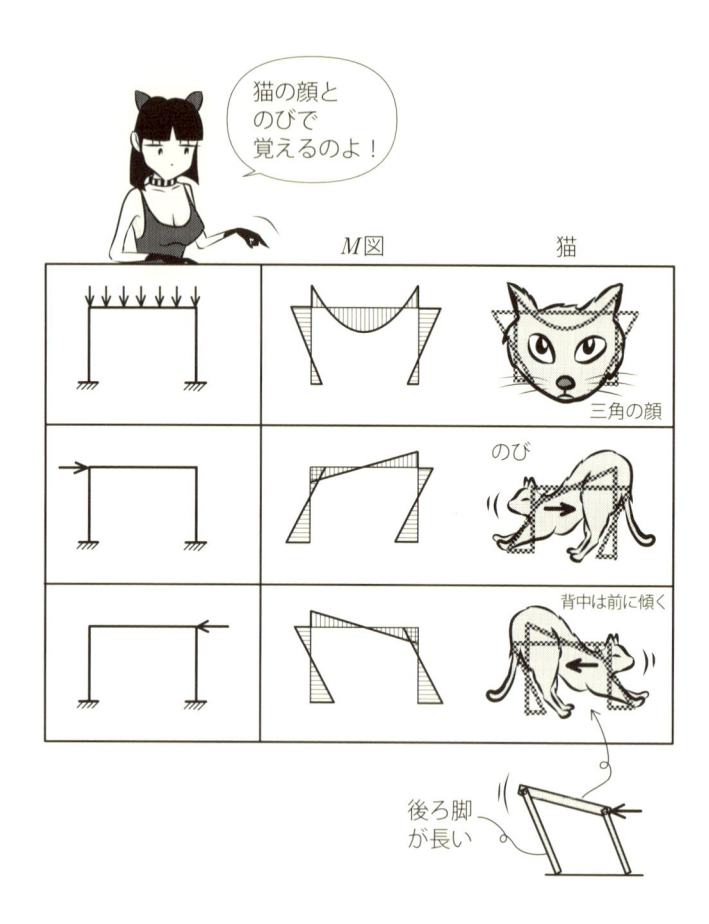

猫の顔と
のびで
覚えるのよ！

	M図	猫
等分布荷重	下向きM字	三角の顔
左向き水平荷重	平行四辺形	のび
右向き水平荷重	平行四辺形	背中は前に傾く

後ろ脚が長い

★ R120 M図の形 その4

Q 均等スパンの多層多スパンのラーメンに、下図のような垂直荷重が働いた場合、中柱（なかばしら）に曲げモーメントMはかかる？

A ほとんどかかりません。

柱の左右の梁から受けるモーメントがほぼ同じになって打ち消されるので、柱を曲げようとするモーメントはほとんどなくなります。柱には垂直力（軸力）だけがかかることになります。

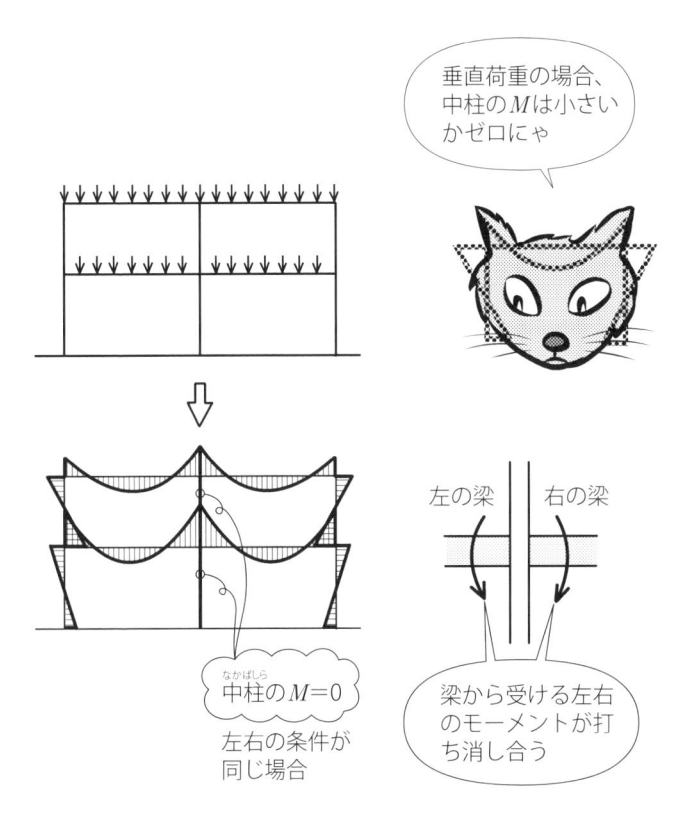

垂直荷重の場合、中柱のMは小さいかゼロにゃ

中柱の$M=0$
左右の条件が同じ場合

梁から受ける左右のモーメントが打ち消し合う

★ R121　　　M図の形　その5

Q 耐震壁に接する梁、柱の曲げモーメントMは？

A 曲がらないのでMはゼロです。

耐震壁に接している柱、梁はまったく曲がらず、たわまないので、曲げモーメントMがかかりません。M図では、耐震壁の部分にハッチ（細い斜線）などを入れますが、そのまわりの柱、梁のMはゼロなので、M図は出てきません。Mがゼロで変化なしということは、その傾きのQもゼロです。

- 耐震壁のまわりのMはゼロにゃ
- 耐震壁に付いた梁、柱は変形せず、回転できないので、$M=0$
- 壁側の梁端部は拘束が強いのでMは大きくなる
- 耐震壁

- 壁がまったく変形しない、完全剛とした場合は上記のようになります。耐震壁の応力を求める方法として、ブレース（筋かい）などの線材に置き換えて、線材の応力を計算して壁のM、N、Qを出すなどとします。

★ R122　ひずみ度　その1

Q ひずみ度とは？

A $\dfrac{\text{ひずんだ長さ}}{\text{全体の長さ}} = \dfrac{\Delta l}{l}$ のことです。

材に力を加えたときの伸びた長さ、または縮んだ長さのひずみ（変形）は、元の長さが長いと長く、短いと短くなります。元の長さとひずみの比をひずみ度といい、どんな長さでも力との一定の関係が出てきます。ひずみ度は、ε（イプシロン）で表すのが一般的です。

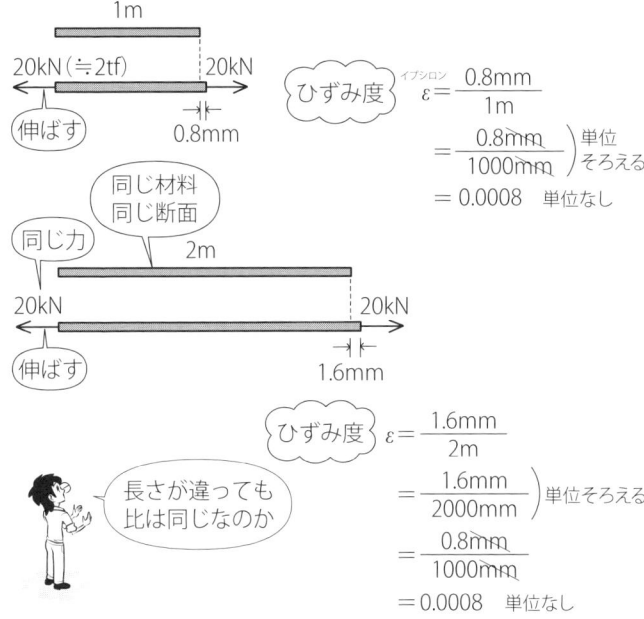

ひずみ度 $\varepsilon = \dfrac{0.8\text{mm}}{1\text{m}}$

$= \dfrac{0.8\text{mm}}{1000\text{mm}}$ 〉単位そろえる

$= 0.0008$　単位なし

（同じ材料・同じ断面・同じ力）

長さが違っても比は同じなのか

ひずみ度 $\varepsilon = \dfrac{1.6\text{mm}}{2\text{m}}$

$= \dfrac{1.6\text{mm}}{2000\text{mm}}$ 〉単位そろえる

$= \dfrac{0.8\text{mm}}{1000\text{mm}}$

$= 0.0008$　単位なし

- 1mの材を引っ張ったら1000.8mmになったとします。ひずみは0.8mm、元の長さは1000mmですから、ひずみ度 $\varepsilon = \dfrac{0.8}{1000} = 0.0008$ となります。

- 元の長さを l とすると長さの変化量（ひずみの長さ）は Δl（デルタエル）で表します。元の長さに関係しないひずみの長さは δ（デルタ）が記号としてよく使われます。x、y の変化量は Δx（デルタエックス）、Δy で、$\dfrac{\Delta y}{\Delta x}$ は傾きです。曲線のある点での瞬間の傾きは、$\dfrac{\Delta y}{\Delta x}$ の Δx を極限まで小さくして $\dfrac{dy}{dx}$ とするのが微分です。Δl、Δx、Δy、dx、dy はここで覚えておきましょう。

★ **R123** ひずみ度 その2

Q 同じ材料を伸ばすとき、伸ばす力を2倍にしても同じひずみ度にするには？

A 断面積を2倍にして応力度を同じにすれば、ひずみ度は同じになります。

断面積が同じなら、力を2倍にすればひずみ度は2倍になります。断面積を2倍にすると、各部に加わる応力度も半分になるので、ひずみ度は同じになります。応力を断面積で割ったのが応力度ですが、応力度が同じならば、ひずみ度は同じです。応力度とひずみ度は、一定の関係にあります。

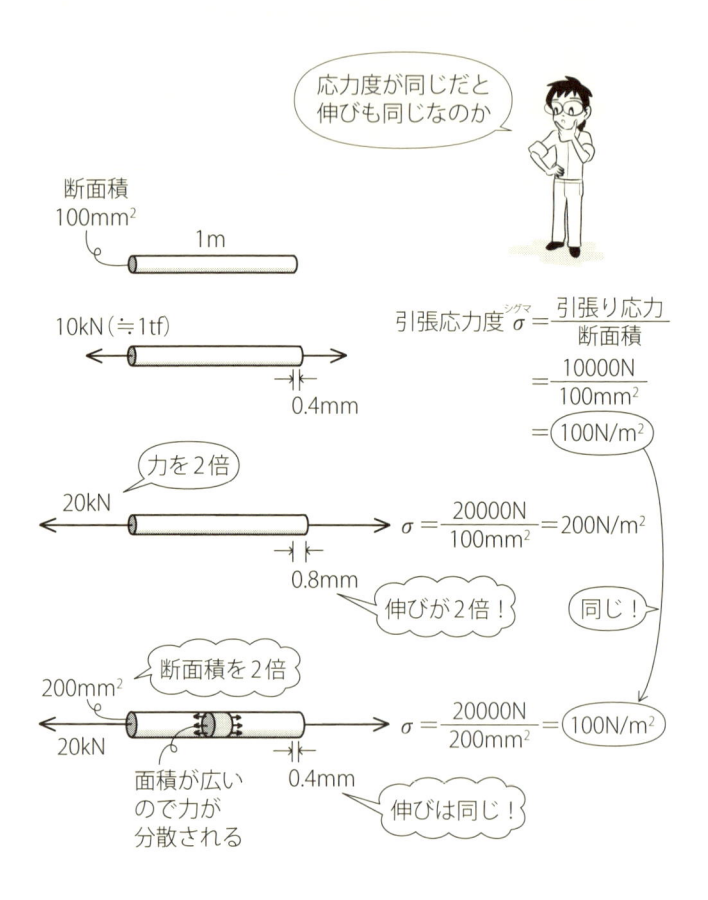

応力度が同じだと伸びも同じなのか

断面積 100mm²、1m

10kN(≒1tf)、0.4mm

引張応力度 σ = $\dfrac{引張り応力}{断面積}$ = $\dfrac{10000N}{100mm^2}$ = 100N/m²

力を2倍
20kN、0.8mm
$\sigma = \dfrac{20000N}{100mm^2} = 200N/m^2$

伸びが2倍！

断面積を2倍
200mm²、20kN、0.4mm
面積が広いので力が分散される
$\sigma = \dfrac{20000N}{200mm^2} = 100N/m^2$

同じ！
伸びは同じ！

● 力も面積当たりに直してしまうと、より普遍性のある関係が出てきます。

★ R124 フックの法則

Q 同じ材料を伸ばす力Pと伸びΔlは比例する？

A 変形が小さい範囲では $P = k \cdot \Delta l$ （k：定数）となって比例します。

これをフックの法則といいます。比例定数kをバネ定数とか弾性定数、弾性率などと呼び、PとΔlのグラフの傾きになります。同じ材料でも細い方が伸びやすく、太い方が伸びにくくなるので、グラフの傾き（比例定数）も変わります。

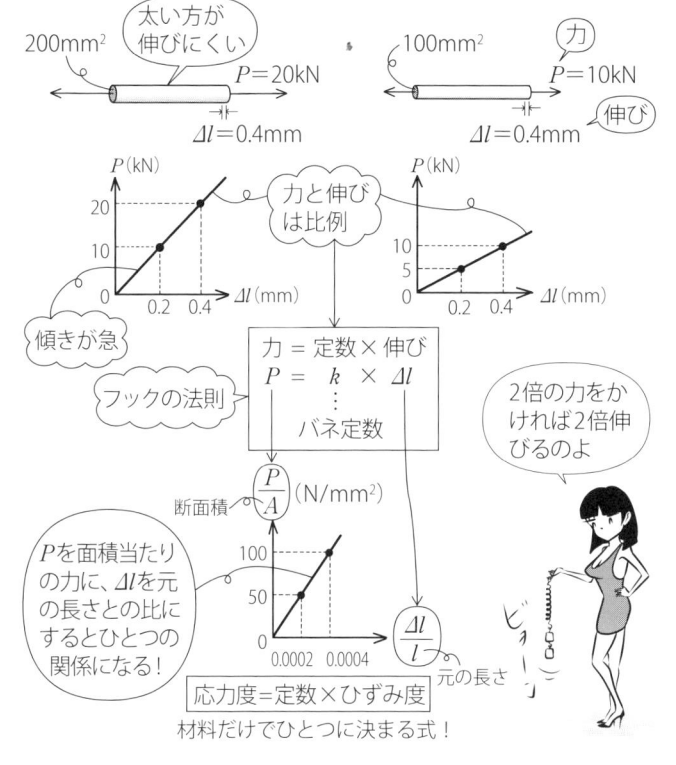

太い方が伸びにくい
200mm²　$P = 20$kN　$\Delta l = 0.4$mm

100mm²　$P = 10$kN　$\Delta l = 0.4$mm　力／伸び

力と伸びは比例

傾きが急

$$\boxed{\begin{array}{c}\text{力} = \text{定数} \times \text{伸び} \\ P = k \times \Delta l \\ \vdots \\ \text{バネ定数}\end{array}}$$

フックの法則

2倍の力をかければ2倍伸びるのよ

$\dfrac{P}{A}$ (N/mm²)　断面積

Pを面積当たりの力に、Δlを元の長さとの比にするとひとつの関係になる！

$\dfrac{\Delta l}{l}$　元の長さ

応力度 = 定数 × ひずみ度

材料だけでひとつに決まる式！

- 荷重を断面積で割った面積当たりの力を縦軸に、伸びた分と元の長さとの比を横軸にすれば、力と変形の関係の式はひとつになります。どんな長さ、どんな力にも対応する式となるのです。
- フックの法則は、構造力学のあらゆる場面に登場します。不静定の骨組みを変形を使って解く方法や、コンピューターで応力解析する有限要素法（剛性マトリックス法）も、フックの法則が元になっています。

★ R125　ヤング率

Q 応力度は $\sigma = \square \times \varepsilon$ で表される？

A E（ヤング率）です。

ゴムのように力に比例して伸びたり縮んだりし、力を抜くと元に戻るような状態では、応力度とひずみ度は上記のような式の関係にあります。応力度とひずみ度は比例して、その比例定数 E はヤング率と呼ばれます。

[スーパー記憶術]
クマ　は　いー腕っ節
シグマ ＝ E × イプシロン

ひずみ度 $\varepsilon = \dfrac{\Delta l}{l}$

応力度 $\sigma = \dfrac{\text{引張り応力}}{\text{断面積}}$

$$\sigma = E \times \varepsilon$$
応力度＝ヤング率×ひずみ度

比例定数

E…傾き

若者の比率？

応力度とひずみ度の比例定数よ！

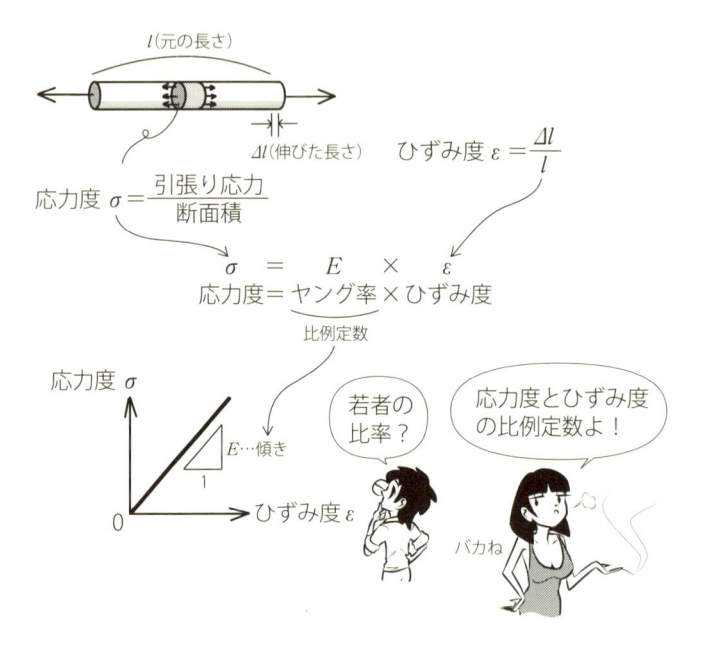

バカね

- ヤング率（ヤング係数）はトマス・ヤングという人の名に由来するもので、「若者の比率」ではありません。ヤング率 E は、材料によって決まります。材料が同じならば、同じ応力度を加えると、同じひずみ度だけ変形します。
- 力とひずみが比例する関係、応力度とひずみ度が比例する関係を、フックの法則といいます（R124参照）。ロバート・フックという人の名に由来します。

★ R126 弾性 その1

Q 弾性（だんせい）とは？

A 応力（度）とひずみ（度）が比例して、力を除くと元に戻る性質のことです。

鋼でもコンクリートでも、力を加えた最初のうちは、弾性を維持します。σ、εの関係のグラフで、原点を通る直線となるところが弾性域です。

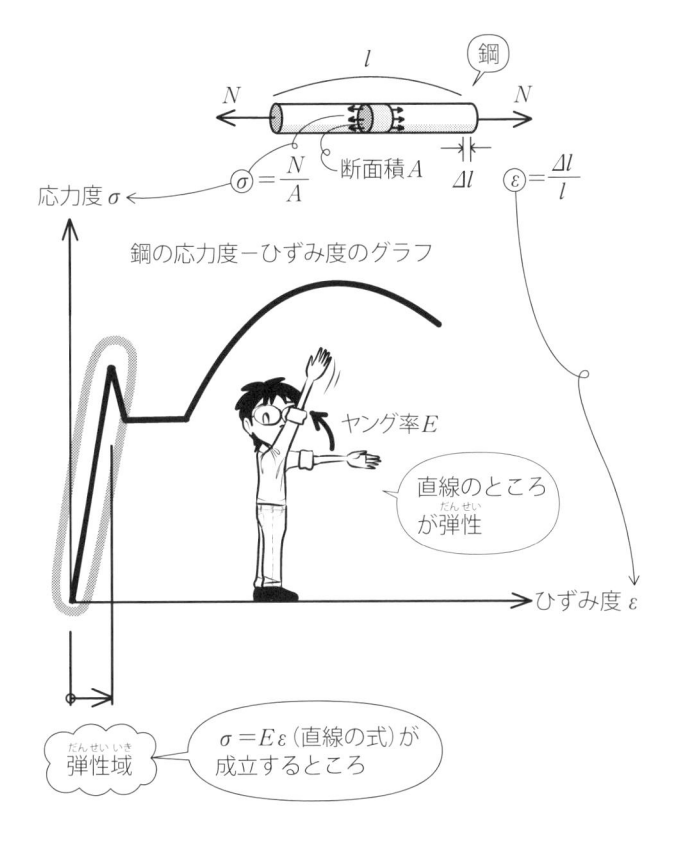

鋼

$\sigma = \dfrac{N}{A}$ 断面積 A $\varepsilon = \dfrac{\Delta l}{l}$

応力度 σ

鋼の応力度ーひずみ度のグラフ

ヤング率 E

直線のところが弾性

ひずみ度 ε

弾性域 $\sigma = E\varepsilon$（直線の式）が成立するところ

- σとεのグラフは、応力度－ひずみ度曲線、応力ひずみ図、ひずみ度グラフなどと呼ばれます。
- 鋼はコンクリートに比べて強度が非常に高く、引張りでも圧縮でも同じグラフとなります。コンクリートは引張りには非常に弱く、圧縮にしか抵抗できません。鋼もコンクリートも、応力度、ひずみ度のグラフでは、原点を通る直線の部分が、弾性域となります。

★ R127　弾性　その2

Q コンクリートでは弾性域がある？

A 応力度−ひずみ度のグラフで、原点に近いところが弾性に近い状態です。

コンクリートの場合は圧縮の応力度−ひずみ度のグラフは曲線で、原点に近いあたりが直線に近い曲線です。曲線上の点と原点を直線で結んで、その傾きをヤング率としています。

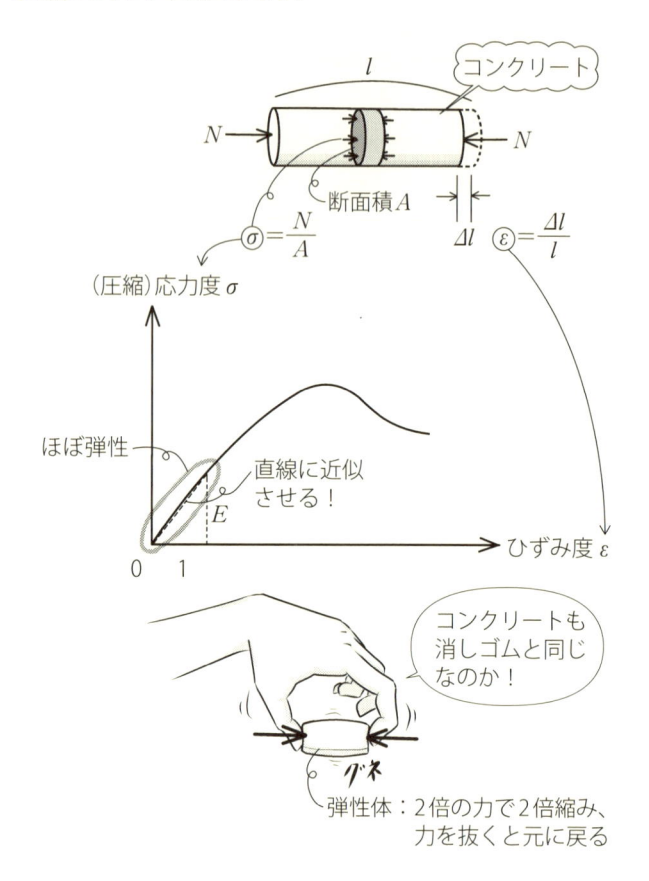

$\sigma = \dfrac{N}{A}$　　$\varepsilon = \dfrac{\Delta l}{l}$

（圧縮）応力度 σ

ほぼ弾性
直線に近似させる！
E
ひずみ度 ε

コンクリートも消しゴムと同じなのか！

グネ

弾性体：2倍の力で2倍縮み、力を抜くと元に戻る

- コンクリートを引っ張ると、すぐに破断してしまいます。圧縮の1/10しか強度がないので、コンクリートの設計では圧縮側ばかり考えます。鋼の場合は、引張りも圧縮も同じグラフとなります。
- コンクリートのヤング率を、強度と単位体積重量から求める式があります。

★ R128　弾性　その3

Q ヤング率 E が大きいと変形しやすい？ しにくい？

A しにくいです。

ヤング率は応力度-ひずみ度のグラフにおける、傾きです。ヤング率が大きいと傾きが大きくなり、同じひずみ度でも大きな応力度となります。圧縮における鋼とコンクリートのグラフの原点付近を拡大すると、直線状の弾性域となっています。鋼の方が10倍ヤング率が大きく、傾きが10倍大きいため、同じ量を縮めるのに10倍の力が必要となります。

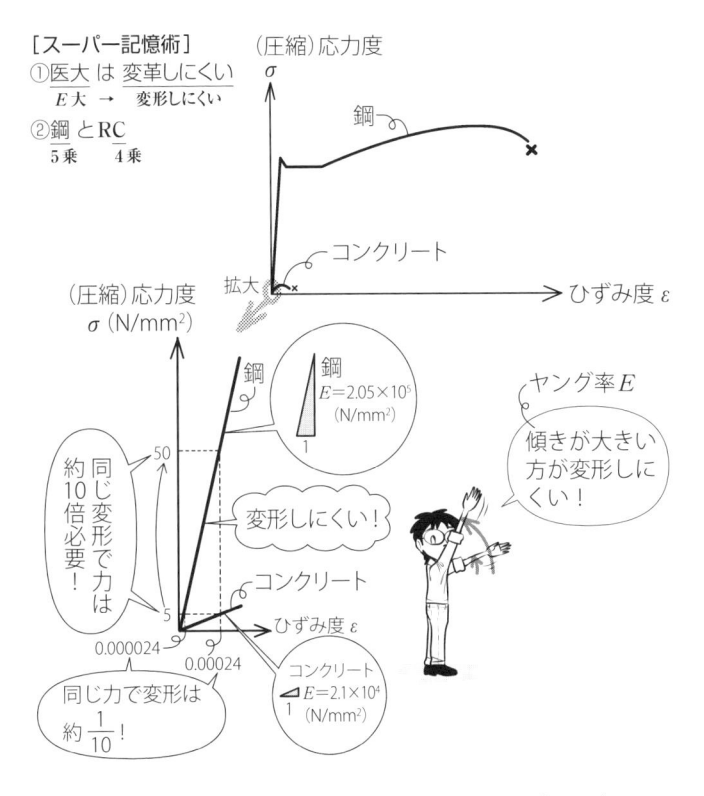

[スーパー記憶術]
① 医大 は 変革しにくい
　E大 → 　変形しにくい
② 鋼 とRC
　5乗　4乗

- ヤング率は製品や強度によって変わりますが、鋼は約 $2.05×10^5 N/mm^2$、コンクリートは約 $2.1×10^4 N/mm^2$ です。コンクリートのヤング率は強度と単位体積重量で変わり、求める数式があります。
- ひずみ度 ε が長さ÷長さで単位がないので、ヤング率は応力度と同じ単位となります。

★ R129 降伏点

Q 降伏点（こうふくてん）とは？

A 弾性が終了する点です。

鋼材を引っ張る試験では、2倍の力では2倍伸び、3倍の力では3倍伸び、また力を除けば元に戻ります（弾性）。しかし、力を徐々に大きくしていくと、ある点からグニャーッと伸びたままで元に戻らなくなります。これを塑性といいます。弾性が終了して塑性がはじまる点が降伏点です。降伏点は、文字通り、白旗を掲げる「降伏（yield）」からつけられています。

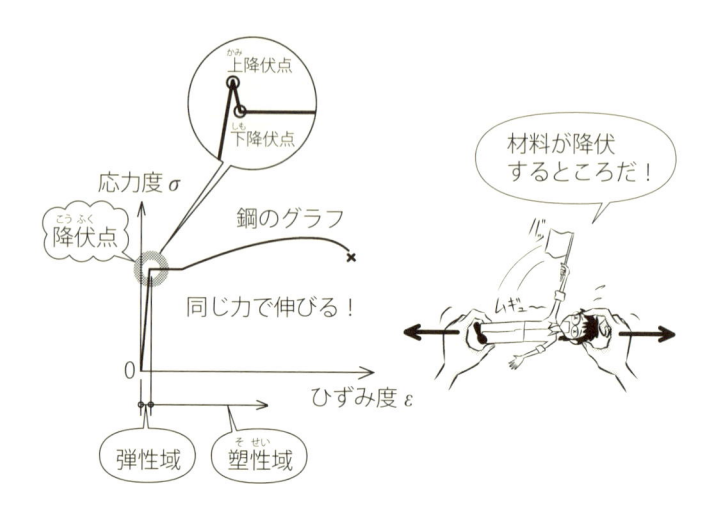

- 鋼材の応力度－ひずみ曲線の降伏点のあたりを、上のイラストで拡大していますが、いったん下がってから右にひずみが大きくなる点があります。降伏して白旗を掲げると、抵抗する気をなくして力が抜ける感じです。下がる点を上降伏点（かみこうふくてん）、ひずみが大きくなる点を下降伏点（しもこうふくてん）と呼びます。
- コンクリートの場合は曲線の傾きが徐々に小さくなって破断するので、弾性と塑性の境界、降伏点が鋼ほどはっきりしていません。

★ R130　塑性

Q 塑性（そせい）とは？

A 力を抜いても元に戻らずに変形が残る性質のことです。

弾性の範囲内では、力を除くと変形は元に戻ります。弾性域からさらに力を大きくすると、ある点から力を抜いても元に戻らなくなります。そのような性質を塑性といいます。

[スーパー記憶術]
<u>男性</u> → <u>女性</u>
　弾性　　塑性
　(直線)　(曲線)

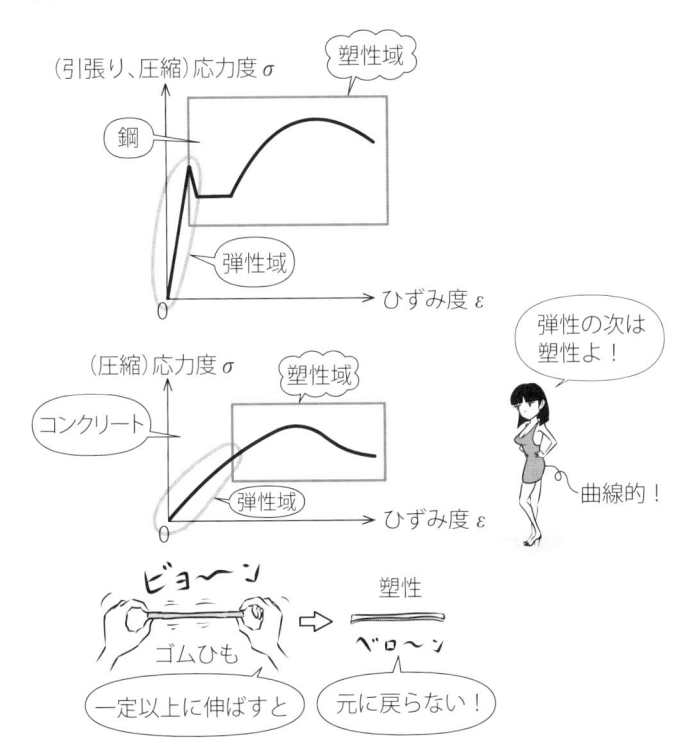

(引張り、圧縮)応力度 σ 　塑性域
鋼
弾性域
→ ひずみ度 ε

(圧縮)応力度 σ 　塑性域
コンクリート
弾性域
→ ひずみ度 ε

弾性の次は塑性よ！
曲線的！

ビョ〜ン
ゴムひも
⇒ 塑性　ベロ〜ン
一定以上に伸ばすと　元に戻らない！

- 応力度-ひずみ度のグラフで、直線の次に続く曲線の部分が塑性域となります。
- 力を除いても残ってしまうひずみを、永久ひずみ、永久変形、残留ひずみ、残留変形などといいます。

★ R131　靱性、脆性

Q 靱性（じんせい）、脆性（ぜいせい）とは？

A 靱性は粘り強さ、脆性はもろさのことです。

降伏点から強度までの差が大きいほど、弾性限界から本当の限界まで粘ることができて、粘り強い材といえます。

[スーパー記憶術]
<u>人生</u>には<u>粘り</u>が必要　<u>ぜいぜい</u>言ってすぐに<u>ばてる</u>
　靱性　　　　　　　　　　脆性

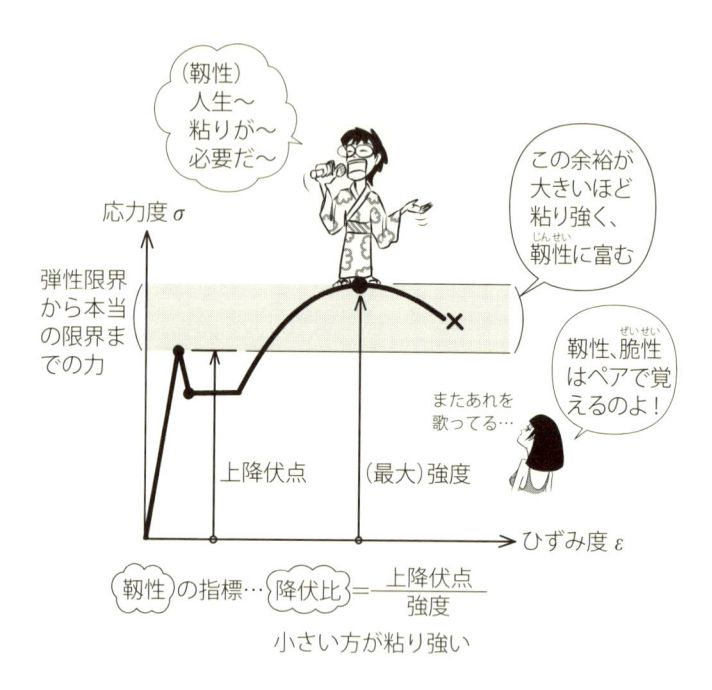

- $\dfrac{上降伏点}{強度}$ ＝降伏比の式は、最大の強度の中でどれくらいまでが弾性限界かを示しています。粘り強さ、靱性の指標となります。強度に対して上降伏点が小さければ、粘り強い、靱性に富む素材ということになります。
- コンクリートやガラスは、粘りがなく、すぐにバキッ、バシッと脆性破壊します。鋼を含め金属は靱性に富むので脆性破壊せずに、グニャリ、グネーッと飴のように粘ってから破壊します。

★ **R132** 断面　その1

Q 梁は断面を縦長と横長、どちらに使うと曲がりにくい？

A 縦長です。

プラスチックの定規をたわませる場合、横にするよりも縦にした方が曲げにくくなります。

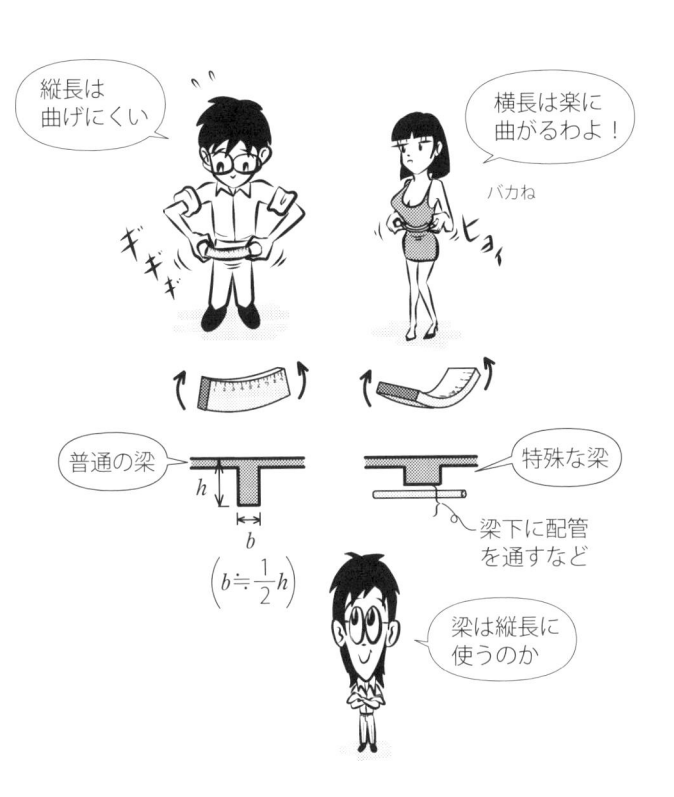

縦長は曲げにくい

横長は楽に曲がるわよ！

バカね

普通の梁

特殊な梁

梁下に配管を通すなど

$\left(b \fallingdotseq \frac{1}{2}h\right)$

梁は縦長に使うのか

- 木造でもRC造でもS造でも、梁は縦長に使うのが一般的です。梁の下側には引っ張る力がかかるので、木造の梁にノコで切れ目を入れてしまうと、梁はそこで折れてしまいます。
- 梁下に配管が通らないから、もう少し梁成（はりせい：梁の高さ）を小さくできないかと構造エンジニアさんと協議することがあります。その場合は梁成を小さくする代わりに、梁幅を広げるようにします。

139

★ **R133** 断面 その2

Q なぜ縦長の梁は曲がりにくい？
▼
A 上下の部材の変形量が大きくなるからです。

梁は曲がると上は圧縮され、下は引っ張られます。その際に変形が大きい方が、圧縮するのも引っ張るのも大変です。同じ断面積でも縦長にすると、上下端に行くほど変形が大きくなります。変形量が多い分、大きな力が必要となるわけです。

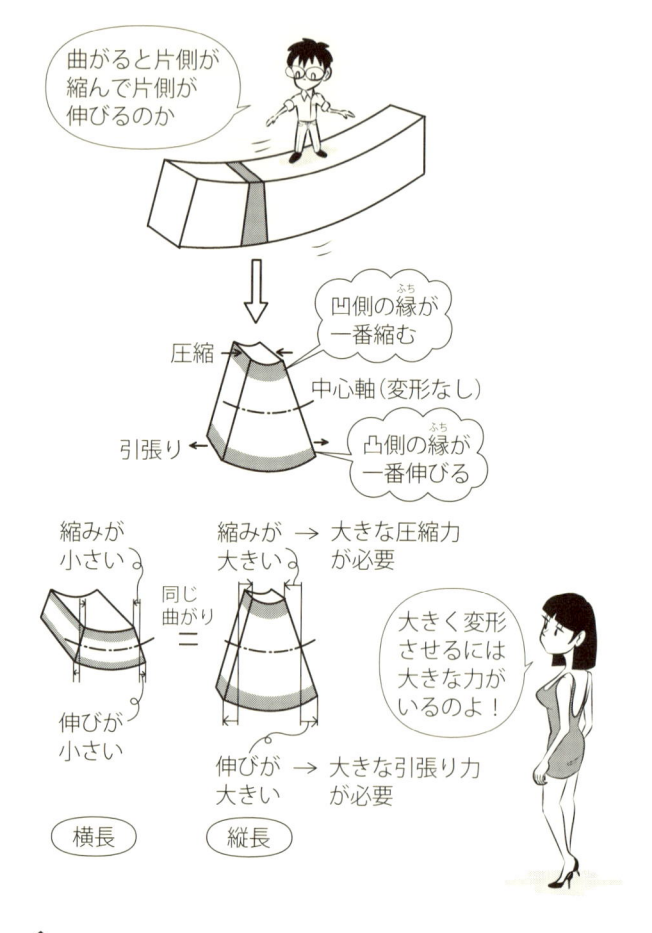

曲がると片側が縮んで片側が伸びるのか

凹側の縁（ふち）が一番縮む

圧縮
中心軸（変形なし）
引張り
凸側の縁（ふち）が一番伸びる

縮みが小さい
伸びが小さい
（横長）

同じ曲がり＝

縮みが大きい → 大きな圧縮力が必要
伸びが大きい → 大きな引張り力が必要
（縦長）

大きく変形させるには大きな力がいるのよ！

★ R134　H形鋼　その1

Q 同じ断面積の場合、断面の形が長方形の場合と、アルファベットのHを90度傾け上下の縁を大きくした形と、どちらが曲がりにくい？

A Hを90度傾けた形の方が曲がりにくいです。

梁は上下の縁で、変形が大きくなります。変形が大きい部分に材料を集中させた方が、変形への抵抗が大きくなり、曲がりにくくなります。

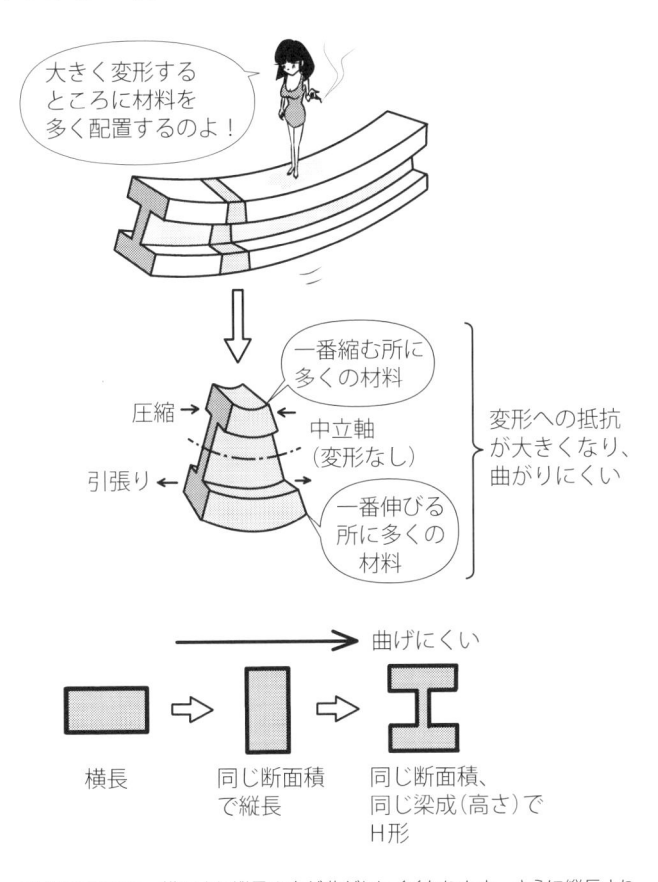

大きく変形するところに材料を多く配置するのよ！

一番縮む所に多くの材料

圧縮 ← 中立軸（変形なし）

引張り ←

一番伸びる所に多くの材料

変形への抵抗が大きくなり、曲がりにくい

→ 曲げにくい

横長 ⇒ 同じ断面積で縦長 ⇒ 同じ断面積、同じ梁成（高さ）でH形

- 同じ断面積なら、横長より縦長の方が曲がりにくくなります。さらに縦長より、上下が大きく中央が小さな断面の方が曲がりにくくなります。鋼は圧延することで断面の形を工夫できますから、建築ではH形鋼が、鉄道ではレールの形が多く使われるようになりました。

★ **R135** H形鋼 その2

Q H形鋼の梁、曲げに抵抗するのはフランジ？ ウェブ？

A フランジです。

H形鋼の上下の厚い板（プレート）をフランジ、中央の薄い板をウェブといいます。曲がると上下の板が最も伸びたり縮んだりするので、その部分が変形に抵抗する部分です。上下で変形に抵抗するとは、梁全体としては曲がりにくくなるということです。

[スーパー記憶術]
<u>ウェッ！</u> <u>ブスはおなかが出ている</u>
　ウェブ　　　　中央部

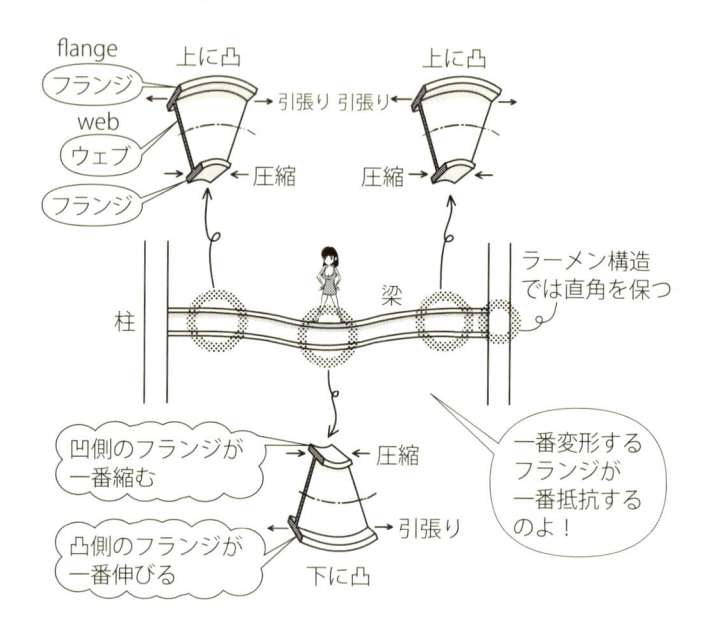

flange
フランジ　上に凸　　　　　　上に凸
web　　　　　　→引張り 引張り←
ウェブ
フランジ　　→圧縮　　　　　　圧縮←

柱　　　　梁　　　ラーメン構造
　　　　　　　　では直角を保つ

凹側のフランジが　→圧縮　　一番変形する
一番縮む　　　　　　　　　　フランジが
　　　　　　　　　　　　　　一番抵抗する
凸側のフランジが　→引張り　のよ！
一番伸びる　　　下に凸

- 鋼は値段が高く、重さは水の**7.85倍**（鉄筋コンクリートは水の2.4倍）と重いので、できるだけ断面を小さく、材料を少なく経済的に使いたいものです。そのため断面の形を工夫して、力を合理的に受けられるよう、断面の無駄をなくす必要があります。梁にH形鋼をよく使うのは、曲げで大きく変形する上下に材料を大きく振り分けて、曲げへの抵抗を大きくするためです。
- I形鋼という材もありますが、フランジの内面が傾斜しているので、あまり使われません。ボルトを留める際に、勾配つきの座金を使わねばならなくなるからです。梁に使うのはもっぱらH形鋼です。

★ R136　H形鋼　その3

Q H形鋼の強軸と弱軸とは？

A フランジに直交するように曲げる軸が強軸、フランジと平行に曲げる軸が弱軸です。

曲げに対してはフランジが抵抗します。フランジが抵抗するように、梁では上下にフランジがくるように配します。柱では曲げに強くしたい方向に、フランジを配します。xy方向のどちらの曲げにも強くしたい場合は、ボックスコラム（角形鋼管）を使います。

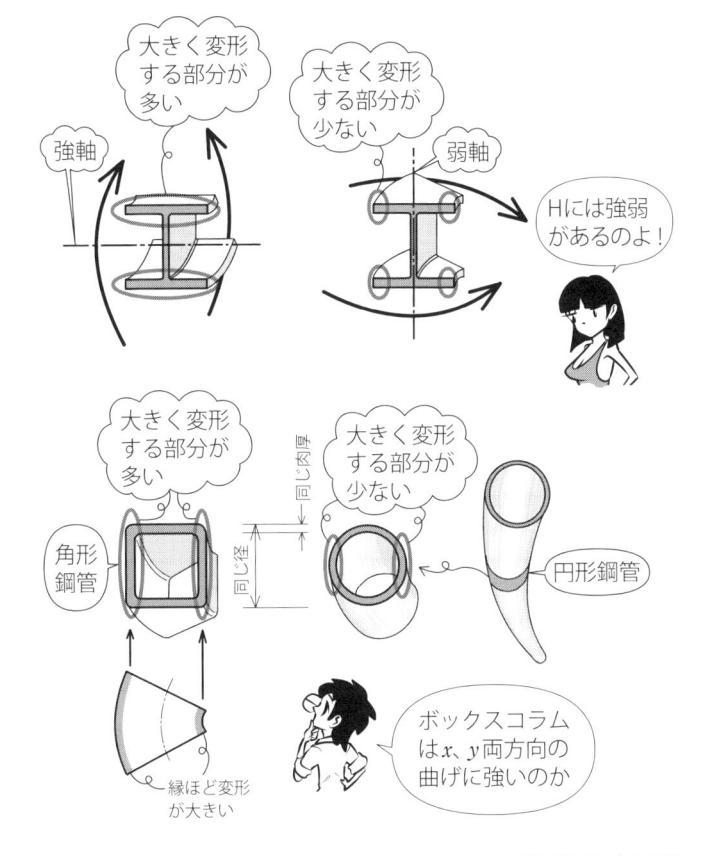

- 円形鋼管は角形のように縁に材が少ないので、同じ径ならば角形に比べて曲げに弱くなります。

143

★ R137　H形鋼　その4

Q 曲げに抵抗するのはほとんどフランジなので、ウェブは省略できる？

A フランジを変形させるためにウェブは必要です。

フランジとウェブが一体となって扇形になるので、上下の縁の近くの部材を大きく伸縮させることができるのです。フランジがばらばらに動くと、フランジを大きく伸縮させることにならず、曲がりやすくなります。

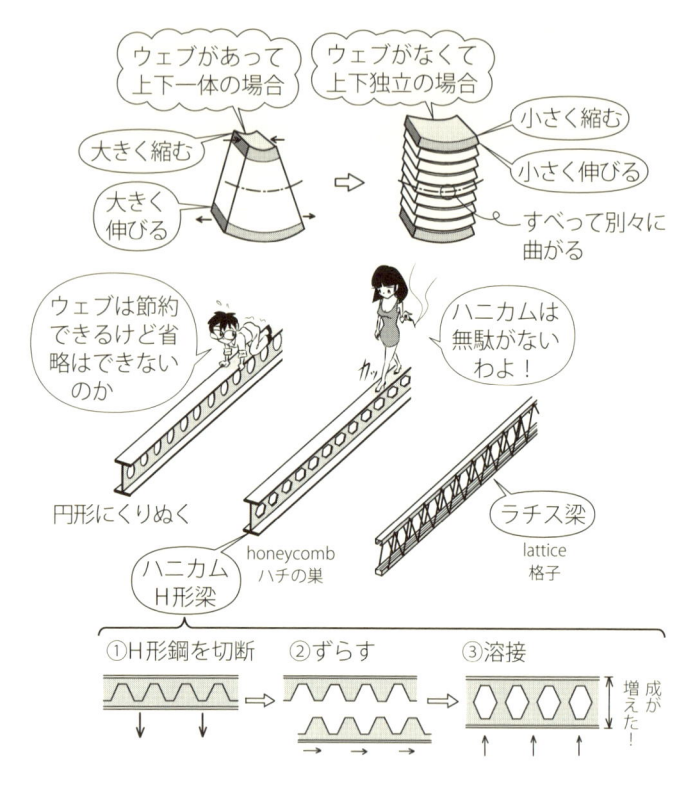

- プラスチックの定規を重ねて曲げても、それぞれが独立して曲がれば、曲げに抵抗する力は弱いままです。接着剤で接着してしまえば、曲げると上下端に近い定規を大きく伸縮させないと曲げられなくなります。
- ウェブは完全に除去はできませんが、ある程度なら節約することができます。ウェブに丸い孔をあけたり、ハニカム（蜂の巣）状の六角形の孔をあけたり（ハニカムH形梁）、C形鋼のフランジを鉄筋でギザギザにつないだり（ラチス梁）など、さまざまな工夫がされています。

★ R138 断面2次モーメント その1

Q 幅 b、高さ h の長方形の断面の梁の断面2次モーメント I は?

A $\dfrac{bh^3}{12}$ となります。

断面2次モーメントは、部材の曲げにくさを表す係数のひとつです。上の式では梁成 h を3乗していて、梁幅 b の1乗よりも大きな扱いです。梁成が少しでも大きいと、その3乗で効いてきます。同じ材料ならば、縦長の方が横長よりも曲げにくいことは、断面2次モーメントの式からもわかります。

[スーパー記憶術]
2次会　に　自由に　参上
2次モーメント　12　3乗

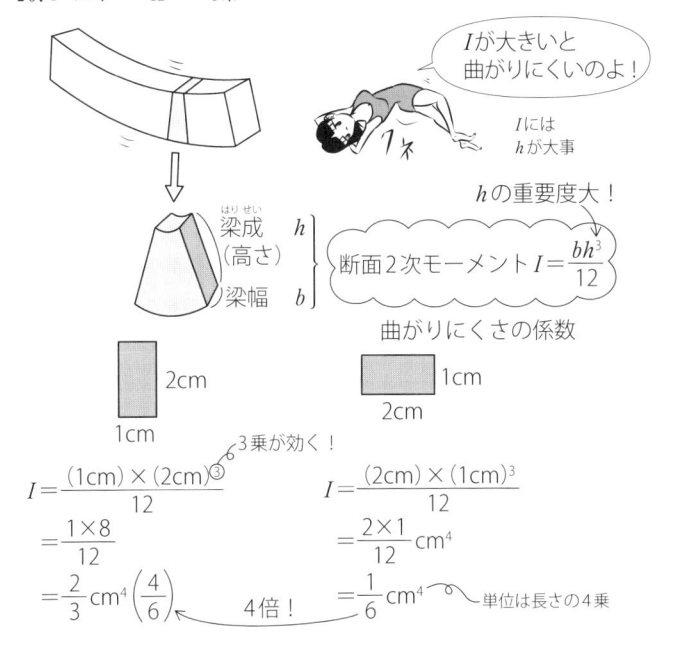

I が大きいと曲がりにくいのよ!

I には h が大事

h の重要度大!

断面2次モーメント $I = \dfrac{bh^3}{12}$

曲がりにくさの係数

梁成（高さ）h
梁幅 b

$I = \dfrac{(1\text{cm}) \times (2\text{cm})^3}{12}$　←3乗が効く!

$= \dfrac{1 \times 8}{12}$

$= \dfrac{2}{3} \text{cm}^4 \left(\dfrac{4}{6}\right)$　← 4倍!

$I = \dfrac{(2\text{cm}) \times (1\text{cm})^3}{12}$

$= \dfrac{2 \times 1}{12} \text{cm}^4$

$= \dfrac{1}{6} \text{cm}^4$　← 単位は長さの4乗

- 断面2次モーメントの単位は、長さの4乗ですから、mm^4、cm^4、m^4 などとなります。記号は I が使われます。

- 1cm×2cm の小さな梁の断面2次モーメントは、縦長で $\dfrac{1 \times 2^3}{12} = \dfrac{2}{3} \text{cm}^4$、横長で $\dfrac{2 \times 1^3}{12} = \dfrac{1}{6} \text{cm}^4$ となります。断面2次モーメントは、縦長の方が4倍となります。

★ **R139** 断面2次モーメント　その2

Q 柱の場合、$I=\dfrac{bh^3}{12}$ の h はどの長さ？

A 曲がる軸に直交する方向の断面の長さを h とします。

柱は地震力などの横力がかかると、梁と同様に曲がります。柱では b も h も水平方向ですが、曲がった梁の h と対応させると、柱の h はすぐにわかります。

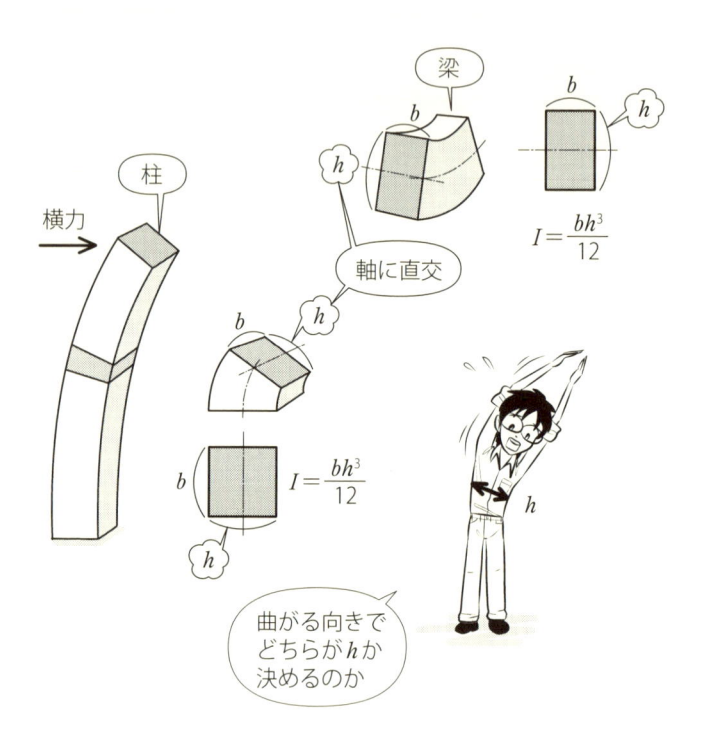

★ R140 断面2次モーメント その3

Q H形の断面2次モーメントは、長方形に分割して $I=\dfrac{bh^3}{12}$ の足し算で計算できる？

▼

A 中心軸が曲がる軸と異なる長方形では、$I=\dfrac{bh^3}{12}$ は使えません。

$I=\dfrac{bh^3}{12}$ の式は、長方形の中央に曲がる軸がある場合の式です。イラスト上図のように $2I_1+I_2$ とするのは誤りです。イラスト下図のように中心に軸を持つ大きな長方形から、中心に軸を持つ小さな長方形を引き算してH形をつくる場合は、$I=\dfrac{bh^3}{12}$ の式をそれぞれに使うことができます。下図で I_3-2I_4 とすれば、長方形の中心に曲がる軸がある $I=\dfrac{bh^3}{12}$ の式が使えます。

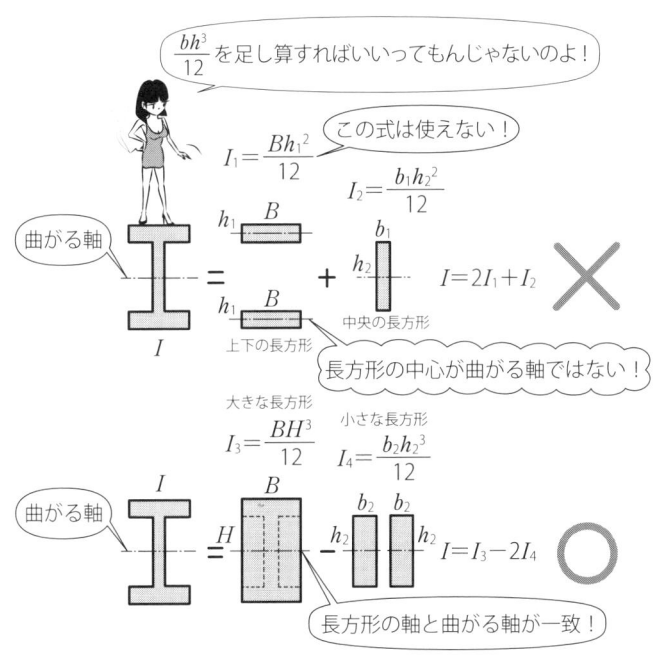

$\dfrac{bh^3}{12}$ を足し算すればいいってもんじゃないのよ！

$I_1=\dfrac{Bh_1{}^3}{12}$ この式は使えない！

$I_2=\dfrac{b_1 h_2{}^3}{12}$

$I=2I_1+I_2$ ✕

長方形の中心が曲がる軸ではない！

大きな長方形 小さな長方形

$I_3=\dfrac{BH^3}{12}$ $I_4=\dfrac{b_2 h_2{}^3}{12}$

$I=I_3-2I_4$ ○

長方形の軸と曲がる軸が一致！

- 実際のH形鋼の場合は、H形のほかに円弧状の部分もある複雑な断面をしているので、積分を使わないと正確な断面2次モーメントは算出できません。鋼材の製品カタログには、鋼材の単位質量、断面積、断面2次モーメント、断面係数などが載っています。

★ R141　断面2次モーメント　その4

Q 断面2次モーメントの2次とは？

A 中立軸からの距離を2乗しているという意味です。

断面2次モーメント、断面1次モーメントの定義は、

断面2次モーメントI＝{(面積)×(中立軸からの距離の2乗)}の合計
断面1次モーメントS＝{(面積)×(中立軸からの距離)}の合計

となります。回転する力、モーメントは力×回転軸からの距離ですが、□×距離の式は断面2次モーメント、断面1次モーメントと同じです。面積の中立軸に対する影響力、効果という意味です。中立軸とは、曲げに対して変形しない、曲げの中心となる軸のことです。

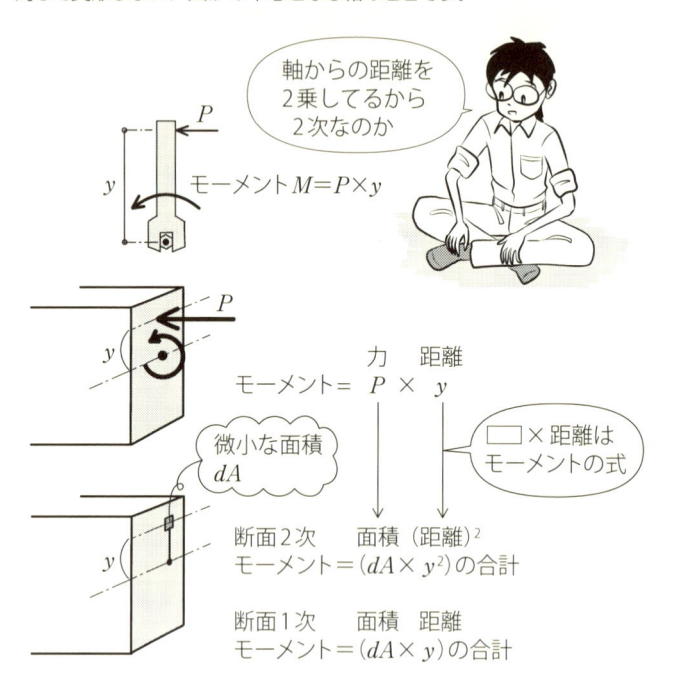

軸からの距離を2乗してるから2次なのか

モーメント$M = P \times y$

モーメント＝　力　距離
　　　　　　　$P \times y$

□×距離はモーメントの式

微小な面積 dA

断面2次　面積　(距離)²
モーメント＝$(dA \times y^2)$の合計

断面1次　面積　距離
モーメント＝$(dA \times y)$の合計

- x^2をもつ式を2次式、x^1をもつ式も1次式といいますが、2次モーメントは(距離)²の式、1次モーメントは(距離)¹の式です。
- (面積)×(中立軸からの距離の2乗)の総和を計算する場合、面積も長方形でない場合はそれぞれのyの位置で変わるので、積分する必要があります。断面2次モーメント、積分などの詳しい説明は、拙著『構造力学スーパー解法術』を参照してください。

★ R142 断面2次モーメント その5

Q 断面2次モーメント I を求める式で、中立軸からの距離 y の2乗が出てくるのはなぜ？

A 断面における応力度 σ は中立軸からの距離 y に比例して大きくなり（σ = 定数 $\times y$）、力に中立軸からの距離 y をかけて軸に対するモーメントを出す（$\sigma \times$ 面積 $\times y$）からです。

断面2次モーメントとなぜ2次というかは、y を2乗しているからです。ではなぜ y を2乗するかというと、σ の軸に対するモーメントを合計したものが曲げモーメントとなりますが、その式をつくると y の2乗が出てくるのです。

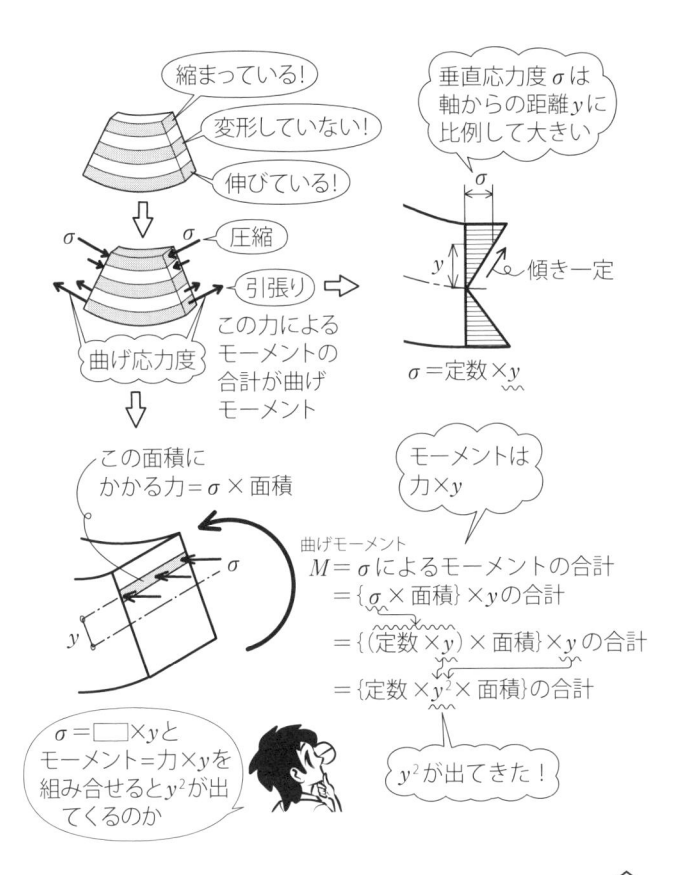

- 縮まっている!
- 変形していない!
- 伸びている!

垂直応力度 σ は軸からの距離 y に比例して大きい

σ = 圧縮
σ = 引張り
曲げ応力度
この力によるモーメントの合計が曲げモーメント

傾き一定
$\sigma = $ 定数 $\times y$

この面積にかかる力 = $\sigma \times$ 面積

モーメントは 力 $\times y$

曲げモーメント
$M = \sigma$ によるモーメントの合計
  $= \{\sigma \times$ 面積$\} \times y$ の合計
  $= \{(定数 \times y) \times 面積\} \times y$ の合計
  $= \{定数 \times y^2 \times 面積\}$ の合計

$\sigma = \square \times y$ とモーメント=力$\times y$を組み合せると y^2 が出てくるのか

y^2 が出てきた!

★ R143　断面1次モーメント　その1

Q 断面1次モーメントSはなぜ1次という?
▼
A $S=$(面積$\times y$)の合計で、yが1乗だからです。

断面2次モーメント$I=$(面積$\times y^2$)の合計に対して、断面1次モーメント$=$(面積$\times y$)の合計と、yが1次式だから1次モーメントと呼ばれます。どちらも面積の中立軸に対するモーメントですが、距離yを2乗するか1乗するかで違います。

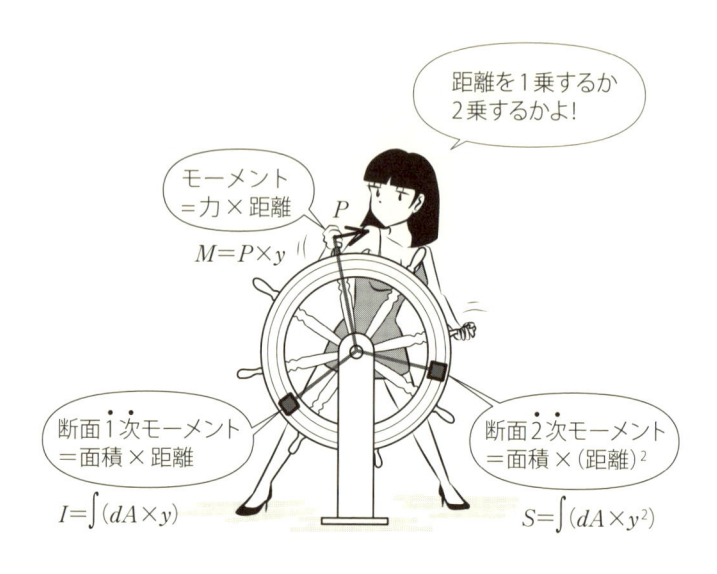

距離を1乗するか2乗するかよ!

モーメント
$=$力$\times$距離

$M=P\times y$

断面1次モーメント
$=$面積$\times$距離

$I=\int(dA\times y)$

断面2次モーメント
$=$面積$\times$(距離)^2

$S=\int(dA\times y^2)$

- 断面1次モーメントSは断面2次モーメントIほどには活躍しませんが、断面の重心の位置を出すときや、せん断力Qからせん断応力度τ(タウ)を出すときなどに使います。

★ R144 ー 断面1次モーメント その2

Q 図芯を通る軸に対する断面1次モーメント S の大きさは？

A ゼロです。

x軸が図芯を通る場合、面積×yはx軸の上下でバランスします。yはx軸の上下で同じ値で符号はプラス、マイナスになり、合計するとゼロとなります。断面2次モーメントIは、yを2乗してすべてプラスにするので、必ず正の値となります。

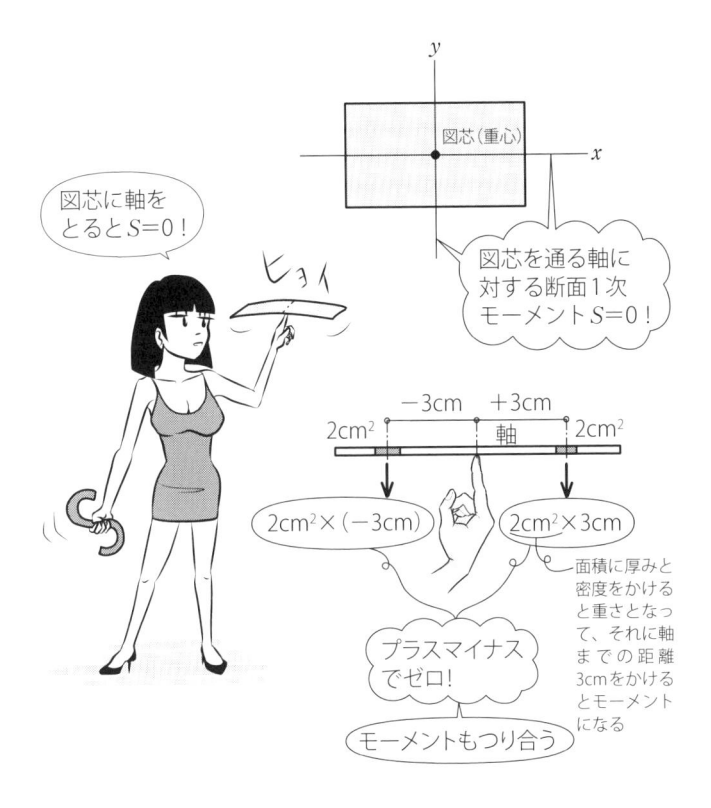

図芯に軸をとると $S=0$ ！

図芯を通る軸に対する断面1次モーメント $S=0$ ！

$2\text{cm}^2 \times (-3\text{cm})$

$2\text{cm}^2 \times 3\text{cm}$

プラスマイナスでゼロ！

モーメントもつり合う

面積に厚みと密度をかけると重さとなって、それに軸までの距離3cmをかけるとモーメントになる

- 重さが均質な物質の場合は、断面積と重さは比例します。面積の軸に対する効果（面積×軸までの距離）が左右で等しいと、左右でバランスし、その軸が重心を通ることになります。複雑な輪郭の断面では、Sの計算を使って図芯（重心）を求めることができます。

★ R145 EとIの単位

Q ヤング率 E と断面2次モーメント I の単位 は？

A ヤング率 E は N/mm^2、断面2次モーメント I は mm^4 などです。

ひずみ度 ε は、長さ÷長さという割合なので、単位はありません（無名数といいます）。ヤング率は $E = \dfrac{\sigma}{\varepsilon}$ なので、E は応力度 σ と同じ単位となります。I は長さの4乗です。E と I は構造では頻繁に使われるので、しっかり覚えておいてください。

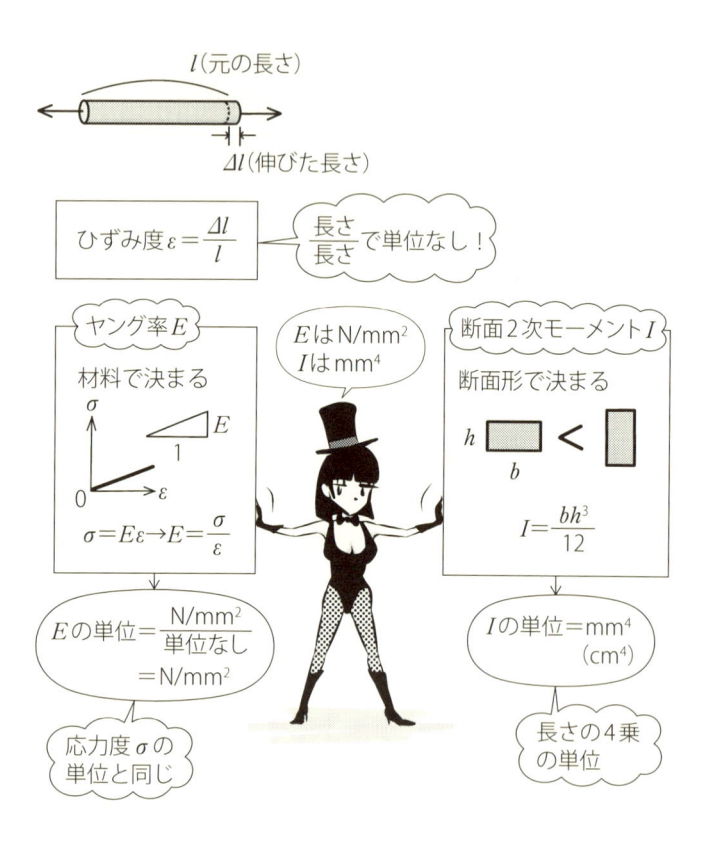

l（元の長さ）

Δl（伸びた長さ）

$$\text{ひずみ度}\,\varepsilon = \frac{\Delta l}{l}$$

（長さ／長さで単位なし！）

ヤング率 E

材料で決まる

$\sigma = E\varepsilon \rightarrow E = \dfrac{\sigma}{\varepsilon}$

E の単位 $= \dfrac{N/mm^2}{\text{単位なし}} = N/mm^2$

応力度 σ の単位と同じ

E は N/mm^2
I は mm^4

断面2次モーメント I

断面形で決まる

$h\;\;b\;\; < \;\;$

$I = \dfrac{bh^3}{12}$

I の単位 $= mm^4$ (cm^4)

長さの4乗の単位

★ R146　曲げ応力度　その1

Q 梁の中央付近に作用する曲げ応力度 σ_b はどのように働いている？

A 下に行くほど強く引っ張るように、上に行くほど強く押すように働いています。

梁から切り出したサイコロ状の立体の変形を考えてみます。下図のように上は縮まっていて、下は伸びていて、中央は変形していません。ということは、上は圧縮する力が働き、下は引っ張る力が働き、中央は力は働いていないということになります。

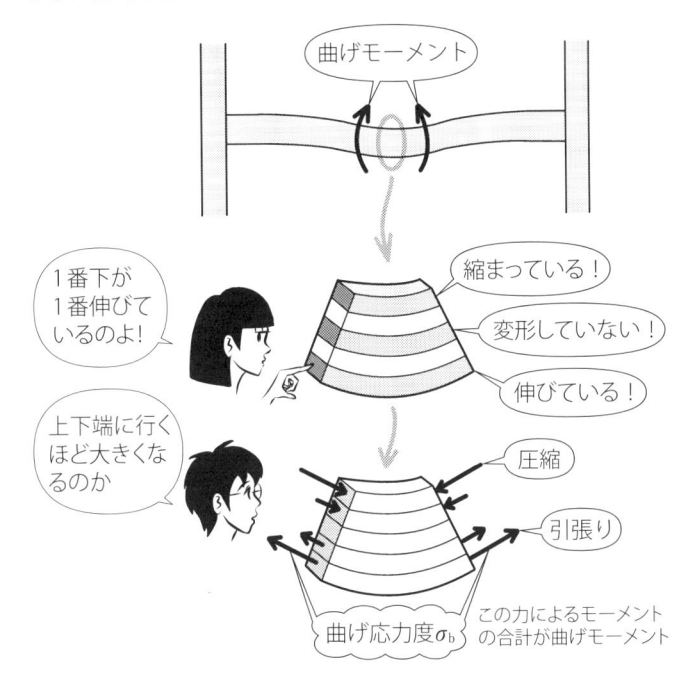

- 曲げモーメント
- 1番下が1番伸びているのよ！
- 縮まっている！
- 変形していない！
- 伸びている！
- 上下端に行くほど大きくなるのか
- 圧縮
- 引張り
- 曲げ応力度 σ_b
- この力によるモーメントの合計が曲げモーメント

- 圧縮応力度、引張り応力度は、断面に均一に働いているので、面積で割り算すれば値は簡単に出てきます。曲げ応力度は、力×距離のモーメントではなく、単位面積当たりにかかる力です。さらにその力も均等にかかっているのではなく、梁の上に行くほど圧縮が強くなり、下に行くほど引張りが強くなる不均等にかかる力です。
- 曲げ応力度は曲げモーメントを、断面に垂直の力（垂直応力度 σ）に分解して考えています。その小さな力によるモーメントの合計が、曲げモーメントとなるわけです。垂直応力度 σ の中でも曲げ（bending）によるものを特に σ_b と書くことがあります。

★ **R147** 曲げ応力度　その2

Q 曲げ応力度 σ_b、曲げモーメント M、断面2次モーメント I、中立軸からの距離 y の関係は？

▼

A $\sigma_b = \dfrac{My}{I} = \dfrac{M}{Z}$ となります（Z は $Z = \dfrac{I}{y}$ で表される断面係数）。

曲げモーメント M を曲げ応力度 σ_b に分解する際に、断面2次モーメント I が必要になります。I は断面の形によってひとつに決まりますが、σ_b は中立軸からの距離 y によって変わります。$\dfrac{I}{y} = Z$ とおくと、$\dfrac{M}{Z}$ というきれいな式にすることができます。

[スーパー記憶術]
<u>白クマ</u>　は　<u>私の愛</u>　<u>マ</u>　<u>ジ</u>で
　σ_b　　　My / I　　M　Z

この微小面積を dA とする
曲げモーメント M

$\sigma_b = \sigma_0 \times y$
傾きを σ_0 とした

傾き一定 = σ_0

$\boxed{M = \sigma_b によるモーメントの合計}$
$= \{\sigma_b \times dA\} \times y$ の合計
$= \int \sigma_b y \, dA$
$= \int (\sigma_0 y) y \, dA$ 　これが断面2次モーメント I
$= \sigma_0 \int y^2 dA$
$= \sigma_0 I$ 　σ_b は傾き
$= \left(\dfrac{\sigma_b}{y}\right) I$ 　これが断面係数 Z
$= \sigma_b \boxed{\left(\dfrac{I}{y}\right)}$

$\therefore \sigma_b = \dfrac{My}{I} = \dfrac{M}{\left(\dfrac{I}{y}\right)} = \dfrac{M}{Z}$

$\sigma_b = \dfrac{My}{I} = \dfrac{M}{Z}$
ぐらい覚えなさい！

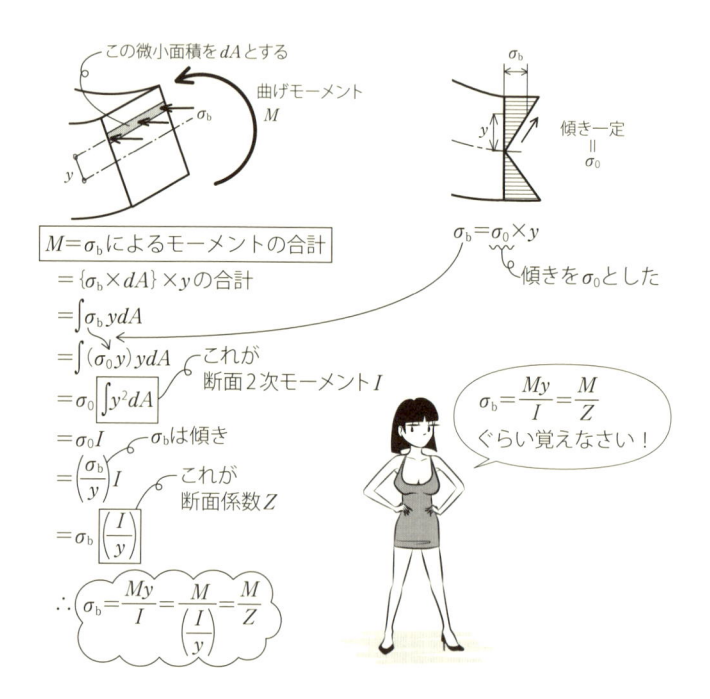

- 数表に載っている Z は、縁（y_{max}）での $Z = \dfrac{I}{y_{max}}$ です。

★ R148 曲げ応力度　その3

Q 梁の曲げ応力度が最大となる位置は？

A 梁の上下端の縁（ふち）です。

縁が一番縮む、一番伸びるところなので、それだけ応力度がかかっています。$\sigma_b = \dfrac{My}{I}$ の式で、y が最大となると、σ_b が最大となります。この σ_b の最大値に材料が耐えられれば、ほかの部分はそれよりも σ_b が小さいので耐えられるとわかります。最大曲げモーメントの位置の縁応力度（ふちおうりょくど）をチェックすれば、安全か否かが確認できるわけです。

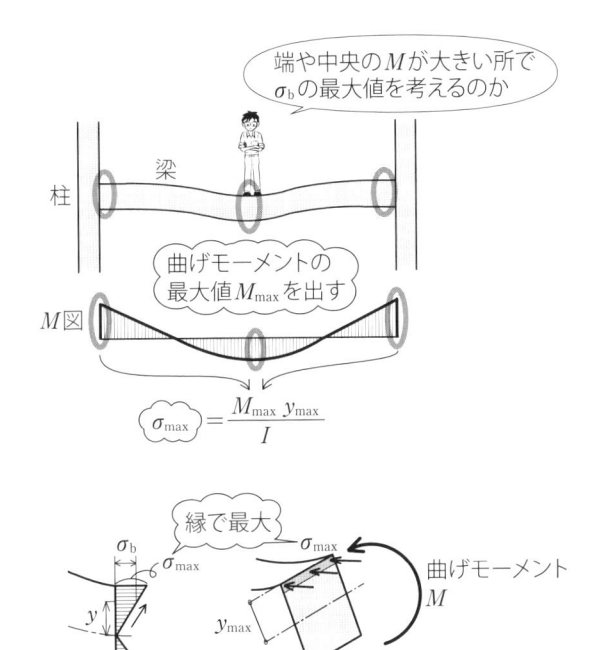

端や中央の M が大きい所で σ_b の最大値を考えるのか

柱　梁

曲げモーメントの最大値 M_{max} を出す

M 図

$$\sigma_{max} = \dfrac{M_{max} \, y_{max}}{I}$$

縁で最大

σ_b　σ_{max}

y　σ_{max}　y_{max}

曲げモーメント M

- 断面に垂直に働く垂直応力度は σ で表しますが、圧縮力による応力度と曲げモーメントによる応力度を区別するために、σ_b と bending（曲げ）の頭文字を添え字で付けます。
- 曲げモーメント M から曲げ応力度 σ_b を導き出す際に、断面2次モーメント I に相当する式が毎回出てきます。そのつど積分で算出していては面倒なので、断面の形ごとに断面2次モーメント I の値を事前に出しておくわけです。

★ R149 曲げ応力度 その4

Q 曲げ応力度 σ_b のグラフの形はどう描く？

A 下図のようにバタフライ形にしたり、一直線にしたりします。

σ_b は中立軸を境に、片方は引張り、片方は圧縮となります。σ_b の大きさは中立軸がゼロ、縁が最大で直線的に変化します。その σ_b の大きさをわかりやすく示すのに、2通りの方法がよく使われます。

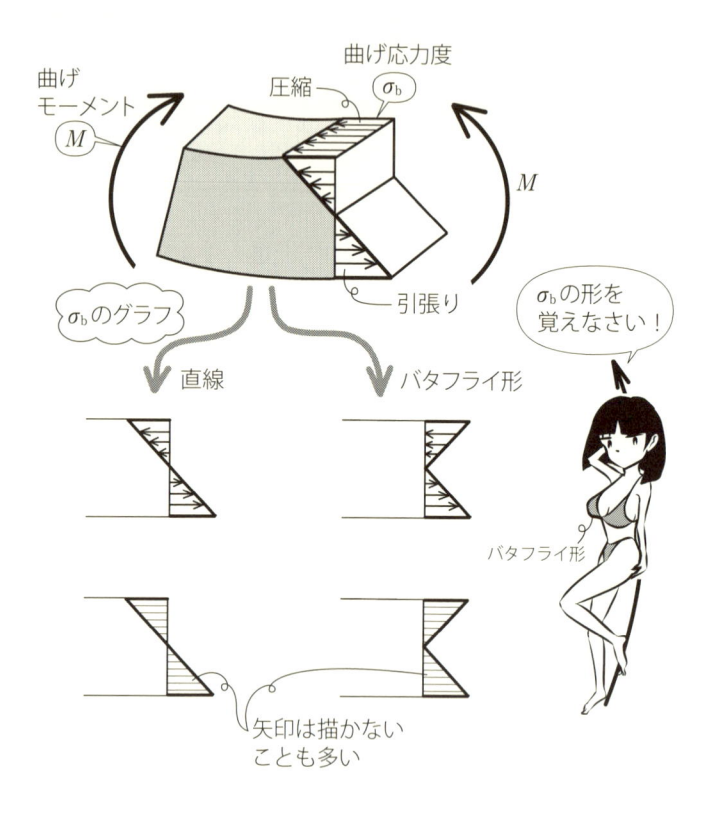

曲げモーメント M
圧縮
曲げ応力度 σ_b
M
引張り

σ_b のグラフ
直線
バタフライ形

σ_b の形を覚えなさい！

バタフライ形

矢印は描かないことも多い

- $\sigma_b = \dfrac{My}{I}$（白クマは私の愛）で M と I が一定の時、$\dfrac{M}{I}$ を傾きとする直線の式になり、σ_b は y に比例して大きくなります。

★ R150 曲げ応力度 その5

Q H形鋼で曲がりにくい材は、断面2次モーメント I が大きい方？ 小さい方？

A 大きい方です。

鋼という同じ材料では、ヤング率 E は等しく、材料としての変形しやすさは同じです。断面形だけで曲がりにくさに差が出ます。鋼材カタログの I を比べると、どちらが曲がりにくい材かがわかります。もう一度、E と I をしっかりと頭に入れておきましょう。

[スーパー記憶術]
①医大 は 変革しにくい
　E大 → 変形しにくい
②愛があると（生活が）曲がらない
　I

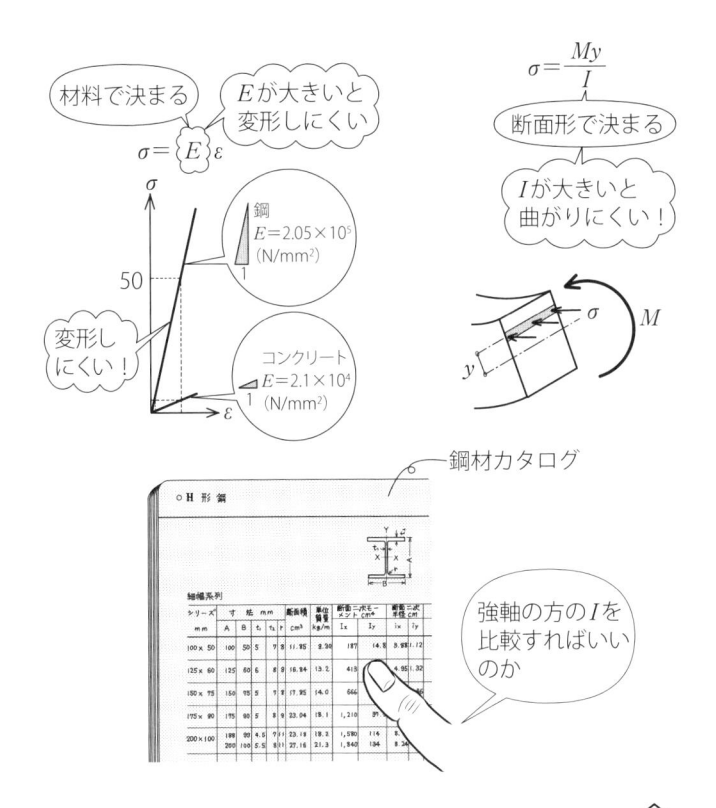

$$\sigma = E\varepsilon$$

材料で決まる
E が大きいと変形しにくい

鋼 $E = 2.05 \times 10^5$ (N/mm²)

コンクリート $E = 2.1 \times 10^4$ (N/mm²)

変形しにくい！

$$\sigma = \frac{My}{I}$$

断面形で決まる

I が大きいと曲がりにくい！

強軸の方の I を比較すればいいのか

鋼材カタログ ○H形鋼

★ **R151** 柱の応力度 その1

Q 偏心した圧縮力 N を受ける柱では、応力度 σ はどうなる?

A N による圧縮応力度 σ_c に、偏心したことによるモーメントによる曲げ応力度 σ_b が加わります。

▼

普通は圧縮力を断面積で割った圧縮応力度 σ_c だけですが、N の位置が中心からずれていると、それによるモーメントの影響も考えなければなりません。たとえば梁を受ける位置が中心から大きくずれている場合、柱には圧縮だけでなく曲げもかかることになります。

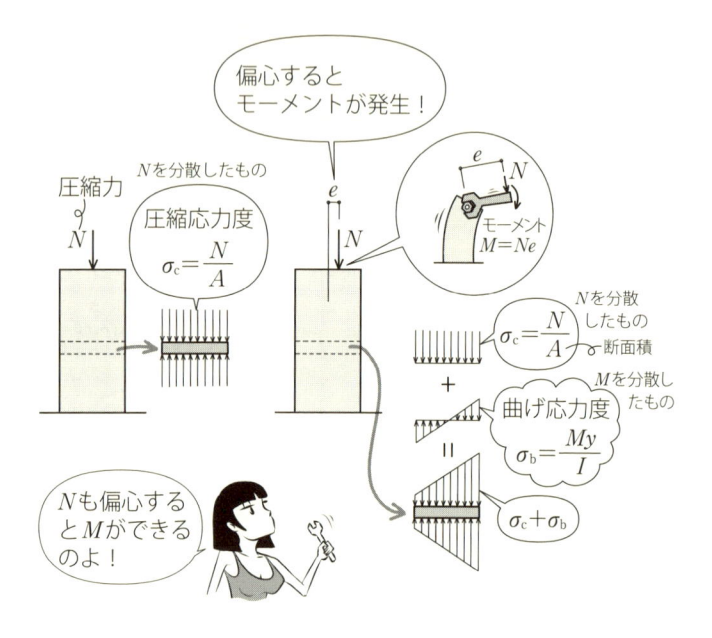

偏心するとモーメントが発生!

圧縮力 N / Nを分散したもの / 圧縮応力度 $\sigma_c = \dfrac{N}{A}$

e / N / モーメント $M = Ne$

$\sigma_c = \dfrac{N}{A}$ / Nを分散したもの / 断面積

$+$

曲げ応力度 $\sigma_b = \dfrac{My}{I}$ / Mを分散したもの

$=$

$\sigma_c + \sigma_b$

Nも偏心するとMができるのよ!

- e だけ偏心すると、Ne の回そうとする力、モーメントが発生します。柱にはモーメントが加わり、各切断面では曲げモーメント M が発生します。中立軸からの距離に応じて σ_b の大きさは変わり、式では断面2次モーメント I を使って $\sigma_b = \dfrac{My}{I}$ と表せます。

- σ_c の c は compression(圧縮)の略、σ_b の b は bending(曲げ)の略です。

★ R152 柱の応力度 その2

Q 柱への偏心圧縮力 N で、部材に引張り応力度は発生する？

A 偏心距離 e が大きいと、圧縮力と反対側に引張り応力度が発生します。

偏心距離 e を徐々に大きくして圧縮力 N を中立軸からずらしていくと、モーメント Ne が大きくなり、曲げ応力度 $\sigma_b = \dfrac{My}{I}$ も大きくなります。引張り側の曲げ応力度 σ_b も大きくなり、$\sigma_c = \dfrac{N}{A}$ と足し算してもマイナスとなって、引張りとなる部分が出てきます。圧縮に強くても引張りに弱いコンクリートでは、問題となります。

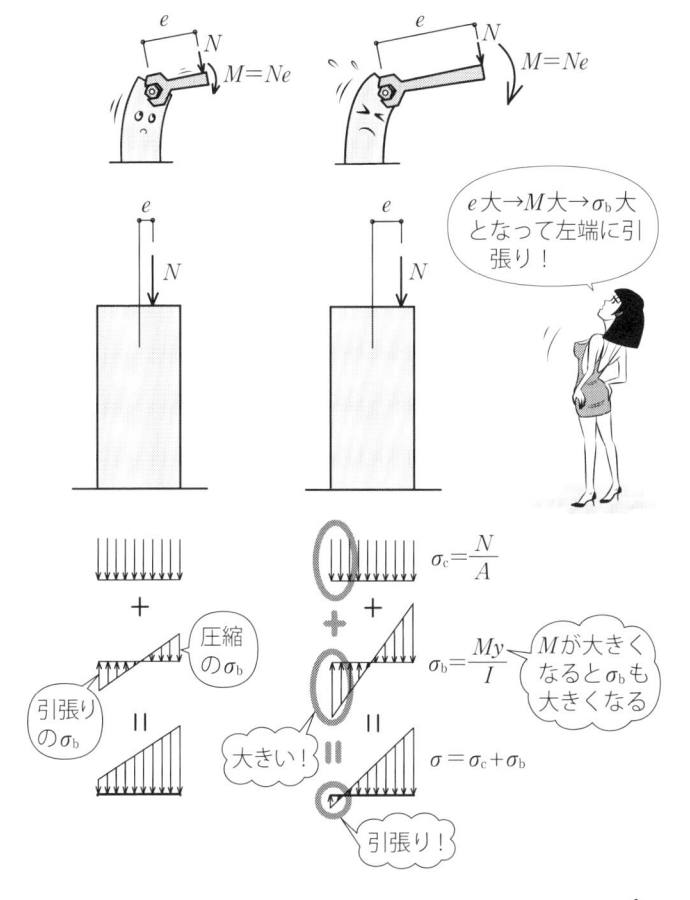

$M = Ne$

$M = Ne$

e 大→M 大→σ_b 大となって左端に引張り！

$\sigma_c = \dfrac{N}{A}$

圧縮の σ_b

引張りの σ_b

$\sigma_b = \dfrac{My}{I}$

M が大きくなると σ_b も大きくなる

大きい！

$\sigma = \sigma_c + \sigma_b$

引張り！

R153 柱の応力度 その3

Q コア半径（核半径）とは？

A 偏心圧縮力がかかっても引張り応力度が発生しない範囲をコアと呼び、その半径（ひし形の場合は中心から頂点までの距離）をコア半径といいます。

コア半径の上に圧縮力がかかった場合、端部で応力度σがゼロとなります。

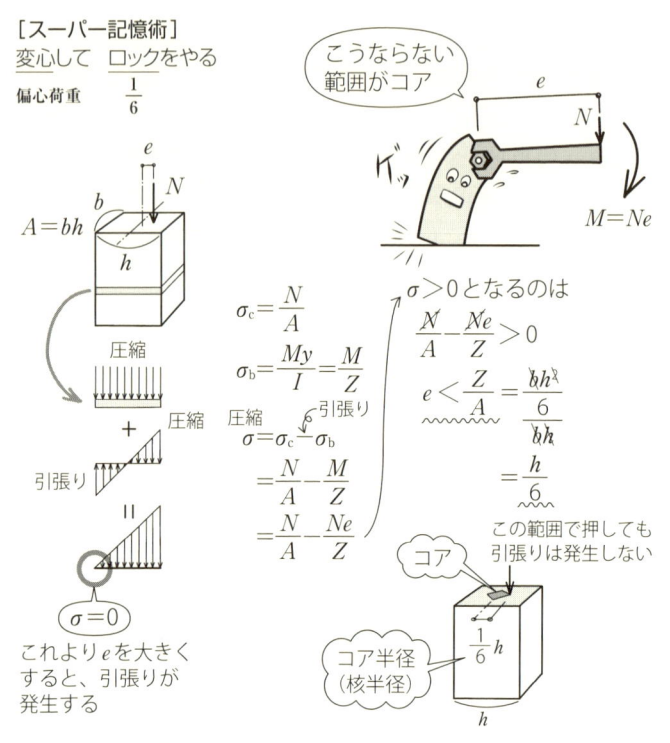

[スーパー記憶術]
<u>変心</u>して <u>ロック</u>をやる
偏心荷重　$\frac{1}{6}$

こうならない範囲がコア

$M = Ne$

$A = bh$

$\sigma_c = \dfrac{N}{A}$

$\sigma_b = \dfrac{My}{I} = \dfrac{M}{Z}$

圧縮　引張り
$\sigma = \sigma_c - \sigma_b$
$= \dfrac{N}{A} - \dfrac{M}{Z}$
$= \dfrac{N}{A} - \dfrac{Ne}{Z}$

$\sigma > 0$ となるのは
$\dfrac{N}{A} - \dfrac{Ne}{Z} > 0$
$e < \dfrac{Z}{A} = \dfrac{\frac{bh^2}{6}}{bh}$
$= \dfrac{h}{6}$

$\sigma = 0$

これよりeを大きくすると、引張りが発生する

この範囲で押しても引張りは発生しない

コア
コア半径（核半径）　$\frac{1}{6}h$

- コア半径eは、$\dfrac{Z}{A}$で表せます。基礎底面に引張り応力度が生じない範囲は、基礎底面の辺長をhとすると$e \leqq \dfrac{h}{6}$となります。円形断面でコア半径を計算すると、円の直径の1/8となります。$\dfrac{1}{8} \times$直径の円に圧縮力が入っていれば、引張りは生じません。
- 土は基礎を引っ張れないので、コアの外側で押すと、$\sigma < 0$となる部分の基礎底面には重みがかからず、重さを支えない無駄な部分となってしまいます。
- コア（core）はリンゴなどの芯が原義です。

★ R154　柱の応力度　その4

Q 柱に横力がかかる場合、部材に引張り応力度は発生する？

A 横力の大きさによっては、引張り応力度が発生します。

下図のように柱に横力 Q と垂直応力 P が働く場合を考えます。横力 Q から下に h だけ離れた位置では、$M = Q \times h$ の曲げモーメントが発生します。

それが断面に分散されて σ_b となり、左側の縁で $\dfrac{M}{Z}$ の大きさの引張り応力度となります。それと圧縮荷重 P による圧縮応力度 σ_c と比較して σ_b が大きければ、左側で引張り応力度が発生します。

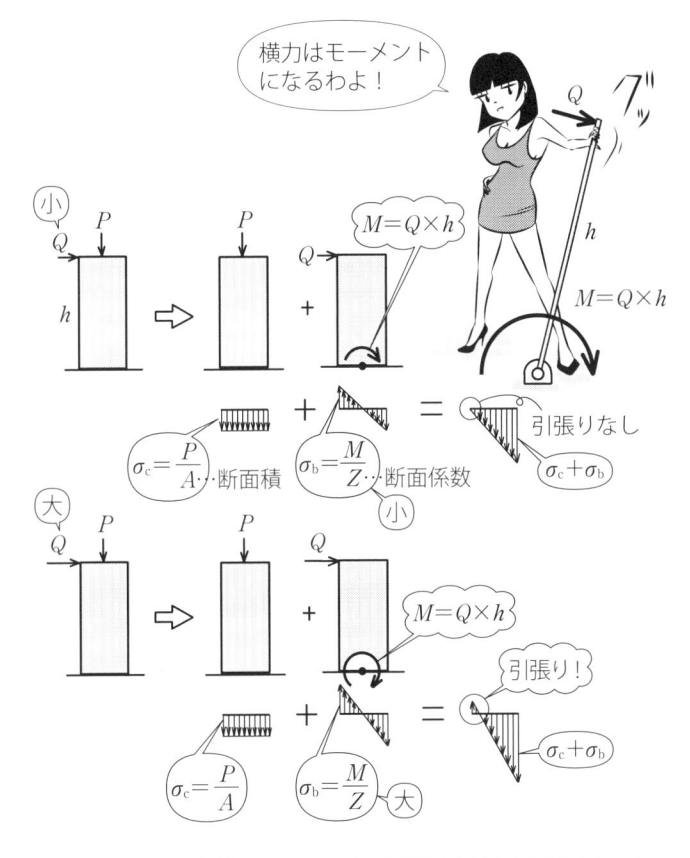

- 偏心荷重や横力の働く柱では、$\sigma_c + \sigma_b$ という組み合わせの応力度となります。

★ / **R155** せん断応力度　その1

Q 梁に作用するせん断応力度 τ（タウ）はどのように働いている？

A 中央で大きく、端部に行くほど小さな力で上向きまたは下向きに働いています。

曲げ応力度 σ_b は縁に行くほど大きくなり、せん断応力度 τ は縁に行くほど小さくなります。どちらも断面に対して不均等に働いている点に注意してください。また、曲げ応力度は直線的に変化し、せん断応力度は曲線的に変化します。

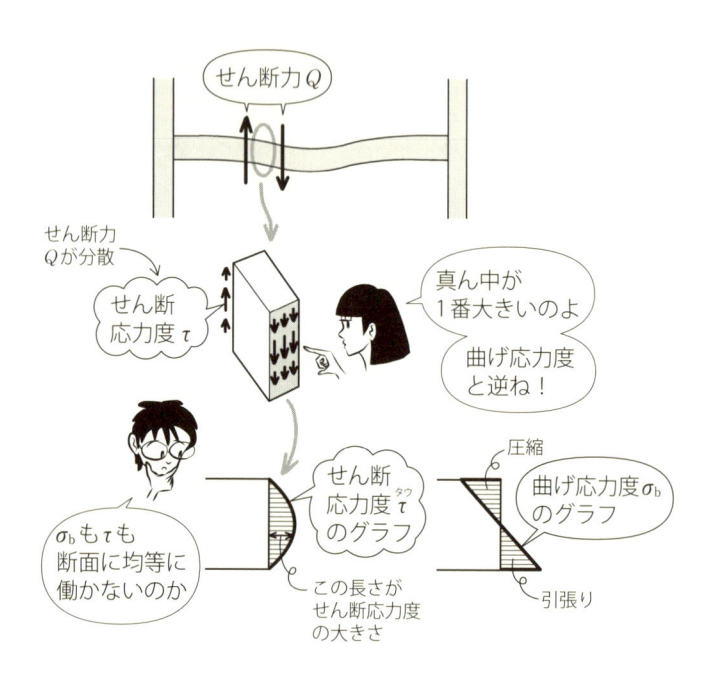

せん断力 Q

せん断力 Q が分散

せん断応力度 τ

真ん中が1番大きいのよ
曲げ応力度と逆ね！

σ_b も τ も断面に均等に働かないのか

せん断応力度 τ（タウ）のグラフ

この長さがせん断応力度の大きさ

圧縮
曲げ応力度 σ_b のグラフ
引張り

• 応力を断面積で割るだけで応力度を算出できるのは、圧縮と引張りの時だけです。曲げ応力度は断面2次モーメント I などを使って、せん断応力度は断面2次モーメント I、断面1次モーメント S などを使って算出します。

★ R156 せん断応力度 その2

Q 梁の断面で、垂直にせん断応力度が働いている場合、水平にせん断応力度は働いている?

▼

A 上下端以外は働いています。

梁の一部をサイコロ状に取り出して考えると、垂直のせん断応力度は、左右で上と下を向いてつり合っているはずです。上下のせん断応力度だけだとy方向でつり合いは保てていても、回転してしまいます。左右の方向にも、逆回転させるようなペアの水平のせん断応力度が働いていなければなりません。

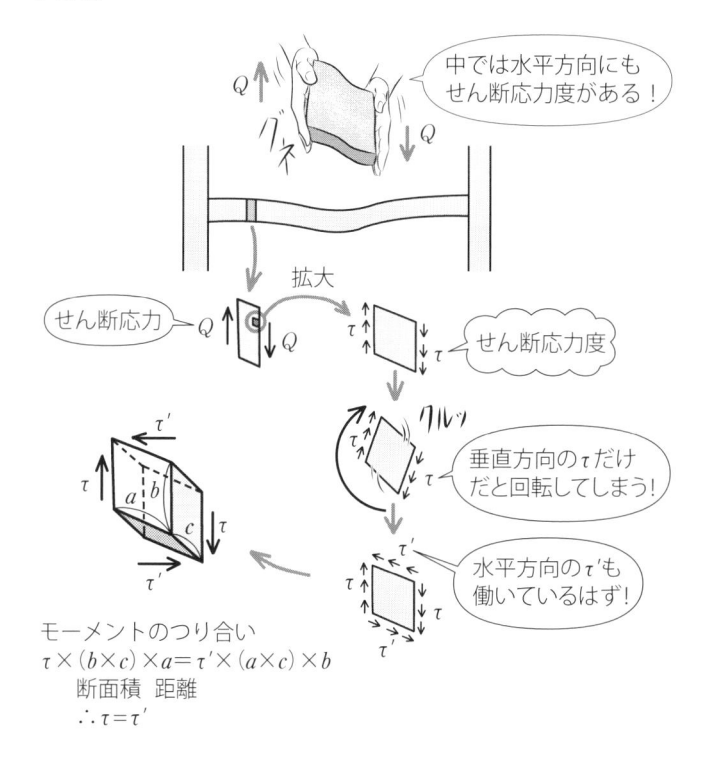

中では水平方向にもせん断応力度がある!

せん断応力

拡大

せん断応力度

垂直方向のτだけだと回転してしまう!

水平方向のτ'も働いているはず!

モーメントのつり合い
$\tau \times (b \times c) \times a = \tau' \times (a \times c) \times b$
　断面積　距離
　∴ $\tau = \tau'$

- 同じ大きさで逆向きでも、作用する点がずれていると、回転させる力モーメントが発生します。同じ大きさ、逆向きの力のモーメントは、偶力(R084)と呼ばれます。偶力ではx、y方向のつり合いは成立しても、モーメントはつり合わないので、注意が必要です。偶力のモーメントの大きさは、どこを中心にしても同じで、一方の力の大きさ×力の間隔となります。

★ R157　せん断応力度　その3

Q 梁の断面で、せん断応力度τがゼロになる所はどこ？

A 上下端です。

梁の下端をサイコロ状に切り出して考えてみます。下には何もないので、横にこするように働く水平のせん断応力度τ′もありません。サイコロの上の面だけτが働くと、x方向がつり合わなくなるので、上の面のτもありません。τがなくて、垂直のせん断応力度τ′があれば、回転してしまいます。よってτ′もゼロとなります。梁の上下端では、τ、τ′ともにゼロとなります。

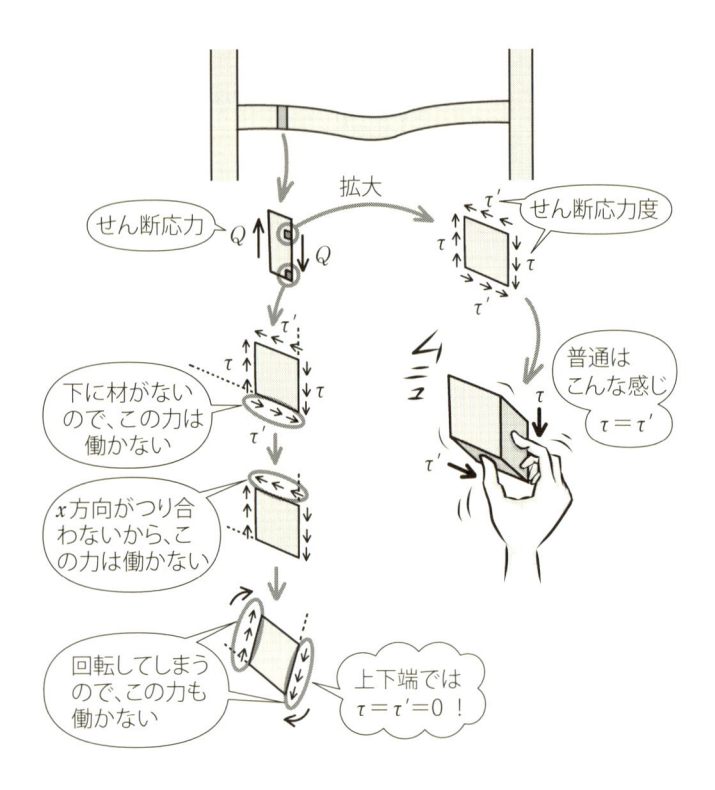

- 上下端以外は横方向のτ′があるので、τ=τ′のせん断応力度が、直交する切断面に働いています。τの向きはせん断応力Qと同じ向きで、τ′の向きはτによって回転させようとするのを妨げる向きになります。

★ R158　せん断応力度　その4

Q 梁の断面でせん断応力度 τ が最大になる所はどこ？

A 中央部で最大になります。

🔲 せん断応力度 τ は中央部が最大で上下端でゼロ、曲げ応力度は上下端が最大で中央部でゼロとなります。

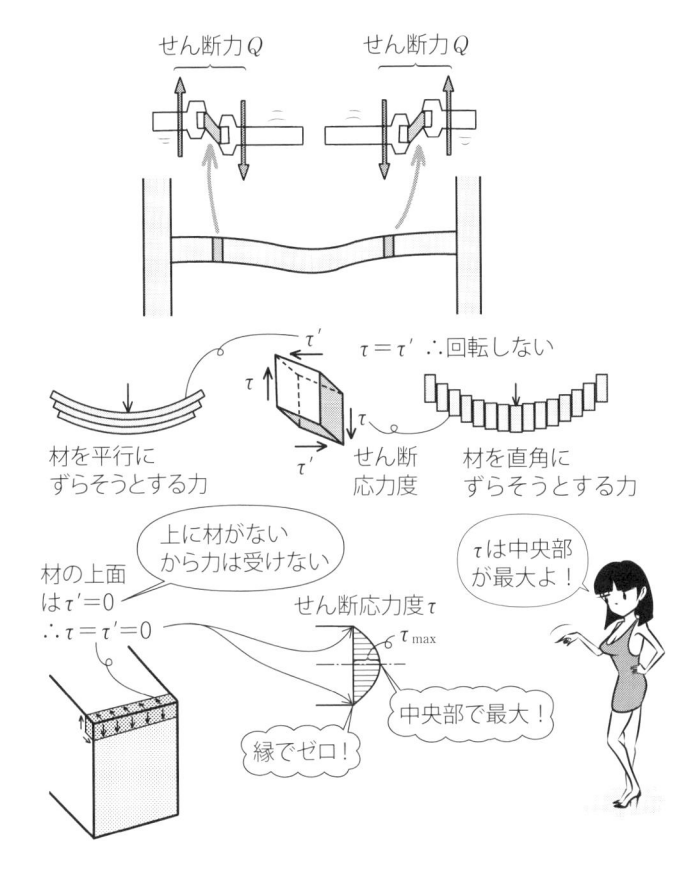

せん断力 Q　　せん断力 Q

$\tau = \tau'$ ∴回転しない

材を平行に　　せん断　　材を直角に
ずらそうとする力　応力度　　ずらそうとする力

材の上面は $\tau' = 0$
∴ $\tau = \tau' = 0$

上に材がないから力は受けない

せん断応力度 τ
τ_{max}

縁でゼロ！

中央部で最大！

τ は中央部が最大よ！

- せん断力 Q は断面全体に分散されますが、材軸に直交する方向 τ と、材軸に平行な方向 τ' に分けて考えます。イラストのように、切り出したごく小さな部材が回転しないことを考えると、τ と τ' は大きさが同じになります。上端の部材の τ' を見ると、材上端には平行な力は受けないので、$\tau' = 0$ となり、それとつり合う τ も 0 となります。

★ R159 せん断応力度 その5

Q せん断力 Q、断面積 A の時に、長方形断面、円形断面のせん断応力度の最大値 τ_{max} は？

A $\dfrac{3}{2} \times \dfrac{Q}{A}$、$\dfrac{4}{3} \times \dfrac{Q}{A}$ です。

$\dfrac{Q}{A}$ は単純せん断応力度とか平均せん断応力度と呼ばれるもので、正確な応力度にはなっていません。応力 Q が断面に均一に分散されるのではなく、中央が最大、縁がゼロの分布で散らばります。$\dfrac{Q}{A}$ に $\dfrac{3}{2}$、$\dfrac{4}{3}$ をかけた値が τ_{max} となります。

[スーパー記憶術]
<u>A級</u> の <u>兄さん</u> が <u>三振する</u>
A分のQ　2分の3　　3分の4

τ_{max} は平均 $\dfrac{Q}{A}$ の $\dfrac{3}{2}$ 倍よ

断面積 A
せん断力 Q
単純(平均)せん断応力度
$\dfrac{Q}{A}$
単純に平均したもの

τ_{max}
実際は中央が最大、縁はゼロ

$\tau_{max} = \dfrac{3}{2} \times \dfrac{Q}{A}$　　$\tau_{max} = \dfrac{4}{3} \times \dfrac{Q}{A}$
縦横比関係なし

- $\tau = \dfrac{S_1 Q}{Ib}$（S_1 は求める点から上の断面1次モーメント、b は幅）から各点の τ を求めます。
- 長方形の縦横のプロポーションによらず、面積だけで最大せん断応力度が決まっているのが式からわかります。縦長だろうが横長だろうが、断面積が大きい部材がせん断に強いといえます。

R160 σ、σ_b、τ のまとめ その1

Q 応力度にはどんな種類がある?

A 下図のような種類があります。

軸方向力 N による垂直応力度 σ (σ_c, σ_t)、曲げモーメント M による曲げ応力度 σ_b、せん断力 Q によるせん断応力度 τ に分けられます。それぞれの最大値などをまとめて覚え直しましょう。

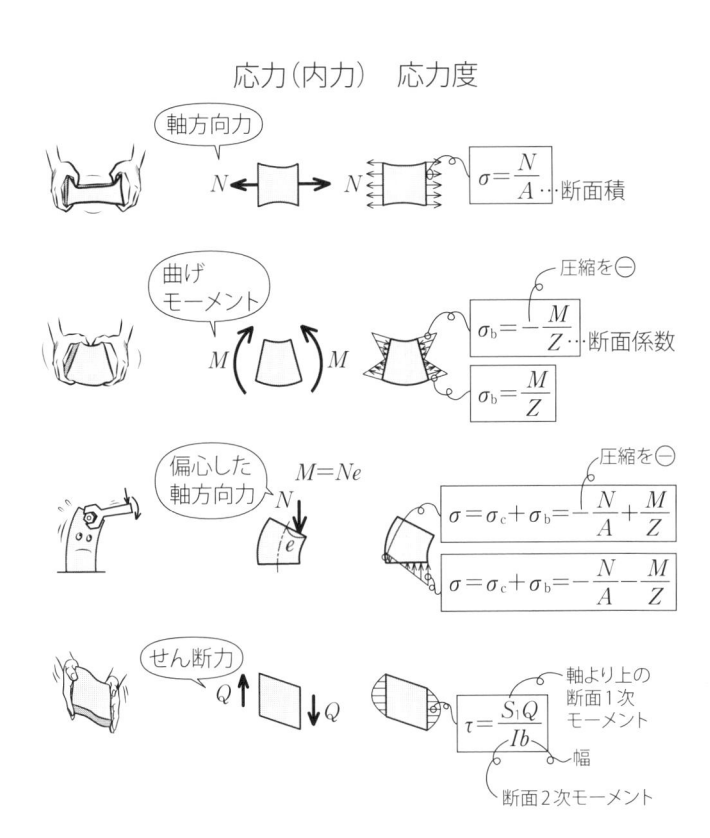

応力(内力)　応力度

軸方向力

$\sigma = \dfrac{N}{A}$ ‥断面積

曲げモーメント

圧縮を ⊖

$\sigma_b = -\dfrac{M}{Z}$ ‥断面係数

$\sigma_b = \dfrac{M}{Z}$

偏心した軸方向力 $M = Ne$

圧縮を ⊖

$\sigma = \sigma_c + \sigma_b = -\dfrac{N}{A} + \dfrac{M}{Z}$

$\sigma = \sigma_c + \sigma_b = -\dfrac{N}{A} - \dfrac{M}{Z}$

せん断力

$\tau = \dfrac{S_1 Q}{Ib}$

- 軸より上の断面1次モーメント
- 幅
- 断面2次モーメント

★ R161　σ、σ_b、τのまとめ　その２

Q 垂直応力度、せん断応力度とは？

A 切断面に垂直に働く応力度、平行に働く応力度のことです。

曲げ、圧縮、引張り、せん断の応力は、最終的にこの２種類の応力度に分解されます。曲げはモーメントですが、それも小さな垂直応力度に分解されます。垂直応力度はσ、せん断応力度はτで表されるのが一般的です。

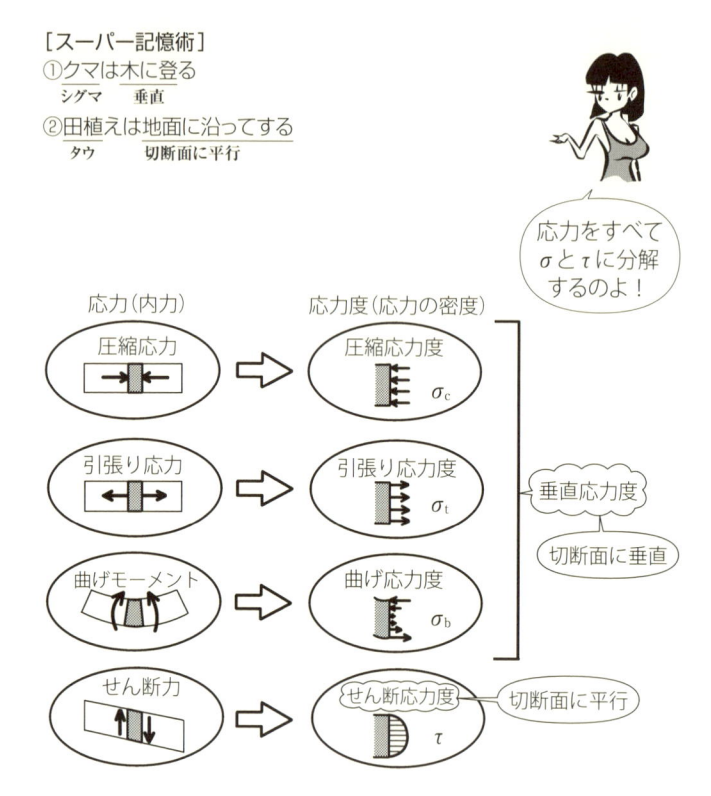

[スーパー記憶術]
① クマは木に登る
　 シグマ　　　垂直
② 田植えは地面に沿ってする
　 タウ　　　　切断面に平行

応力をすべてσとτに分解するのよ！

応力（内力）　　　　　応力度（応力の密度）

圧縮応力　⇒　圧縮応力度　σ_c

引張り応力　⇒　引張り応力度　σ_t

曲げモーメント　⇒　曲げ応力度　σ_b

　　　　　　　　　　　　　　　　垂直応力度
　　　　　　　　　　　　　　　　切断面に垂直

せん断力　⇒　せん断応力度　τ　　切断面に平行

- σ_bのbは、bending（曲げ）のbで、圧縮、引張りの応力度σ（R125参照）と区別するためです。圧縮（compression）、引張り（tension）を区別する場合は、σ_c、σ_tなどと書きます。圧縮と曲げが同時に働くときには$\sigma_c + \sigma_b$と、断面に垂直な応力度が合成されます。
- 建物全体の重さや地震・台風の荷重から、建物各部の応力、応力度を計算します。建物各部の垂直応力度、せん断応力度に部材が耐えられるか否かを考えれば、建物が耐えられるかがわかります。

★ R162 σ、σ_b、τ のまとめ その3

Q 長方形断面の単純梁に等分布荷重が働くとき、曲げ応力度 σ_b とせん断応力度 τ は各点でどうなっている？

A 下図のように、曲げモーメント M の大きいところで σ_b が上下端で大きく、せん断力 Q の大きいところで τ が中立軸の位置で大きくなっています。

梁の位置によって M と Q の大きさも変わるので、それに合わせて σ_b、τ も変わります。曲げ応力度 σ_b は上下端で最大で、せん断応力度 τ は中立軸の位置で最大となります。

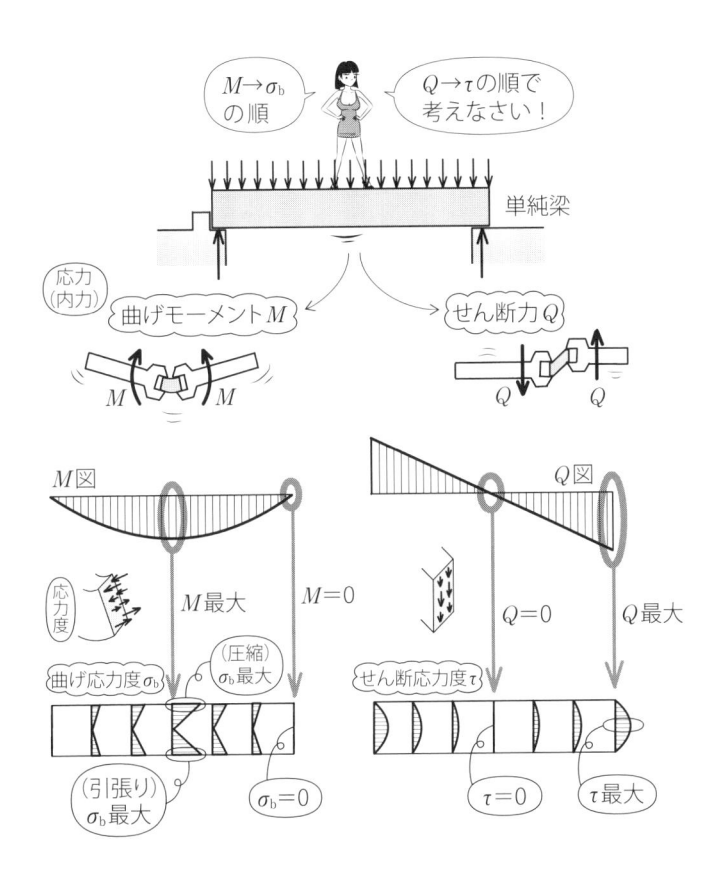

$M \to \sigma_b$ の順
$Q \to \tau$ の順で考えなさい！

単純梁

(応力)(内力) 曲げモーメント M / せん断力 Q

M図 / Q図

応力度

M最大 / $M=0$ / $Q=0$ / Q最大

曲げ応力度 σ_b / (圧縮)σ_b最大 / せん断応力度 τ

(引張り)σ_b最大 / $\sigma_b=0$ / $\tau=0$ / τ最大

169

★ R163 σ、σ_b、τ のまとめ その4

Q 端部を柱に直角に拘束した長方形断面の梁に等分布荷重が働くとき、曲げ応力度 σ_b とせん断応力度 τ は各点でどうなっている？

A 下図のように、曲げモーメント M の大きいところで σ_b が上下端で大きく、せん断力 Q の大きいところで τ が中立軸の位置で大きくなっています。

梁端部の拘束の状態で M、Q の大きさは変わりますが、端部と中央で M が大きくなり、Q は端部で大きくなります。σ_b、τ は、M、Q の大きさに比例して変わります。

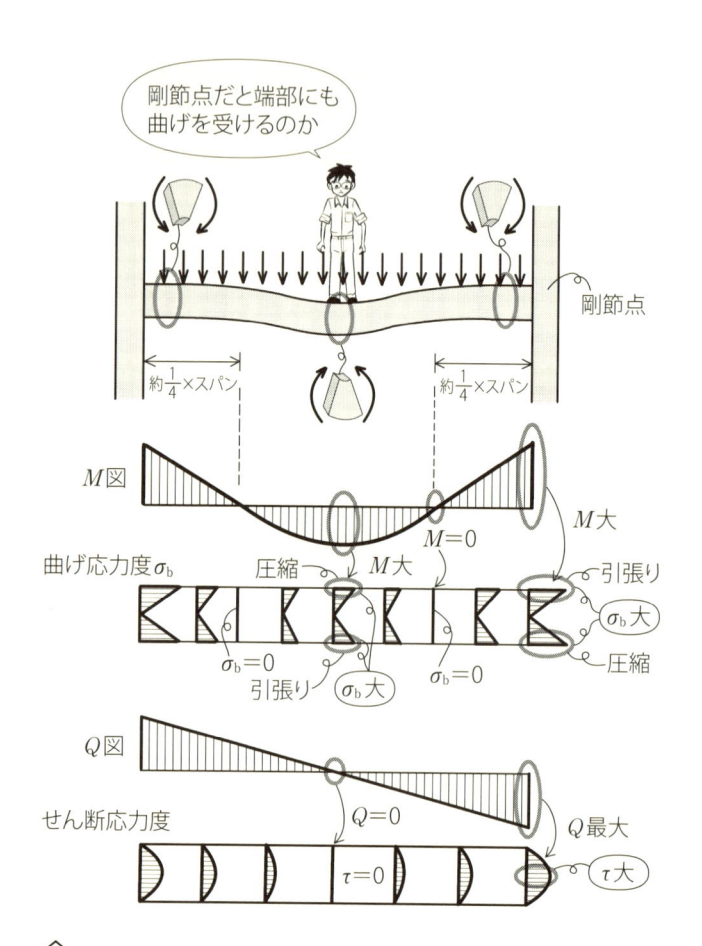

（剛節点だと端部にも曲げを受けるのか）

剛節点

約 $\frac{1}{4}$ ×スパン

M図

M大

$M=0$

M大

曲げ応力度 σ_b

圧縮

引張り

σ_b大

$\sigma_b=0$

引張り

σ_b大

$\sigma_b=0$

圧縮

Q図

せん断応力度

$Q=0$

Q最大

$\tau=0$

τ大

★ R164　モール円　その1

Q 右側が垂直、左側が右下がり45°に切断された下図のような静止した材を考えます。右側を右方向に$\sqrt{2}$Nの力で引っ張った場合、左側断面に垂直な力、平行な力はどうなる？

A 断面に垂直な力は1N、断面に平行な力も1Nとなります。

斜めに切断した材の応力度を求める際に、このような力のつり合いで考えます。斜めにしたために、断面を垂直に引っ張るだけでなく、水平に押さなければつり合わなくなります。

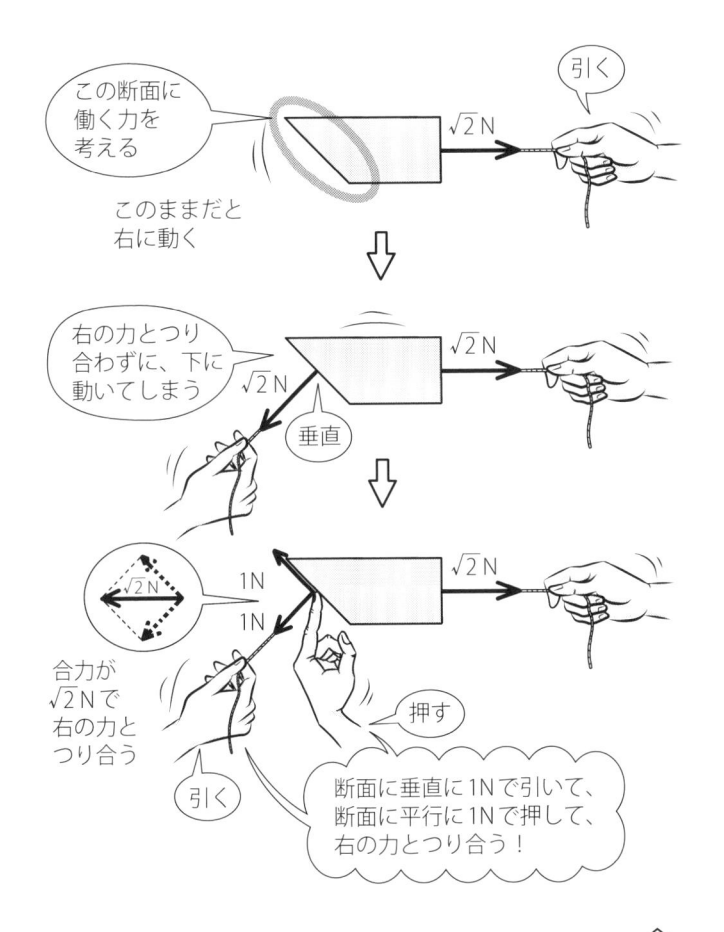

この断面に働く力を考える

このままだと右に動く

$\sqrt{2}$N　引く

右の力とつり合わずに、下に動いてしまう

$\sqrt{2}$N　垂直　$\sqrt{2}$N

合力が$\sqrt{2}$Nで右の力とつり合う

1N　1N　$\sqrt{2}$N

引く　押す

断面に垂直に1Nで引いて、断面に平行に1Nで押して、右の力とつり合う！

★ R165　モール円　その2

Q 部材の軸に直交する面から角度をつけて切断した場合、その角度によって垂直応力度、せん断応力度は変わる？

A 変わります。

下図のように左右に引っ張られた材で、y軸よりθだけ傾けて切断した場合を考えてみます。切断した右側の部材の力のつり合いを考えると、σ_θが下に傾いているので、σ_xとはつり合いません。σ_xとつり合うためには、断面と平行で上向きにτ_θが働いていないとおかしいということになります（τ_θとσ_θの合力がσ_xとつり合います）。θが大きくなるほど、τ_θは大きくなります。

角度を変えるとσとτが変わるのか

本当に切らなくてもいいのよ

頭の中で切るのよ

σ_θが下向きなので、水平のσ_xとつり合わない！

下に動く！

斜めに切断

垂直に切断

σ_θとσ_xがつり合う

この合力でσ_xに抵抗

σ_θとτ_θの合力がσ_xとつり合う

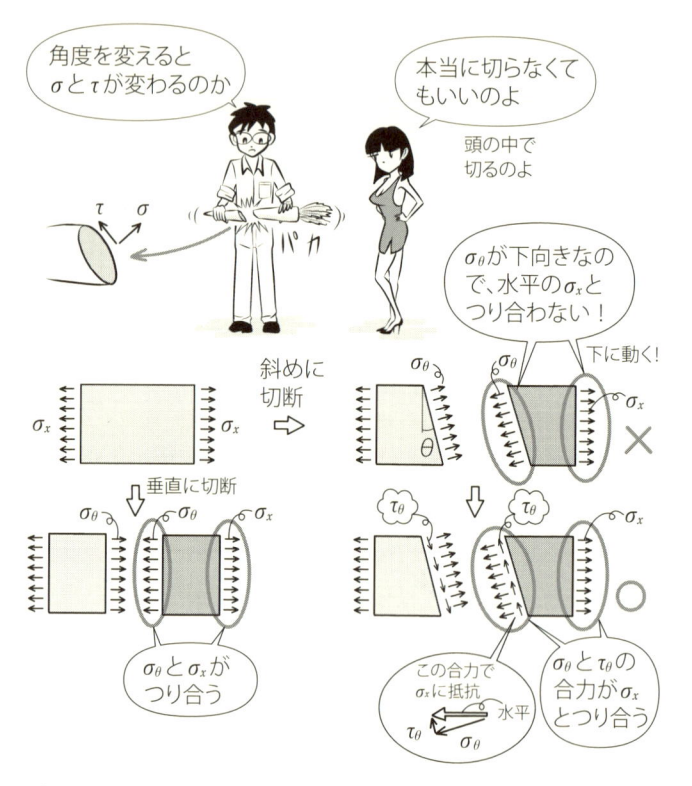

- 部材断面には、断面と垂直に働く垂直応力度と、平行に働くせん断応力度の2種類が働いています。2種類の応力度以外はありません。曲げモーメントも、水平、垂直の応力度に分解できます。

R166 モール円 その3

Q 前項の引張り応力 σ_x が働いている材を斜めに切断する場合、角度は何度で τ_θ が最大になる?

A 45°で最大となります。

切断面を垂直から徐々に傾けていくと、だんだんと τ_θ が大きくなります。45°の角度で τ_θ が最大となり、その後はだんだんと小さくなり、90°で0となります。

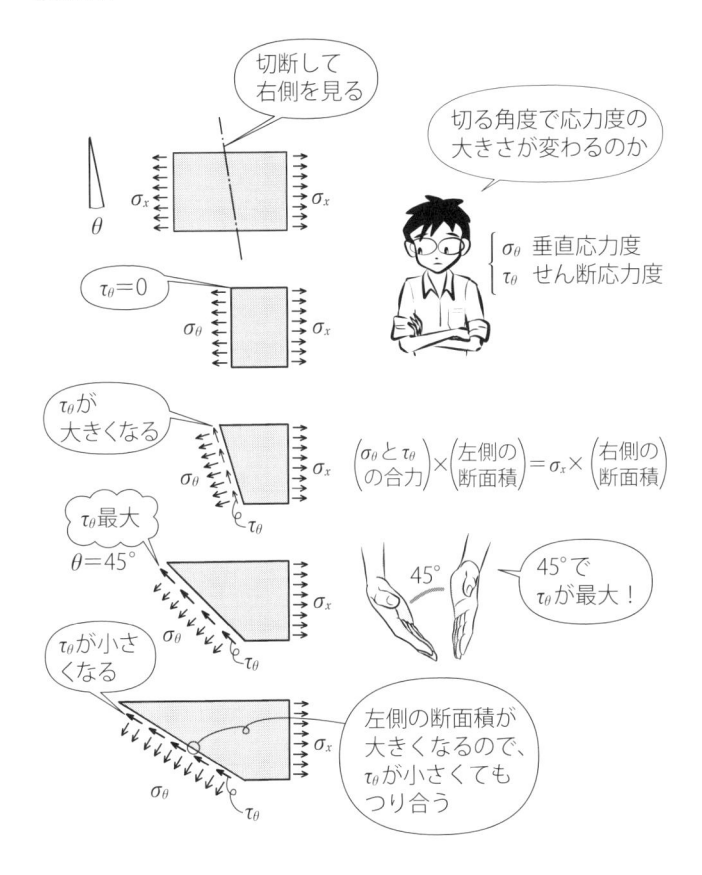

切断して右側を見る

切る角度で応力度の大きさが変わるのか

$\begin{cases} \sigma_\theta \text{ 垂直応力度} \\ \tau_\theta \text{ せん断応力度} \end{cases}$

$\tau_\theta = 0$

τ_θ が大きくなる

$\begin{pmatrix} \sigma_\theta と \tau_\theta \\ \text{の合力} \end{pmatrix} \times \begin{pmatrix} \text{左側の} \\ \text{断面積} \end{pmatrix} = \sigma_x \times \begin{pmatrix} \text{右側の} \\ \text{断面積} \end{pmatrix}$

τ_θ 最大 $\theta = 45°$

45°で τ_θ が最大!

τ_θ が小さくなる

左側の断面積が大きくなるので、τ_θ が小さくてもつり合う

- 傾きを大きくすると、切断面の面積も大きくなります。τ_θ が小さくても τ_θ の合計($\tau_\theta \times$ 断面積)が大きくなります。45°より大きい角度では、切断面が大きくなるため、τ_θ が小さくても右側の切断面の力 σ_x とつり合うようになります。

★ R167　モール円　その4

Q 引張り力だけでせん断破壊することはある？

A 45°方向にせん断力が働いて、せん断破壊することがあります。

鋼を引っ張って破壊するとき、原子間には斜めのすべりが生じています。これがせん断力です。単に引っ張るだけでも、物質内部にはせん断応力度が発生します。

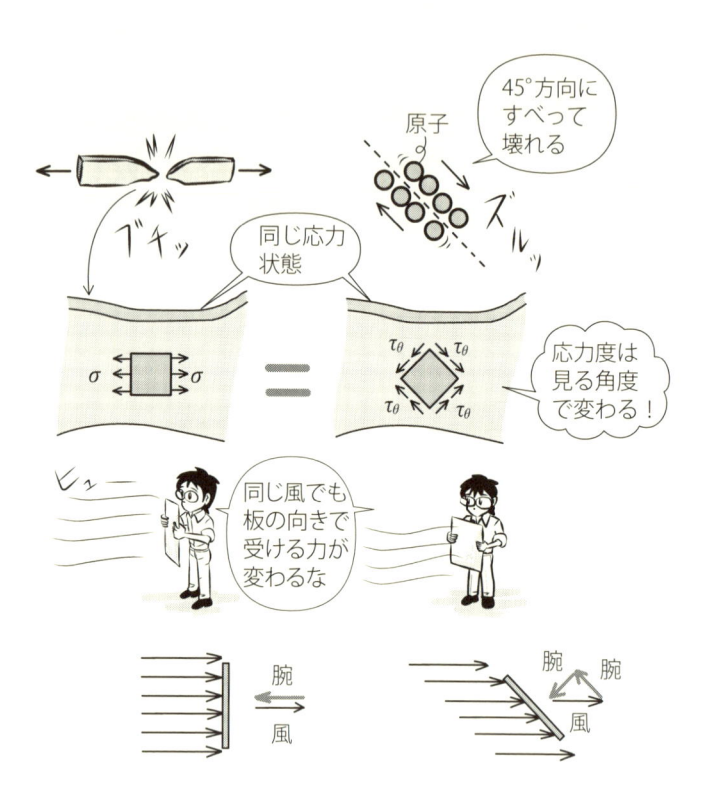

- イラストの下部のように、風を受ける板は、角度を変えると、風の強さは変わらなくても受ける力は変わります。物質内部の応力度も、座標系を変えると、σ_θとτ_θは変わります。座標系が変わるだけです。物質や応力状態が変わるわけではありません。

R168 モール円 その5

Q 引張り応力 σ_x が働いている材を、さまざまな角度 θ で切断した場合、切断面に働く σ_θ、τ_θ の関係をグラフにするとどんな形になる？

A 下図のような円となります。

中心が $\left(\dfrac{\sigma_x}{2},\ 0\right)$、半径が $\dfrac{\sigma_x}{2}$ の円で、モール円といいます。σ_θ 軸から角度 2θ の $(\sigma_\theta,\ \tau_\theta)$ が、角度 θ で材を切断した際の応力度を示しています。

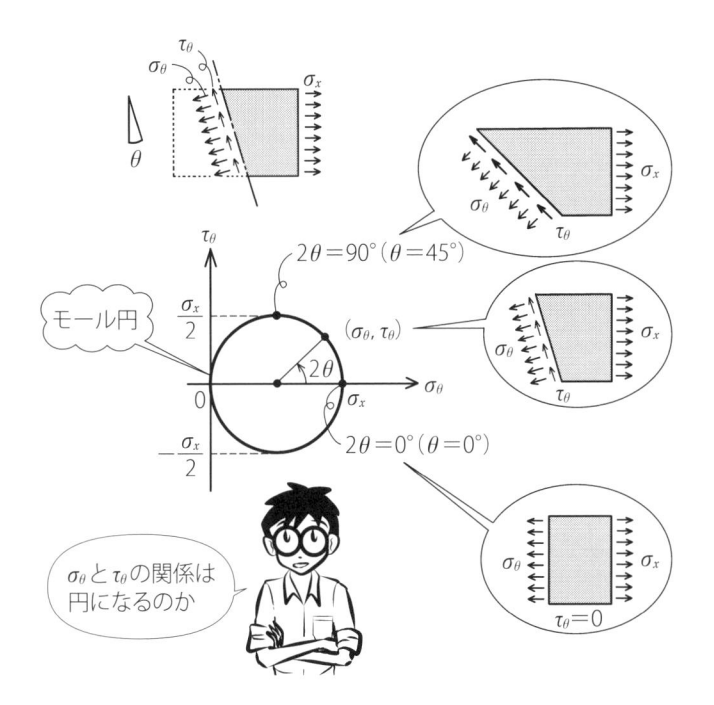

モール円

$2\theta = 90°\ (\theta = 45°)$
$2\theta = 0°\ (\theta = 0°)$

σθ と τθ の関係は円になるのか

- $\theta = 0°$ の時、$2\theta = 0$ となって、横軸 σ_θ の最大値 $= \sigma_x$ となります。$\theta = 45°$ の時、$2\theta = 90°$ となって、縦軸 τ_θ の最大値 $= \dfrac{\sigma_x}{2}$ となります。

- せん断力が働いていない部材でも、引張り、圧縮（引張りと符号が逆）によって、45°方向に大きいせん断応力度が発生します。引張り、圧縮に比べてせん断に対して極端に弱い材料だと、引張り、圧縮した際に45°方向にせん断破壊することがあります。

★ R169　モール円　その6

Q 前項の水平方向に引っ張る σ_x のほかに縦方向に引張り応力度 σ_y が働いている場合、さらにせん断応力度 τ が働く場合、σ_θ、τ_θ の関係をグラフにするとどうなる？

A 円になります。

切断面を回転させて x 方向、y 方向のつり合いの式を立て、それを整理すると、σ_θ、τ_θ の式はみなきれいな円の式になります。σ_θ、τ_θ の関係が円になるということを、ここでは覚えておきましょう。

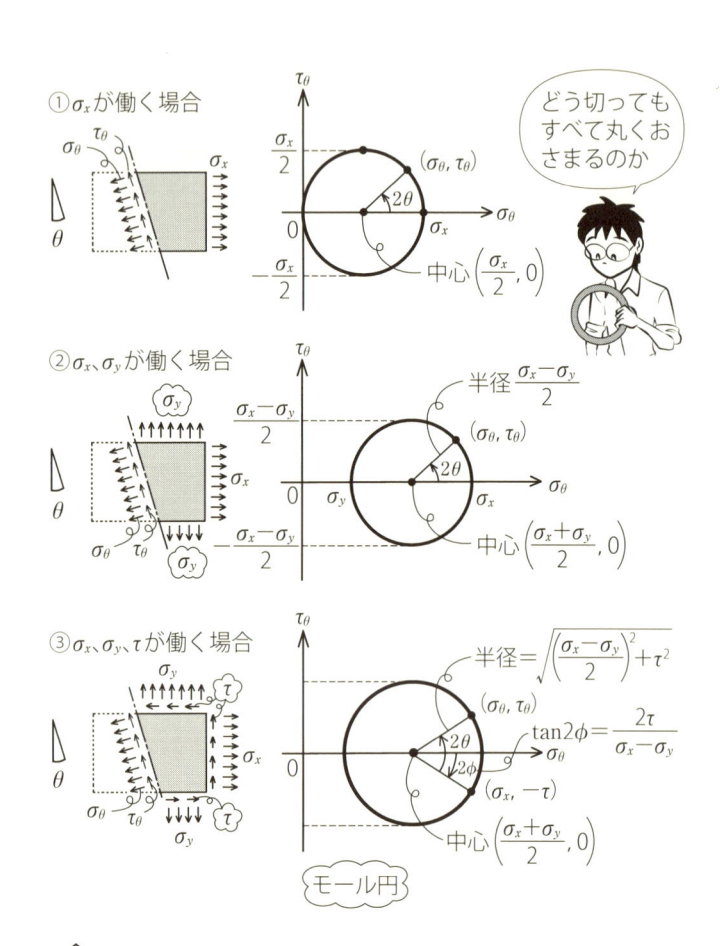

① σ_x が働く場合

中心 $\left(\dfrac{\sigma_x}{2}, 0\right)$

どう切ってもすべて丸くおさまるのか

② σ_x、σ_y が働く場合

半径 $\dfrac{\sigma_x - \sigma_y}{2}$

中心 $\left(\dfrac{\sigma_x + \sigma_y}{2}, 0\right)$

③ σ_x、σ_y、τ が働く場合

半径 $\sqrt{\left(\dfrac{\sigma_x - \sigma_y}{2}\right)^2 + \tau^2}$

$\tan 2\phi = \dfrac{2\tau}{\sigma_x - \sigma_y}$

中心 $\left(\dfrac{\sigma_x + \sigma_y}{2}, 0\right)$

モール円

★ R170　モール円　その7

Q 右側が垂直、左側が右下がり45°に切断された下図のような静止した材を考えます。右側を上に1N、上側を右に1Nで押した場合、左側45°断面に垂直な力、平行な力はどうなる？

A 断面に垂直に引っ張る力が$\sqrt{2}$Nとなります。

1Nの2つの力とつり合うためには、左下45°方向に$\sqrt{2}$Nの力が働く必要があります。断面に平行な力（せん断力）だけ働く場合でも、斜めに切ると断面に垂直な力も働いていることになります。

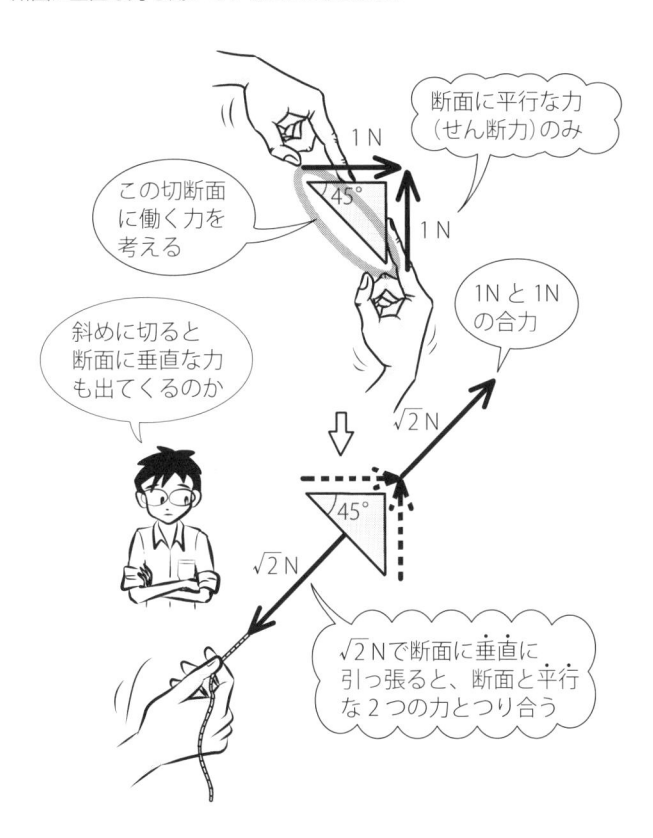

- 断面に平行な力（せん断力）のみ
- この切断面に働く力を考える
- 斜めに切ると断面に垂直な力も出てくるのか
- 1Nと1Nの合力
- $\sqrt{2}$Nで断面に垂直に引っ張ると、断面と平行な2つの力とつり合う

- 垂直切断面にせん断力だけ働く場合、上記のような力の関係となります。せん断力と斜め方向の引張り力を簡単に示すためのモデルです。実際は応力度として、応力度×断面積＝応力としてつり合いを考えます。

★ **R171** モール円 その8

Q 梁中立軸上の曲げ応力度 $\sigma_b=0$、せん断力応力度 τ が最大の地点で、引張り、圧縮の応力度は働く？

A 45°方向に働きます。

中立軸では垂直面での σ_b がゼロなのに、45°方向には σ_θ が働きます。

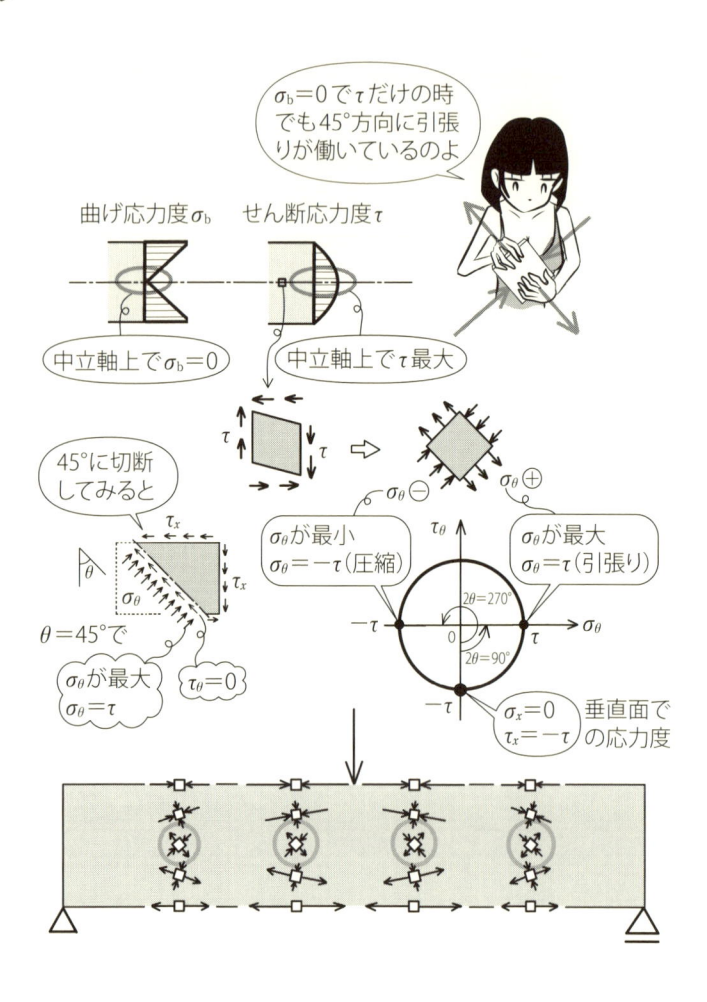

$\sigma_b=0$ で τ だけの時でも45°方向に引張りが働いているのよ

曲げ応力度 σ_b　　せん断応力度 τ

中立軸上で $\sigma_b=0$　　中立軸上で τ 最大

45°に切断してみると

$\theta=45°$ で σ_θ が最大 $\sigma_\theta=\tau$　　$\tau_\theta=0$

$\sigma_\theta \ominus$　$\sigma_\theta \oplus$

σ_θ が最小 $\sigma_\theta=-\tau$（圧縮）

σ_θ が最大 $\sigma_\theta=\tau$（引張り）

$2\theta=270°$　$2\theta=90°$

$\sigma_x=0$　$\tau_x=-\tau$　垂直面での応力度

★ R172 せん断ひび割れの方向

Q コンクリートがせん断応力度でひび割れする場合、その方向は?

A 45°方向です。

せん断応力度 τ が働くと、45°方向に引張り応力度 σ_θ が働きます（R171参照）。コンクリートは圧縮には強いのですが、引張りに弱いので、引張り方向にひび割れします。

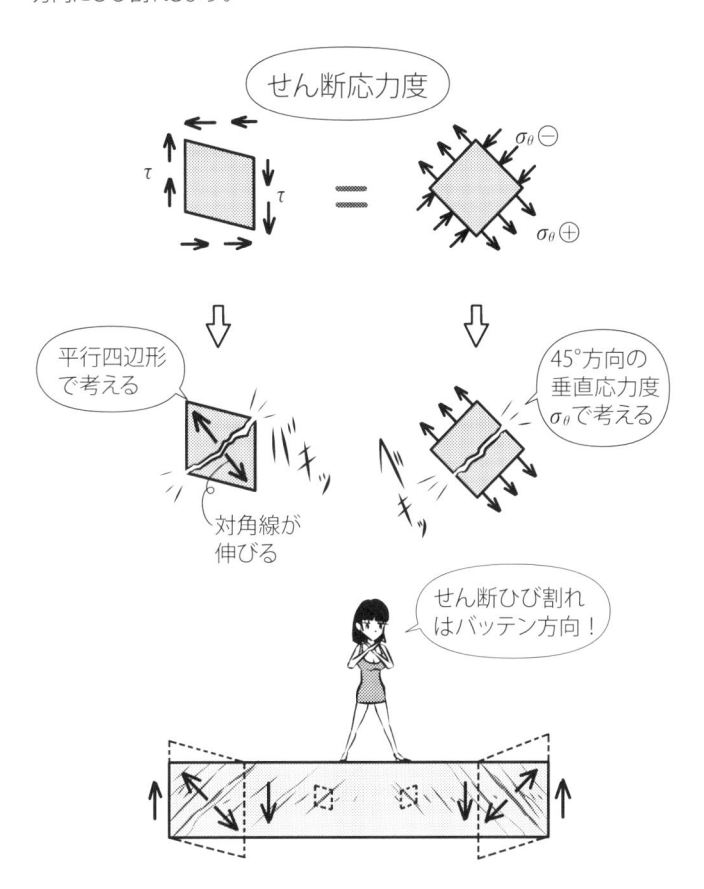

せん断応力度

平行四辺形で考える
対角線が伸びる

45°方向の垂直応力度 σ_θ で考える

せん断ひび割れはバッテン方向！

- モール円では $\theta=45°$ の時、σ_θ が最大になりました。モール円などで考えなくても、上図左側のような平行四辺形の変形を考えれば引っ張られる方向がわかり、そこから割れの方向も想像できます。

★ **R173** 曲げひび割れの方向

Q コンクリートが曲げ応力度でひび割れする場合、その方向は？

A 部材に垂直方向です。

曲げモーメントMによる曲げ応力度σ_bは、上下端で最大になり、材軸と同じ方向に働きますので、ひび割れは垂直に入ります。

[スーパー記憶術]
<u>選</u>　<u>抜</u>　<u>野球の曲げ</u>　は　<u>縦横のみ</u>
せん断　バツ　　曲げ　　　　　　垂直

M図

σ_b図　圧縮／引張り

$$\sigma_b = \frac{My}{I}$$

曲げひび割れは材に垂直に入るのよ

縁に垂直にひびが入る

σ_b ← → σ_b（引張り）

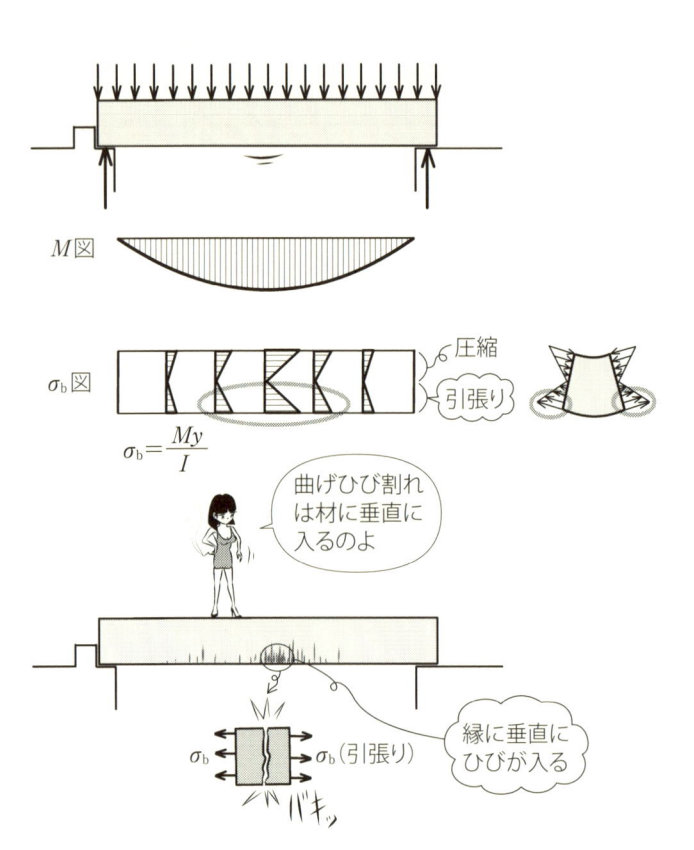

バキッ

★ R174 主応力 その1

Q 主応力とは?

A 部材内部で角度によってはせん断応力度 τ_θ がゼロになる切断面が存在します。そのときの垂直応力度 σ_θ を主応力と呼びます。

直交する2方向の主応力のうち大きい方がその点での最大主応力、小さい方が最小主応力となります。

[主応力の求め方]
① M と Q を計算する。
② 中立軸からある高さの σ_b と τ を計算する。
③ $\tau_\theta = 0$ となる θ と σ_θ を計算する。

$\tau_\theta = 0$ の時 σ_θ は最大か最小になるのか

$$\sigma_x = \sigma_b = \frac{My}{I}$$

$$\tau = \frac{S_1 Q}{Ib}$$

モール円

半径 $= \sqrt{\left(\frac{\sigma_x}{2}\right)^2 + \tau^2}$

σ_θ が最小 $\tau_\theta = 0$

σ_θ が最大 $\tau_\theta = 0$

$\theta = \phi$ で $\begin{cases} \sigma_\theta \text{が最大} \\ \tau_\theta = 0 \end{cases}$

$\left(\tan 2\phi = \dfrac{2\tau}{\sigma_x}\right)$

中心 $\left(\dfrac{\sigma_x}{2}, 0\right)$

$(\sigma_x, -\tau)$

圧縮応力度

引張り応力度

主応力 $\tau_\theta = 0$ の時の σ_θ

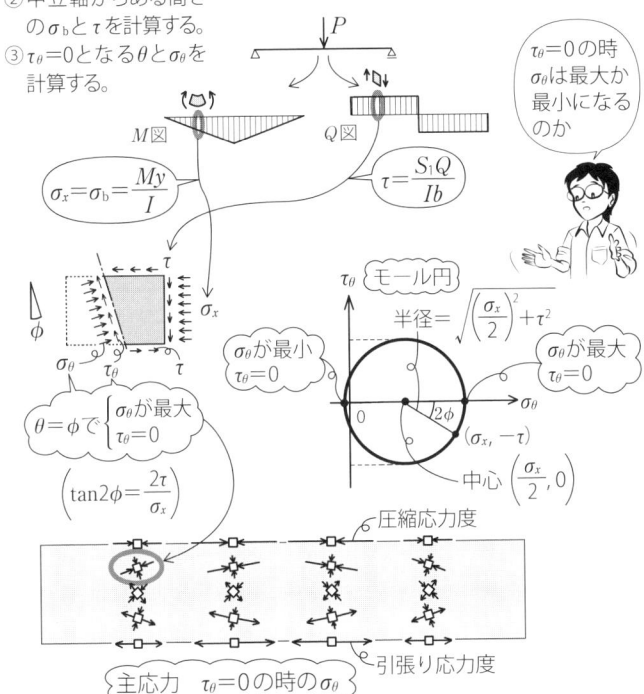

- 部材のある点での曲げモーメント M、せん断力 Q を求め、その点を垂直に切断した際の応力度 $\sigma_b(=\sigma_x)$、τ を求めます。次にモール円から σ_θ が最大、最小となるときの θ と σ_θ を求めます。上図の ϕ の大きさは σ_x と τ から決まります。
- 主応力は単位断面積当たりの応力ですから、正確には主応力度ですが、主応力と一般には呼ばれています。

181

★ R175　　　　　　　　　　　　　　　　　　　主応力　その2

Q 主応力線とは？
▼
A 最大の主応力の向きをつないで線にして主応力の流れを表したものです。

主応力には最大、最小の2種があり、最大の方をつなぎます。下図の単純梁に集中荷重がかかった場合では、引張りの主応力線は下に凸、圧縮の主応力線は上に凸となります。

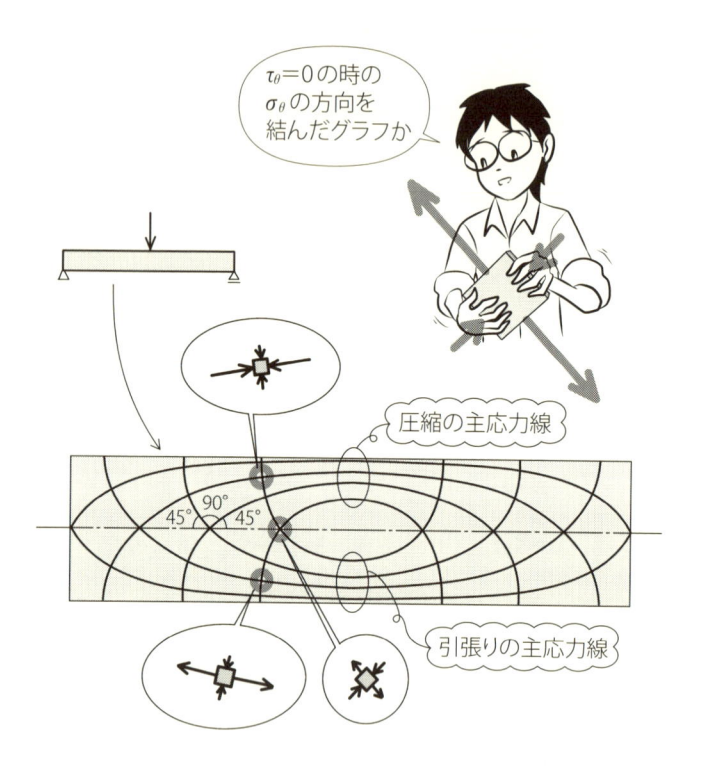

> $τ_θ=0$の時の$σ_θ$の方向を結んだグラフか

圧縮の主応力線

引張りの主応力線

45°　90°　45°

- 引張りの主応力線と圧縮の主応力線とは90°で交わり、主応力線と中立軸とは45°で交わります。

182

★ R176 材料の強さ その1

Q 鋼とコンクリート、強度とヤング率の関係は？

A 鋼は強度に関係なくヤング率は一定ですが、コンクリートは強度が高くなるとヤング率も大きくなります。

鋼のヤング率は約 2.05×10^5 (N/mm^2) で一定ですが、コンクリートは強度の平方根に比例してヤング率が大きくなります。

[スーパー記憶術]
① 製鉄は 日本 起こす 重　工業
　　　　　2.　05　　10の5乗
② 鋼とRC
　　5乗　4乗

（圧縮応力度）
σ(N/mm^2)

強度大

鋼の σ−ε曲線

傾きEは一定！

コンクリートの σ−ε曲線

ε（ひずみ度）

鋼の $E = 2.05 \times 10^5$ (N/mm^2)

拡大

鋼のEは一定
コンクリートのEは強度が大きくなると大きくなるのよ！

（圧縮応力度）
σ(N/mm^2)

強度大

傾きEは大きくなる！

コンクリートの σ−ε曲線

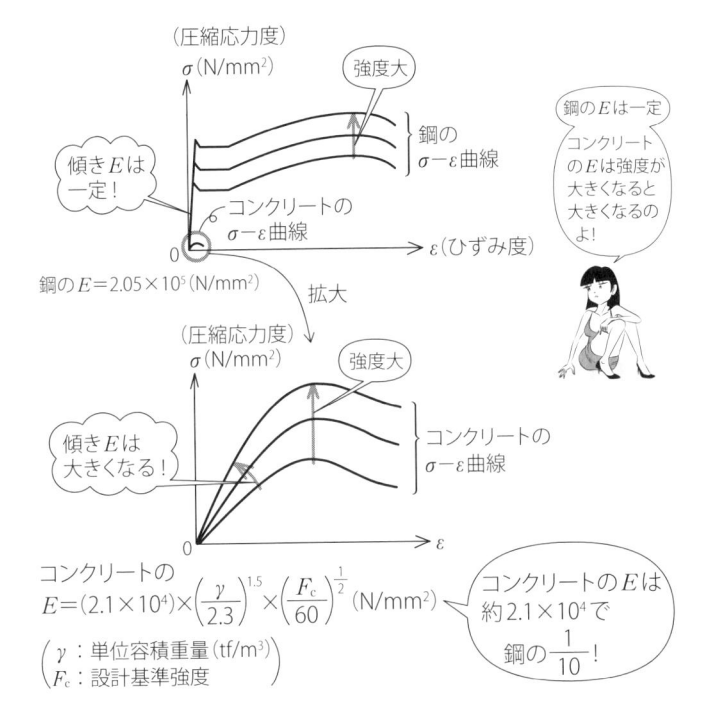

コンクリートの
$$E = (2.1 \times 10^4) \times \left(\frac{\gamma}{2.3}\right)^{1.5} \times \left(\frac{F_c}{60}\right)^{\frac{1}{2}} \ (N/mm^2)$$

$\begin{pmatrix} \gamma：単位容積重量(tf/m^3) \\ F_c：設計基準強度 \end{pmatrix}$

コンクリートのEは約 2.1×10^4 で鋼の $\frac{1}{10}$！

- コンクリートのヤング率を計算する上式は、圧縮強度が $36N/mm^2$ 以下のコンクリートに当てはまり、$36N/mm^2$ を超える場合は別の式によります。その場合ヤング率は、設計基準強度の立方根に比例します。
- コンクリートのσ−ε曲線（応力−ひずみ曲線）は鋼のように直線部分がないため、最大強度の1/3程度の点と原点を結んだ直線の傾きをヤング率としています。

★ R177　材料の強さ　その2

Q 材料強度とは？
▼
A 材料における応力度の最大値のことです。

圧縮試験、引張試験をして、応力度-ひずみ度のグラフができますが、そのグラフの最大値が強度です。鋼もコンクリートも、最大応力度を通り越すと、力を増やさなくてもどんどん変形して破断します。鋼とコンクリートの応力度-ひずみ度の関係を圧縮を右、引張りを左にして同じグラフに描いたのが下図です。

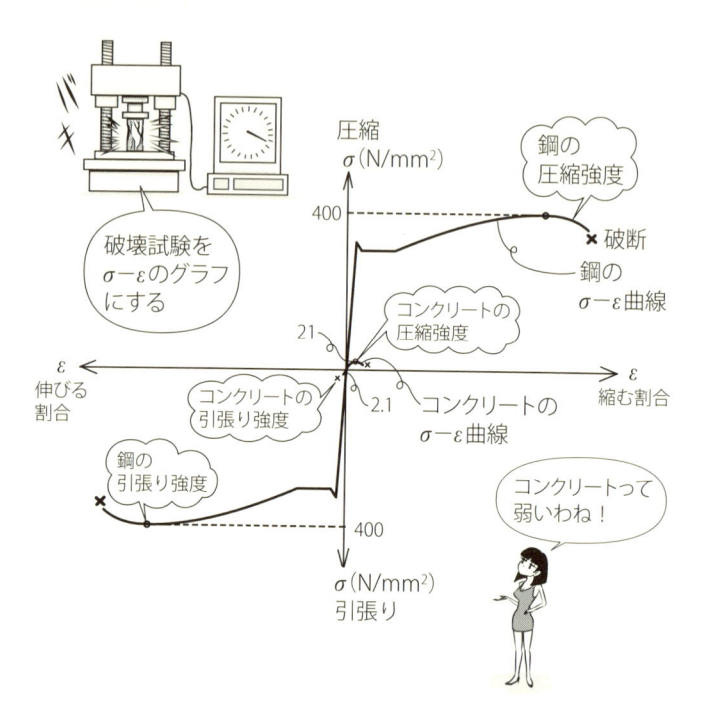

- 鋼はコンクリートに比べて非常に強度があり、コンクリートには引張りに抵抗する力がまったくないのがわかります。金属という洗練された材料とセメント、砂、砂利というレトロな材料の違い、工業製品と現場製作の違いといえます。
- 鋼の強度は圧縮も引張りも$400N/mm^2$程度。コンクリートの圧縮強度は$21N/mm^2$程度で、鋼の約1/20しかなく、アカマツとほとんど一緒です。引張り強度は$2.1N/mm^2$程度で圧縮の1/10程度とさらに弱く、建物に使うときは鉄筋に補強してもらわないと引張り側はもちません。

R178 材料の強さ その3

Q 鋼の強度と温度の関係は？

A 200～400℃で最大となり、それより温度が上がると強度は低下します。

鋼を加熱すると変形しやすくなります。鋼は**青熱脆性域**（せいねつぜいせいいき）といって、200～400℃で常温の時より強度が増すとともに、変形しにくくなります。強度が増す一方で粘りがなくなり、硬くなって割れたり壊れたりしやすくなります。

[スーパー記憶術]
<u>青春</u> の <u>蹉</u>　<u>跌</u>（さてつ）
青熱　　　　300℃　鉄

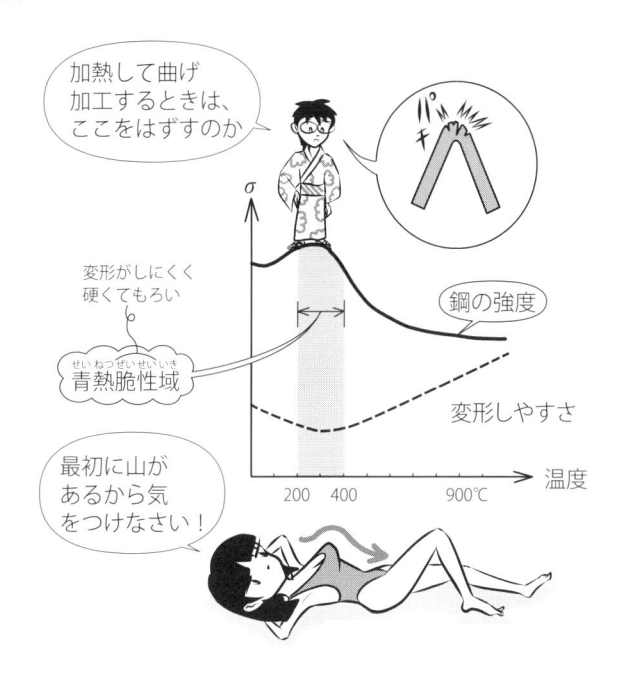

- 鋼は耐火性がなく、火事などで高温になると飴のようにグニャグニャになって、強度がもちません。500℃で強度は約半分になります。鋼は強度、ヤング率ともに非常に優れていますが、火と水に弱いのが欠点です。火と水に弱い性質は、コンクリートなどで補います。
- 鋼を加熱して曲げ加工する場合は、青熱状態（200～400℃）を避けて、赤熱（せきねつ）状態（850～900℃）で行います。

★ R179　材料の強さ　その4

Q コンクリートの材齢（ざいれい）と強度の関係は？
▼
A 下図のような、右肩上がりの曲線となります。

コンクリートは打ち込んでから固まるまでに日数がかかります。打ち込んでから28日後、4週間後の強度が、構造設計のための**設計基準強度**（F_c）を超えなければなりません。

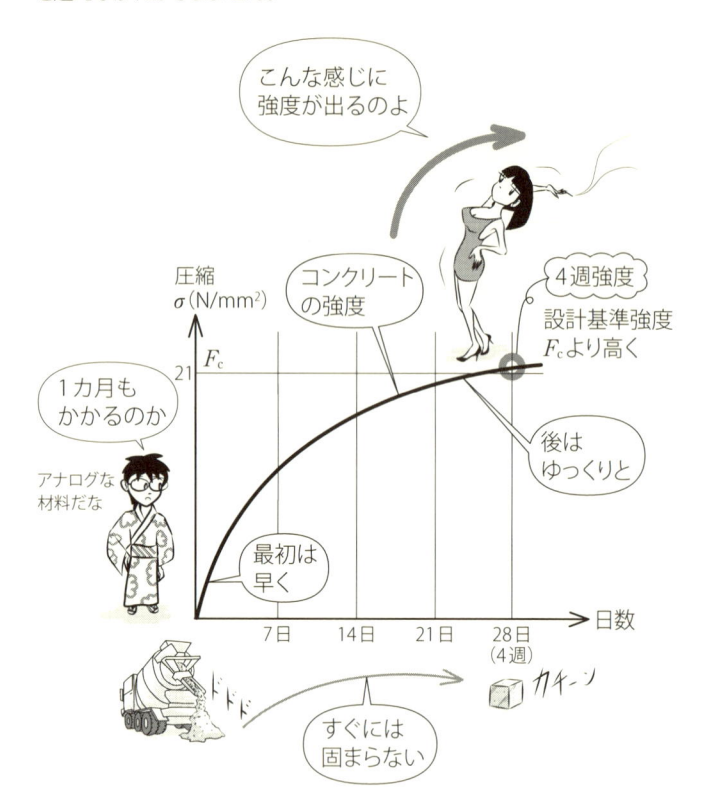

（こんな感じに強度が出るのよ）

圧縮 σ(N/mm²)

コンクリートの強度

4週強度
設計基準強度
F_cより高く

F_c
21

（1カ月もかかるのか）

アナログな材料だな

後はゆっくりと

最初は早く

7日　14日　21日　28日（4週）　日数

すぐには固まらない

- コンクリートにおける設計基準強度の記号 F_c のFはForce（力）、cはcompression（圧縮）からきています。その他に耐久設計基準強度 F_d（dはdurability）、品質基準強度 F_q（qはquality）があります。
- 基準法の条文では、設計基準強度はFとされています。F_c、F_d、F_q と区別されるのはJASS5にて。耐久性と強度の誤差を含めて最終的な強度を定める式があります。

★ / R180 / 　　　　　　　　　　　　材料の強さ　その5

Q コンクリートの強度は水セメント比が大きいと小さい？　大きい？

A 小さいです。

水セメント比は語順の通りに、水÷セメントです。水がセメントに対して多いと、コンクリートの強度は小さくなります。

[スーパー記憶術]
① 水ぶくれ　は　弱い
　　水セメント比大　→　強度小
② W/C（トイレ）で水を流す
　　　　　　　水セメント比

コンクリートの強度は水とセメントの割合で決まるのか！

水が多い方が弱い

圧縮強度（N/mm^2）／セメント水比 C/W

① 強度が決まるとセメント水比が決まり

水セメント比 W/C

② 逆数の水セメント比が決まる

$$水セメント比 = \frac{(W)水\ 50kg}{(C)セメント\ 100kg} = 50\%$$

（W）＝ Water、（C）＝ Cement

- コンクリートの強度はセメント水比とほぼ比例し、強度を決めるとセメント水比が決まります。その逆数が水セメント比です。
- 水セメント比が大きいと、強度が小さいばかりか、乾燥収縮も大きくなり、ひび割れが発生しやすくなります。では水を少なくすればいいかというと、水が足りないと固まりません。また水が少ないと生コンが固くなり、流れにくくなります。施工性（ワーカビリティー）が悪いといいます。水は施工できる範囲で、コンクリートが固まる範囲で少ない方がいいというわけです。

★ R181　　材料の強さ　その6

Q 許容応力度とは？

A 構造計算で出た各断面の応力度が超えてはいけない、建築基準法で定めた許容範囲の最大値です。

各材料の基準強度に安全を見込んで決められます。コンクリートの圧縮の場合は、設計基準強度 F に対して、$\dfrac{F}{3}$ を**長期許容応力度**、$\dfrac{2F}{3}$ を**短期許容応力度**としています。構造計算で出た応力度が、それを超えてはいけない限度の応力度です。

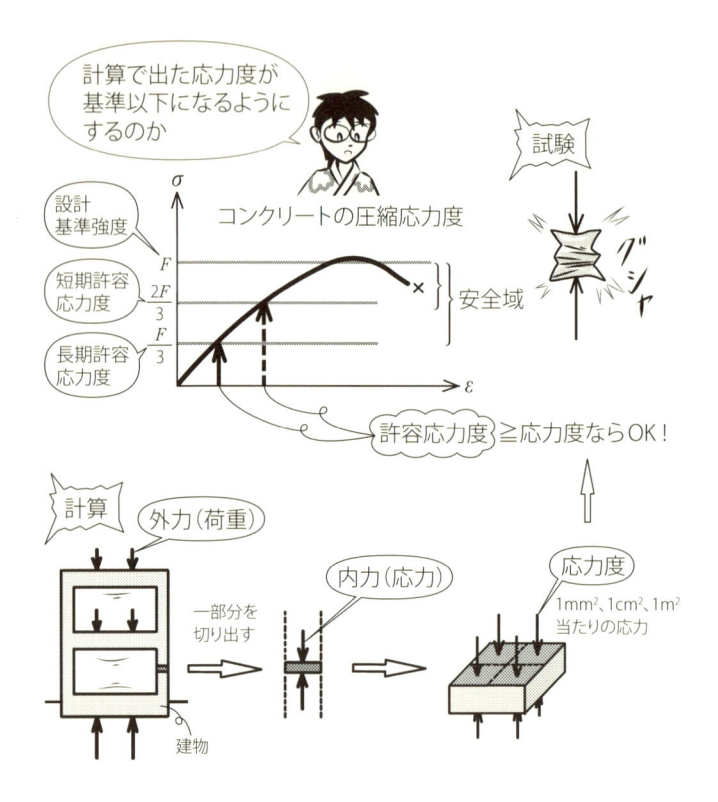

計算で出た応力度が基準以下になるようにするのか

コンクリートの圧縮応力度

設計基準強度　F
短期許容応力度　$\dfrac{2F}{3}$
長期許容応力度　$\dfrac{F}{3}$

安全域

試験　グシャ

許容応力度 ≧ 応力度ならOK！

計算　外力（荷重）→ 一部分を切り出す → 内力（応力）→ 応力度（1mm²、1cm²、1m²当たりの応力）

建物

- 材料の強さを調べるには、コンクリート、鋼、木などの材料の別、曲げ、圧縮、引張り、せん断などの応力度の種類、荷重のかかり方の長期、短期で、許容応力度が異なります。長期、短期については、R182で記します。

R182 材料の強さ その7

Q 鋼の許容応力度はどのように決めている？

A 引張り強さ×0.7と降伏点の小さい方を基準強度Fとし、$\dfrac{F}{1.5}$を長期許容応力度、Fを短期許容応力度としています。

鋼では降伏点と最大値×0.7の小さい方を基準強度とします。曲げ、圧縮、引張りは$\dfrac{1}{1.5}\left(=\dfrac{2}{3}\right)$で同じですが、せん断だけは$\dfrac{1}{1.5\sqrt{3}}$とされています。

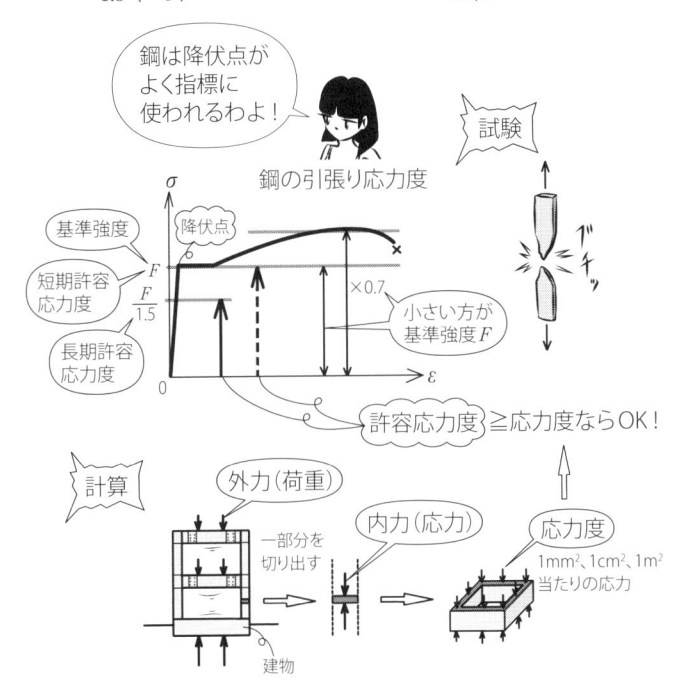

鋼は降伏点がよく指標に使われるわよ！

鋼の引張り応力度

試験

基準強度
短期許容応力度 F
長期許容応力度 $\dfrac{F}{1.5}$
降伏点
×0.7
小さい方が基準強度F

許容応力度 ≧ 応力度ならOK！

計算

外力（荷重）
一部分を切り出す
内力（応力）
応力度
$1mm^2$, $1cm^2$, $1m^2$当たりの応力
建物

- 正確には、引張り強さ×0.7の下限値と降伏点の下限値の小さい方を基準強度Fとします。試験をすると、引張強度、降伏点はひとつに定まらないので、下限値という表現をしています。
- 鋼はコンクリートに比べて強度が非常に高く、弾性域も大きく、降伏点という特異点があります。基準強度も鋼材の呼び名も、降伏点を意識してつくられています。
- $\dfrac{F}{1.5}$で1.5は、安全率といいます。コンクリートの$\dfrac{F}{3}$では、安全率は3です。現場製作するコンクリートは、安全側に規定されています。

189

★ R183　材料の強さ　その8

Q 検定比とは？

A $\dfrac{応力度}{許容応力度}$ です。

検定比は、構造計算で出てきた応力度が、法で定められた許容応力度に対して、どれくらい余裕があるかを算出するもの。検定比が0.6（60%）ならば、あと40%余裕があるとわかります。

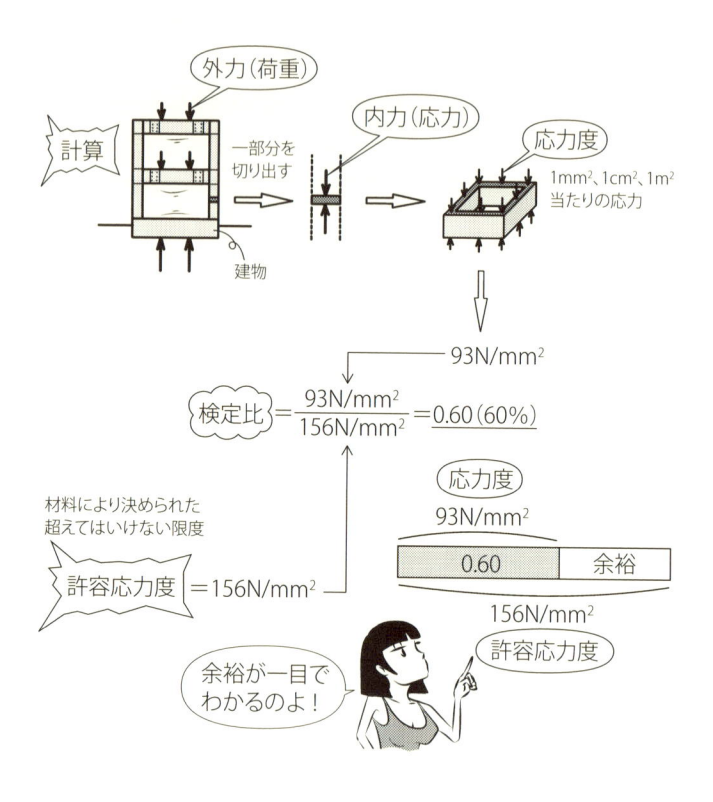

$$検定比 = \frac{93\text{N/mm}^2}{156\text{N/mm}^2} = 0.60\,(60\%)$$

許容応力度＝156N/mm²（材料により決められた超えてはいけない限度）

応力度　93N/mm²

余裕が一目でわかるのよ！

- 材料により決められた超えてはいけない限度＝許容圧縮応力度が156N/mm²の材で、構造計算で出た圧縮応力度が93N/mm²とします。93＜156で大丈夫なのはわかりますが、どれくらい余裕があるかははっきりしません。そこで $\dfrac{93}{156}$ ＝0.60と比にしてしまうと、あと40%程度は余裕があるとすぐにわかります。

R184 鋼材の規格 その1

Q 鋼材の規格 SN400、SS400、SM400 の数字は何を表す？

A 引張り強さの下限値 $400\text{N}/\text{mm}^2$ を表しています。

製鉄所から出荷された製品に 400 が付いていたら、ものによって多少の誤差はありますが、最大の引張り強さは $400\text{N}/\text{mm}^2$ よりも必ず強いと保証しているわけです。

[スーパー記憶術]
① <u>新</u> <u>規格</u>　② 昔の日本人は <u>SS</u> サイズ
　SN　　　　　　　昔の一般構造

③ <u>SM</u> プレーは <u>ローソクを溶かす</u>　④ 新人の <u>SM</u> 嬢はロープの <u>引張り加減</u> を知らない
　SM材　　　溶接構造用　　　　　　　　　SN　　　　　　引張り強度の下限値

$\sigma(\text{N}/\text{mm}^2)$

引張り強さ
$490\text{N}/\text{mm}^2$ 以上
(SN490)

490 ―――
400 ―――

$400\text{N}/\text{mm}^2$ 以上
(SN400)

数字は引張り強さの下限値よ

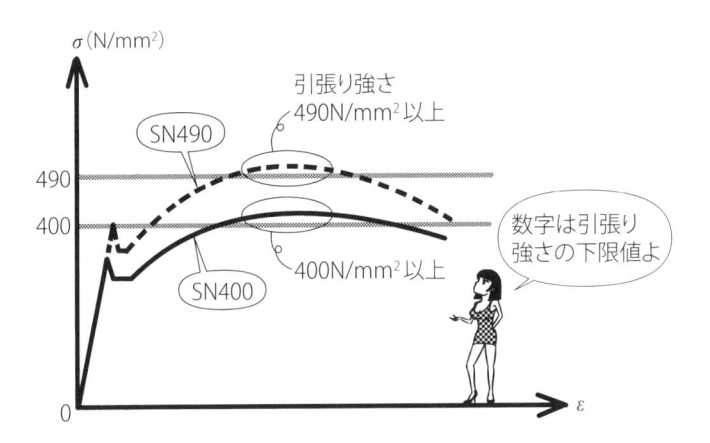

0 ―――――――→ ε

- SN（Steel New structure）は建築構造用圧延（あつえん）鋼材、SS（Steel Structual）は一般構造用圧延鋼材、SM（Steel Marine）は溶接構造用圧延鋼材です。
- SN 材は従来使われてきた土木、造船、機械用の SS 材、SM 材を建築構造用に改良した規格です。塑性域での変形性能、溶接性能に優れた鋼材です。SM の M は Marine、海の、船のという意味で、造船用に溶接がしやすい鋼として開発されたものです。
- 圧延とは溶鉱炉から出てきたオレンジ色に溶けた鋼を、「圧」して押し出して「延」ばして長い材をつくることです。筆者は君津製鉄所を見学したことがありますが、製鉄の各工程は感動的でした。巨大な容器に入った溶けた鉄が流されるシーンは、太陽の表面を見ているようで圧巻でした。また製鉄所内の巨大で不思議な形の施設群も、一見の価値ありです。

★ R185 鋼材の規格 その2

Q 梁材のSN400をSN490に変更すると、たわみは小さくなる？

A ヤング率 E は同じなので、たわみは同じです。

SN490、SN400の数字は、引張りの強さの下限値です。たわみはヤング率 E と断面2次モーメント I で決まる（R206〜208参照）ので、SN490に変えてもたわみは一緒です。

400を490に変えてもたわみは一緒よ！

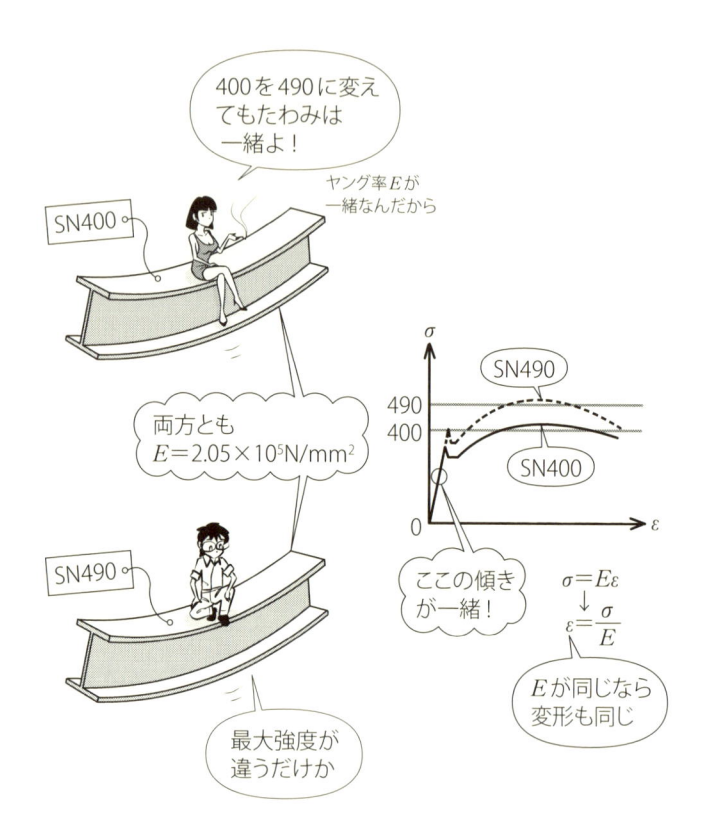

ヤング率 E が一緒なんだから

SN400

両方とも
$E = 2.05 \times 10^5 \text{N/mm}^2$

SN490

ここの傾きが一緒！

$\sigma = E\varepsilon$
↓
$\varepsilon = \dfrac{\sigma}{E}$

E が同じなら変形も同じ

最大強度が違うだけか

R186 鋼材の規格 その3

Q BCR235とは?

A 冷間ロール成形角形鋼管のことで、降伏点の下限値が235N/mm²の規格です。

BCはBox Columnで箱形の柱、Rollはグルッと巻き込むロール成形のことで、合わせてBCRです。冷間とは加工時に熱を加えないことをいいます。角形鋼管にはBCP(冷間プレス成形角形鋼管)という種類もあります。また円形鋼管STKNも覚えておきましょう。

[スーパー記憶術]
① ビックリするほど幸福!
  BCR   降伏点
② 捨て缶 → 円形鋼管
  STKN

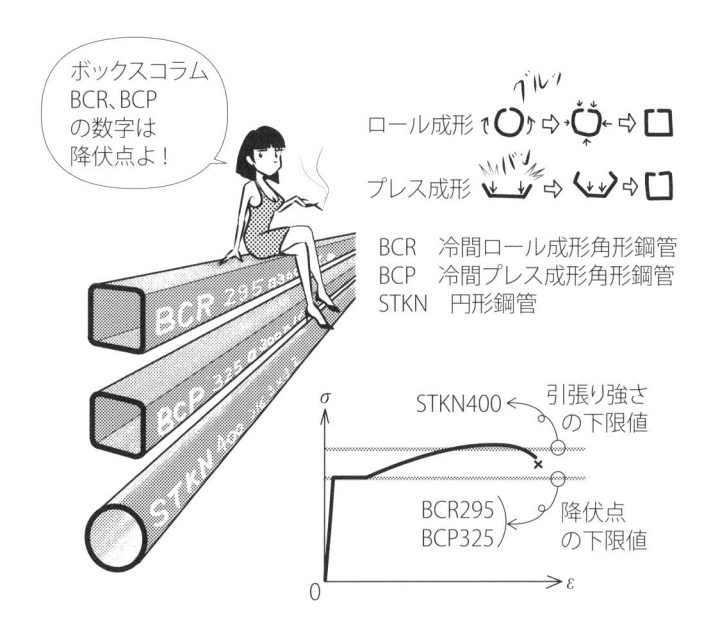

> ボックスコラム
> BCR、BCP
> の数字は
> 降伏点よ!

ロール成形 🌀 ⇨ 🔘 ⇨ □

プレス成形 💥 ⇨ ⊔ ⇨ □

BCR 冷間ロール成形角形鋼管
BCP 冷間プレス成形角形鋼管
STKN 円形鋼管

STKN400 ← 引張り強さの下限値
BCR295
BCP325 ← 降伏点の下限値

- BCPのBCはBox Column。PはPressでプレスして角形をつくることです。STKNのSTはSteel Tube、Kは構造、NはNewで円形鋼管の規格です。BCR295、BCP325の数字は降伏点の下限値、STKN400の数字は引張り強さの下限値を表しています。

★ R187　鋼材の規格　その4

Q SD345とは

A 鉄筋コンクリート用異形棒鋼（異形鉄筋）で、降伏点の下限値が345N/mm²の規格です。

異形鉄筋はSD（Steel Deformed bar）、丸鋼はSR（Steel Round bar）で、数字は降伏点の下限値を示します。

[スーパー記憶術]
$\underset{\text{SD}}{\text{D}}$ $\underset{\text{SR}}{\text{R}}$（ドクター）の　$\underset{\text{降伏点強さ}}{\text{幸福は強い}}$

異形鉄筋（異形棒鋼）
D345

デコボコ

ほぼ直径
D6、D10、D13、D16、D19、D22、D25…

丸鋼
SR295

直径
ファイ
6φ、9φ、12φ、13φ、19φ、22φ、28φ…

鉄筋の数字は降伏点！

BCR、BCPと同じ

降伏点の下限値

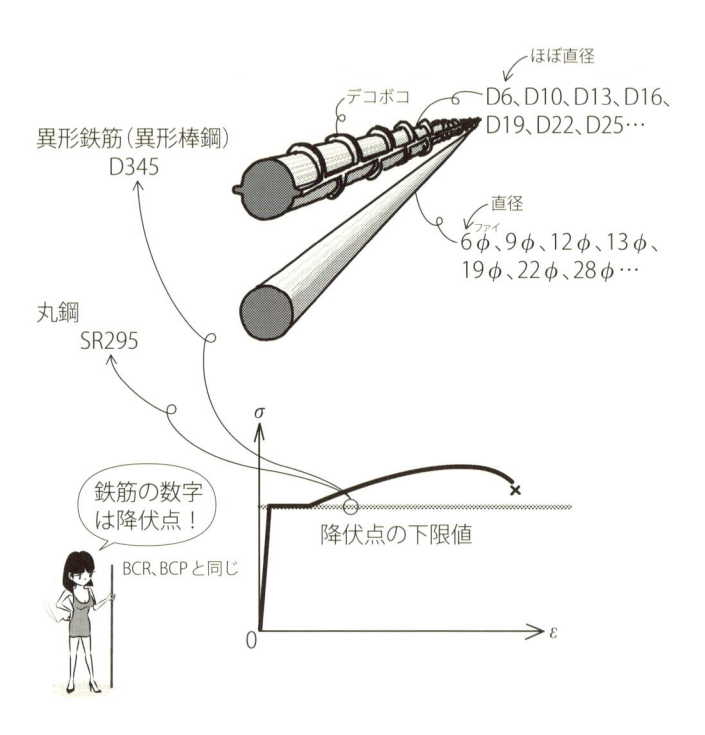

- 異形鉄筋は鉄筋表面に凹凸を付けて、コンクリートとの付着を良くしたものです。
- 直径が約10mmの異形鉄筋はD10、直径9mmの丸鋼は9φと書きます。

R188 鋼材の規格 その5

Q S10T、F10Tとは？

A トルシア形高力ボルト、高力六角ボルトで引張り強さが10tf/mm²（100kN/mm²）の規格です。

高力ボルトは強力な張力で引っ張って板どうしをくっつけ、その摩擦によって力を伝えます。普通ボルトはボルトの軸によって、板がずれるのに抵抗します。柱、梁の接合、柱どうしの接合には、高力ボルトを使うのが一般的です。Tは張力（Tension）からきていますが、「10tf/mm²」のトンと連想することもできます。

[スーパー記憶術]
　S　Fは　ラストを強引に引っ張る
（空想科学小説）　　高力　引張り強さ

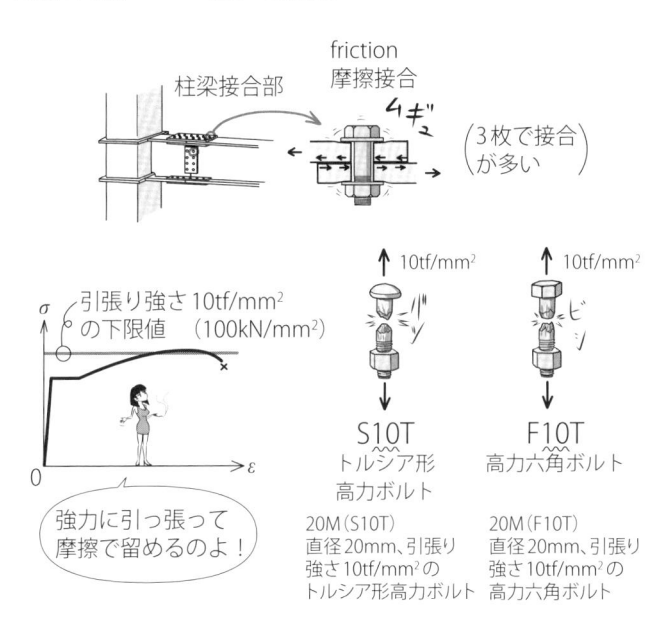

friction
摩擦接合

柱梁接合部

（3枚で接合が多い）

引張り強さ10tf/mm²の下限値　（100kN/mm²）

強力に引っ張って摩擦で留めるのよ！

S10T
トルシア形高力ボルト

20M（S10T）
直径20mm、引張り強さ10tf/mm²のトルシア形高力ボルト

F10T
高力六角ボルト

20M（F10T）
直径20mm、引張り強さ10tf/mm²の高力六角ボルト

- SはStructual joint（構造的接合）、FはFriction joint（摩擦接合）、TはTension（張力）からきています。
- 高力ボルトの直径はMで表されます。直径20mm、引張り強さ10tf/mm²の高力六角ボルトは、20M（F10T）と表します。
- 高力ボルトはハイテンションボルト（略してハイテン）ともいい、HTと表示されることもあります。High Tensionとは高い張力という意味です。

R189　鋼材の規格　その6

Q 1　鋼材 SN400、SS400、SM400 の数字は何を表す？
2　ボックスコラム BCR235、BCP325 の数字は何を表す？
3　鉄筋 SD345、SR295 の数字は何を表す？
4　高力ボルト S10T、F10T の数字は何を表す？

▼

A 1　引張り強さの下限値です。
2　降伏点の下限値です。
3　降伏点の下限値です。
4　引張り強さの下限値です。

鋼の製品規格は、引張り強さか降伏点かのどちらかで決められています。引張り強さは応力度の最大値、降伏点は弾性限界の応力度です。鋼は粘りがあるので、降伏点から最大値までかなり余裕があります。規格に書かれた数字の意味を、ここでまとめて覚え直しておきましょう。

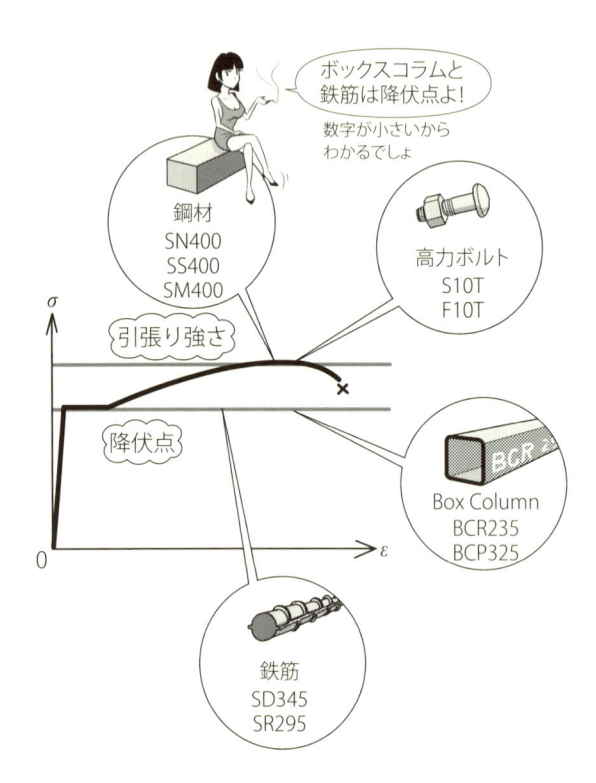

ボックスコラムと鉄筋は降伏点よ！
数字が小さいからわかるでしょ

鋼材
SN400
SS400
SM400

高力ボルト
S10T
F10T

Box Column
BCR235
BCP325

鉄筋
SD345
SR295

引張り強さ

降伏点

R190 木材の強度

Q 含水率が高いと木材の強度は？

A 低くなります。

含水率が30%までは強度は下降して、30%で水分が飽和状態となり、それより水を吸っても強度はほとんど変わらなくなります。30%のところを、繊維飽和点といいます。

[スーパー記憶術]
木が水を吸う惨事
　　　　　　　30%

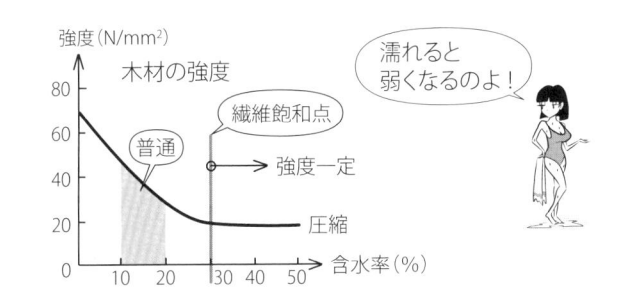

木材の強度（グラフ）
強度(N/mm²) 縦軸、含水率(%) 横軸
普通／繊維飽和点／強度一定／圧縮
濡れると弱くなるのよ！

鋼、コンクリート、木の比較

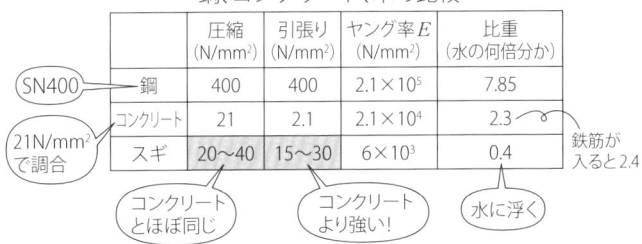

	圧縮 (N/mm²)	引張り (N/mm²)	ヤング率 E (N/mm²)	比重 (水の何倍分か)
鋼 (SN400)	400	400	2.1×10^5	7.85
コンクリート	21	2.1	2.1×10^4	2.3
スギ	20〜40	15〜30	6×10^3	0.4

21N/mm²で調合
コンクリートとほぼ同じ
コンクリートより強い！
水に浮く
鉄筋が入ると2.4

- 建築基準法上の材料強度（安全側に規定されている）では、スギは圧縮20〜40N/mm²程度、引張り15〜30N/mm²程度（等級によって違いがある）で、圧縮はコンクリートとほぼ同じ、引張りではコンクリートよりも約10倍強度があります。
- 筆者は、茨城県でヒノキを出荷している製材所を訪れたことがあります。含水率は機械乾燥して20%以下、ヤング率は130tf/cm²（1.3×10^4N/mm²）以上を保証して、材木に20と130の数字を印刷して出荷していました。木材の等級でヤング率を使うのは、機械等級区分といいます。木材をコツンとたたく機械で、ヤング率を判断します。機械等級区分のほかに、目視等級区分もあります。

★ R191 塑性ヒンジ　その1

Q 梁への荷重を増やしていって、断面の一部が降伏点を超えると曲げ応力度 σ_b はどんな分布となる？

▼

A 下図のように、縁に近い側で σ_b が一定となる部分がある分布となります。

σ_b は降伏点 σ_y を超えると、それ以上抵抗できなくなり、変形は進んでも応力は一定となります。縁応力度が最初に降伏点 σ_y に達し、変形が増えても σ_b は σ_y より増えなくなります。さらに変形が増えると、σ_y の領域が縁から中立軸方向へと広がります。

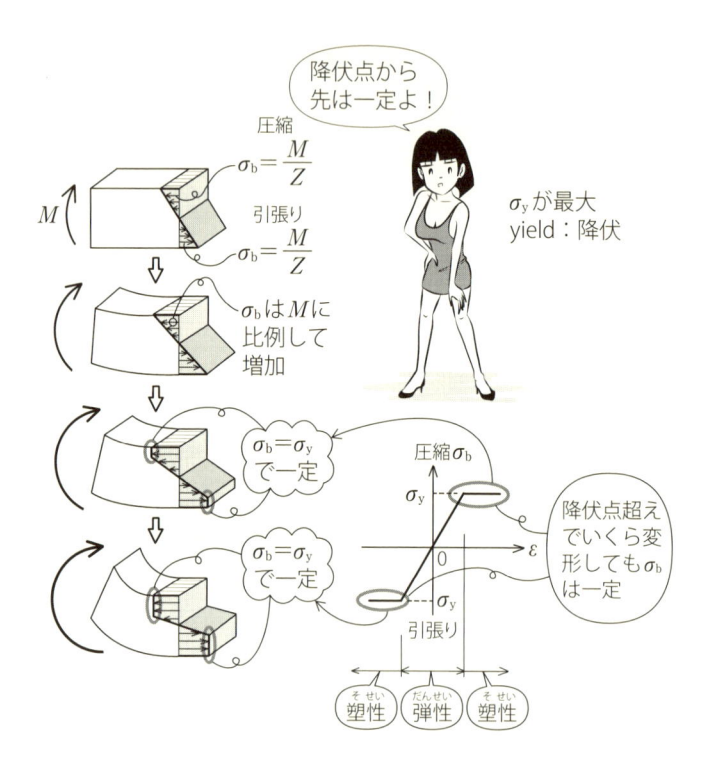

降伏点から先は一定よ！

圧縮
$\sigma_b = \dfrac{M}{Z}$

引張り
$\sigma_b = \dfrac{M}{Z}$

σ_y が最大
yield：降伏

σ_b は M に比例して増加

$\sigma_b = \sigma_y$ で一定

$\sigma_b = \sigma_y$ で一定

降伏点超えでいくら変形しても σ_b は一定

塑性　弾性　塑性

- 上記の例は、軸方向力は働いていない状態で、かつ降伏点を超えた曲げ応力度 σ_b は一定（完全弾性体という）、降伏点は引張り側と圧縮側で同じなどとした場合です。
- σ_y の y は yield（降伏）の y です。

★ **R192** 塑性ヒンジ　その2

Q 全塑性（ぜんそせい）モーメント M_p とは？

A 断面すべてにわたり塑性状態となったときの曲げモーメントのことです。

前項の梁で、荷重を徐々に増やすと、変形が増えても σ_b は σ_y より増えなくなり、その領域が縁から中立軸へと拡大していきます。さらに荷重を増やしていくと、内部のすべての点で降伏点に達して、すべて σ_y となります。その段階での M は、すべてが塑性状態でのモーメントなので、全塑性モーメント M_p といいます。

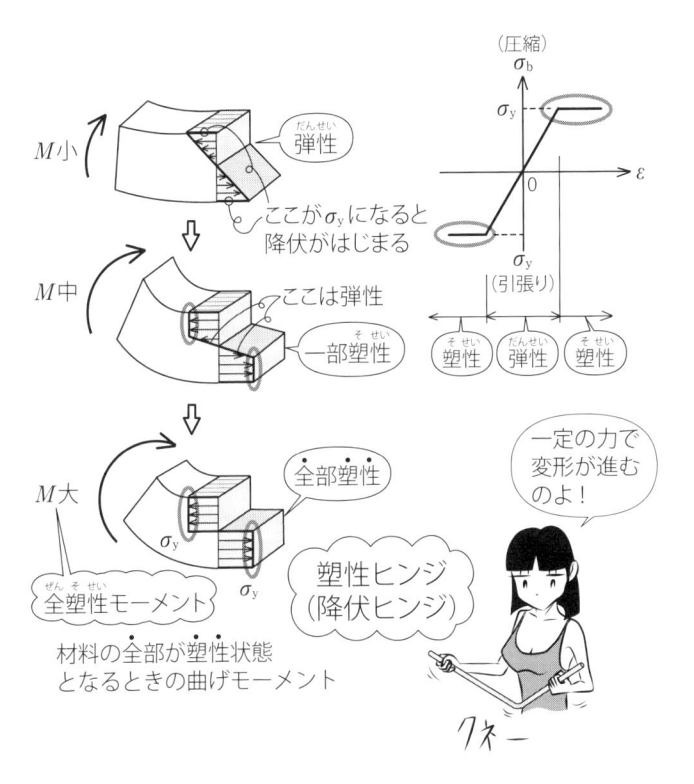

- 降伏点は材料がこれ以上力に抵抗できないと降伏する点で、それより変形を増やしても抵抗する力は同じです。全断面で降伏して材料がすべて塑性域に入ったので、これ以上の応力度の増加はなく、変形だけ進むことになります。これを降伏ヒンジとか塑性ヒンジと呼びます。弾性状態ならば力を抜くとゴムのように元に戻りますが、塑性状態になると、力を抜いても元には戻りません。

★ R193 塑性ヒンジ その3

Q 前項の梁の全塑性モーメント M_p はどうやって計算する？

A 中立軸に対するモーメント（降伏点の応力度 $\sigma_y \times$ 面積 $\times$ 距離）を合計します。

「降伏点の応力度 $\sigma_y \times$ 面積」が σ_y による力の総計です。応力度は中立軸より上下にずれているので、モーメントとなります。圧縮側と引張り側のモーメントを足したものが、全塑性モーメント M_p とつり合う、材が抵抗する力となります。

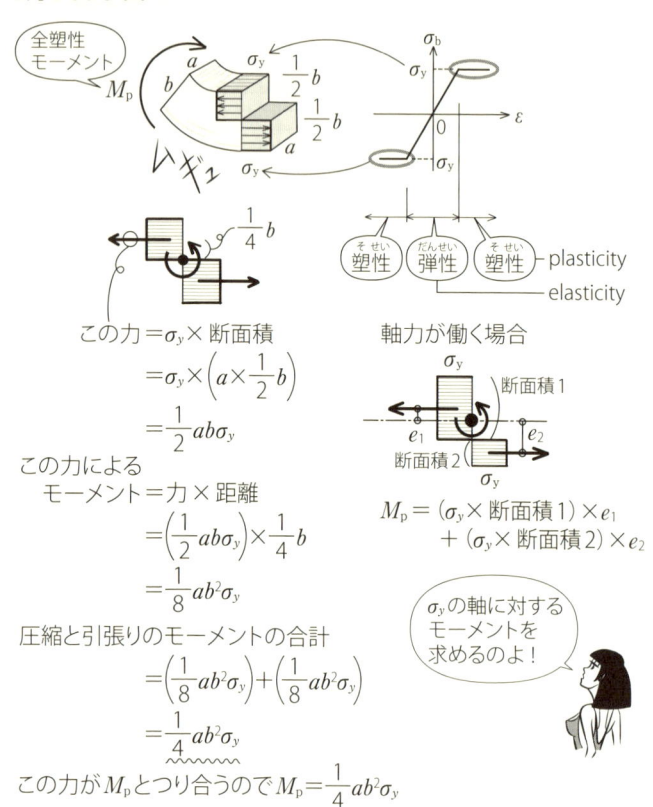

この力 $= \sigma_y \times$ 断面積
$= \sigma_y \times \left(a \times \dfrac{1}{2}b\right)$
$= \dfrac{1}{2}ab\sigma_y$

この力によるモーメント $=$ 力 $\times$ 距離
$= \left(\dfrac{1}{2}ab\sigma_y\right) \times \dfrac{1}{4}b$
$= \dfrac{1}{8}ab^2\sigma_y$

圧縮と引張りのモーメントの合計
$= \left(\dfrac{1}{8}ab^2\sigma_y\right) + \left(\dfrac{1}{8}ab^2\sigma_y\right)$
$= \dfrac{1}{4}ab^2\sigma_y$

この力が M_p とつり合うので $M_p = \dfrac{1}{4}ab^2\sigma_y$

軸力が働く場合

$M_p = (\sigma_y \times 断面積1) \times e_1$
$\quad\quad + (\sigma_y \times 断面積2) \times e_2$

σ_y の軸に対するモーメントを求めるのよ！

- 上記は軸方向力が働いていない場合の例ですが、軸方向力が働いて、σ_y の分布が非対称となった場合（上記右側中の図）も、中立軸に対するモーメントの和として M_p の大きさが求まります。M_p のpは、plasticity（塑性）を意味します。ちなみに弾性は elasticity です。

R194 塑性ヒンジ その4

Q 集中荷重で塑性ヒンジになった単純梁では、ヒンジの塑性域はどのような形になっている？

A 下図のように、荷重下の曲げモーメントが最大となる部分で全断面の塑性化が起こります。その両側は上下端に塑性域がある状態です。

▼

上下端に行くほど変形が大きく、曲げ応力度は強くなるので、上下端ほど早く降伏に至ります。また荷重に近い部分ほど強い曲げモーメントが働くので、下図のような塑性域となります。

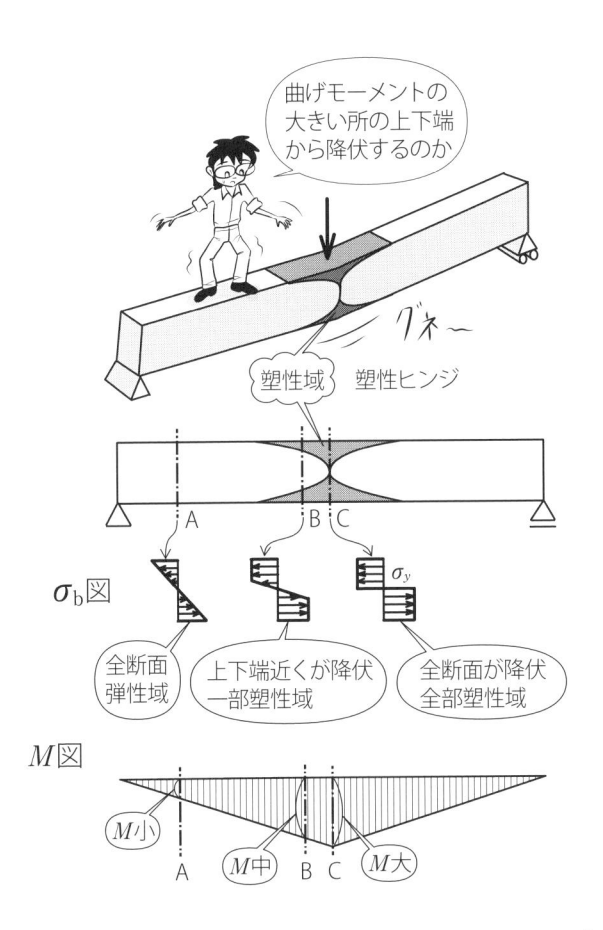

曲げモーメントの大きい所の上下端から降伏するのか

グネ〜

塑性域　塑性ヒンジ

σ_b図

A：全断面弾性域
B：上下端近くが降伏 一部塑性域
C：全断面が降伏 全部塑性域　σ_y

M図

- A　M小
- B　M中
- C　M大

★ R195　塑性ヒンジ　その5

Q 鉄筋コンクリート造の梁が塑性ヒンジとなるとき、断面の応力はどうなっている?

A 下図のように、引張り側は鉄筋の降伏強度、圧縮側はコンクリートの最大強度が働いています。

コンクリートは引張り側ではひび割れして効かなくなり、中立軸は上にずれます。コンクリートは最大強度、鉄筋は降伏強度に至って、ほぼ同じ力で変形が進みます。

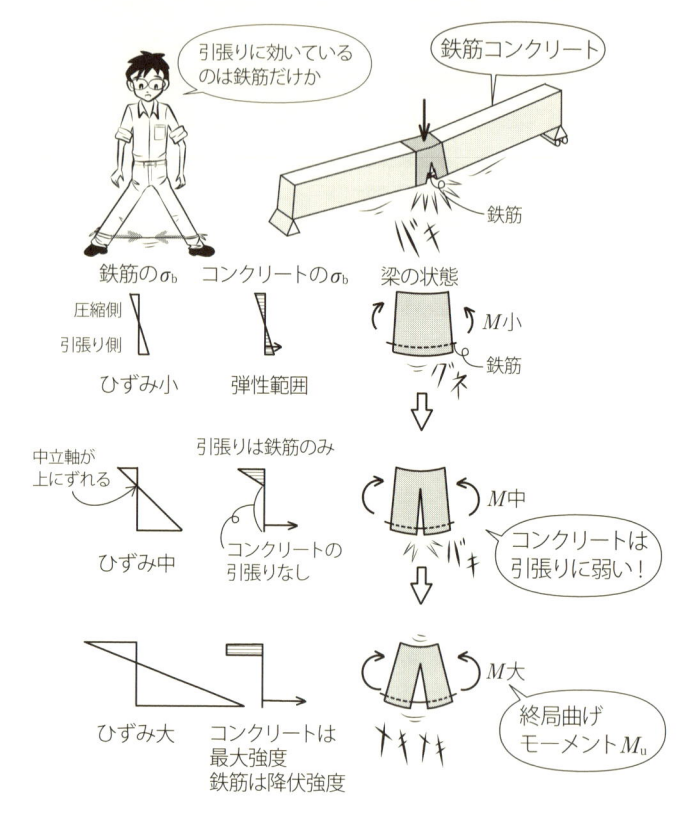

- 全断面で降伏した状態でのモーメントを、終局曲げモーメントといい M_u と表します。M_u の u は、ultimate（終局の）を意味します。鋼にははっきりとした弾性限界=降伏点がありますが、コンクリートはなだらかな山の頂点が降伏点に代わるものとされています。

★ R196 塑性ヒンジ その6

Q 鉄筋コンクリート造（RC）の梁の終局曲げモーメント M_u を求めるには？

A 鉄筋の降伏強度 σ_y から求めます。

横方向のつり合いから、引張り T と圧縮 C はつり合うので、$T=C$ です。T と C の中立軸へのモーメントの合計が、終局時の曲げモーメント M_u です。中立軸の位置がわからなくても、偶力として力×中心間距離でモーメントを出すことができます。

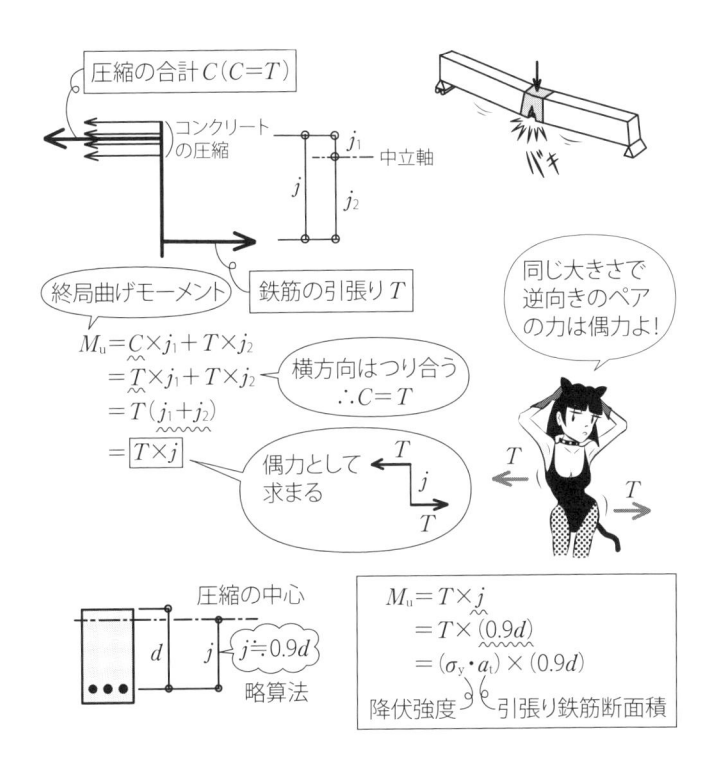

$$M_u = C \times j_1 + T \times j_2$$
$$= T \times j_1 + T \times j_2 \quad \text{（横方向はつり合う} \therefore C=T\text{）}$$
$$= T(j_1 + j_2)$$
$$= \boxed{T \times j}$$

偶力として求まる

同じ大きさで逆向きのペアの力は偶力よ！

略算法 $j \fallingdotseq 0.9d$

$$M_u = T \times j$$
$$= T \times (0.9d)$$
$$= (\sigma_y \cdot a_t) \times (0.9d)$$

降伏強度　引張り鉄筋断面積

- 鉄筋中心から梁上端までの距離に 0.9 をかけると、曲げ終局時のおおよその応力中心間距離となり、M_u を略算で求めることができます。
- 偶力とはモーメントの特殊なケースで、同じ大きさ、逆向きの力の場合だけです。どこを中心に2つの力のモーメントを計算しても、合計は同じ値（力×力間距離）となります。

★ R197 塑性ヒンジ その7

Q H形鋼の梁の全塑性モーメントM_pを求める式は?

A $M_p = \sigma_y \times Z_p$ です。Z_pは塑性断面係数といいます。

RCの梁の場合、鉄筋とコンクリートの降伏となりますが、鉄骨の梁の場合は圧縮も引張りも鉄なので、応力の状態はずっと単純です。$\sigma = \dfrac{M}{Z}$という式を、降伏状態の式$\sigma_y = \dfrac{M_p}{Z_p}$としたものから$M_p$が求められます。

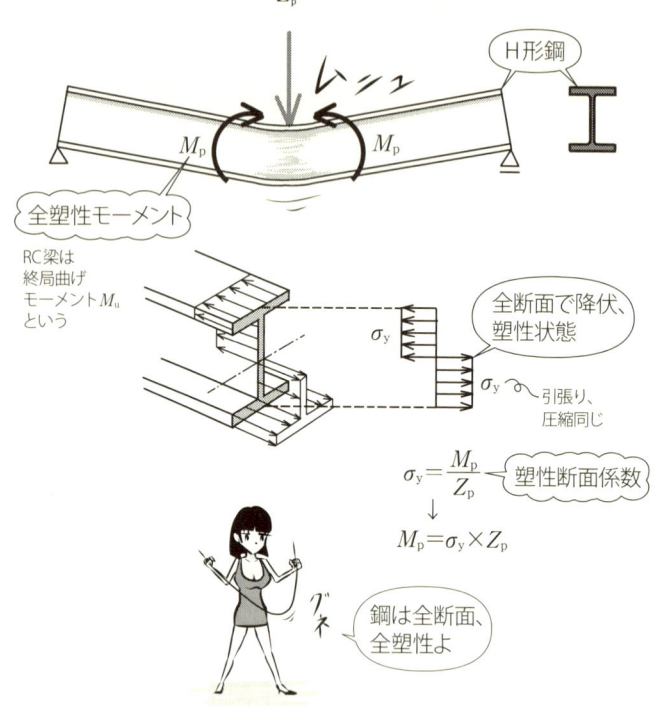

H形鋼

ムシュ

M_p M_p

全塑性モーメント

RC梁は終局曲げモーメントM_uという

全断面で降伏、塑性状態

σ_y

σ_y ← 引張り、圧縮同じ

$\sigma_y = \dfrac{M_p}{Z_p}$ ← 塑性断面係数

↓

$M_p = \sigma_y \times Z_p$

グネ

鋼は全断面、全塑性よ

- H形鋼が塑性ヒンジとなる場合、全断面で降伏して塑性状態となるので、全塑性モーメントM_pと呼ばれます。RC梁の場合は前項で述べたように、コンクリートの一部の断面と鉄筋の降伏で塑性ヒンジとなるので、終局曲げモーメントM_uといいます。
- Z_pは構造力学の教科書などでは数表などに載せられていることもありますが、中立軸の上と下とで、上の面積×重心までの距離+下の面積×重心までの距離で計算できます。「(σ_y×上の面積)×重心までの距離+(σ_y×下の面積)×重心までの距離=σ_yによるモーメントの合計」となるからです。

R198 塑性ヒンジ その8

Q 柱、梁の剛節点で塑性ヒンジはどうなる？

A 柱と梁で、先に曲げモーメント M が全塑性モーメント M_p に到達した方が塑性ヒンジとなります。

梁の方の M_p が小さいと、最初に梁の全断面が降伏点の σ_y に到達して降伏し、塑性ヒンジとなります。逆に柱の M_p が小さいと、柱の全断面の方が σ_y に早く到達して降伏し、塑性ヒンジとなります。

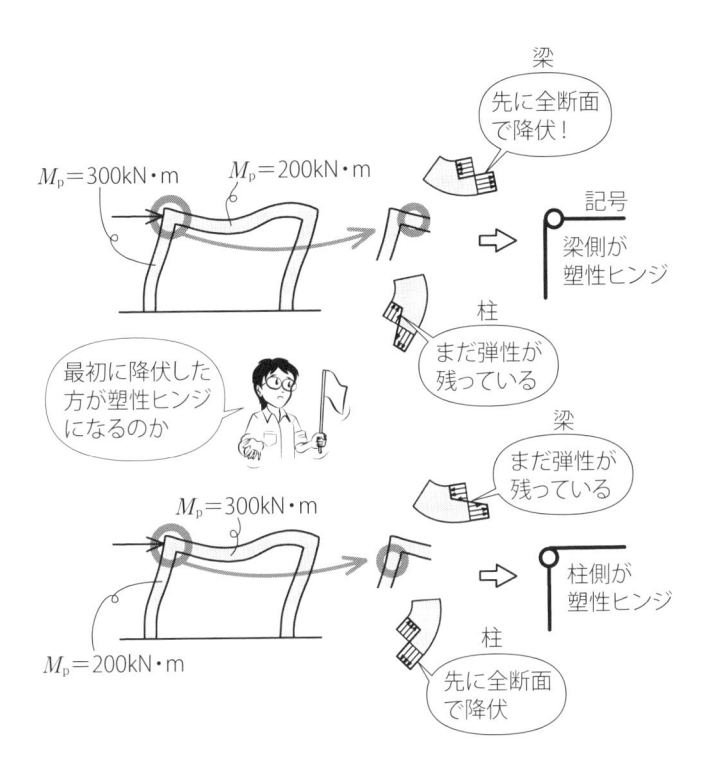

- 上図の場合は節点で部材が2本しかないので、各部材端に生じる曲げモーメント M は等しくなりますが、多くの部材が集まる節点では、それぞれの M は等しくなりません。その場合はそれぞれに発生する M と各々の M_p の関係で、どの部材が塑性ヒンジとなるかが決まります。

★ R199　　崩壊荷重　その1

Q 1　θが小さいとき、tanθ≒?
　　2　弧度とは？

▼

A 1　$\tan\theta \fallingdotseq \theta$　です（≒は約という意味）。

　　2　弧度＝$\dfrac{弧の長さ}{半径}$　です　$\left(\theta = \dfrac{l}{r}\right)$。

角度に関係する数学の式として、両者を覚え直しておきましょう。構造力学でよく登場します。

単位は rad（ラジアン）

弧度＝$\dfrac{弧の長さ}{半径}$

$\theta = \dfrac{l}{r}$

$l = r\theta$
$\tan\theta \fallingdotseq \theta$
はよく出てくるわよ！

$\tan\theta = \dfrac{y}{x}$

θが小さいとき
$\tan\theta \fallingdotseq \theta$

206

★ R200 崩壊荷重　その2

Q θ だけ回転させるモーメント M のする仕事量（エネルギー量）は？

A $M \times \theta$　です。

力のする仕事量は「力×（力の方向に動いた距離）」で求まります。「モーメント M =力×距離= $P \times r$」という式を変形すると $P = \dfrac{M}{r}$ となります。動いた円弧の長さ l と半径 r には $l = r\theta$ という関係がある（弧度の定義：R199参照）ので、P のする仕事量 $= P \times l = \dfrac{M}{r} \times r\theta = M\theta$ ときれいな式になります。

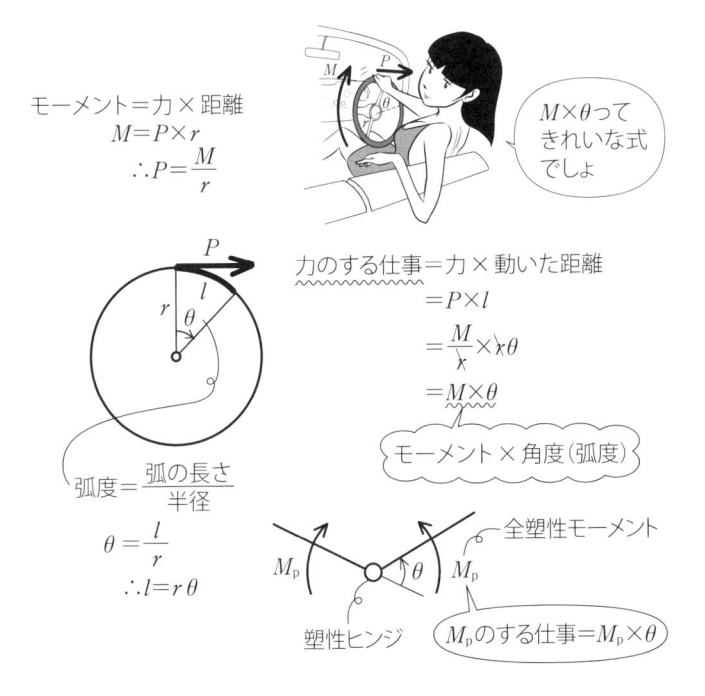

モーメント＝力×距離
$M = P \times r$
$\therefore P = \dfrac{M}{r}$

$M \times \theta$ってきれいな式でしょ

弧度 $= \dfrac{弧の長さ}{半径}$
$\theta = \dfrac{l}{r}$
$\therefore l = r\theta$

力のする仕事＝力×動いた距離
$= P \times l$
$= \dfrac{M}{\cancel{r}} \times \cancel{r}\theta$
$= M \times \theta$

モーメント×角度（弧度）

全塑性モーメント　M_p
塑性ヒンジ
M_p のする仕事 $= M_p \times \theta$

- 全塑性モーメント M_p を受けて塑性ヒンジが θ 回転した場合、全塑性モーメントは $M_p \times \theta$ だけ仕事をしたことになります。
- 仕事とエネルギーはほぼ同じ概念で、仕事をする能力をエネルギーと呼びます。単位もJ（ジュール）と一緒です。J＝N（ニュートン）×m（メートル）です。1Nの力で物体を1m動かしたら、1Jのエネルギーを使って1Jの仕事をしたことになります。

★ R201 崩壊荷重 その3

Q 全塑性モーメント M_p から崩壊するときの荷重 P_u を求めるには？

A P_u のする仕事 $= M_p$ のする仕事　によって求めます。

壊れる瞬間の荷重 P_u のした仕事は、内部に伝わって、M_p のする仕事に変わります。エネルギーは等しいはずです（エネルギー保存の法則より）。

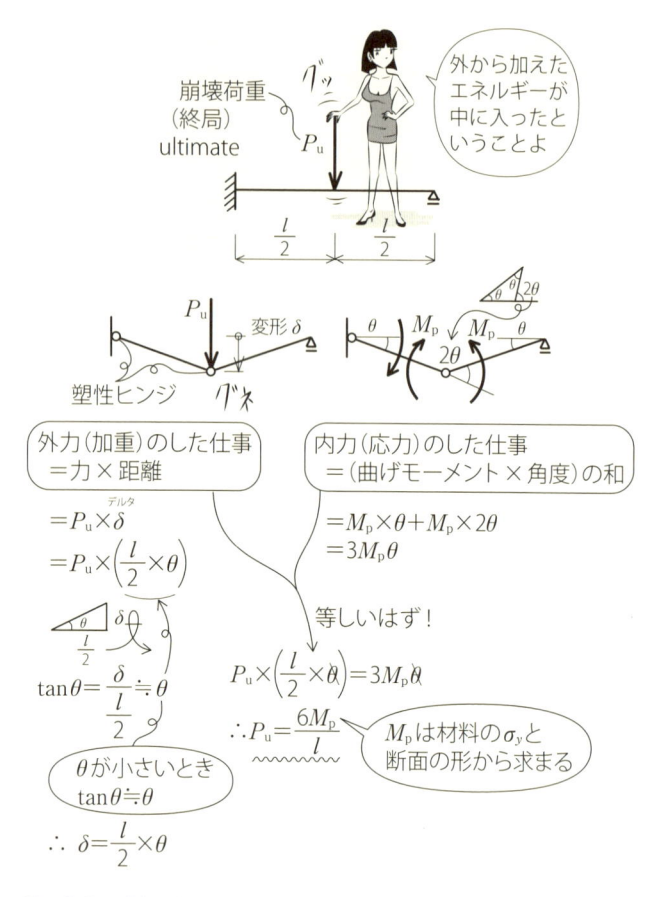

崩壊荷重（終局）ultimate

外から加えたエネルギーが中に入ったということよ

塑性ヒンジ　変形 δ

外力（加重）のした仕事
＝力×距離

$= P_u \times \delta$

$= P_u \times \left(\dfrac{l}{2} \times \theta\right)$

$\tan\theta = \dfrac{\delta}{\dfrac{l}{2}} \doteqdot \theta$

θ が小さいとき $\tan\theta \doteqdot \theta$

$\therefore \delta = \dfrac{l}{2} \times \theta$

内力（応力）のした仕事
＝（曲げモーメント×角度）の和

$= M_p \times \theta + M_p \times 2\theta$

$= 3 M_p \theta$

等しいはず！

$P_u \times \left(\dfrac{l}{2} \times \theta\right) = 3 M_p \theta$

$\therefore P_u = \dfrac{6 M_p}{l}$

M_p は材料の σ_y と断面の形から求まる

- 梁の全断面が降伏点を超えて塑性域に入り、塑性ヒンジとなるときの荷重、壊れる瞬間の荷重 P_u を、崩壊荷重、終局耐力などと呼びます。終局の、究極の、を意味する ultimate の u が付けられています。
- 他の応力による仕事は、M_p によるものに比べて小さいので、無視しています。

R202 崩壊荷重 その4

Q 門形ラーメンで、全塑性モーメント M_p から崩壊荷重 P_u を求めるには？

A P_u のする仕事＝M_p のする仕事　によって求めます。

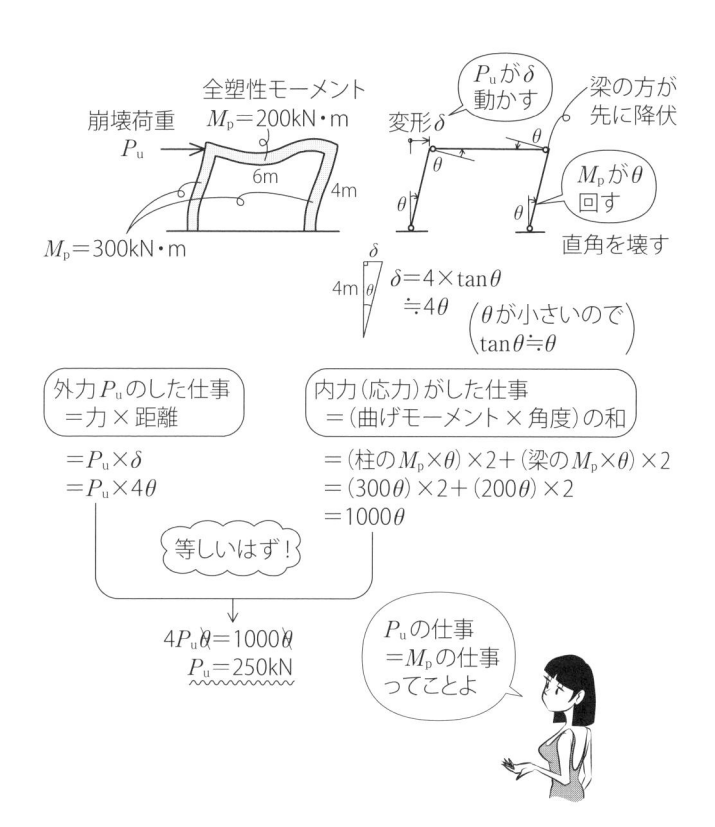

梁の時と同様に、外からのエネルギー＝中のエネルギー　として式を立てます。

$\delta = 4 \times \tan\theta \fallingdotseq 4\theta$ （θ が小さいので $\tan\theta \fallingdotseq \theta$）

外力 P_u のした仕事＝力×距離
$= P_u \times \delta$
$= P_u \times 4\theta$

内力(応力)がした仕事＝(曲げモーメント×角度)の和
$=$ (柱の $M_p \times \theta$)×2＋(梁の $M_p \times \theta$)×2
$= (300\theta) \times 2 + (200\theta) \times 2$
$= 1000\theta$

等しいはず！

$4P_u\theta = 1000\theta$
$P_u = 250\text{kN}$

P_u の仕事＝M_p の仕事ってことよ

- エネルギーが変化しても、その総量は一定というエネルギー保存の法則です。外力のした仕事＝内力のした仕事＝たくわえられたひずみエネルギー　という等式です。P_u が $P_u \times \delta$ だけ仕事をすると仮想して式を立てるので、仮想仕事の原理とも呼ばれます。

★ **R203** モールの定理　その1

Q モールの定理とは？

A 仮想荷重 $\dfrac{M}{EI}$ を載せて、たわみ y (δ)、たわみ角 $\dfrac{dy}{dx}$ (θ) を求める定理です。

仮想荷重を部材に載せると、たわみ y とたわみ角 θ が求まるという便利な定理です。最初は仮想荷重の式 $\dfrac{M}{EI}$ を覚えましょう。

[スーパー記憶術]
<u>仮想</u>　の　<u>言い合い</u>で　<u>ムッ</u>とする
仮想荷重　　EI 分の　　　　M

モールの定理は
アール（湾曲）を
求める定理よ！

曲率半径 ρ

円弧に近似

たわみ

たわみ角

θ 小さい

$\theta \fallingdotseq \tan\theta = \dfrac{dy}{dx}$（傾き）

（傾きの変化）$\dfrac{d^2y}{dx^2} = -\dfrac{1}{\rho} = -\dfrac{M}{EI}$

図形から

仮想荷重

$\begin{cases} \sigma = E\varepsilon = E\dfrac{y}{\rho} & \text{←ヤング率の定義} \\ \sigma = \dfrac{My}{I} & \text{←曲げ応力度} \end{cases}$

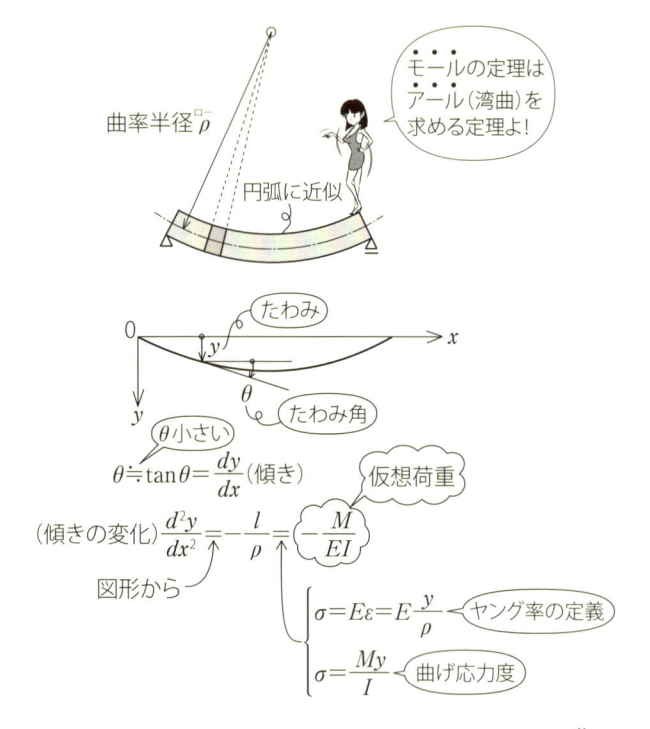

● 部材のたわみを半径 ρ の円弧として、ヤング率の定義の式 $\sigma = E\varepsilon = E\dfrac{y}{\rho}$、曲げ応力度の式 $\sigma = \dfrac{My}{I}$ を $\dfrac{d^2y}{dx^2} = -\dfrac{1}{\rho}$ に入れて整理すると、たわみ y の2階微分 $= -\dfrac{1}{\rho} = -\dfrac{M}{EI}$ という式が導かれます。

★ R204 モールの定理 その2

Q 仮想荷重 $\dfrac{M}{EI}$ とたわみ y (δ)、たわみ角 $\dfrac{dy}{dx}$ (θ) の関係は?

A 仮想荷重をかけたときの曲げモーメント M がたわみ y、せん断力 Q がたわみ角 θ となります。

M の微分が Q、Q の微分が $-w$ という関係(R111参照)と、y、$\theta = \dfrac{dy}{dx}$、$\dfrac{d^2y}{dx^2} = -\dfrac{M}{EI}$ を対応させると、上記のような関係が導かれます。

[スーパー記憶術]
<u>隠</u> <u>せん</u>、<u>たわみともめごと</u>
角→せん断　　たわみ → モーメント

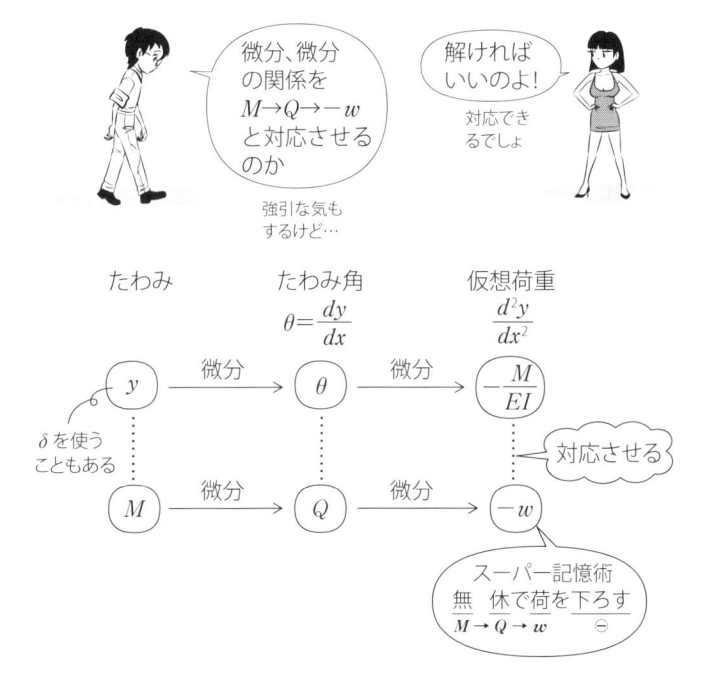

吹き出し(男): 微分、微分の関係を $M \to Q \to -w$ と対応させるのか
　強引な気もするけど…

吹き出し(女): 解ければいいのよ！
　対応できるでしょ

```
  たわみ          たわみ角           仮想荷重
                θ = dy/dx          d²y/dx²
   ( y ) ─微分→ ( θ ) ─微分→ ( −M/EI )
                                       ⋮ 対応させる
   ( M ) ─微分→ ( Q ) ─微分→ ( −w )
```
δ を使うこともある

スーパー記憶術
<u>無</u> <u>休</u>で<u>荷</u>を<u>下ろす</u>
$M \to Q \to w$ 　⊖

- たわみを y として $\dfrac{dy}{dx}$ などの式を立てていますが、一般にはたわみの記号には δ が使われます。最大たわみを δ_{max}(デルタマックス)などと書きます。そしてたわみ角 $\dfrac{dy}{dx}$ は θ をよく使います。

★ R205　モールの定理　その3

Q 単純梁、片持ち梁の最大たわみ δ_{max}、最大たわみ角 θ_{max} を出す手順は？

A ①曲げモーメント M を出す、②仮想荷重 $\dfrac{M}{EI}$ をかける、③仮想荷重下のせん断力を θ とする、④仮想荷重下の曲げモーメントを δ とする。

■ 片持ち梁の場合、固定端では $\theta=0$、$\delta=0$ なので、仮想荷重を載せるときは自由端とし、自由端を固定端とします。

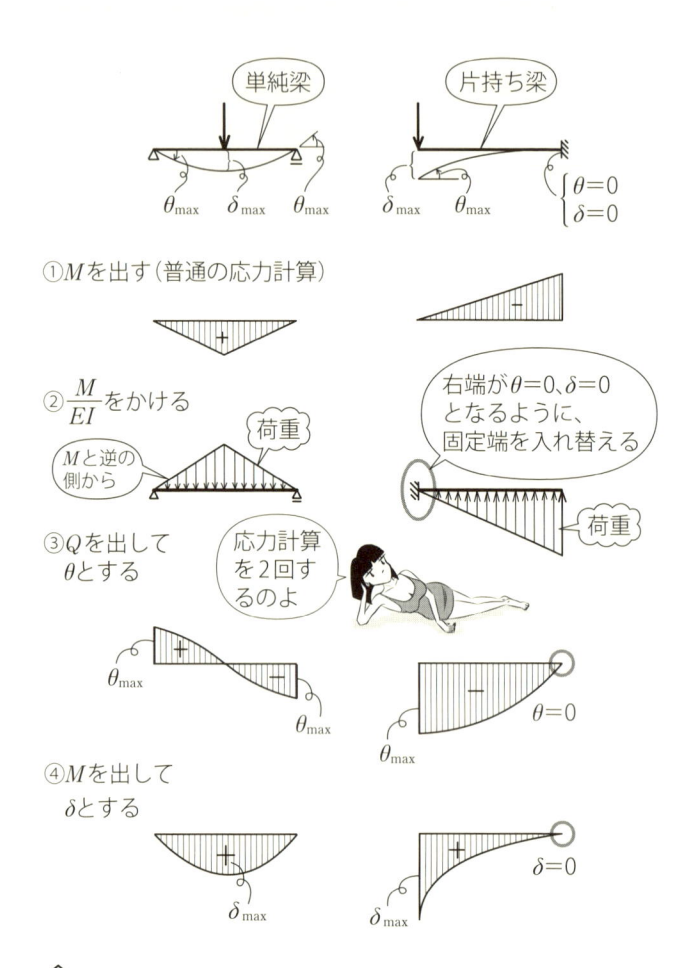

単純梁　　　片持ち梁

θ_{max}　δ_{max}　θ_{max}　　δ_{max}　θ_{max}　　$\begin{cases}\theta=0\\\delta=0\end{cases}$

① M を出す（普通の応力計算）

② $\dfrac{M}{EI}$ をかける

（M と逆の側から）（荷重）

右端が $\theta=0$、$\delta=0$ となるように、固定端を入れ替える

（荷重）

③ Q を出して θ とする

（応力計算を2回するのよ）

θ_{max}　　θ_{max}　　　θ_{max}　$\theta=0$

④ M を出して δ とする

δ_{max}　　　δ_{max}　$\delta=0$

★ R206 たわみδとたわみ角θ その1

Q 両端固定の長さlの梁に等分布荷重wがかかった場合、最大のたわみδ_{max}は？

A $\dfrac{Wl^3}{384EI}$ です（$W=wl$）。

変位量たわみは、ヤング率Eと断面2次モーメントIの積に反比例します。たわみの式では、分母にはEIが必ずきます。仮想荷重$\left(\dfrac{M}{EI}\right)$から導入されるからです。$EI$は材料の変形しにくさ$E$と、断面形状の曲げにくさ$I$のかけ算で**曲げ剛性**といわれます。$EI$が大きいほど、たわみは少なくなります。

[スーパー記憶術]
① <u>いい愛</u>があると<u>曲がらない</u>
　　EI　　　　　　曲げ剛性
② 桟橋（さんばし）の<u>たわみ</u>
　　384

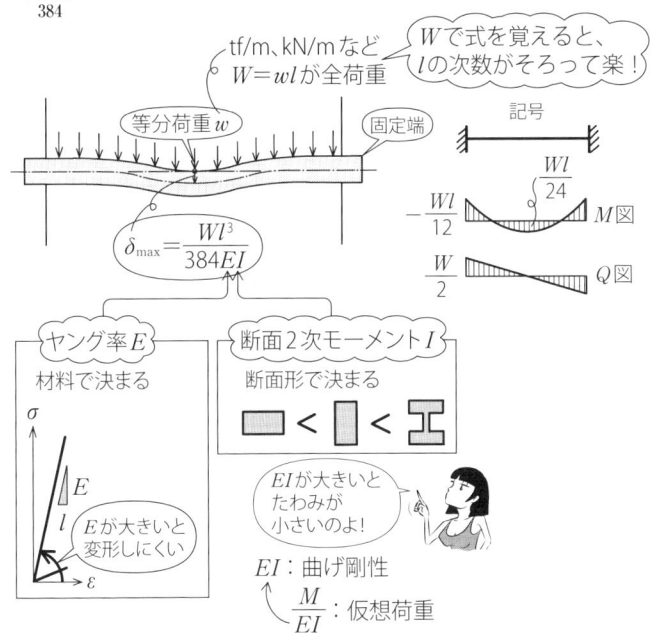

- Wで式を覚えると、lの次数がそろって楽！
- tf/m、kN/mなど
- $W=wl$が全荷重
- 等分荷重w
- 固定端
- $\delta_{max}=\dfrac{Wl^3}{384EI}$

記号

M図: $-\dfrac{Wl}{12}$、$\dfrac{Wl}{24}$

Q図: $\dfrac{W}{2}$

ヤング率E：材料で決まる
Eが大きいと変形しにくい

断面2次モーメントI：断面形で決まる

EIが大きいとたわみが小さいのよ！

EI：曲げ剛性
$\dfrac{M}{EI}$：仮想荷重

- 変位の記号には、δ（デルタ）がよく使われます。xの変位量は$\varDelta x$（デルタエックス）と書きます。$\varDelta x$を極限まで小さくしたのがdxで、微分の記号となります。

213

★ R207 たわみδとたわみ角θ　その2

Q 下図の左側における δ_{max}、θ_{max} は？

A 右側のようになります。

> M図の形や M_{max}（R114参照）と同様に、代表的なたわみ、たわみ角の最大値も、早い段階でまる覚えしてしまうと楽です。

力×l^3 → δ_{max}　　力×l^2 → θ_{max}

図	δ_{max}	θ_{max}
単純梁 中央集中荷重 P、$l/2$	$\dfrac{Pl^3}{48EI}$ （Poolで見た シワ / P l 3乗 48）	$\dfrac{Pl^2}{16EI}$ （の色 / 16）
単純梁 等分布荷重 w	$\dfrac{5Wl^3}{384EI}$ （桟橋の工事 / 384 5）	$\dfrac{Wl^2}{24EI}$ （西側が残る / 24）
単純梁 端モーメント M	—	$\theta_A = \dfrac{Ml}{3EI}$　$\theta_B = \dfrac{Ml}{6EI}$ （Mailを見ろ！ / M l 3 6）
片持梁 先端集中 P	$\dfrac{Pl^3}{3EI}$ （Poolで見た ミ / P l 3乗 3）	$\dfrac{Pl^2}{2EI}$ （ニ 片思い / 2 片持ち梁）
片持梁 等分布 w	$\dfrac{Wl^3}{8EI}$ （片手で ハ / 片持ち梁 8）	$\dfrac{Wl^2}{6EI}$ （ロー！ / 6）
両端固定梁 中央集中 P	$\dfrac{Pl^3}{192EI}$ （いくつもある / 1 9 2）　$\theta=0$	分母には必ず EI よ
両端固定梁 等分布 w	$\dfrac{Wl^3}{384EI}$ （桟橋のたわみ / 3 84）　$W=wl$	

（ ）内はスーパー記憶術

- max とは maximum（最大）の略です。

★ R208 たわみδとたわみ角θ その3

Q δ_{max}、θ_{max} の式での長さ l の次数は？

A δ_{max} が3次（3乗）、θ_{max} が2次（2乗）です。

曲げモーメントMの変化率、傾き、微分がQになります。仮想荷重$\dfrac{M}{EI}$をかけた場合のMがたわみδ、Qがたわみ角θに対応しますから、δの変化率、傾き、微分がθとなります。l^3を微分するとl^2が出てきます。

[スーパー記憶術]
$\overset{デルタ}{\delta} \to \varDelta \to \overset{・}{三}角形 \to \overset{・}{3}乗$

	たわみ δ_{max}	たわみ角 θ_{max}
中央集中荷重 P、スパン $l/2 + l/2$	$\dfrac{Pl^{③}}{48EI}$ (Poolで見たシワ / P l 3乗 48)	$\dfrac{Pl^{②}}{16EI}$ (の色 / 16)
等分布荷重 w ($W=wl$)	$\dfrac{5Wl^{③}}{384EI}$ (桟橋の工事 / 384 5)	$\dfrac{Wl^{②}}{24EI}$ (西側が残る / 24)

lの3乗 ⟶ lの2乗

$x^{③} \xrightarrow{微分} 3x^{②}$

$M \xrightarrow{微分} Q$

$\dfrac{M}{EI}$：荷重時　$\dfrac{M}{EI}$：荷重時

3乗を微分すると2乗！

（　）内はスーパー記憶術

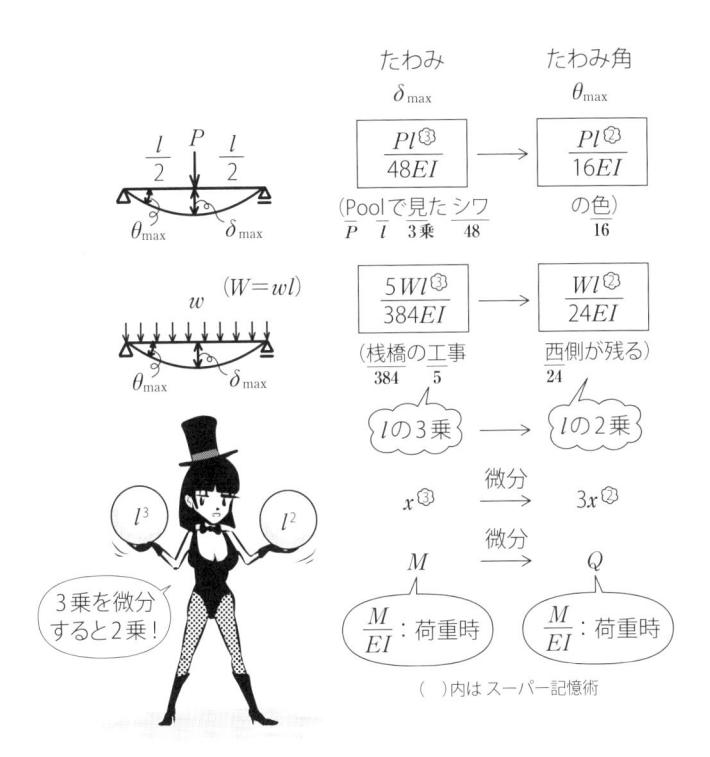

★ **R209** たわみ δ とたわみ角 θ その4

Q δ、θ の式で、単位は？

A δ は mm（cm）、θ は単位はつきません。

ヤング率 E の単位は N/mm²、断面2次モーメント I は mm⁴（cm⁴）ですから、EI の単位は N·mm² となります。Pl^3 の単位は N·mm³ なので、$\dfrac{Pl^3}{EI}$ の単位は mm となります。

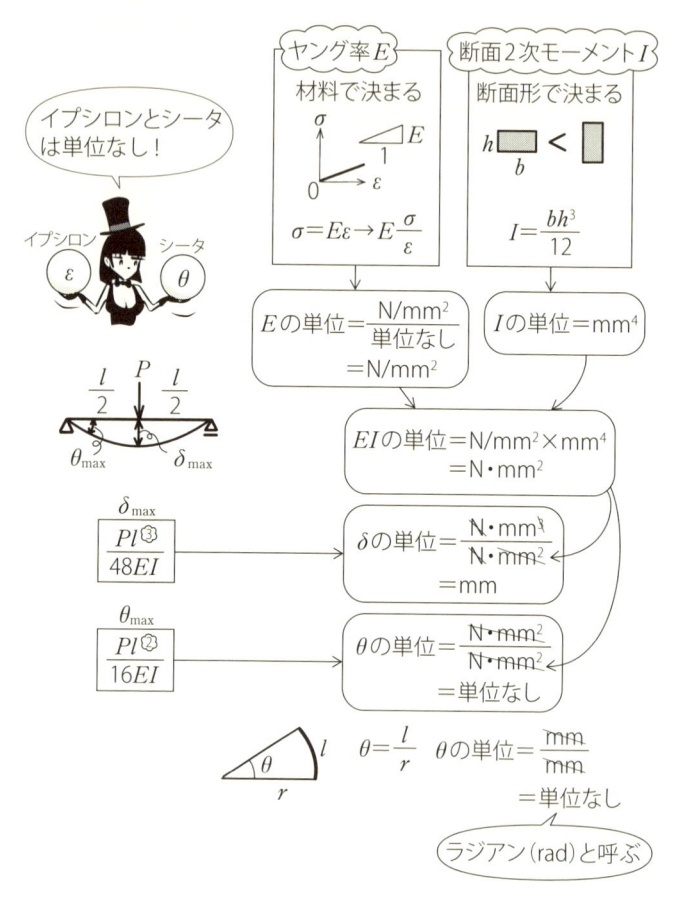

ヤング率 E 材料で決まる
$\sigma = E\varepsilon \rightarrow E\dfrac{\sigma}{\varepsilon}$

断面2次モーメント I 断面形で決まる
$I = \dfrac{bh^3}{12}$

イプシロンとシータは単位なし！

E の単位 $= \dfrac{\text{N/mm}^2}{\text{単位なし}} = \text{N/mm}^2$

I の単位 $= \text{mm}^4$

EI の単位 $= \text{N/mm}^2 \times \text{mm}^4 = \text{N·mm}^2$

δ_{max} : $\dfrac{Pl^{③}}{48EI}$ → δ の単位 $= \dfrac{\text{N·mm}^3}{\text{N·mm}^2} = \text{mm}$

θ_{max} : $\dfrac{Pl^{②}}{16EI}$ → θ の単位 $= \dfrac{\text{N·mm}^2}{\text{N·mm}^2} = $ 単位なし

$\theta = \dfrac{l}{r}$ θ の単位 $= \dfrac{\text{mm}}{\text{mm}} = $ 単位なし

ラジアン（rad）と呼ぶ

- 物理の式は数学の式と違って、必ず単位を伴います。単位を合わせてみることで、次数の間違いを見つけることもできます。

★ R210　座屈　その1

Q 細長比λ（ラムダ）とは？

A 構造的な細長さを表す係数で、$\lambda = \dfrac{l_k}{i}$ で定義されます（l_k：座屈長さ、i：断面2次半径）。

細い柱の場合、圧縮でつぶれる前に折れ曲がって座屈することがあります。普通の細長さは $\dfrac{長さ}{太さ}$ で表されますが、構造的に正確な係数とするために、太さは断面2次半径 $i = \sqrt{\dfrac{I}{A}}$ を使います。長さも両端の固定具合によって曲がり方が変わるので、両端ピン（回転できる）でそのままの長さ、両端固定で1/2の長さなどとします。

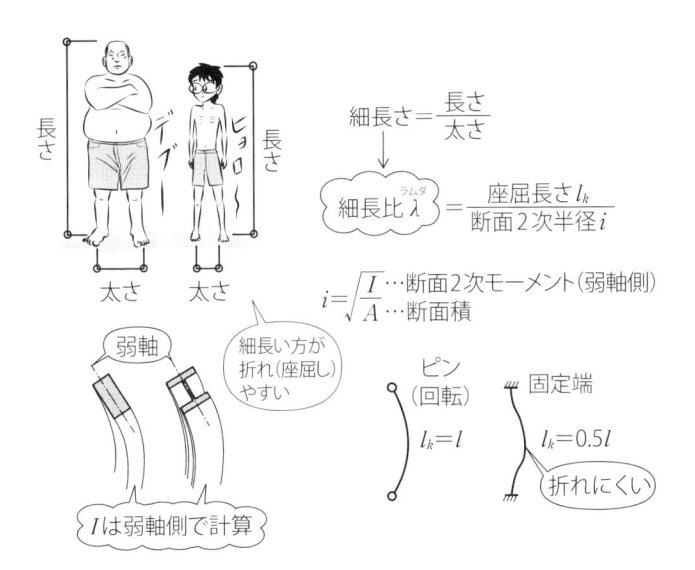

[スーパー記憶術]
$\underset{A分の}{エー}$　$\underset{I}{愛の}$　$\underset{\sqrt{分の}}{ルートを}$　$\underset{座屈長さ}{座って聞く}$

細長さ＝$\dfrac{長さ}{太さ}$

細長比 λ ＝ $\dfrac{座屈長さ\, l_k}{断面2次半径\, i}$

$i = \sqrt{\dfrac{I}{A}}$　I…断面2次モーメント（弱軸側）
　　　　　A…断面積

ピン（回転）　$l_k = l$
固定端　$l_k = 0.5l$（折れにくい）

I は弱軸側で計算

- 細長比λは、木造の柱で150以下、鉄骨造の柱で200以下と建築基準法で決められています。
- 弱軸側に折れ曲がるので、弱軸側の断面2次モーメント I で計算します。
- 圧縮でつぶれる柱を短柱（たんちゅう）、座屈する柱を長柱（ちょうちゅう）と呼びます。

★ R211　座屈　その2

Q 座屈荷重 $P_k = ?$

▼

A $\dfrac{\pi^2 EI}{l_k^2}$　です（l_k＝座屈長さ）。

柱が折れ曲がるときの荷重が座屈荷重 P_k です。上記の式で表され、曲げ剛性 EI が分子にきます。曲げ剛性が大きい、すなわち曲げにくいほど、座屈させるには力が必要となることがわかります。座屈長さ l_k は分母にきて、さらに2乗となっているので、長いほど折れ曲がる力は小さくてすむ、すなわち折れやすいということです。

[スーパー記憶術]
長い痔　　の後に　　パイで　　栄養をとる
長さの自乗　　　　　π　　　　EI

折れ曲がる
ときの力よ

材料で決まる

ヤング率 E

断面の形で決まる

断面2次モーメント I
（弱軸側）

座屈荷重 $P_k = \dfrac{\pi^2 EI}{l_k^2}$ → 曲げ剛性 EI

座屈長さ l_k

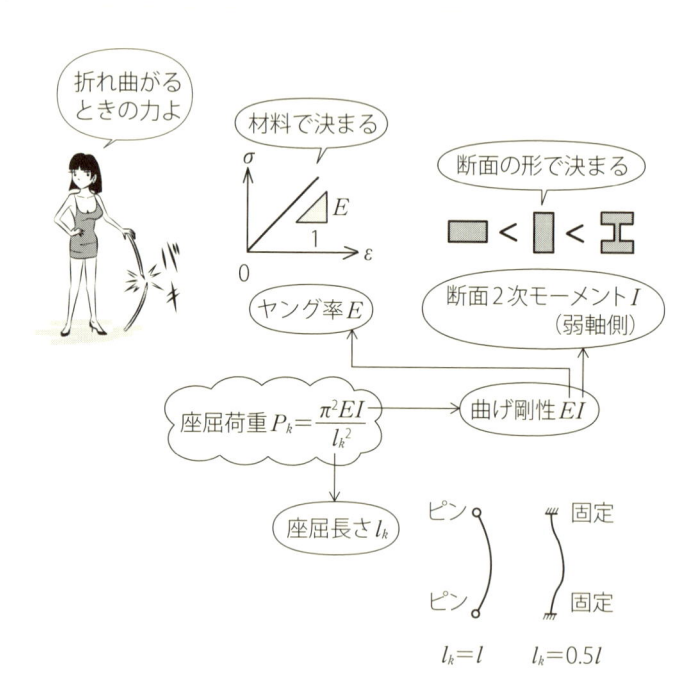

ピン／ピン　　$l_k = l$
固定／固定　　$l_k = 0.5l$

• 同じ長さの柱でも両端が固定の柱は両端ピンの柱より座屈長さ l_k が半分になり、座屈荷重が大きくなって座屈しにくくなります。

★ R212　座屈　その3

Q 柱の座屈長さ l_k と実際の長さ l の関係は？

A 拘束の条件によって、下図のようになります。

🔲 両端ピンの長さ l を基本として、回転あるいは移動できるか否かで座屈長さが変わります。

[スーパー記憶術]

①固定	②女 に	片思い	③片思いに	動かされるのは	バカ
0.5	0.7	片方固定 片方ピン	片方固定 片方ピン	移動	倍

拘束〜

（吹き出し）拘束がきつくなれば l_k は小さくなるのよ！

拘束大→l_k 小→P_k 大…座屈しにくい

自由度大→l_k 大→P_k 小…座屈しやすい

上端の横移動	拘　　束			自　　由	
両端の回転	両端ピン	両端固定	一端固定 他端ピン	両端固定	一端固定 他端ピン
座屈形	l				
座屈長さ l_k	l	$0.5l$	$0.7l$	l	$2l$

$$P_k = \frac{\pi^2 EI}{(l_k)^2}$$ （座屈荷重）

$$\lambda = \frac{(l_k)}{\sqrt{\dfrac{I}{A}}}$$ （細長比）　…断面2次半径

- モールの定理のところで、$\dfrac{d^2y}{dx^2} = -\dfrac{1}{\rho} = -\dfrac{M}{EI}$ という式が出ましたが（R203参照）、この微分方程式を解くと湾曲時の曲線の式（薄いサインカーブ）が出ます。その式から座屈荷重や座屈長さの式が導かれます。
- 拘束がきつくなれば座屈長さ l_k は短くなって座屈荷重 P_k が大きくなり、自由度が増えれば座屈長さ l_k は長くなって座屈荷重 P_k は小さくなります。支持条件は理想化されたもので、実際の建物では完全拘束、完全自由はありません。

★ R213 座屈 その4

Q 座屈長さ l_k はどのように決められている?

A 反曲点(はんきょくてん)から反曲点までの長さで決められています。

折れ曲がる(座屈する)のは、湾曲する部分です。湾曲しない部分は長さに入れません。曲線が凸から凹、凹から凸に変わる反曲点から反曲点の部分で湾曲するので、その長さが座屈長さとなります。

上端の横移動	拘 束			自 由	
両端の回転	両端ピン	両端固定	一端固定 他端ピン	両端固定	一端固定 他端ピン
座屈形	l				
座屈長さ l_k	l	$0.5l$	$0.7l$	l	$2l$

反曲点から反曲点までの湾曲の長さよ

反曲点
凸→凹
凹→凸
となる点

- $P_k = \dfrac{\pi^2 EI}{l_k^2}$ の式は、弾性範囲内での座屈の式で、弾性座屈といいます。弾性限度を超えた座屈は非弾性座屈といい、別の式となります。

★ R214 座屈 その5

Q ラーメン構造の柱の座屈長さ l_k は?

A 下図のように柱の座屈形に対応させます。

梁を完全に剛にして考えると、下図のようになります。実際は剛性が下がるほど座屈長さは大きく、座屈荷重が小さくなり、座屈しやすくなります。

上端の横移動	拘 束			自 由	
両端の回転	両端ピン	両端固定	一端固定 他端ピン	両端固定	一端固定 他端ピン
座屈形					
座屈長さ l_k	l	$0.5l$	$0.7l$	l	$2l$

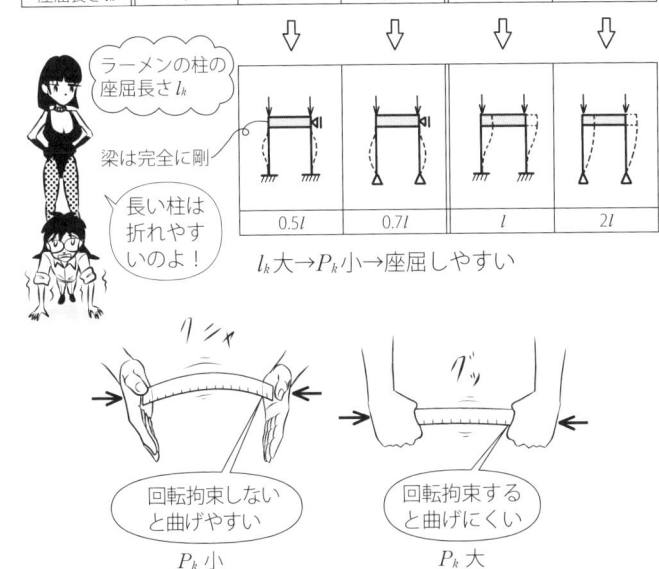

ラーメンの柱の座屈長さ l_k

梁は完全に剛

長い柱は折れやすいのよ！

| $0.5l$ | $0.7l$ | l | $2l$ |

l_k 大 → P_k 小 → 座屈しやすい

回転拘束しないと曲げやすい
P_k 小 (l_k 大)

回転拘束すると曲げにくい
P_k 大 (l_k 小)

- 両手で定規を左右から押して、湾曲させることを考えます。両手で定規の端をぎゅっと握ってから押すと、なかなか曲がりません。両手をパーに開いてから定規を押すと、簡単に曲がります。拘束の小さな柱も同様に、座屈荷重が小さくて折れ曲がりやすくなります。

★ R215 判別式 その1

Q 構造物が安定か、不安定かを知るには？

A 判別式があり、反力数＋部材数＋剛節接合数－2×節点数 ($m = n + s + r - 2k$) ≧0ならば安定、$m < 0$ で負ならば不安定です。

構造物が動くか否か（安定、不安定）を回転の拘束のみで判別する式です。実際に安全か否かを判別するものではありません。$m ≧ 0$ は安定のための必要条件となります。

[スーパー記憶術]

半	分	固い	ひき	肉
反力数	部材数	剛節接合数	－	$2k$

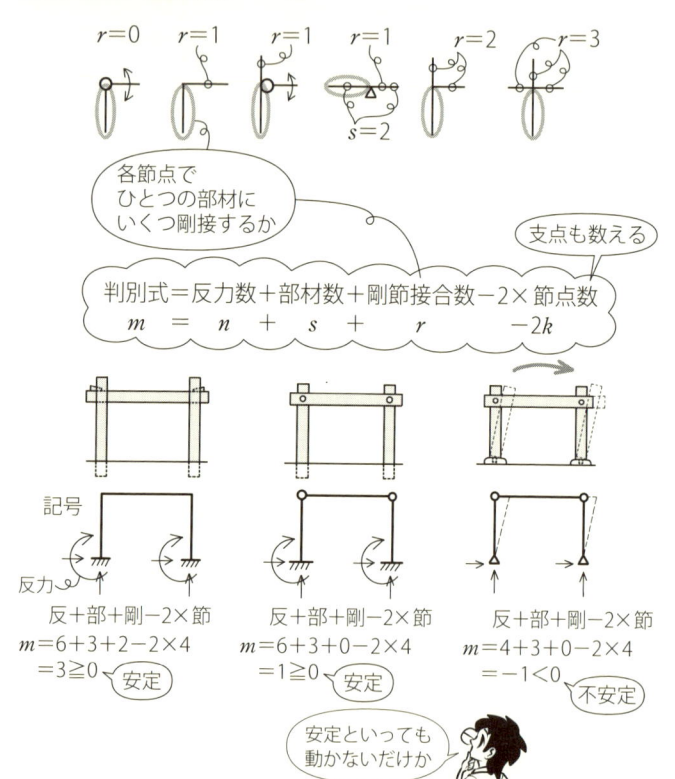

$r=0$　$r=1$　$r=1$　$r=1$　$r=2$　$r=3$
　　　　　　　　　　　　　$s=2$

各節点で
ひとつの部材に
いくつ剛接するか

支点も数える

判別式＝反力数＋部材数＋剛節接合数－2×節点数
$m = n + s + r - 2k$

記号

反力

反＋部＋剛－2×節　　反＋部＋剛－2×節　　反＋部＋剛－2×節
$m = 6 + 3 + 2 - 2 \times 4$　　$m = 6 + 3 + 0 - 2 \times 4$　　$m = 4 + 3 + 0 - 2 \times 4$
　＝3≧0　**安定**　　　　　＝1≧0　**安定**　　　　　＝－1＜0　**不安定**

安定といっても
動かないだけか

- 剛節接合数 r とは、ひとつの部材にいくつの部材が剛に接合されているかの数です。節点数 k には支点と自由端も含まれますので注意してください。

★ R216 判別式 その2

Q 構造物が静定か、不静定かを知るには？

A 判別式=0ならば静定、正ならば不静定です。

静定とは安定構造物の中で、反力、応力が力のつり合いだけで解ける構造物です。不静定とは変形などを考えないと解けない構造物です。

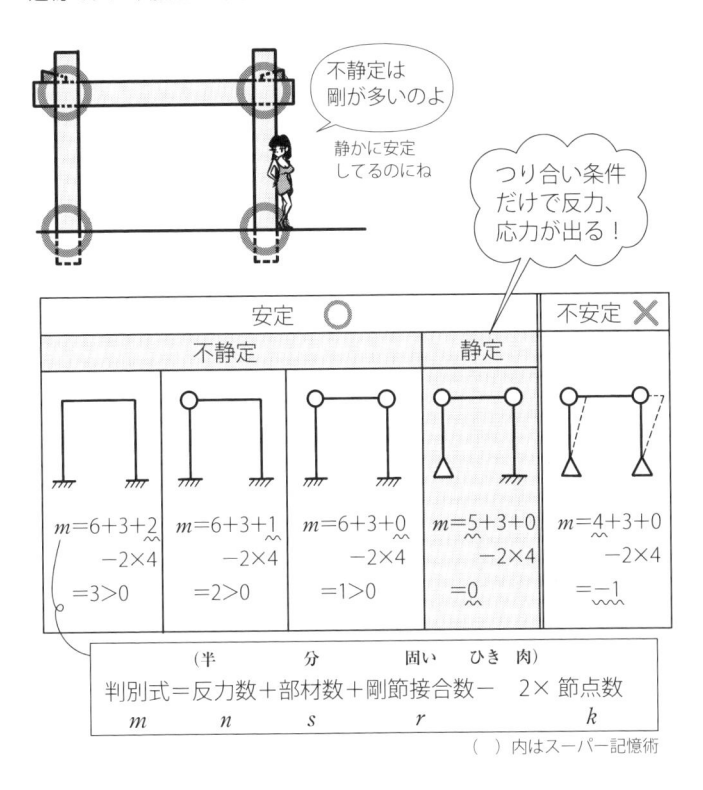

> 不静定は剛が多いのよ
>
> 静かに安定してるのにね
>
> つり合い条件だけで反力、応力が出る！

安定 ○				不安定 ×
不静定			静定	
$m=6+3+2$ -2×4 $=3>0$	$m=6+3+1$ -2×4 $=2>0$	$m=6+3+0$ -2×4 $=1>0$	$m=5+3+0$ -2×4 $=0$	$m=4+3+0$ -2×4 $=-1$

（半　　分　　固い　　ひき　肉）
判別式＝反力数＋部材数＋剛節接合数－ 2× 節点数
　　m　　　　n　　　　s　　　　　　　r　　　　k

（　）内はスーパー記憶術

- それぞれの支点、節点に働く力をx方向、y方向、回転方向に仮定して、つり合いの式を立てたとき、未知の力の数が式より多くなると、連立方程式が解けません。「未知の力の数－方程式の数」を整理した式が上記の判別式です。この式の導入は、意外と複雑です。
- 不静定は「静かに定まらない」と書くので、不安定と思われがちですが、安定した構造です。それも反力数が多いので、安定度が静定よりも高いことが多いです。世の中の構造物のほとんどは不静定です。なぜこのような名称を付けたのかわかりませんが、学生にはわかりにくく、語感も良くないように思えます。

★ R217　モールの定理の応用　その1

Q 下図のような不静定の梁を、単純梁の支点にモーメントがかかったときのたわみ角を使って解くには？

A 不静定梁を単純梁に置き換えて、単純梁に端部を固定するためのモーメントが加わったと仮定して解きます。

①固定の条件が同じになるように、不静定梁を強引に単純梁に置き換えて、②単純梁を2つに分け、③各々の M、Q を求めて、④重ね合わせます。

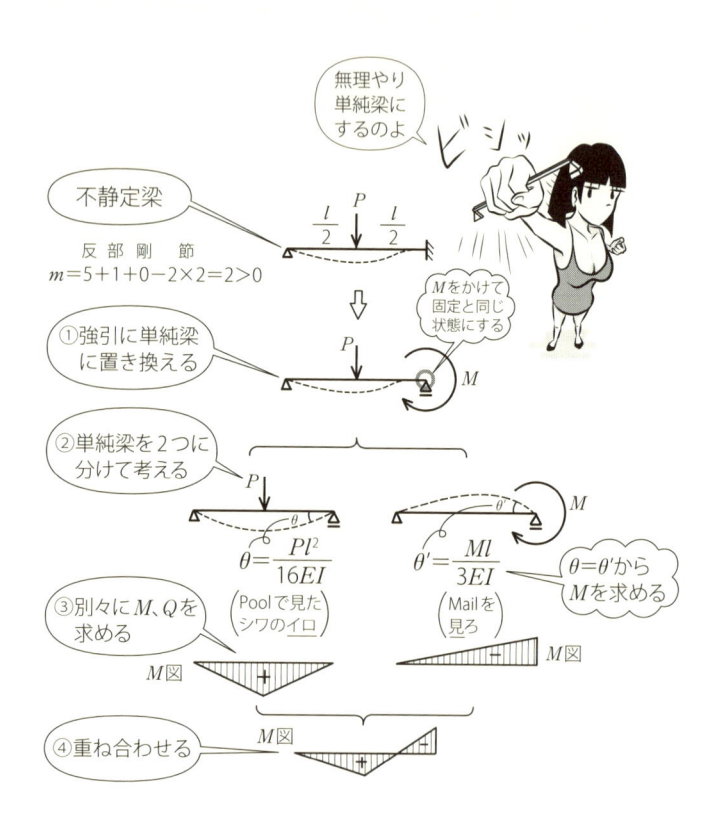

- 不静定梁
  反部剛節
  $m = 5 + 1 + 0 - 2 \times 2 = 2 > 0$

- ①強引に単純梁に置き換える
  （M をかけて固定と同じ状態にする）

- ②単純梁を2つに分けて考える
  $$\theta = \frac{Pl^2}{16EI}$$
  （Poolで見たシワのイロ）
  $$\theta' = \frac{Ml}{3EI}$$
  （Mailを見ろ）
  $\theta = \theta'$ から M を求める

- ③別々に M、Q を求める
  M図

- ④重ね合わせる
  M図

無理やり単純梁にするのよ
ビシッ

（　）内のスーパー記憶術は R207 を参照

R218　モールの定理の応用　その2

Q 下図のような不静定の連続梁を、単純梁に荷重がかかったときのたわみを使って解くには？

A 不静定梁を単純梁に置き換えて、単純梁の中間地点を固定するための力が下からかかったと仮定して解きます。

①固定の条件が同じになるように強引に単純梁に置き換えて、②単純梁を2つに分け、③各々のM、Qを求めて、④重ね合わせます。

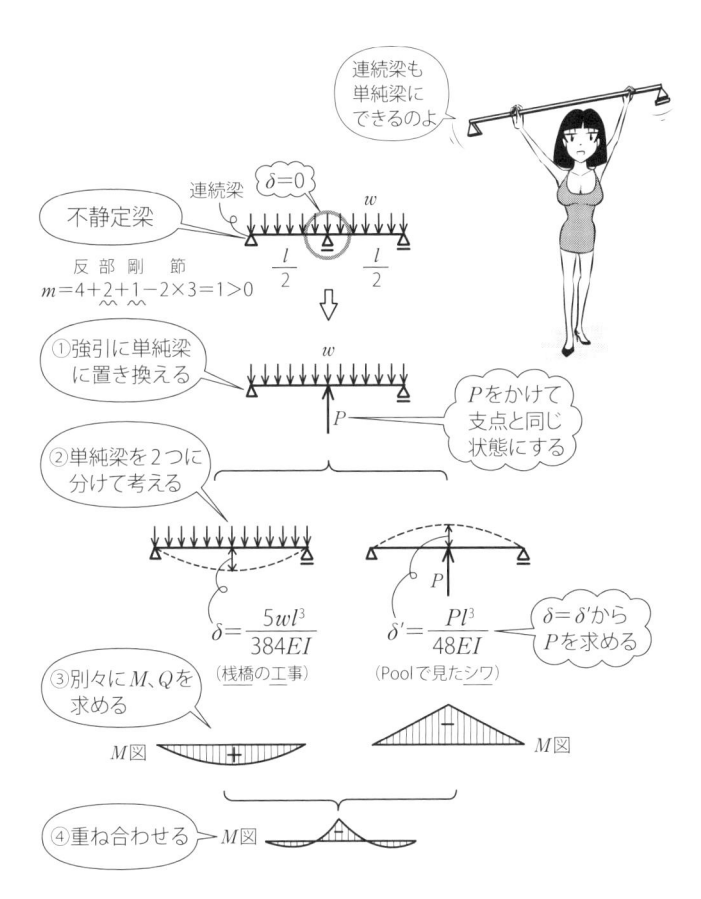

連続梁も単純梁にできるのよ

不静定梁　連続梁　$\delta=0$

反 部 剛 節
$m = 4+2+1-2\times 3 = 1 > 0$

① 強引に単純梁に置き換える

Pをかけて支点と同じ状態にする

② 単純梁を2つに分けて考える

$$\delta = \frac{5wl^3}{384EI}$$ （桟橋の工事）

$$\delta' = \frac{Pl^3}{48EI}$$ （Poolで見たシワ）

$\delta = \delta'$からPを求める

③ 別々にM、Qを求める

M図　　　　　　　　　　M図

④ 重ね合わせる　M図

（　）内のスーパー記憶術は R207 を参照

★ R219 モールの定理の応用 その3

Q 下図のような、柱頂部のたわみ δ と水平力 P の関係式は?

▼

A 支点がピンの場合 $P = \dfrac{3EI}{h^3}\delta$、固定の場合 $P = \dfrac{12EI}{h^3}\delta$ です。

片持ち梁のたわみ $\delta = \dfrac{Pl^3}{3EI}$ の式を使って求めます。門形ラーメンでも床（梁）を完全な剛と仮定すると、片持ち梁のたわみ δ の式が応用できます。支点が固定とピンとでは、式が異なります。この式は覚えてしまうと便利です。

[スーパー記憶術]
① (水平飛行) 山上の 惨の 映像 出た
　水平力　　hの3乗　3　EI　δ
② (制限されると) 自由に 出ない
　固定　　　　　　12

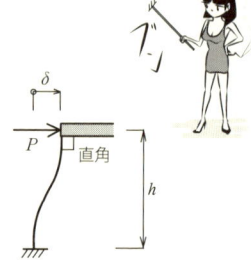

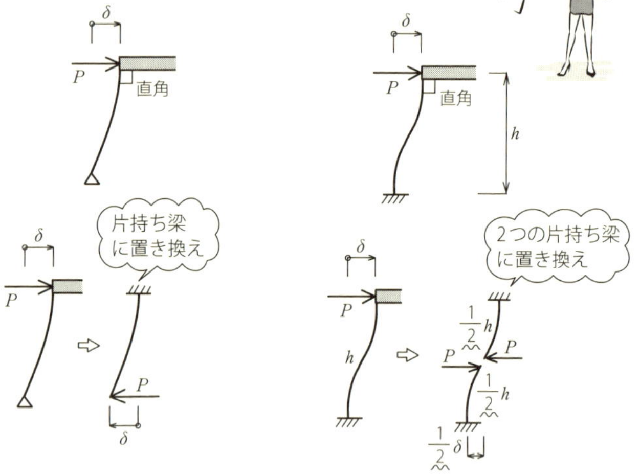

$$\delta = \dfrac{Pl^3}{3EI}\;\left(\text{プールで見た　ミニ　片思い}\right)$$

の式で $l = h$ として P について解くと

$$\boxed{P = \dfrac{3EI}{h^3}\delta}$$

δ を $\dfrac{1}{2}\delta$ に
l を $\dfrac{1}{2}h$ に

$$\dfrac{1}{2}\delta = \dfrac{P\left(\dfrac{h}{2}\right)^3}{3EI}$$

を P について解くと

$$\boxed{P = \dfrac{12EI}{h^3}\delta}$$

（ ）内のスーパー記憶術は R207 を参照

★ R220 モールの定理の応用 その4

Q 前項の柱にかける水平力 P と変形 δ の関係は比例？ 反比例？

A 比例の関係にあります。

P の式で δ の前にある $\dfrac{3EI}{h^3}$、$\dfrac{12EI}{h^3}$ は変化しない量＝定数ですから、P と δ は原点を通る直線の関係、すなわち比例の関係にあります。P が2倍になれば、δ も2倍になります。δ を1/3にするには、P を1/3にする必要があります。

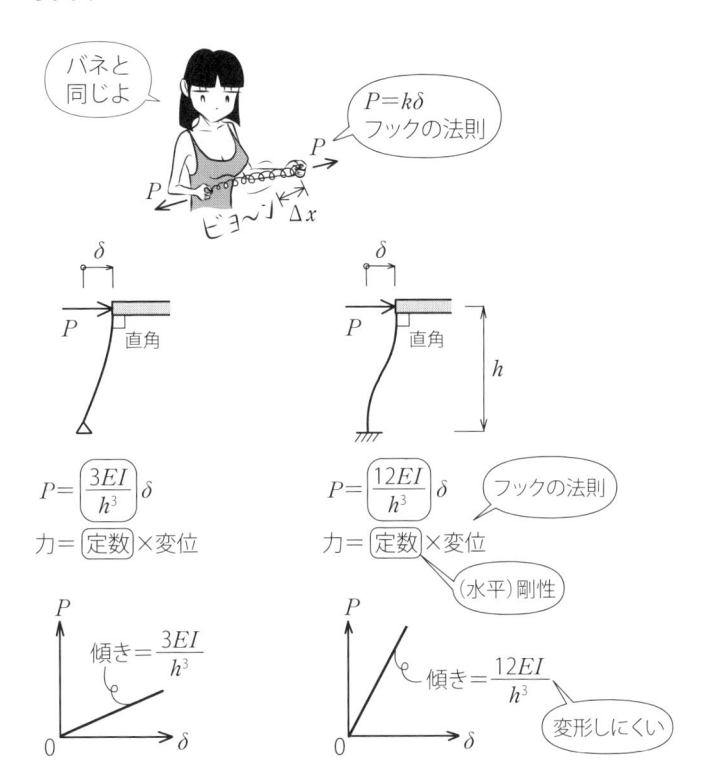

（バネと同じよ）

$P = k\delta$　フックの法則

ビヨ〜ン Δx

$$P = \left(\dfrac{3EI}{h^3}\right)\delta$$

力＝[定数]×変位

傾き＝$\dfrac{3EI}{h^3}$

$$P = \left(\dfrac{12EI}{h^3}\right)\delta$$　（フックの法則）

力＝[定数]×変位　（水平）剛性

傾き＝$\dfrac{12EI}{h^3}$　（変形しにくい）

- 力＝定数×変位は、バネやゴムなどの弾性体でよく見るフックの法則です。構造物も、弾性範囲内では、このようなフックの法則が成り立ちます。比例定数は剛性とも呼ばれて固さを表しますが、ヤング率もその一種です。水平方向の剛性なので水平剛性ということもあります。ヤング率の場合は、力は面積当たりの力（応力度）に、長さは最初の長さとの比（ひずみ度）に変えられます。力と長さは共に比を使って計算します。

★ R221 水平荷重のラーメン その1

Q 各柱にかかる水平力 P とその力によって生じるせん断力 Q の関係は？

A 水平方向のつり合いから、$P = Q$ です。

柱 A にかかる力 P_A と柱内部のせん断力 Q_A はつり合っているはずですし、P_A によってせん断力 Q_A が生じているともいえます。よって $P_A = Q_A$ となります。同様に $P_B = Q_B$、$P_C = Q_C$ となります。

(外力＝荷重) P
つり合う
∴ $Q = P$
(内力＝応力) せん断力 Q
符号抜きで大きさのみ

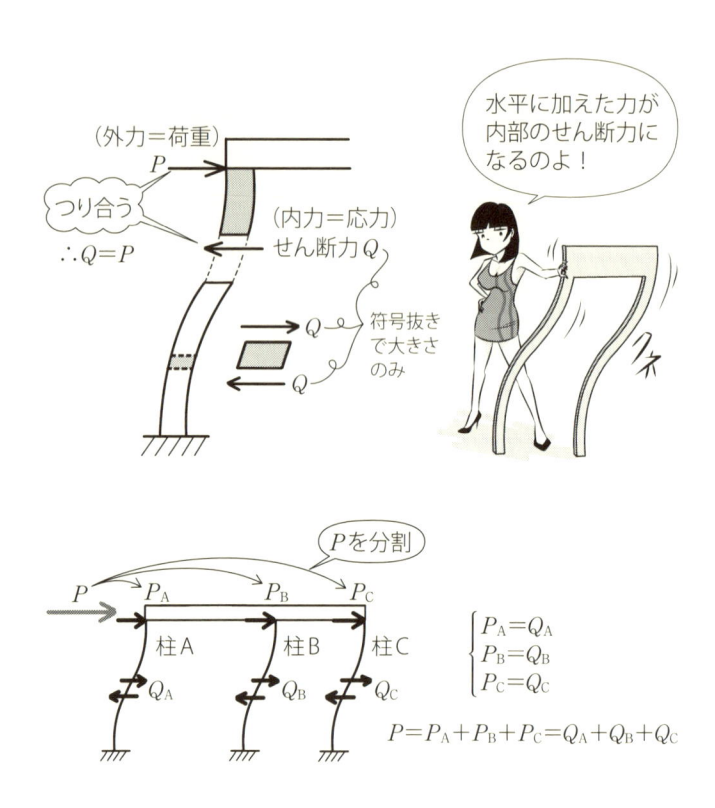

水平に加えた力が内部のせん断力になるのよ！

P を分割

$\begin{cases} P_A = Q_A \\ P_B = Q_B \\ P_C = Q_C \end{cases}$

$P = P_A + P_B + P_C = Q_A + Q_B + Q_C$

- 外からかかる水平力 P は P_A、P_B、P_C に分かれて柱 A、B、C にかかり、それぞれのせん断力 Q_A、Q_B、Q_C になります。P_A、P_B、P_C には、柱の固さ、剛性に従って分配されます。

★ R222 水平荷重のラーメン　その2

Q 水平力 P がかかる門形ラーメンで、下図のように柱の長さが違う場合、各柱にかかるせん断力 Q を求めるには？

A たわみ δ が等しいことから計算します。

ヤング率 E、断面2次モーメント I が等しく、梁が完全に剛とした場合、以下のように、①柱ごとに $P = \square \times \delta$ の式を立て、②共通のたわみ δ を求めて、③各柱のせん断力 Q を求めます（①の P と δ の関係の式は R219 を参照）。

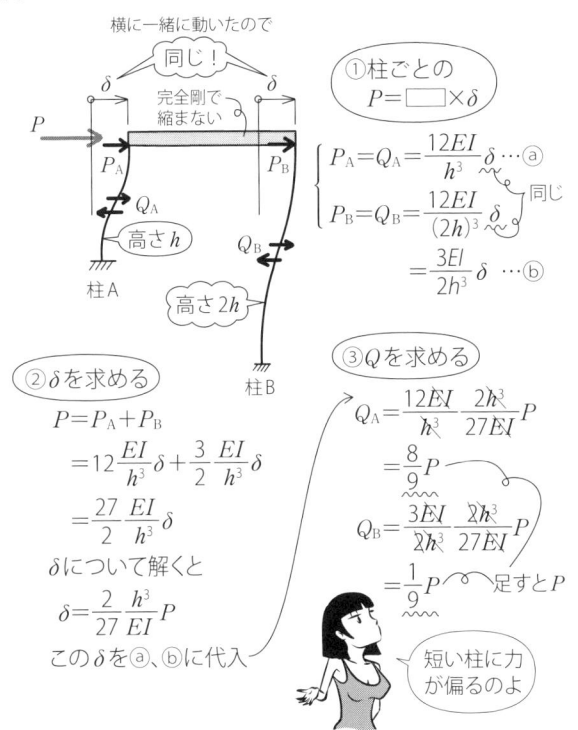

横に一緒に動いたので **同じ！**
完全剛で縮まない

① 柱ごとの $P = \square \times \delta$

$$\begin{cases} P_A = Q_A = \dfrac{12EI}{h^3}\delta \cdots ⓐ \\ P_B = Q_B = \dfrac{12EI}{(2h)^3}\delta \\ \qquad = \dfrac{3EI}{2h^3}\delta \cdots ⓑ \end{cases}$$

同じ

柱A 高さ h ／ 柱B 高さ $2h$

② δ を求める

$$P = P_A + P_B$$
$$= 12\dfrac{EI}{h^3}\delta + \dfrac{3}{2}\dfrac{EI}{h^3}\delta$$
$$= \dfrac{27}{2}\dfrac{EI}{h^3}\delta$$

δ について解くと
$$\delta = \dfrac{2}{27}\dfrac{h^3}{EI}P$$

この δ を ⓐ、ⓑ に代入

③ Q を求める

$$Q_A = \dfrac{12EI}{h^3} \cdot \dfrac{2h^3}{27EI}P$$
$$= \dfrac{8}{9}P$$

$$Q_B = \dfrac{3EI}{2h^3} \cdot \dfrac{2h^3}{27EI}P$$
$$= \dfrac{1}{9}P$$

足すと P

短い柱に力が偏るのよ

- イラストの中の③の結果より、短い柱が多くの水平力を負担することがわかります。水平力の負担は、①の式から、柱の高さ h の3乗に反比例していることがわかります。短い柱の方がせん断破壊しやすいのは、剛性が高く、同じたわみを生じさせるのに力が余計に必要となり、その分せん断力もかかるからです。
- 水平力によるせん断を考える場合、剛床仮定（ごうしょうかてい）といって、梁、床を完全に剛、すなわち梁、床に変形がないと仮定して、構造計算を簡略化することが多いです。実際のRCの床は、剛床にかなり近い状態です。

★ R223 水平荷重のラーメン その3

Q 水平力 P がかかる門形ラーメンで、下図のように支点が片方が固定、他方がピンと違う場合に、各柱のせん断力 Q を求めるには？

A たわみ δ が等しいことから計算します。

水平力 P がかかっても梁が縮まないとすると、2つの柱のたわみ δ は同じになります。前項同様に①柱ごとに $P=\square\times\delta$ の式を立て、②共通のたわみ δ を求めて、③各柱のせん断力 Q を求めます。

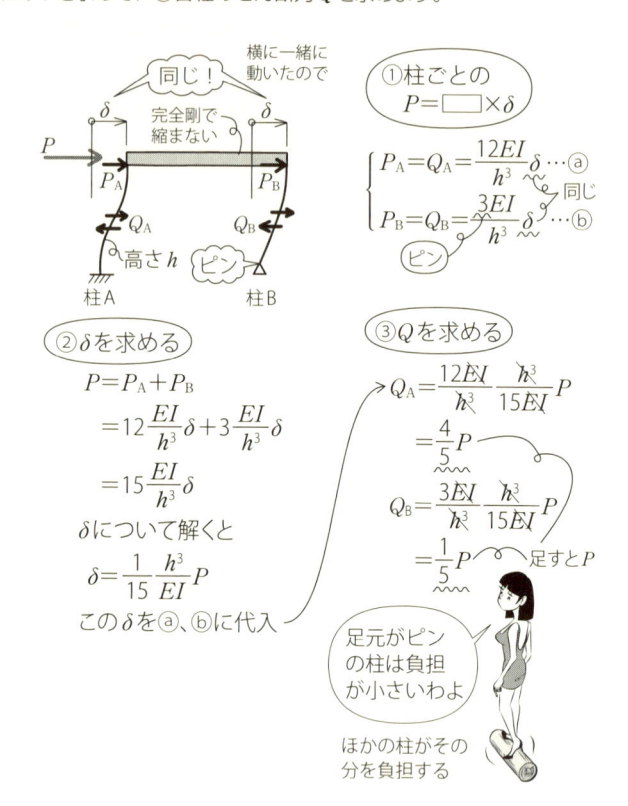

① 柱ごとの $P=\square\times\delta$

$$\begin{cases} P_A = Q_A = \dfrac{12EI}{h^3}\delta \cdots ⓐ \\ P_B = Q_B = \dfrac{3EI}{h^3}\delta \cdots ⓑ \end{cases}$$

（同じ／ピン）

② δ を求める

$$P = P_A + P_B$$
$$= 12\dfrac{EI}{h^3}\delta + 3\dfrac{EI}{h^3}\delta$$
$$= 15\dfrac{EI}{h^3}\delta$$

δ について解くと
$$\delta = \dfrac{1}{15}\dfrac{h^3}{EI}P$$

この δ を ⓐ、ⓑ に代入

③ Q を求める

$$Q_A = \dfrac{12EI}{h^3}\cdot\dfrac{h^3}{15EI}P$$
$$= \dfrac{4}{5}P$$

$$Q_B = \dfrac{3EI}{h^3}\cdot\dfrac{h^3}{15EI}P$$
$$= \dfrac{1}{5}P \quad \text{足すと }P$$

足元がピンの柱は負担が小さいわよ

ほかの柱がその分を負担する

- 柱の足元を固定している方が、多くの水平力を負担しています。短くて固く、動かない柱ほど水平力の負担は大きくなり、長くて柔らかくて回転する柱ほど水平力の負担は小さくなります。地震の水平力が一部の柱に偏り、その柱だけせん断破壊することがあります。水平力を均等に分散させるには、柱の剛性をそろえればいいわけです。

★ **R224** 水平荷重のラーメン その4

Q $P=k\delta$（k：定数）の関係にある質量 m の物体が振動するとき、その周期 T は？

▼

A $T=2\pi\sqrt{\dfrac{m}{k}}$ となります。

バネでもゴムでも振り子でも、フックの法則 $P=k\delta$ の関係が成り立つものが振動すると、その周期は m と k で決まります。振動の幅（振幅）によらず、周期は一定です。そのもの固有の、元から備わっている周期という意味で、固有周期ともいいます。下図のような門形ラーメンの k は、下のイラストの手順で求められ、柱の固定の状態により変化します。

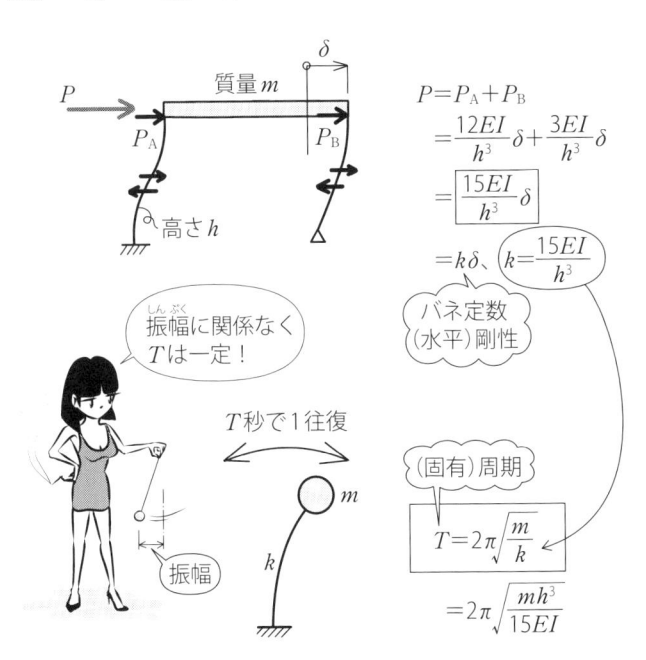

[スーパー記憶術]
<u>定期的</u> <u>にパイを</u> <u>か</u> <u>む</u>
　周期　　　2π　　k分の　m

$$P = P_A + P_B$$
$$= \dfrac{12EI}{h^3}\delta + \dfrac{3EI}{h^3}\delta$$
$$= \boxed{\dfrac{15EI}{h^3}\delta}$$
$$= k\delta、k = \boxed{\dfrac{15EI}{h^3}}$$

（バネ定数）
（水平）剛性

振幅に関係なく T は一定！

T 秒で1往復

（固有）周期

$$T = 2\pi\sqrt{\dfrac{m}{k}}$$

$$= 2\pi\sqrt{\dfrac{mh^3}{15EI}}$$

- $P=k\delta$ に対応させて k を求めると、それから固有周期が求まります。ルート内の分子は1000kgfとか10kNなどの「重さ=力」ではなく、1t、1000kgなどの質量なので、注意してください。定数 k はバネ定数、剛性などと呼ばれます。建築では地震の水平力の際に使われるので、水平剛性ともいいます。

★ R225 水平荷重のラーメン その5

Q 梁が完全に剛ではない場合の水平力の分担（せん断力 Q）は、外柱と中柱でどちらが大きい？

A 一般に中柱の方が大きくなります。

節点の回転の拘束が強いほど負担は大きくなり、軽いほど負担は小さくなります。中柱は左右に梁が付いていてそれだけ回転が拘束されるので、外柱に比べて水平力の負担が大きくなります。

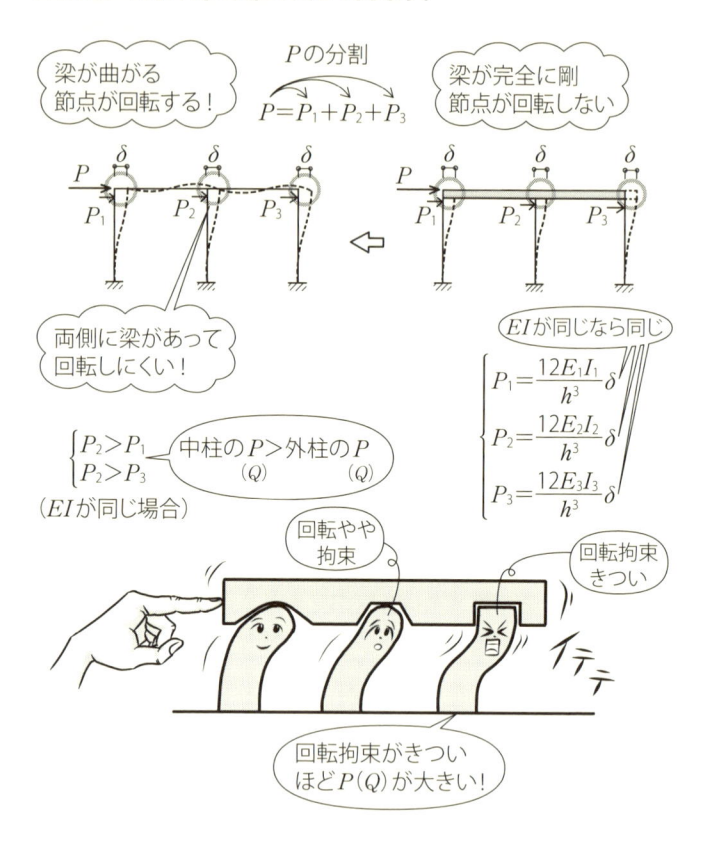

梁が曲がる 節点が回転する！

P の分割
$P = P_1 + P_2 + P_3$

梁が完全に剛 節点が回転しない

両側に梁があって 回転しにくい！

EI が同じなら同じ

$$\begin{cases} P_1 = \dfrac{12E_1I_1}{h^3}\delta \\ P_2 = \dfrac{12E_2I_2}{h^3}\delta \\ P_3 = \dfrac{12E_3I_3}{h^3}\delta \end{cases}$$

$\begin{cases} P_2 > P_1 \\ P_2 > P_3 \end{cases}$ 中柱の P ＞ 外柱の P
　　　　　　　　　(Q)　　　　　(Q)
（EI が同じ場合）

回転やや拘束

回転拘束きつい

イテテ

回転拘束がきついほど $P(Q)$ が大きい！

- 今までは梁が完全に剛で柱頂部が回転しないとした場合の、水平力の分担を考えてきました。柱の EI（曲げ剛性）と h（高さ）で負担する水平力、せん断力が決まりましたが、柱上下の節点が回転する場合は、梁の曲げやすさも関係するようになります。

★ R226　水平荷重のラーメン　その6

Q 下図の2層ラーメンで、水平力 P とせん断力 Q の関係は？

A $P_2 = Q_{A2} + Q_{B2}$、$P_1 + P_2 = Q_{A1} + Q_{B1}$　です。

柱を各層で切断した上の部分で、水平方向の力のつり合いを考えます。1階では水平力が合わさって、それとつり合うせん断力も大きくなります。

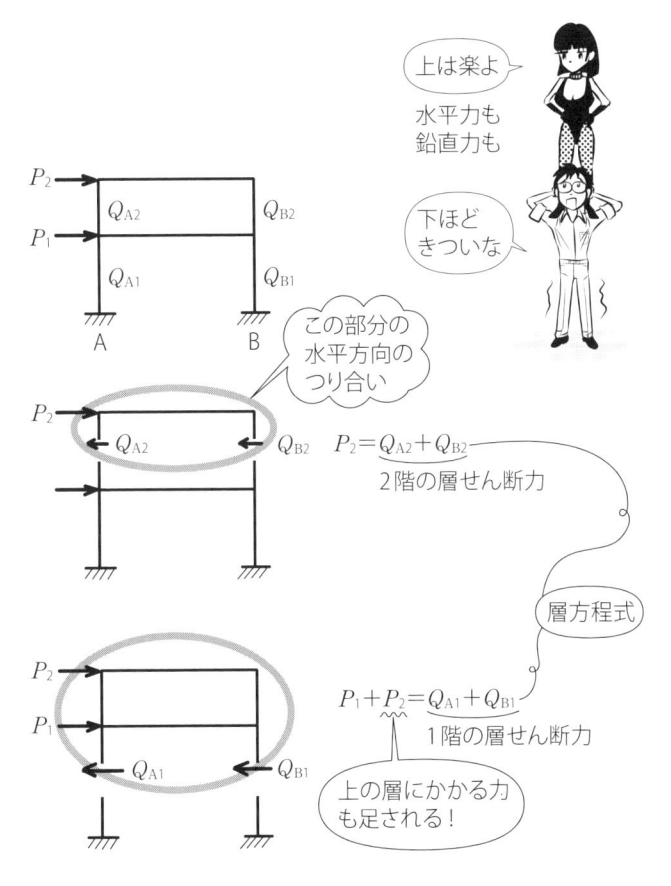

上は楽よ

水平力も
鉛直力も

下ほど
きついな

この部分の
水平方向の
つり合い

$P_2 = \underbrace{Q_{A2} + Q_{B2}}_{\text{2階の層せん断力}}$

層方程式

$\underbrace{P_1 + P_2}_{} = \underbrace{Q_{A1} + Q_{B1}}_{\text{1階の層せん断力}}$

上の層にかかる力
も足される！

- 各層でのせん断力 Q の合計を、層せん断力といいます。層せん断力は、下階に行くほど水平力が加算されて大きくなります。下の階ほど地震の水平力が大きく、せん断破壊しやすくなります。
- 各層でのつり合いの式を、層方程式（R260参照）といいます。

★ R227 水平荷重のラーメン その7

Q 下図のような3層ラーメンで、水平力 P とせん断力 Q の関係は？

A $P_3 = Q_{A3} + Q_{B3}$、 $P_2 + P_3 = Q_{A2} + Q_{B2}$、 $P_1 + P_2 + P_3 = Q_{A1} + Q_{B1}$ です。

前項同様に、各層で切断して水平方向のつり合いを考えます。各層のせん断力の合計＝層せん断力という関係になり、下に行くほど大きくなるグラフとなります

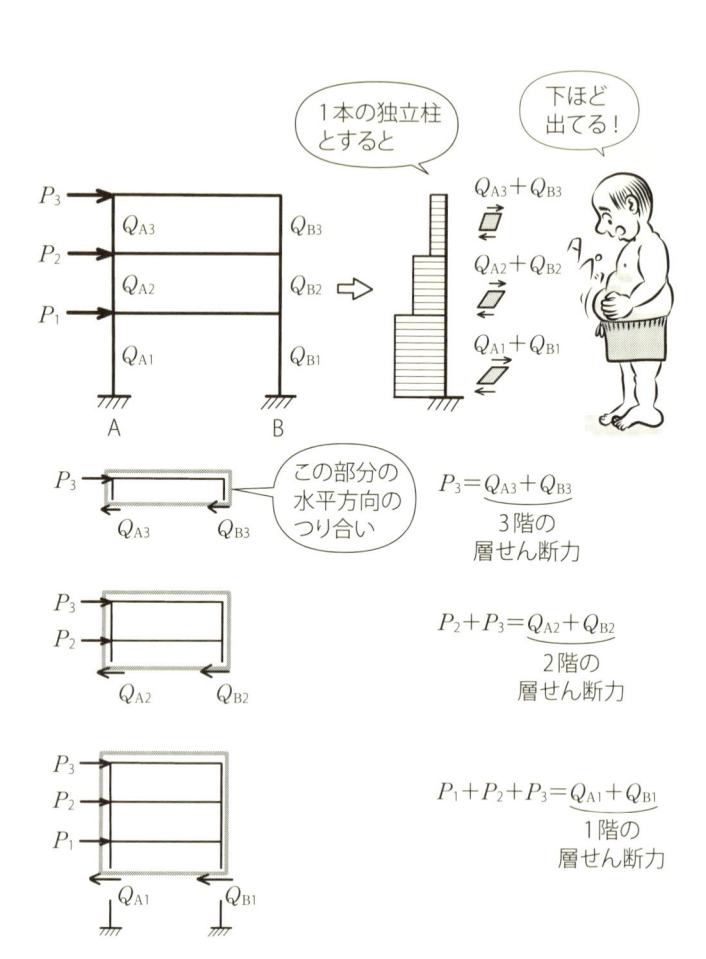

$$P_3 = \underbrace{Q_{A3} + Q_{B3}}_{3階の層せん断力}$$

$$P_2 + P_3 = \underbrace{Q_{A2} + Q_{B2}}_{2階の層せん断力}$$

$$P_1 + P_2 + P_3 = \underbrace{Q_{A1} + Q_{B1}}_{1階の層せん断力}$$

★ R228 水平荷重のラーメン　その8

Q 下図のような3層ラーメンで、水平力P、水平剛性k、層間変位δの関係は?

A $P_3 = k_3\delta_3$、$P_3+P_2 = k_2\delta_2$、$P_3+P_2+P_1 = k_1\delta_1$　です。

力＝剛性×変位です。水平剛性とは、各層の柱をすべて合わせたもの。層間変位は、各層での水平の変位です。

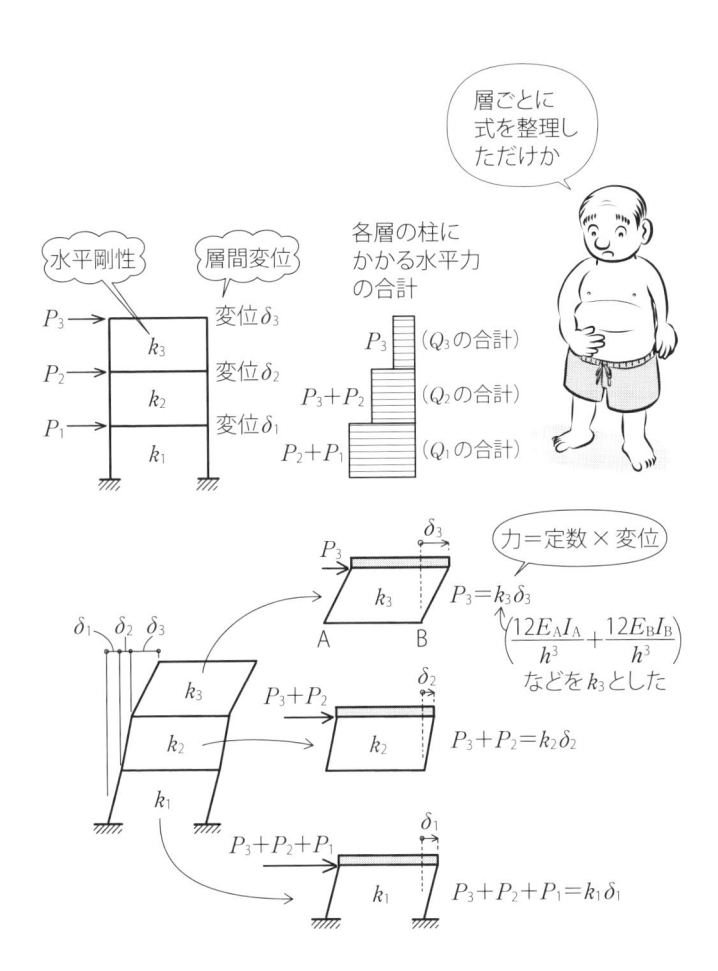

層ごとに式を整理しただけか

水平剛性　　層間変位

各層の柱にかかる水平力の合計

P_3 → k_3 　変位δ_3
P_2 → k_2 　変位δ_2
P_1 → k_1 　変位δ_1

P_3 （Q_3の合計）
P_3+P_2 （Q_2の合計）
P_2+P_1 （Q_1の合計）

力＝定数×変位

$P_3 \to k_3$ 　A　B　$P_3 = k_3\delta_3$

$\left(\dfrac{12E_A I_A}{h^3} + \dfrac{12E_B I_B}{h^3}\right)$ などをk_3とした

$P_3+P_2 \to k_2$ 　$P_3+P_2 = k_2\delta_2$

$P_3+P_2+P_1 \to k_1$ 　$P_3+P_2+P_1 = k_1\delta_1$

★ / **R229** / 水平荷重のラーメン　その9

Q 下図のような門形ラーメンの曲げモーメントM図から、柱と梁のせん断力Qを出すには？

A Mの勾配からQを出します。

Mを微分するとQ、この場合Mは直線なのでMの傾きがQになります（R111参照）。

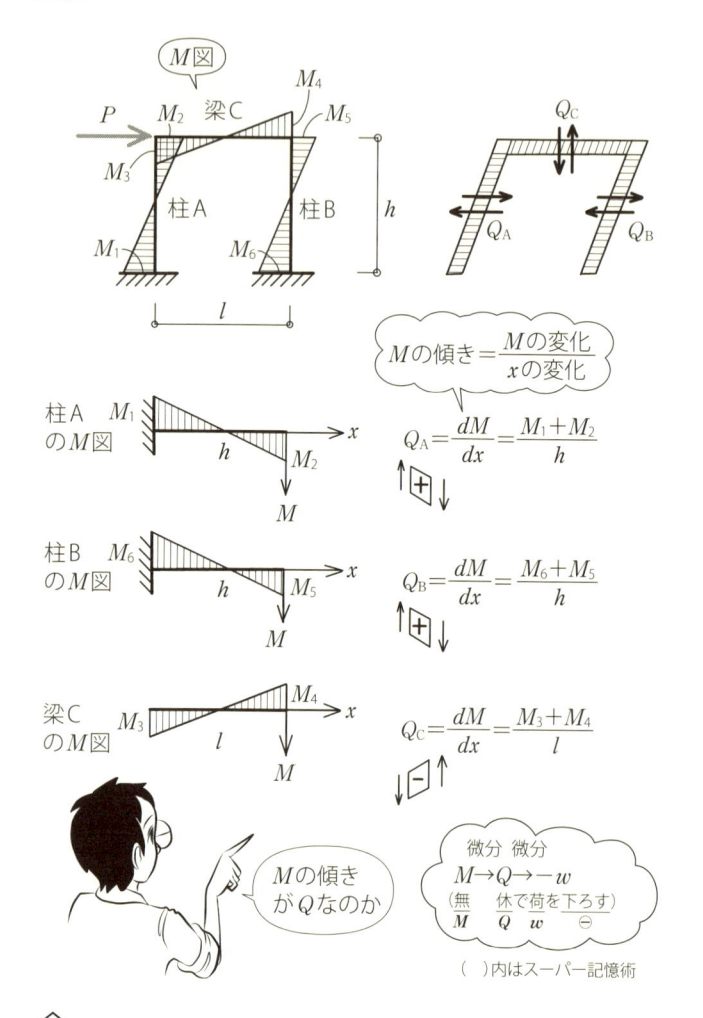

$$M\text{の傾き} = \frac{M\text{の変化}}{x\text{の変化}}$$

柱AのM図:
$$Q_A = \frac{dM}{dx} = \frac{M_1 + M_2}{h}$$

柱BのM図:
$$Q_B = \frac{dM}{dx} = \frac{M_6 + M_5}{h}$$

梁CのM図:
$$Q_C = \frac{dM}{dx} = \frac{M_3 + M_4}{l}$$

Mの傾きがQなのか

微分　微分
$M \to Q \to -w$
（無　休で荷を下ろす）
M　Q　w　$\ominus$

（　）内はスーパー記憶術

★ R230　水平荷重のラーメン　その10

Q 下図のような柱の曲げモーメント M 図からせん断力 Q を求めるには？

A 反曲点の高さ h_1 を使って M の傾きから Q を求めます。

🔲 M の向きが凸から凹に変わる点（反曲点）の高さ h_1 と柱脚の M_1 がわかっている場合、Q は M の傾きなので、$\dfrac{M_1}{h_1}$ として求められます。

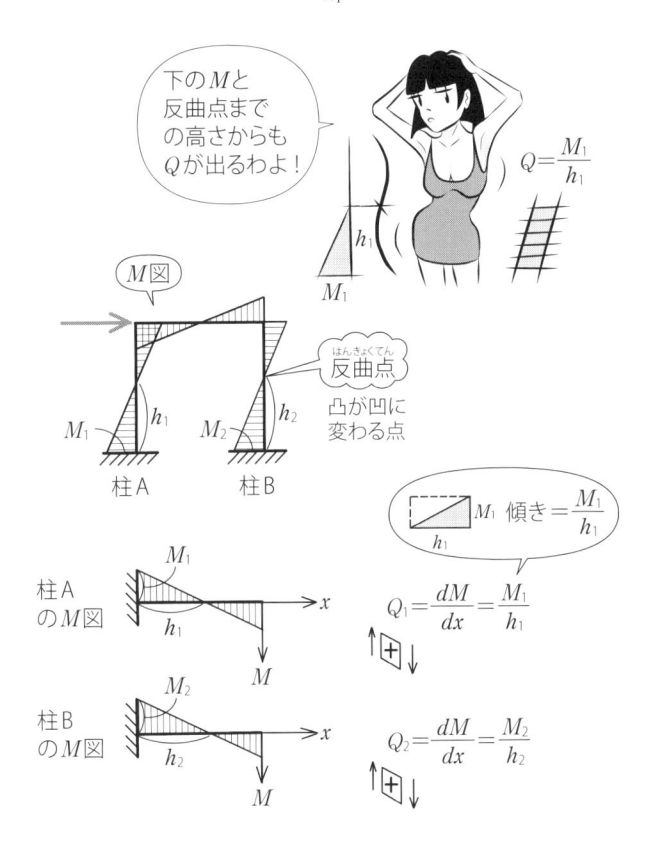

> 下の M と反曲点までの高さからも Q が出るわよ！

$$Q = \frac{M_1}{h_1}$$

M図

反曲点 — 凸が凹に変わる点

柱A　　柱B

傾き $= \dfrac{M_1}{h_1}$

柱AのM図

$$Q_1 = \frac{dM}{dx} = \frac{M_1}{h_1}$$

柱BのM図

$$Q_2 = \frac{dM}{dx} = \frac{M_2}{h_2}$$

- $M=0$ の点は、M の働く向きが ↙↘ から ↖↗ に変わる点です。M の向きが ↙↘ から ↖↗ に変わると、変形も凸から凹に変わります。このような点を、反曲点といいます。反曲点の位置がわかれば、上記のように、そこから Q を求めることもできます。逆に Q_1、Q_2 がわかれば、それに反曲点高さ h_1、h_2 をかけて M_1、M_2 を求めることもできます。

★ **R231** 　　　　　　　　　　　　水平荷重のラーメン　その11

Q 門形ラーメンで、柱の高さに対する反曲点高さの比（反曲点高比：はんきょくてんたかひ）は、梁の曲がりやすさとどう関係する？

A 柱頭がピンだと1、梁が固くなるほど0.5に近づき、梁が完全剛だと0.5となります。

$\dfrac{反曲点の高さ}{柱の高さ}$ は反曲点高比といい、水平力を受けるラーメンでよく登場します。梁が曲がりにくいほど柱上部の節点の回転が拘束され、柱上部の湾曲が大きくなります。

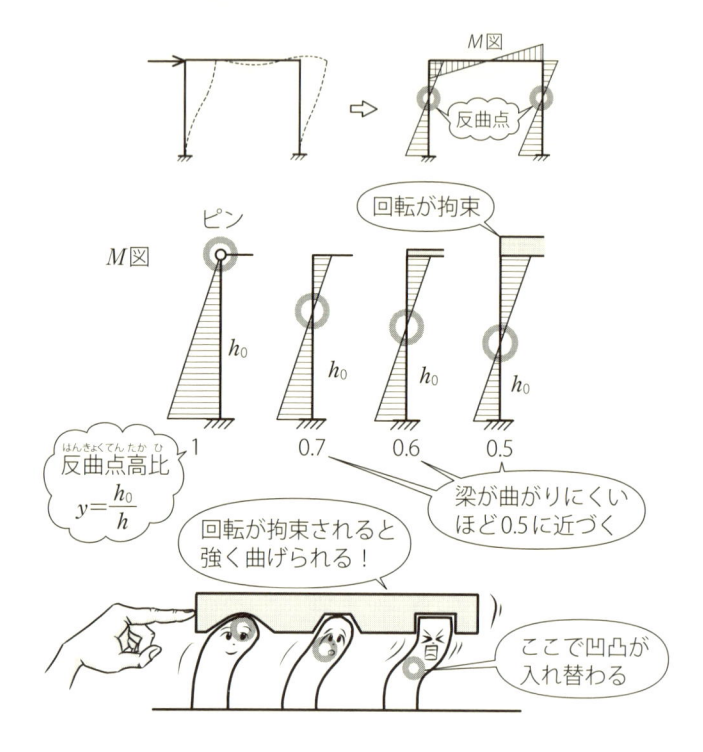

反曲点高比
$y = \dfrac{h_0}{h}$

回転が拘束されると強く曲げられる！

ここで凹凸が入れ替わる

- 反曲点高比は定められた表によって、標準反曲点高比に梁の固さや層の高さなどによる修正値を足すことによって求めることができます。水平力を各柱に分配して各Qを求め、それからMを求めます。水平力による応力を手計算で略算する、武藤清博士によって提案されたD値法（武藤法）です。D値とは柱梁の剛比（曲がりにくさの比）から計算するせん断力分布係数のことで、水平力がどのように振り分けられるかを示す係数です。DはDistribution（分配）を意味します。

★ R232 水平荷重のラーメン その12

Q 水平力がかかるラーメンで、柱のせん断力 Q がわかっている場合、反曲点高比 y から曲げモーメント M を求めるには?

A Q と y を使って柱上下端の M を求めます。

水平力だけかかる場合の M 図は直線なので、「M の傾き$=Q$」を使って、逆に M を求めることができます。

水平力だけかかったラーメン

$(1-y)h$
yh

h：高さ
y：反曲点高比

M 図

$(1-y)h$
yh

$M_2?$
$M_1?$

反曲点がわかれば、M は Q から出るのよ!

M の傾き$=Q$

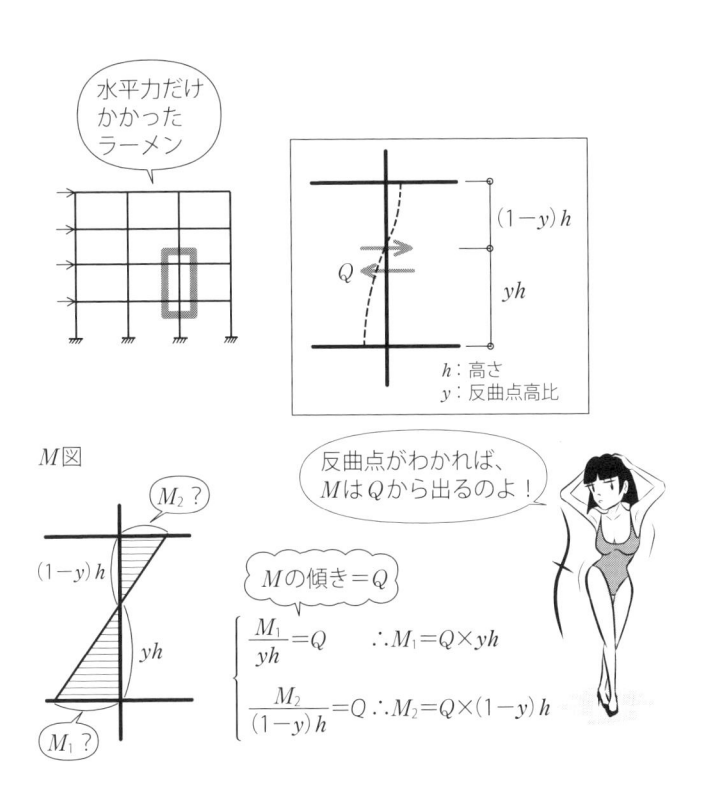

$$\begin{cases} \dfrac{M_1}{yh}=Q \quad \therefore M_1=Q\times yh \\ \dfrac{M_2}{(1-y)h}=Q \therefore M_2=Q\times(1-y)h \end{cases}$$

- Q を柱の高さ h で割った $\dfrac{Q}{h}$ は M_1+M_2 の値で、グラフ（M の値）がどこで0になるかがわからないと、M_1、M_2 を算出できません。Q から M を求めるのは微分の逆、積分となり、高さがいくつの時 M がいくつになるかという特定の点がわからないと、M を求めることができないのです。

★ R233　水平荷重のラーメン　その13

Q 多層ラーメンでは反曲点高比は層によってどういう傾向にある？

A 最下階では0.5より大、最上階では0.5より小、中間階では約0.5です。

最上層の柱を考えると、イラスト下部のように柱頭の節点では柱1本に梁2本が付きますが、柱脚の節点では柱2本に梁2本、つまり柱1本当たり梁1本の回転拘束となります。よって柱脚の方が柱頭よりも回転拘束が低く、曲げモーメントも小さくなります。

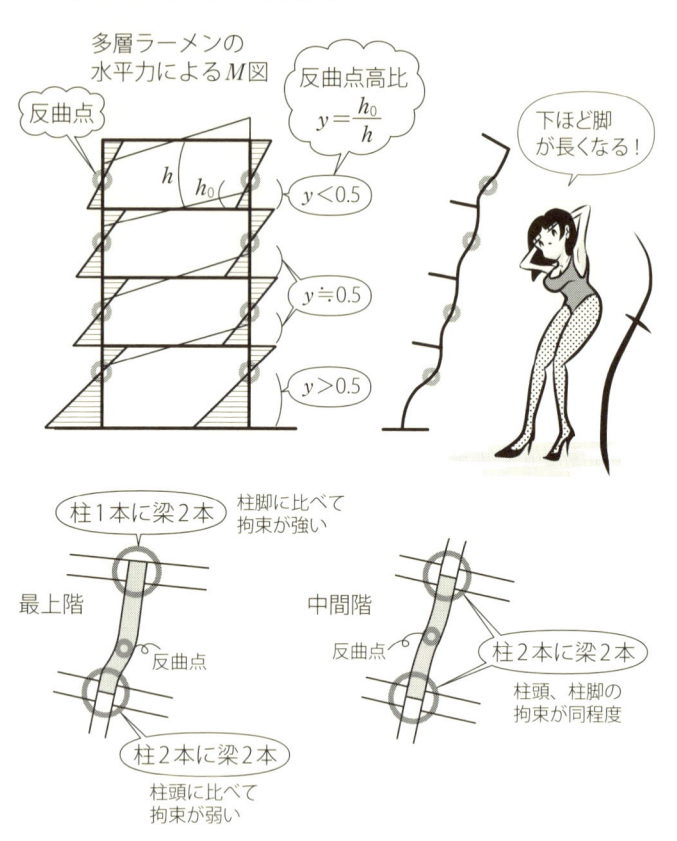

多層ラーメンの水平力によるM図

反曲点高比
$$y = \frac{h_0}{h}$$

$y < 0.5$

$y \fallingdotseq 0.5$

$y > 0.5$

下ほど脚が長くなる！

最上階
- 柱1本に梁2本（柱脚に比べて拘束が強い）
- 反曲点
- 柱2本に梁2本（柱頭に比べて拘束が弱い）

中間階
- 反曲点
- 柱2本に梁2本（柱頭、柱脚の拘束が同程度）

● 中間階での柱では、柱頭も柱脚も同様の梁の付き方なので、回転の拘束は同程度となり、曲げモーメントも同程度となります。最下層の柱では前項で示したように、柱脚の固定端はまったく回転しないので、こちらの方がかなり大きい曲げモーメントとなります。

★ R234 水平荷重のラーメン　その14

Q 下図のような水平力 P のかかる門形ラーメンで、柱の軸方向力 N と梁のせん断力 Q の関係は？

A $N = Q$ です。

柱と梁を中間で切断して考えると、垂直方向の力は N と Q しかないので、両者はつり合っているはずです。

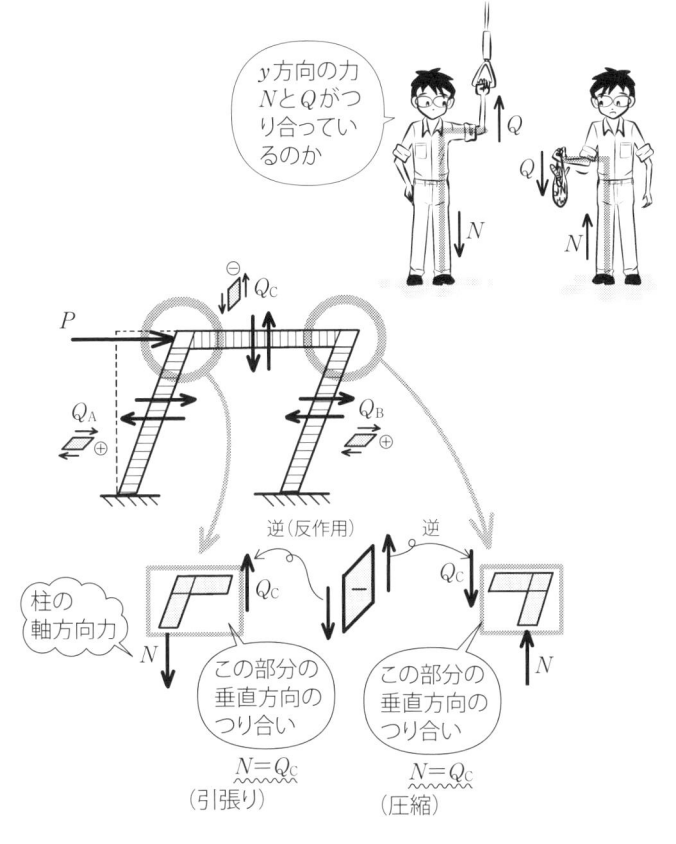

y 方向の力 N と Q がつり合っているのか

柱の軸方向力

この部分の垂直方向のつり合い
$N = Q_C$
（引張り）

逆（反作用）　逆

この部分の垂直方向のつり合い
$N = Q_C$
（圧縮）

- 水平力だけ作用した場合だと、柱、梁の曲げモーメント M は直線的に変化して、その傾き Q はどこでも一緒です。柱、梁の Q は、どこで切っても同じになります。
- 反作用とは、たとえば、壁を10kgfの力で押すと、反対に10kgfの力で壁から押し返されるような2物体間での力の作用のことです。

★ **R235**　　　　　　　　　　　　水平荷重のラーメン　その15

Q 下図のような水平力 P のかかる3層ラーメンで、柱の軸方向力 N と梁のせん断力 Q の関係は？

A $N_3 = Q_3$、$N_2 = N_3 + Q_2$、$N_1 = N_2 + Q_1$　です。

下の柱の N には、上の柱の N のほかに梁の Q が足されます。各節点のまわりで切断して垂直方向のつり合いを考えると、この関係が出てきます。

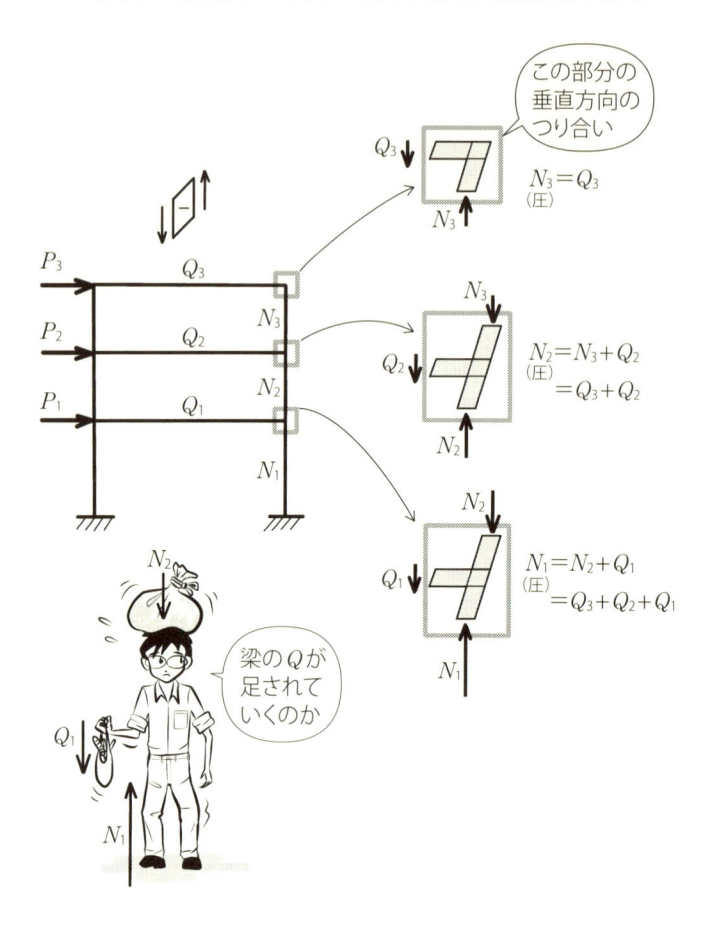

この部分の垂直方向のつり合い

$N_3 = Q_3$
(圧)

$N_2 = N_3 + Q_2$
(圧)
$= Q_3 + Q_2$

$N_1 = N_2 + Q_1$
(圧)
$= Q_3 + Q_2 + Q_1$

梁の Q が足されていくのか

- 水平力 P の効果だけを考えた応力ですが、実際は重みがかかるので、その応力を別に求めて足す必要があります。

★ R236 水平荷重のラーメン その16

Q 下図のような水平力 P のかかる3層ラーメンで、内側の柱の軸方向力 N と梁のせん断力 Q の関係は？

A $N_3 = Q_{3A} - Q_{3B}$、$N_2 = N_3 + (Q_{2A} - Q_{2B})$、$N_1 = N_2 + (Q_{1A} - Q_{1B})$ です。

両側の梁のせん断力の差が、軸方向力に加わります。

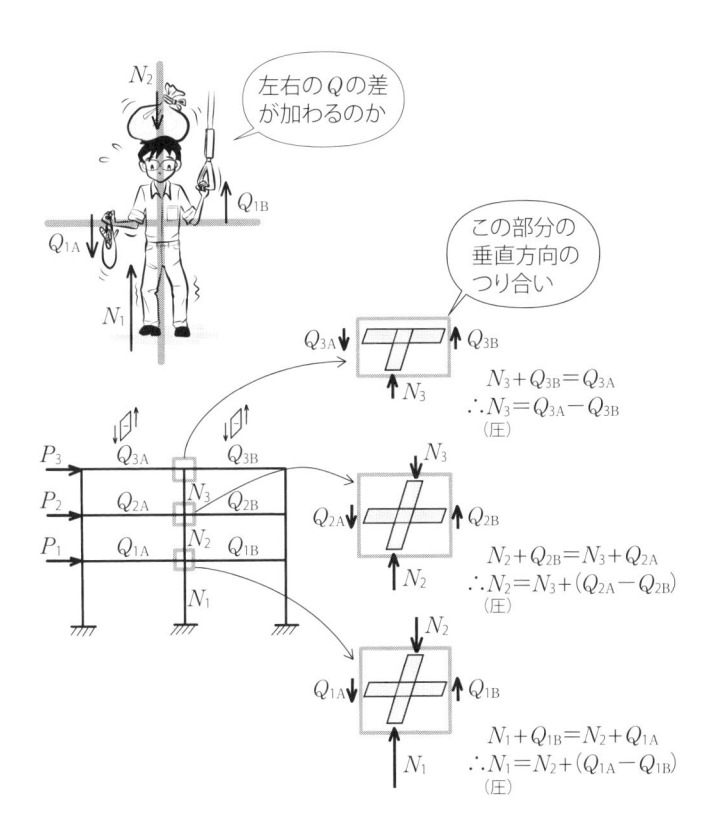

▼

左右の Q の差が加わるのか

この部分の垂直方向のつり合い

$N_3 + Q_{3B} = Q_{3A}$
$\therefore N_3 = Q_{3A} - Q_{3B}$
（圧）

$N_2 + Q_{2B} = N_3 + Q_{2A}$
$\therefore N_2 = N_3 + (Q_{2A} - Q_{2B})$
（圧）

$N_1 + Q_{1B} = N_2 + Q_{1A}$
$\therefore N_1 = N_2 + (Q_{1A} - Q_{1B})$
（圧）

- 上図ではわかりやすいように N、Q に符号を付けずに、大きさだけを扱っています。符号を統一的に扱う場合は、N では引張りをプラス、圧縮をマイナス、Q では時計回りをプラス、反時計回りをマイナスとします。

★ R237　水平荷重のラーメン　その17

Q 地震時の柱にかかる軸方向力の変化は、隅柱と中柱でどちらが大きい？

A 隅柱の方が大きいです。

左右の梁のせん断力の差が、柱の軸方向力に加わります。隅柱には右側（左側）にしか梁がないので、そのせん断力が直接柱の軸方向力として加わるので、中柱よりも大きな力となります。水平力が左から右に移ると、大きな引張り力が大きな圧縮力となって、力の変化も大きくなります。

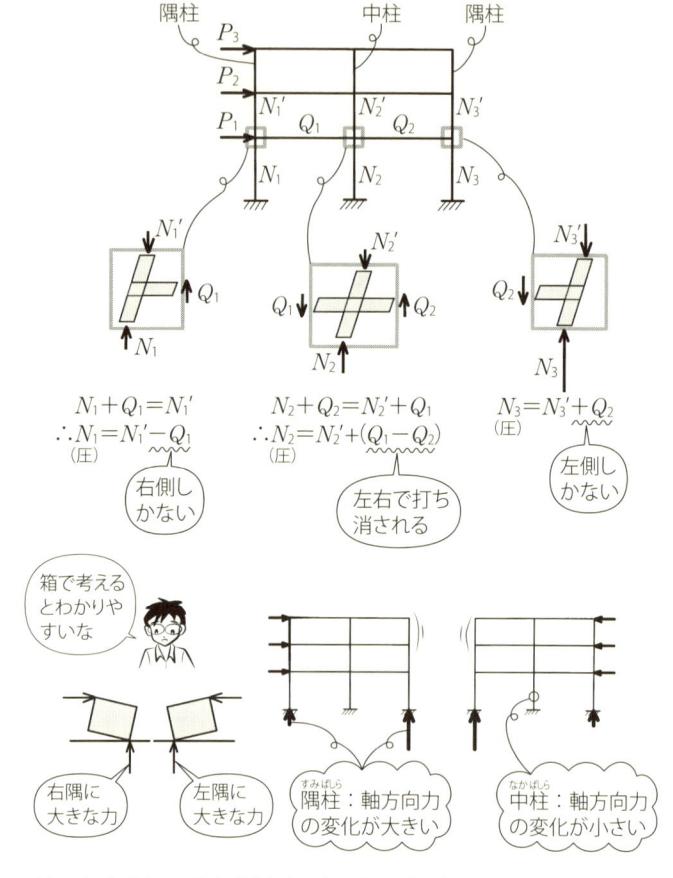

$N_1 + Q_1 = N_1'$
∴ $N_1 = N_1' - Q_1$（圧）
〈右側しかない〉

$N_2 + Q_2 = N_2' + Q_1$
∴ $N_2 = N_2' + (Q_1 - Q_2)$（圧）
〈左右で打ち消される〉

$N_3 = N_3' + Q_2$（圧）
〈左側しかない〉

箱で考えるとわかりやすいな

右隅に大きな力　　左隅に大きな力

隅柱（すみばしら）：軸方向力の変化が大きい

中柱（なかばしら）：軸方向力の変化が小さい

● ラーメンをひとつの箱と考えると、左から水平力がかかると右側が一番圧縮され、右から力がかかると左側が一番圧縮されるのが感覚的に理解できます。

★ R238　水平荷重のラーメン　その18

Q 水平荷重時の応力を考える際、鉛直荷重の応力はどうする?

A 鉛直荷重の応力は別に計算して、後から両者を重ねます(足し算します)。

今まで水平荷重を鉛直荷重抜きに考えてきました。実際の建物には両者が同時に働くので、別々に応力を計算して最後に両者を重ね合わせます。

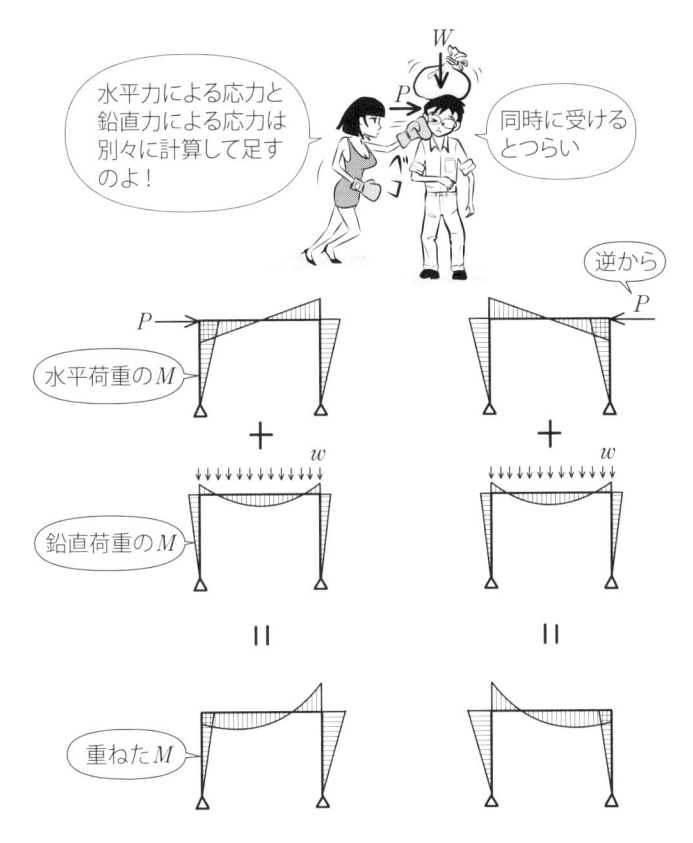

水平力による応力と鉛直力による応力は別々に計算して足すのよ!

同時に受けるとつらい

逆から

水平荷重の M

＋

鉛直荷重の M

＝

重ねた M

- 建築士試験の問題などでは、話を単純にするために水平荷重だけのラーメンがよく出てきます。実際の計算でも、水平荷重と鉛直荷重を別々に扱って、最後に両者を足し算することがよく行われます。
- $P = P_1 + P_2$ のとき、P_1 による応力(変形)と P_2 による応力(変形)を足し算すると、P による応力(変形)と同じになります。これを重ね合わせの原理といいます。

★ R239 たわみ角法の基本式 その1

Q 不静定の構造物はどうやって解く？

A 変形などを使って解きます。

不静定は力のつり合いだけでは解けないので、変形やエネルギーなどを使って応力を出します。変形で最も一般的なのがたわみ角です。材端部のたわみ角を使って、材端部のモーメントを出し、それから材各部の曲げモーメントを出します。固定モーメント法も、たわみ角法の基本式から導かれた方法です。たわみ角法の基本式は、モールの定理から導かれたものです。

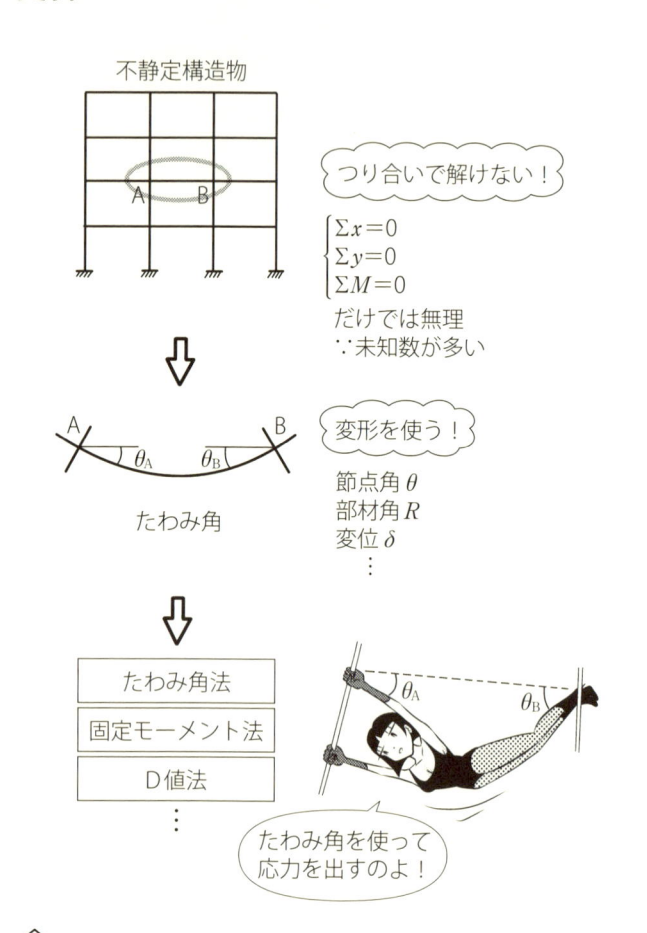

不静定構造物

つり合いで解けない！

$$\begin{cases} \Sigma x = 0 \\ \Sigma y = 0 \\ \Sigma M = 0 \end{cases}$$

だけでは無理
∵ 未知数が多い

たわみ角

変形を使う！

節点角 θ
部材角 R
変位 δ
⋮

- たわみ角法
- 固定モーメント法
- D値法
⋮

たわみ角を使って応力を出すのよ！

★ R240 — たわみ角法の基本式 その2

Q たわみ角法とは？

A ラーメンの節点角、材端モーメントなどを未知数にして、節点方程式（モーメントのつり合い式）と層方程式（横力のつり合い式）を立てて、材端モーメントを出して、そこから応力を求める方法です。

材端モーメントなどを仮定して連立方程式をつくって、材端モーメントを出すことを目指します。次に材端モーメントから応力を計算します。

[スーパー記憶術]

に	いちゃんまた	Ⅲ	追加	して
($2\theta_A + 1\theta_B$	マイナス $3R$）	$2EK$	$+C_{AB}$

モールの定理

$\theta_A = \dfrac{M_{AB} l}{3EI}$ $\quad \theta_B = \dfrac{M_{AB} l}{6EI}$

M_{BA} によるたわみ角を加えて、R、C_{AB} も入れて M_{AB}、M_{BA} について整理すると基本式になる

M_{AB}、θ_A、θ_B、R などを仮定

たわみ角法の基本式

剛度 $K = \dfrac{I}{l}$ 　荷重項

$$M_{AB} = 2EK(2\theta_A + \theta_B - 3R) + C_{AB}$$

部材角　節点角　材端モーメント

時計回りをプラス

節点方程式 …各節点でモーメントの和=0
層方程式 …各層で横力の和=0

部材ごとに2つずつ式を作って連立方程式を解くのよ！

大変ね

θ、R を出す

材端モーメント … M_{AB}、M_{BA}
↓
応力 … M、Q

• 材端モーメントがかかったときのたわみ角 $\theta_A = \dfrac{M_{AB} l}{3EI}$、$\theta_B = \dfrac{M_{AB} l}{6EI}$ については R207 を参照してください。

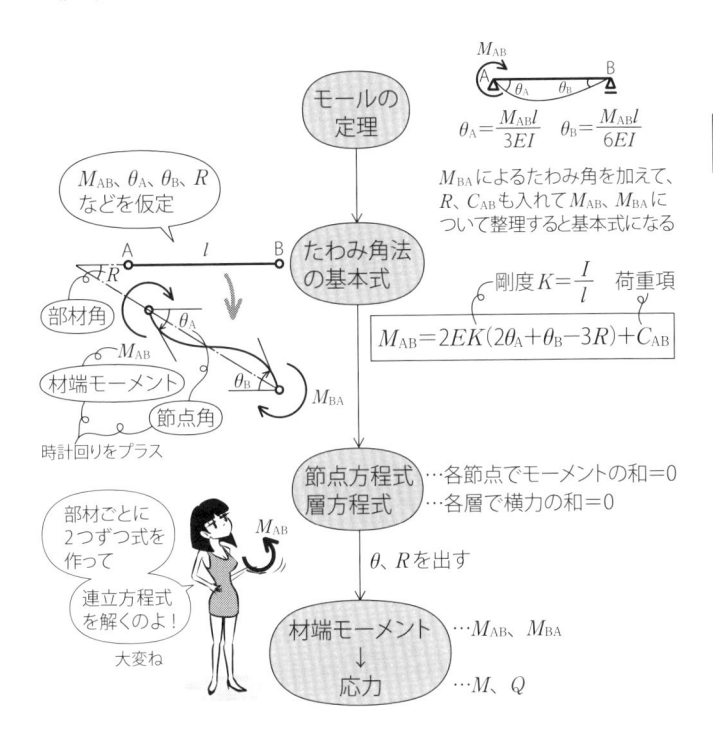

★ R241　たわみ角法の基本式　その3

Q たわみ角法の簡略式は？

A $M_{AB} = k_{AB}(2\theta_A' + \theta_B' + R') + C_{AB}$　です。

式ごとにたわみ角法の基本式を書くのは面倒なので、簡略式を使うと便利です。ある部材の剛度を基準にして（標準剛度 K_0）、それとの比を剛比とします。

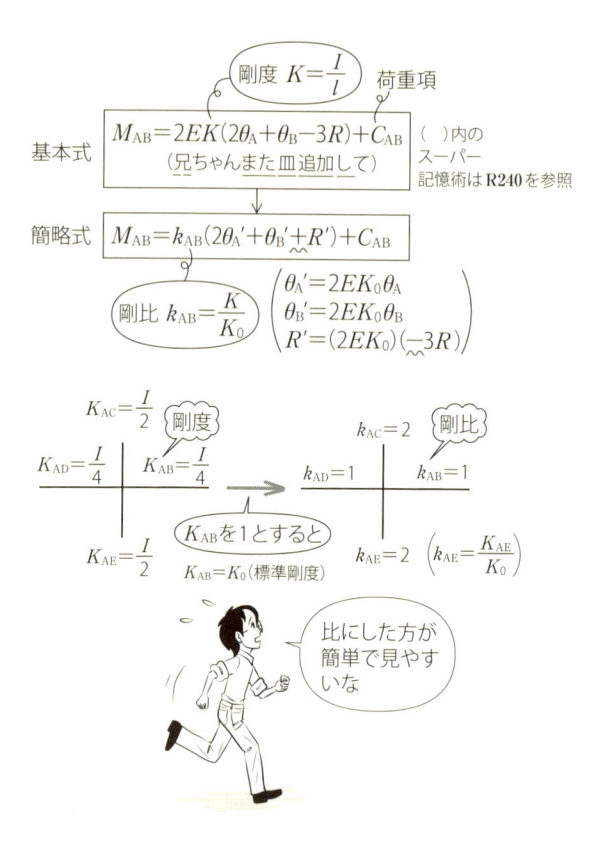

基本式　$M_{AB} = 2EK(2\theta_A + \theta_B - 3R) + C_{AB}$
　　　　（兄ちゃんまた皿追加して）

剛度 $K = \dfrac{I}{l}$　　荷重項

（ ）内のスーパー記憶術は R240 を参照

簡略式　$M_{AB} = k_{AB}(2\theta_A' + \theta_B' + R') + C_{AB}$

剛比 $k_{AB} = \dfrac{K}{K_0}$

$\begin{pmatrix} \theta_A' = 2EK_0\theta_A \\ \theta_B' = 2EK_0\theta_B \\ R' = (2EK_0)(-3R) \end{pmatrix}$

$K_{AC} = \dfrac{I}{2}$　　剛度

$K_{AD} = \dfrac{I}{4}$　　$K_{AB} = \dfrac{I}{4}$

$K_{AE} = \dfrac{I}{2}$

K_{AB} を1とすると　　$K_{AB} = K_0$（標準剛度）

$k_{AC} = 2$　　剛比

$k_{AD} = 1$　　$k_{AB} = 1$

$k_{AE} = 2$　　$\left(k_{AE} = \dfrac{K_{AE}}{K_0}\right)$

比にした方が簡単で見やすいな

- 上図ではわかりやすくするために、部材ごとの断面2次モーメント I は同じとしていますが、一般には断面形が異なるので I も異なります。$\dfrac{I}{l}$ を計算して、その比を剛比とします。
- 簡略式の θ' を ϕ（ファイ）、R' を ψ（プサイ）という記号で書くこともあります。

★ R242　材端モーメント　その1

Q 材端モーメントとは？

A 曲げモーメントで、部材の一番外側、材端に作用しているものです。

部材内に働く内力（応力）としての曲げモーメントで、端部に働いて部材を曲げようとするモーメントです。時計回りをプラスとします。

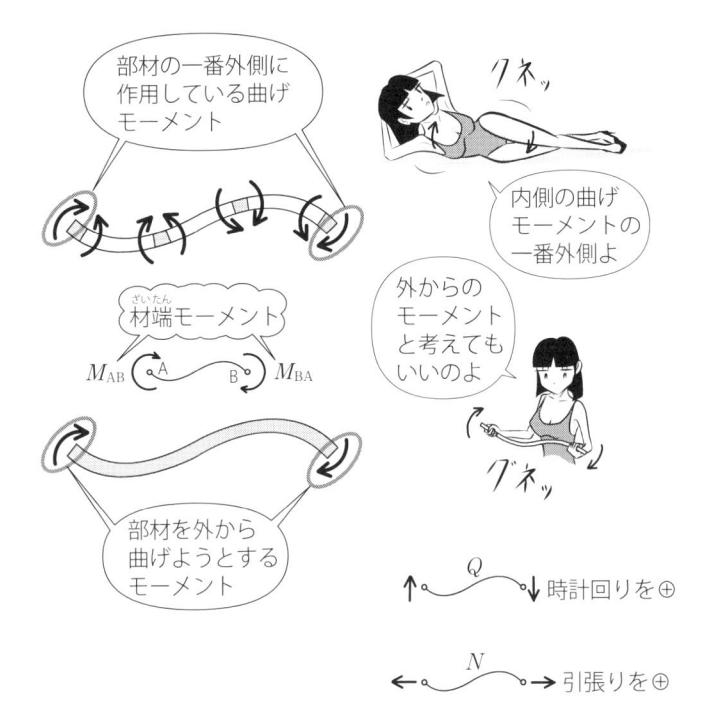

部材の一番外側に作用している曲げモーメント

内側の曲げモーメントの一番外側よ

材端モーメント

M_{AB}　A　B　M_{BA}

外からのモーメントと考えてもいいのよ

グネッ

部材を外から曲げようとするモーメント

Q　時計回りを $\oplus$

N　引張りを $\oplus$

- 材端モーメントを、外から材端を曲げようとする外力と考えることもできます。
- たわみ角（節点の回転角、節点角ともいう）、部材角も時計回りをプラスとします。
- 端部でのせん断力 Q は反対側端部と合わせてみて時計回りとなる方向をプラス。軸方向力 N は引張り側をプラスとします。

★ R243 材端モーメント その2

Q 材端モーメントの符号と曲げモーメントの符号は関係ある？

A 関係ありません。

材端モーメントはひとつの力のモーメントで、時計回りをプラスとします。一方曲げモーメントは湾曲させようとする1対のモーメントです。梁の場合曲げモーメントは下をプラス、柱の場合は左をプラスなどとし、曲げモーメント図は凸側に描きます。両者の符号に1対1の関係はありません。両者の変形を考えて、符号を対応させます。

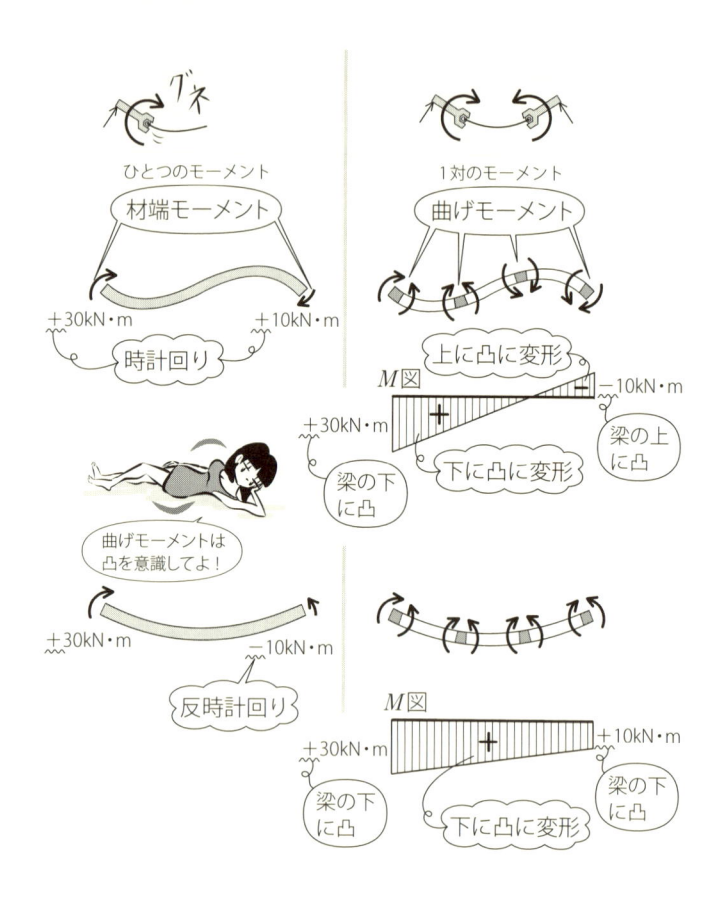

ひとつのモーメント — 材端モーメント
$+30\text{kN}\cdot\text{m}$　$+10\text{kN}\cdot\text{m}$　時計回り

1対のモーメント — 曲げモーメント
上に凸に変形／下に凸に変形
M図　$+30\text{kN}\cdot\text{m}$　$-10\text{kN}\cdot\text{m}$
梁の下に凸／梁の上に凸

曲げモーメントは凸を意識してよ！

$+30\text{kN}\cdot\text{m}$　$-10\text{kN}\cdot\text{m}$　反時計回り

M図　$+30\text{kN}\cdot\text{m}$　$+10\text{kN}\cdot\text{m}$
梁の下に凸／下に凸に変形／梁の下に凸

★ R244　材端モーメント　その3

Q 部材端部に対する材端モーメントが+30kN·mのとき、節点に対するモーメントは？

A −30kN·mです。

材端モーメント M_{AB} は節点AからAB材端部にかかるモーメントで、AB材から節点Aへは逆向きに同じ大きさの $-M_{AB}$ がかかります。作用と反作用の関係です。

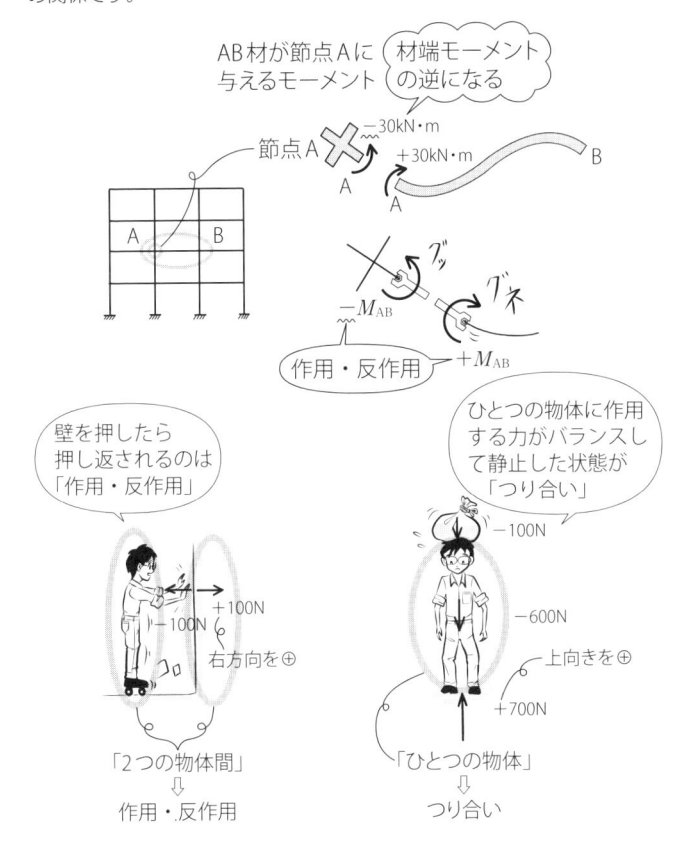

AB材が節点Aに与えるモーメント（材端モーメントの逆になる）

−30kN·m
節点A
+30kN·m
B

作用・反作用
$-M_{AB}$
$+M_{AB}$

壁を押したら押し返されるのは「作用・反作用」

−100N　+100N
右方向を ⊕

「2つの物体間」
⇩
作用・反作用

ひとつの物体に作用する力がバランスして静止した状態が「つり合い」

−100N
−600N
上向きを ⊕
+700N

「ひとつの物体」
⇩
つり合い

- 壁を押したら壁から押し返されるのが作用・反作用です。つり合いとはひとつの物に対する力がつり合って静止すること（正確には加速度が生じないこと）、作用・反作用とは2つの物の間にやり取りされる力のことです。「つり合い→ひとつの物体」、「作用・反作用→2つの物体間」と覚えておきましょう。

★ R245　荷重項　その1

Q 荷重項 C_{AB} とは？

A AB材の中間荷重だけによって決まる項で、両端を固定する場合の固定端モーメントと大きさが等しくなります。

たわみ角法の基本式で $\theta = R = 0$ とすると、$M_{AB} = C_{AB}$、$M_{BA} = C_{BA}$ となります。

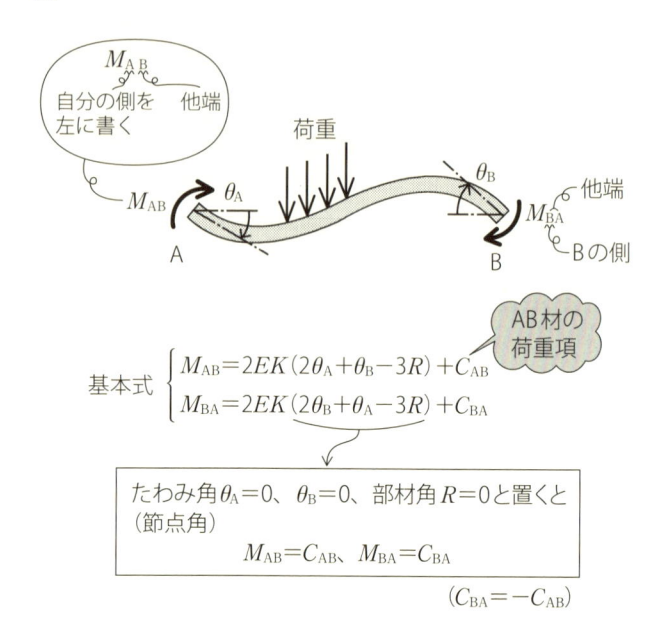

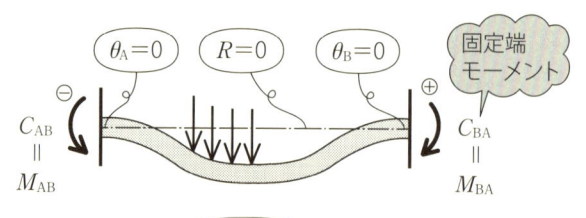

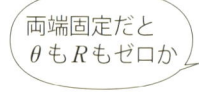

M_{AB}：自分の側を左に書く　他端

基本式
$$\begin{cases} M_{AB} = 2EK(2\theta_A + \theta_B - 3R) + C_{AB} \\ M_{BA} = 2EK(2\theta_B + \theta_A - 3R) + C_{BA} \end{cases}$$

AB材の荷重項

たわみ角 $\theta_A = 0$、$\theta_B = 0$、部材角 $R = 0$ と置くと（節点角）

$M_{AB} = C_{AB}$、$M_{BA} = C_{BA}$

$(C_{BA} = -C_{AB})$

$\theta_A = 0$　$R = 0$　$\theta_B = 0$

固定端モーメント

$C_{AB} = M_{AB}$　　$C_{BA} = M_{BA}$

両端固定だと θ も R もゼロか

★ R246 荷重項 その2

Q 中央に集中荷重 P、全体に等分布荷重 w がかかる梁のそれぞれの荷重項 C_{AB} は？

A $-\dfrac{Pl}{8}$、$-\dfrac{Wl}{12}$ です（$W=wl$）。

荷重項は、たわみ角、部材角をゼロとした場合の材端モーメントで、固定端モーメントに等しくなります。左側端部を固定するモーメントは反時計回りになるので、符号はマイナスです。

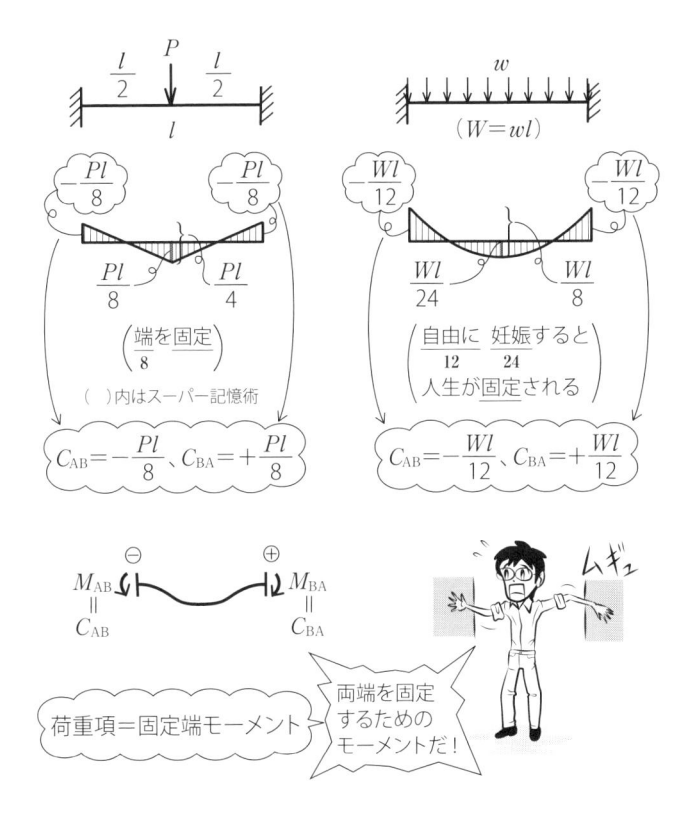

$$C_{AB}=-\frac{Pl}{8},\ C_{BA}=+\frac{Pl}{8}$$

（端を固定 / 8）
（ ）内はスーパー記憶術

$$C_{AB}=-\frac{Wl}{12},\ C_{BA}=+\frac{Wl}{12}$$

（自由に $\dfrac{12}{}$ 妊娠すると $\dfrac{24}{}$ 人生が固定される）

$M_{AB}\ \ominus \quad \oplus\ M_{BA}$
$\parallel \qquad\qquad \parallel$
$C_{AB} \qquad\quad C_{BA}$

荷重項＝固定端モーメント
（両端を固定するためのモーメントだ！）

- 荷重項の公式集を見れば計算できますが、代表的なものは早い段階でまる覚えしてしまうと楽です。曲げモーメント図では凸の側にグラフを描き、下に凸の場合をプラスとしています。一方材端モーメントは、時計回りをプラスとするので、符号は変形から考えなければなりません。

★ **R247** 剛度と剛比　その1

Q 剛度Kとは?
　▼

A $K = \dfrac{I}{l}$ （I：断面2次モーメント、l：部材の長さ）で表される、曲げにくさの指標です。

たわみ角法基本式の（　）の前に付く$2EK$のKが剛度で、$\dfrac{I}{l}$を置き換えたものです。ヤング率Eが一定だと、部材の曲がりやすさは剛度だけで決まります。モーメントの分割も剛度によります。

[スーパー記憶術]
強盗は（時間が）長い　と　ダメ
剛度＝　　　　　　長さ分の　　断面2次モーメント

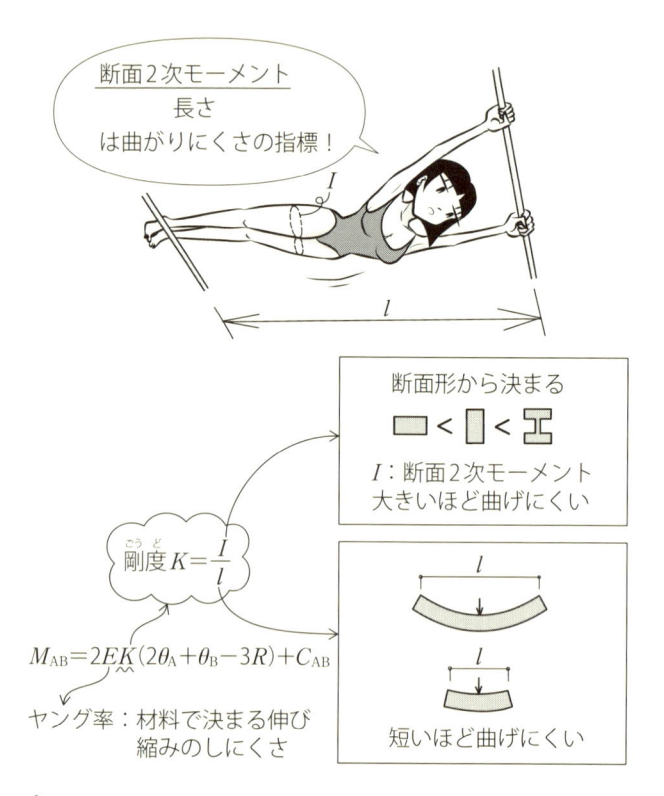

$\dfrac{断面2次モーメント}{長さ}$ は曲がりにくさの指標！

断面形から決まる

I：断面2次モーメント
大きいほど曲げにくい

剛度 $K = \dfrac{I}{l}$

$M_{AB} = 2EK(2\theta_A + \theta_B - 3R) + C_{AB}$

ヤング率：材料で決まる伸び縮みのしにくさ

短いほど曲げにくい

R248 剛度と剛比 その2

Q 剛比 k とは？

A $k = \dfrac{K}{K_0}$ （K_0：基準とした剛度、標準剛度）で表される剛度の比です。

剛度をさらに剛比にしてしまうと、式をより単純化できます。どれを標準剛度とするかは勝手に決めればいいのですが、一番小さい剛度を1とするとわかりやすくなります。標準剛度の部材の剛比は、1となります。

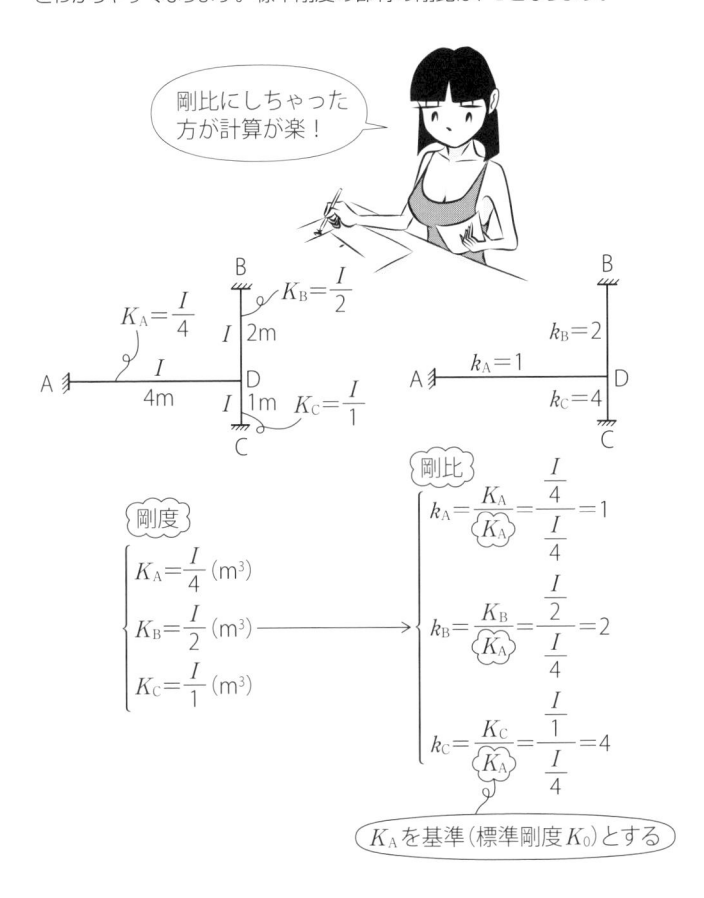

剛比にしちゃった方が計算が楽！

【剛度】

$$\begin{cases} K_A = \dfrac{I}{4} \, (m^3) \\ K_B = \dfrac{I}{2} \, (m^3) \\ K_C = \dfrac{I}{1} \, (m^3) \end{cases}$$

【剛比】

$$\begin{cases} k_A = \dfrac{K_A}{K_A} = \dfrac{\frac{I}{4}}{\frac{I}{4}} = 1 \\ k_B = \dfrac{K_B}{K_A} = \dfrac{\frac{I}{2}}{\frac{I}{4}} = 2 \\ k_C = \dfrac{K_C}{K_A} = \dfrac{\frac{I}{1}}{\frac{I}{4}} = 4 \end{cases}$$

K_A を基準（標準剛度 K_0）とする

- 上図で $K_A = \dfrac{I}{4}$ を基準として $k_A = 1$ としていますが、$K_C = I$ を基準として $k_C = 1$ としてもかまいません。その場合、$k_A = 0.25$、$k_B = 0.5$ となります。

★ R249　剛度と剛比　その3

Q 剛性増大率とは？

A 床スラブや壁の付き方によって、梁や柱の断面2次モーメント I を増大させたときの比率のことです。

剛性とは曲がりにくさのことです。床と一体となった梁の場合、長方形断面だけの梁の場合と比べて、曲がりにくくなります。断面2次モーメントを割り増しして、曲がりにくさの増大に対応させようとする比率を、剛性増大率といいます。

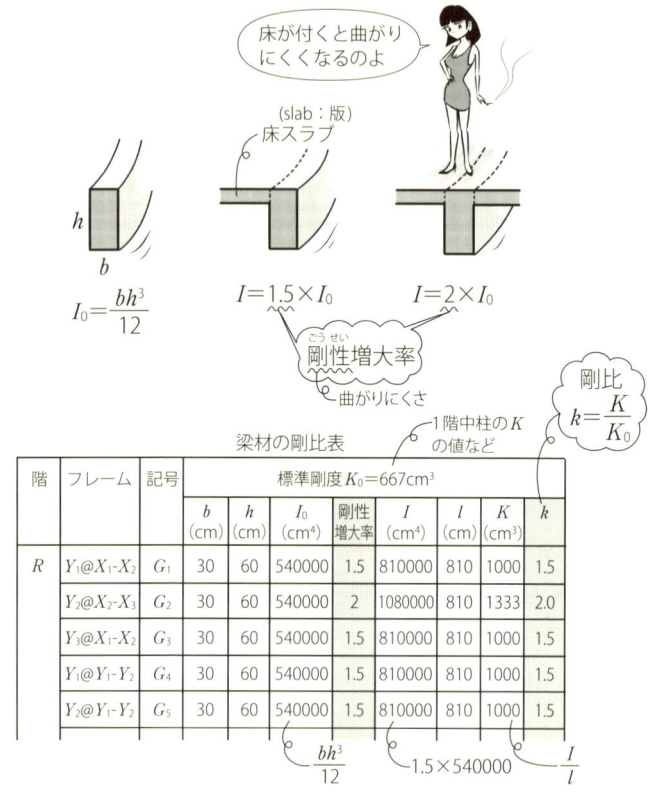

床が付くと曲がりにくくなるのよ

(slab：版) 床スラブ

$I_0 = \dfrac{bh^3}{12}$　　$I = 1.5 \times I_0$　　$I = 2 \times I_0$

剛性増大率
曲がりにくさ

剛比　$k = \dfrac{K}{K_0}$

梁材の剛比表　　1階中柱の K の値など

標準剛度 $K_0 = 667 \text{cm}^3$

階	フレーム	記号	b (cm)	h (cm)	I_0 (cm⁴)	剛性増大率	I (cm⁴)	l (cm)	K (cm³)	k
R	$Y_1@X_1\text{-}X_2$	G_1	30	60	540000	1.5	810000	810	1000	1.5
	$Y_2@X_2\text{-}X_3$	G_2	30	60	540000	2	1080000	810	1333	2.0
	$Y_3@X_1\text{-}X_2$	G_3	30	60	540000	1.5	810000	810	1000	1.5
	$Y_1@Y_1\text{-}Y_2$	G_4	30	60	540000	1.5	810000	810	1000	1.5
	$Y_2@Y_1\text{-}Y_2$	G_5	30	60	540000	1.5	810000	810	1000	1.5

$\dfrac{bh^3}{12}$　　1.5×540000　　$\dfrac{I}{l}$

- 剛比は上のような表にして計算すると、間違いがありません。この剛比に従って、各節点でモーメントが分配されることになります。
- 鉄骨造の梁でも、スタッドボルトという金具を梁に溶接して上部のコンクリートスラブと一体化させると、梁の剛性は増大します。

R250 剛度と剛比 その4

Q 下図のモーメントがかかるラーメンで、節点Dでの各材の材端モーメントと剛比は比例する?

A 同じ材料でヤング率 E が等しければ比例します。

たわみ角法の基本式を組み立てると、節点Dとは反対側の節点はすべて固定で節点角はゼロ、部材角はゼロ、中間荷重はないので、それぞれ簡単な式になります。その式を見ると、各材端モーメントは剛度や剛比に比例することがわかります。

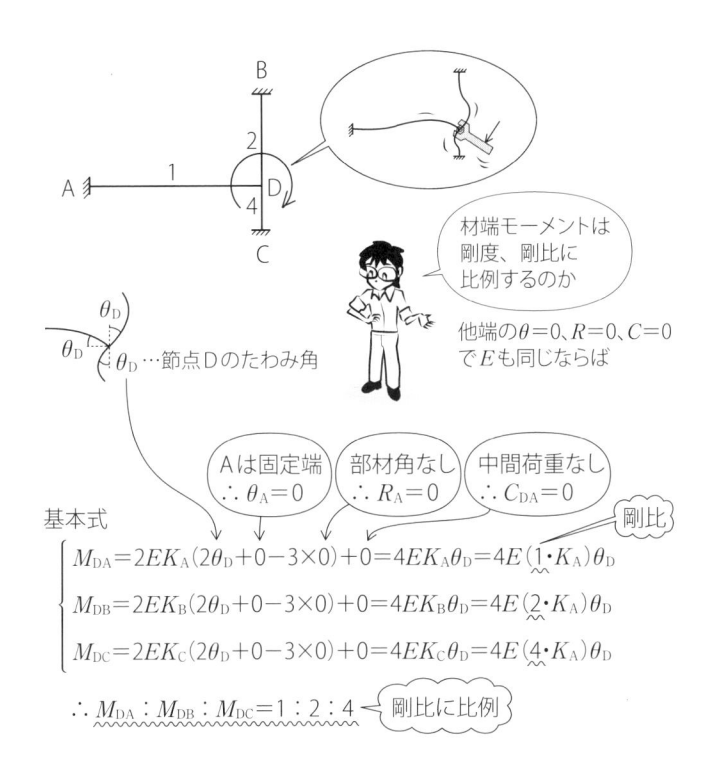

材端モーメントは剛度、剛比に比例するのか

他端の $\theta=0, R=0, C=0$ で E も同じならば

θ_D …節点Dのたわみ角

基本式

- Aは固定端 ∴ $\theta_A = 0$
- 部材角なし ∴ $R_A = 0$
- 中間荷重なし ∴ $C_{DA} = 0$

剛比

$$\begin{cases} M_{DA} = 2EK_A(2\theta_D + 0 - 3\times 0) + 0 = 4EK_A\theta_D = 4E(1\cdot K_A)\theta_D \\ M_{DB} = 2EK_B(2\theta_D + 0 - 3\times 0) + 0 = 4EK_B\theta_D = 4E(2\cdot K_A)\theta_D \\ M_{DC} = 2EK_C(2\theta_D + 0 - 3\times 0) + 0 = 4EK_C\theta_D = 4E(4\cdot K_A)\theta_D \end{cases}$$

∴ $M_{DA} : M_{DB} : M_{DC} = 1 : 2 : 4$ ← 剛比に比例

★ R251 節点方程式 その1

Q 節点方程式とは？

A 各節点で材端モーメントの和＝0とする式です。

材端部にかかる材端モーメントと、大きさが同じで反対向きのモーメントが節点にかかります。節点はクルクル回転するわけではないので、合計のモーメントはつり合っているべきで、その和はゼロでなければなりません。節点に集まる材の材端モーメントの和＝0ならば、節点を回そうとするモーメントの和＝0となります。

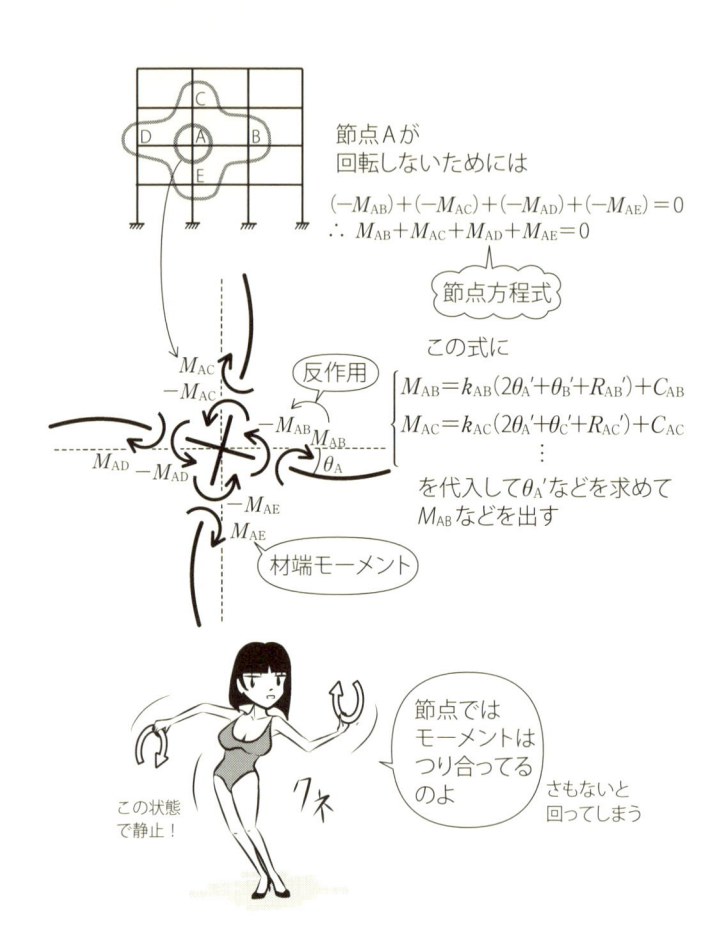

節点Aが回転しないためには

$(-M_{AB})+(-M_{AC})+(-M_{AD})+(-M_{AE})=0$
$\therefore M_{AB}+M_{AC}+M_{AD}+M_{AE}=0$

【節点方程式】

この式に

$\begin{cases} M_{AB}=k_{AB}(2\theta_A'+\theta_B'+R_{AB}')+C_{AB} \\ M_{AC}=k_{AC}(2\theta_A'+\theta_C'+R_{AC}')+C_{AC} \\ \vdots \end{cases}$

を代入してθ_A'などを求めてM_{AB}などを出す

【反作用】

【材端モーメント】

節点ではモーメントはつり合ってるのよ

さもないと回ってしまう

この状態で静止！

クネ

★ R252 節点方程式 その2

Q 下図の節点Dに70kN·mのモーメントが加わった場合、節点Dでの各材の材端モーメントは？

A $M_{DA}=10$kN·m、$M_{DB}=20$kN·m、$M_{DC}=40$kN·m です。

剛比によって比例配分され、$M_{DA}=\dfrac{k_A}{k}\times M$、$M_{DB}=\dfrac{k_B}{k}\times M$、$M_{DC}=\dfrac{k_C}{k}\times M$ ($k=k_A+k_B+k_C$) となります。剛比の大きい曲がりにくい材には、大きなモーメントが配分されることになります。

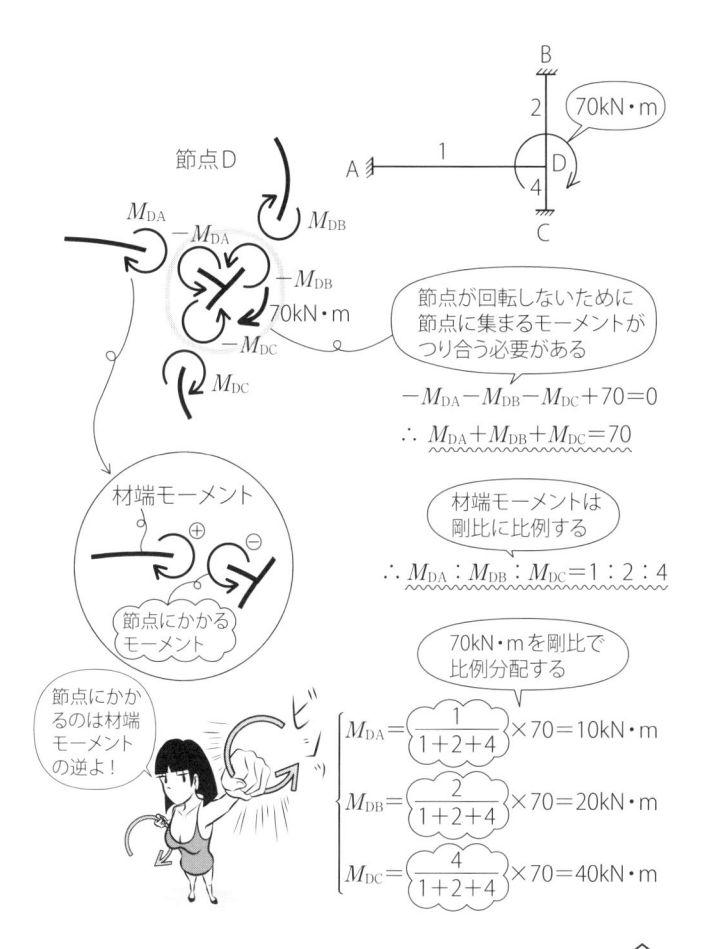

節点D

節点が回転しないために節点に集まるモーメントがつり合う必要がある

$-M_{DA}-M_{DB}-M_{DC}+70=0$

∴ $M_{DA}+M_{DB}+M_{DC}=70$

材端モーメント

材端モーメントは剛比に比例する

∴ $M_{DA}:M_{DB}:M_{DC}=1:2:4$

節点にかかるモーメント

節点にかかるのは材端モーメントの逆よ！

70kN·mを剛比で比例分配する

$M_{DA}=\dfrac{1}{1+2+4}\times 70=10$kN·m

$M_{DB}=\dfrac{2}{1+2+4}\times 70=20$kN·m

$M_{DC}=\dfrac{4}{1+2+4}\times 70=40$kN·m

R253 節点方程式 その3

Q 下図のようなラーメンに90kN·mのモーメントが加わった場合、節点Fでの各材の材端モーメントは？

▼

A $M_{FA}=10$kN·m、$M_{FB}=20$kN·m、$M_{FC}=20$kN·m、$M_{FD}=40$kN·m です。

①断面2次モーメントと材の長さから剛度を求め、そこから剛比を出して図に書き込みます。②節点でのモーメントのつり合い式を立てて、材端モーメントの合計を求めます。③材端モーメントの合計を剛比で比例配分して、各材端モーメントを出します。

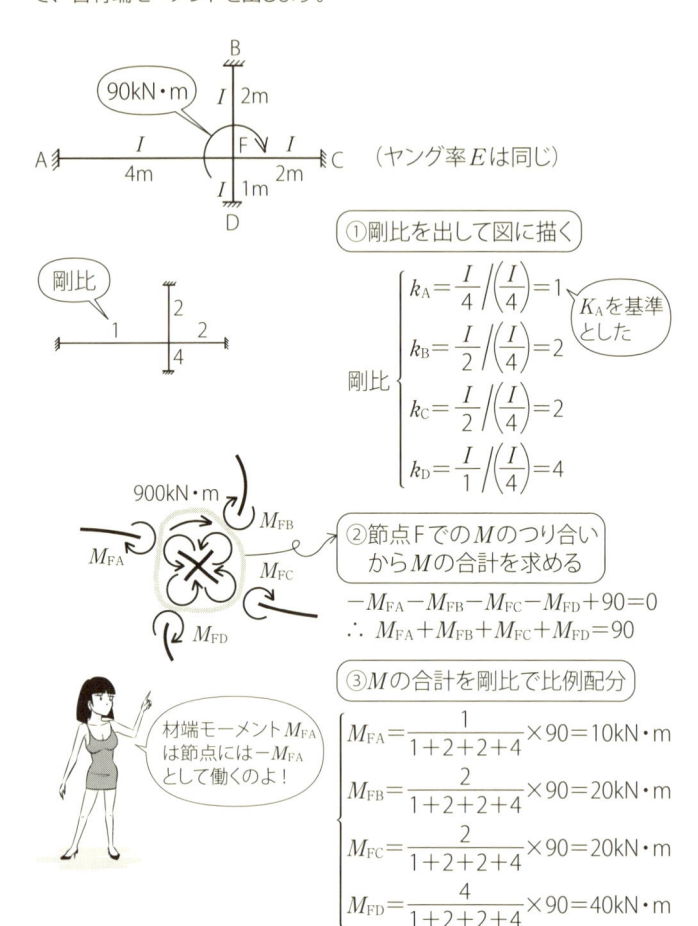

（ヤング率Eは同じ）

①剛比を出して図に描く

剛比

$$\begin{cases} k_A = \dfrac{I}{4} \Big/ \left(\dfrac{I}{4}\right) = 1 \\ k_B = \dfrac{I}{2} \Big/ \left(\dfrac{I}{4}\right) = 2 \\ k_C = \dfrac{I}{2} \Big/ \left(\dfrac{I}{4}\right) = 2 \\ k_D = \dfrac{I}{1} \Big/ \left(\dfrac{I}{4}\right) = 4 \end{cases}$$

K_Aを基準とした

②節点FでのMのつり合いからMの合計を求める

$-M_{FA}-M_{FB}-M_{FC}-M_{FD}+90=0$
∴ $M_{FA}+M_{FB}+M_{FC}+M_{FD}=90$

③Mの合計を剛比で比例配分

材端モーメントM_{FA}は節点には$-M_{FA}$として働くのよ！

$$\begin{cases} M_{FA} = \dfrac{1}{1+2+2+4} \times 90 = 10\text{kN·m} \\ M_{FB} = \dfrac{2}{1+2+2+4} \times 90 = 20\text{kN·m} \\ M_{FC} = \dfrac{2}{1+2+2+4} \times 90 = 20\text{kN·m} \\ M_{FD} = \dfrac{4}{1+2+2+4} \times 90 = 40\text{kN·m} \end{cases}$$

R254 節点方程式 その4

Q 柱の曲げモーメントから梁の曲げモーメントを求めるには？

A 節点のモーメントのつり合いから求めます。

上下の柱の材端モーメントの反対回りのモーメントが節点にかかり、梁の材端モーメントと反対回りのモーメントとつり合います。結果的に、柱の材端モーメントの合計を剛比で振り分けると、梁の材端モーメントが出ます。

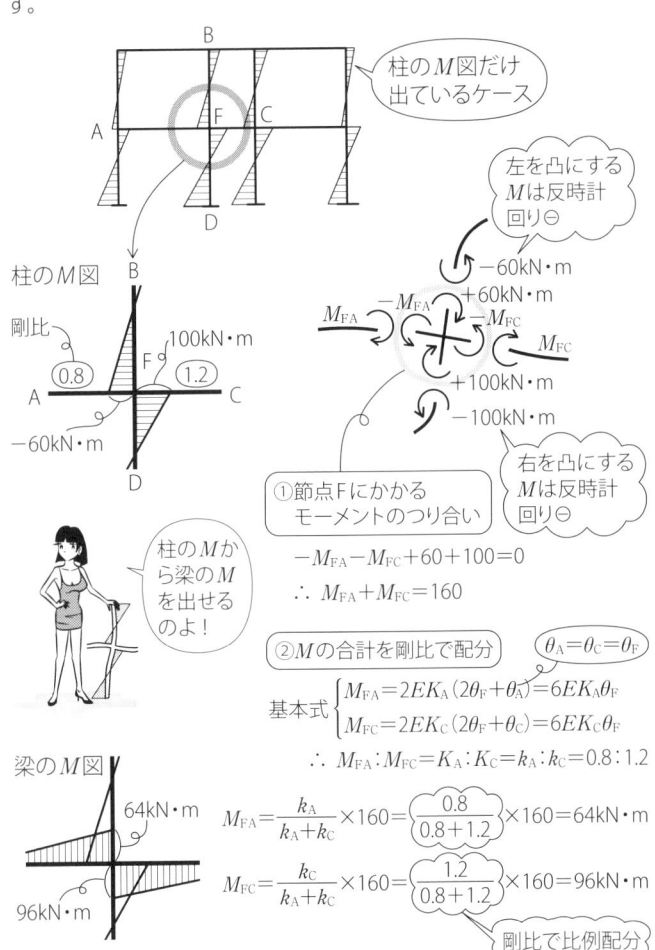

> 柱のM図だけ出ているケース

柱のM図

剛比 0.8 / 1.2、100kN·m、−60kN·m

> 左を凸にするMは反時計回り⊖
> 右を凸にするMは反時計回り⊖

①節点Fにかかるモーメントのつり合い

$-M_{FA} - M_{FC} + 60 + 100 = 0$

$\therefore M_{FA} + M_{FC} = 160$

柱のMから梁のMを出せるのよ！

②Mの合計を剛比で配分 $\theta_A = \theta_C = \theta_F$

基本式 $\begin{cases} M_{FA} = 2EK_A(2\theta_F + \theta_A) = 6EK_A\theta_F \\ M_{FC} = 2EK_C(2\theta_F + \theta_C) = 6EK_C\theta_F \end{cases}$

$\therefore M_{FA} : M_{FC} = K_A : K_C = k_A : k_C = 0.8 : 1.2$

梁のM図 64kN·m / 96kN·m

$M_{FA} = \dfrac{k_A}{k_A + k_C} \times 160 = \dfrac{0.8}{0.8 + 1.2} \times 160 = 64\,\text{kN·m}$

$M_{FC} = \dfrac{k_C}{k_A + k_C} \times 160 = \dfrac{1.2}{0.8 + 1.2} \times 160 = 96\,\text{kN·m}$

> 剛比で比例配分

★ R255　有効剛比　その1

Q 下図のように支点Cだけピンのラーメンでモーメントが加わった場合、節点Fでの各材の材端モーメントの比は？

A $k_A : k_B : 0.75k_C : k_D$　です。

ピンの支点Cにはたわみ角 θ_C が生じて、材端モーメント M_{FC} は小さくなります。柔らかい材を同じ角度曲げるのに、他端固定と比べてモーメントは小さくてすみます。k_C を0.75倍したものを有効剛比といいます。有効剛比を使うと支点Cを固定端として扱うことができ、その比でモーメントを分割できます。

[スーパー記憶術]
<u>ピン</u>キリのおなご
　　　0.75

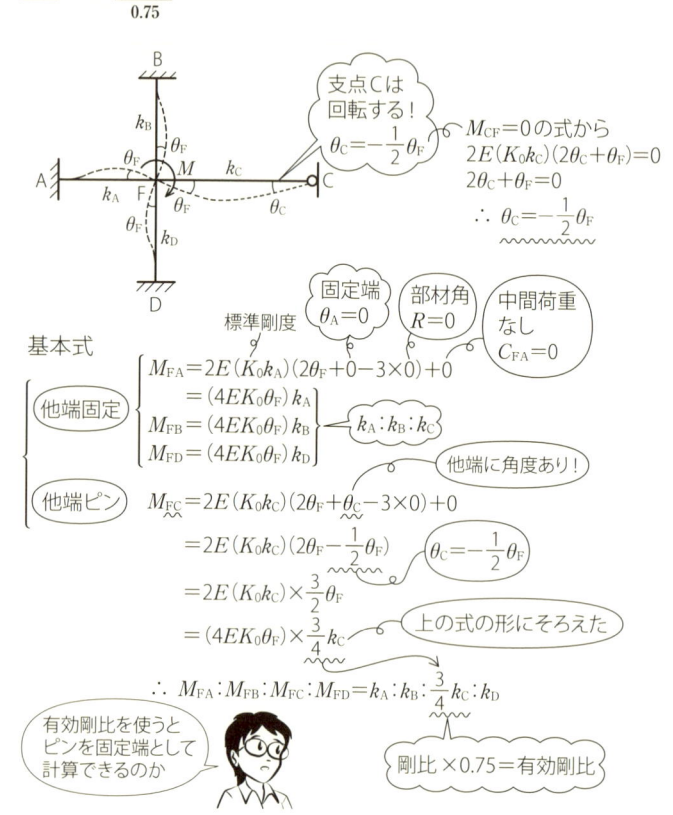

支点Cは回転する！
$\theta_C = -\dfrac{1}{2}\theta_F$

$M_{CF}=0$ の式から
$2E(K_0 k_C)(2\theta_C + \theta_F) = 0$
$2\theta_C + \theta_F = 0$
$\therefore \theta_C = -\dfrac{1}{2}\theta_F$

基本式

標準剛度　固定端 $\theta_A=0$　部材角 $R=0$　中間荷重なし $C_{FA}=0$

（他端固定）
$$M_{FA} = 2E(K_0 k_A)(2\theta_F + 0 - 3\times 0) + 0$$
$$= (4EK_0\theta_F)k_A$$
$$M_{FB} = (4EK_0\theta_F)k_B$$
$$M_{FD} = (4EK_0\theta_F)k_D$$

→ $k_A : k_B : k_C$

（他端ピン）
$$M_{FC} = 2E(K_0 k_C)(2\theta_F + \theta_C - 3\times 0) + 0$$

他端に角度あり！

$$= 2E(K_0 k_C)\left(2\theta_F - \dfrac{1}{2}\theta_F\right) \quad \theta_C = -\dfrac{1}{2}\theta_F$$
$$= 2E(K_0 k_C) \times \dfrac{3}{2}\theta_F$$
$$= (4EK_0\theta_F) \times \dfrac{3}{4}k_C$$

上の式の形にそろえた

$$\therefore M_{FA} : M_{FB} : M_{FC} : M_{FD} = k_A : k_B : \dfrac{3}{4}k_C : k_D$$

有効剛比を使うとピンを固定端として計算できるのか

剛比 × 0.75 ＝ 有効剛比

★ R256 有効剛比 その2

Q 下図のような対称変形しているラーメンの場合、節点Fでの各材の材端モーメントの比は？

A $k_A : k_B : 0.5k_C : k_D$ です。

💡 k_C を $0.5k_C$ とすると、節点Cを固定端として扱うことができ、モーメントを分割できます。$0.5k_C$ は有効剛比となります。

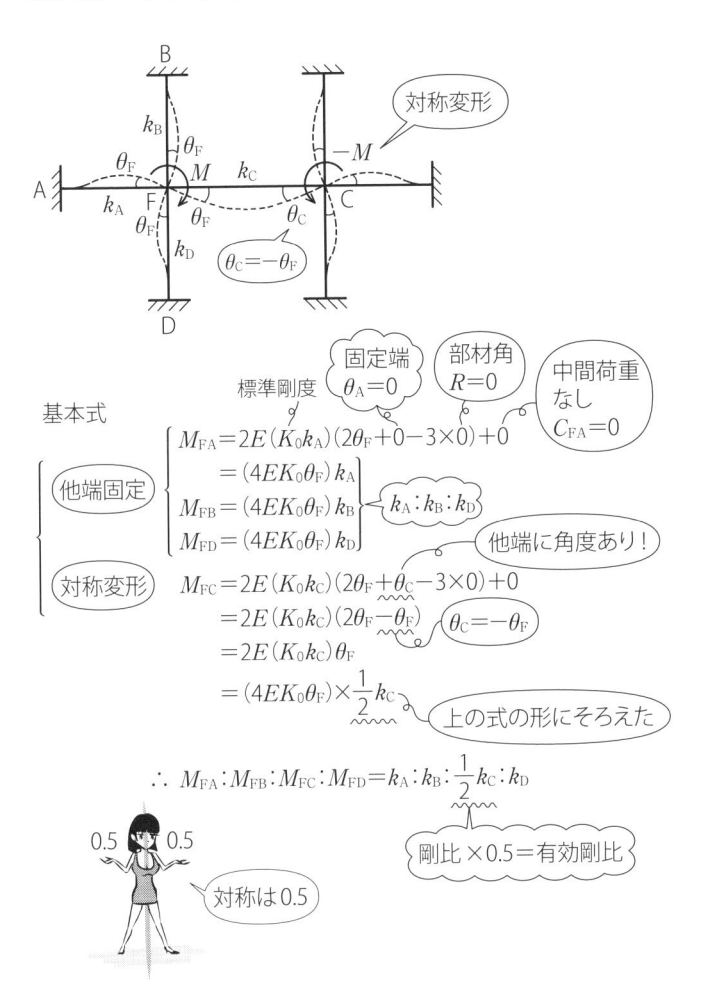

対称変形

$\theta_C = -\theta_F$

基本式

標準剛性 / 固定端 $\theta_A = 0$ / 部材角 $R = 0$ / 中間荷重なし $C_{FA} = 0$

他端固定:
$$M_{FA} = 2E(K_0 k_A)(2\theta_F + 0 - 3 \times 0) + 0$$
$$= (4EK_0\theta_F) k_A$$
$$M_{FB} = (4EK_0\theta_F) k_B$$
$$M_{FD} = (4EK_0\theta_F) k_D$$

$k_A : k_B : k_D$

他端に角度あり！

対称変形:
$$M_{FC} = 2E(K_0 k_C)(2\theta_F + \theta_C - 3 \times 0) + 0$$
$$= 2E(K_0 k_C)(2\theta_F - \theta_F) \quad (\theta_C = -\theta_F)$$
$$= 2E(K_0 k_C)\theta_F$$
$$= (4EK_0\theta_F) \times \frac{1}{2} k_C$$

上の式の形にそろえた

$$\therefore M_{FA} : M_{FB} : M_{FC} : M_{FD} = k_A : k_B : \frac{1}{2}k_C : k_D$$

剛比 × 0.5 = 有効剛比

対称は0.5

★ R257 　　　　　　　　　　　　　　　　　有効剛比　その3

Q 下図のような逆対称に変形しているラーメンの場合、節点Fでの各材の材端モーメントの比は？

A $k_A : k_B : 1.5k_C : k_D$　です。

k_C を $1.5k_C$ とすると、節点Cを固定端として扱うことができ、モーメントを分割できます。

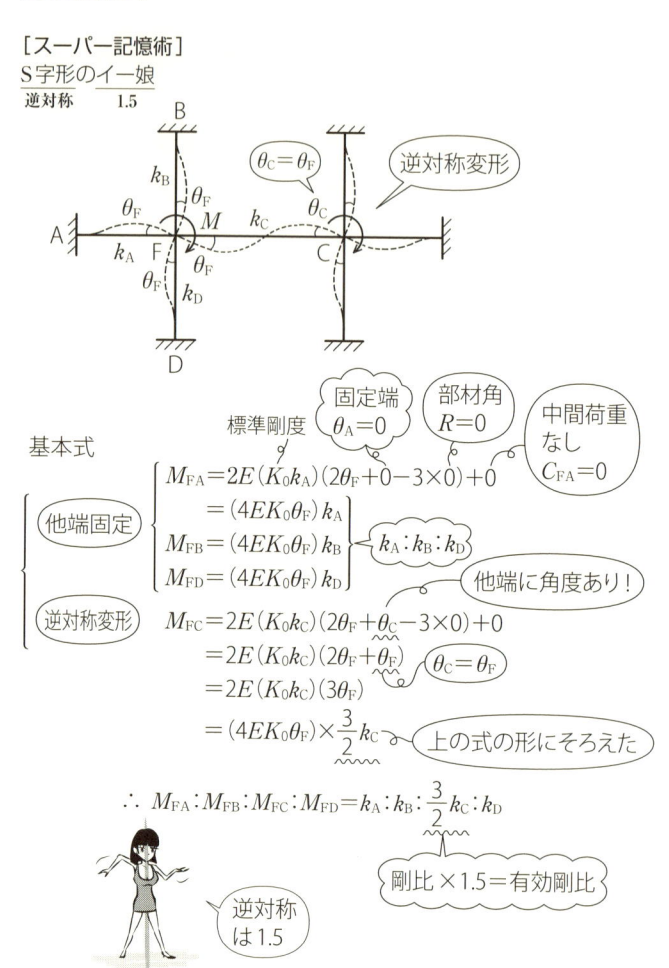

[スーパー記憶術]
<u>S字形</u>の<u>イー娘</u>
　逆対称　　1.5

逆対称変形　$\theta_C = \theta_F$

基本式

他端固定：
$$M_{FA} = 2E(K_0 k_A)(2\theta_F + 0 - 3 \times 0) + 0$$
$$= (4EK_0\theta_F) k_A$$
$$M_{FB} = (4EK_0\theta_F) k_B$$
$$M_{FD} = (4EK_0\theta_F) k_D$$

（固定端 $\theta_A = 0$、部材角 $R = 0$、中間荷重なし $C_{FA} = 0$）

逆対称変形：（他端に角度あり！）
$$M_{FC} = 2E(K_0 k_C)(2\theta_F + \theta_C - 3 \times 0) + 0$$
$$= 2E(K_0 k_C)(2\theta_F + \theta_F) \quad (\theta_C = \theta_F)$$
$$= 2E(K_0 k_C)(3\theta_F)$$
$$= (4EK_0\theta_F) \times \frac{3}{2} k_C \quad (上の式の形にそろえた)$$

$$\therefore M_{FA} : M_{FB} : M_{FC} : M_{FD} = k_A : k_B : \frac{3}{2}k_C : k_D$$

剛比 × 1.5 ＝ 有効剛比

逆対称は 1.5

R258 有効剛比 その4

Q 1 他端ピンの有効剛比は？
2 対称変形の有効剛比は？
3 逆対称変形の有効剛比は？

▼

A 1 $0.75k$ です。
2 $0.5k$ です。
3 $1.5k$ です。

ここで有効剛比 k_e をまとめて覚え直しておきましょう。

有効剛比 k_e、剛比 k

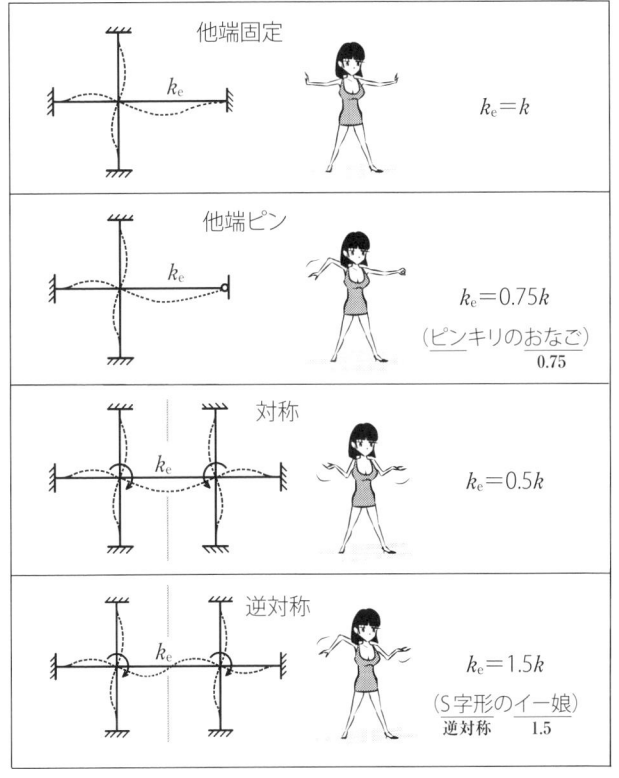

図	条件	有効剛比
他端固定		$k_e = k$
他端ピン		$k_e = 0.75k$ （<u>ピン</u>キリの<u>おなご</u>／0.75）
対称		$k_e = 0.5k$
逆対称		$k_e = 1.5k$ （<u>S字形</u>の<u>イー娘</u>／逆対称 1.5）

（ ）内はスーパー記憶術

- 有効剛比 k_e の e は、effective の e です。

★ R259 到達モーメント

Q 下図のラーメンで、M_{AD} と M_{DA} の関係は？
▼

A $M_{AD} = \dfrac{1}{2} M_{DA}$ です。

節点 D で分割されたモーメントは、反対側の固定端に 1/2 だけ到達したことになります。この半分だけ到達するモーメントを、**到達モーメント**と呼びます。

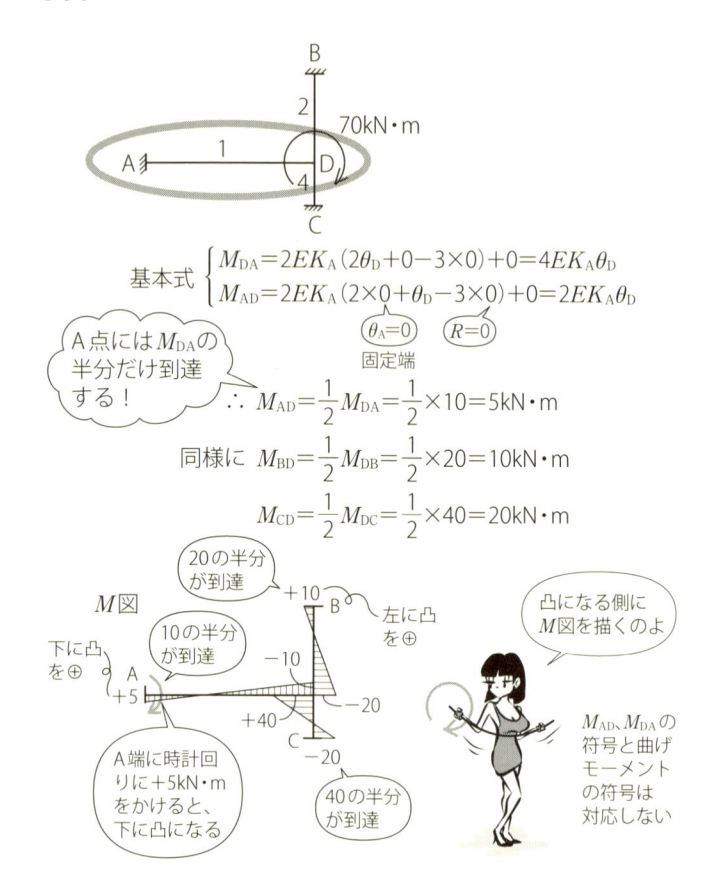

基本式
$$\begin{cases} M_{DA} = 2EK_A(2\theta_D + 0 - 3 \times 0) + 0 = 4EK_A\theta_D \\ M_{AD} = 2EK_A(2 \times 0 + \theta_D - 3 \times 0) + 0 = 2EK_A\theta_D \end{cases}$$

($\theta_A = 0$ 固定端) ($R = 0$)

A点には M_{DA} の半分だけ到達する！

∴ $M_{AD} = \dfrac{1}{2} M_{DA} = \dfrac{1}{2} \times 10 = 5 \text{kN·m}$

同様に $M_{BD} = \dfrac{1}{2} M_{DB} = \dfrac{1}{2} \times 20 = 10 \text{kN·m}$

$M_{CD} = \dfrac{1}{2} M_{DC} = \dfrac{1}{2} \times 40 = 20 \text{kN·m}$

*M*図

- 20の半分が到達
- 10の半分が到達
- 40の半分が到達
- 下に凸を⊕
- 左に凸を⊕
- A端に時計回りに +5kN·m をかけると、下に凸になる
- 凸になる側に *M* 図を描くのよ
- M_{AD}、M_{DA} の符号と曲げモーメントの符号は対応しない

- $M_{AD} = \dfrac{1}{2} M_{DA}$ の式は、各部材で材端モーメントの式をつくり、固定端のたわみ角 $\theta_A = 0$、部材角 $R_A = 0$ として整理すれば求められます。

★ R260 層方程式 その1

Q 層方程式とは？

A 各層で柱を切断した場合の、外からの水平力と内部のせん断力のつり合いの式です。

水平荷重のラーメンで、水平力 P とせん断力 Q がつり合います。各層で未知数 R（柱の部材角）はひとつですみます。

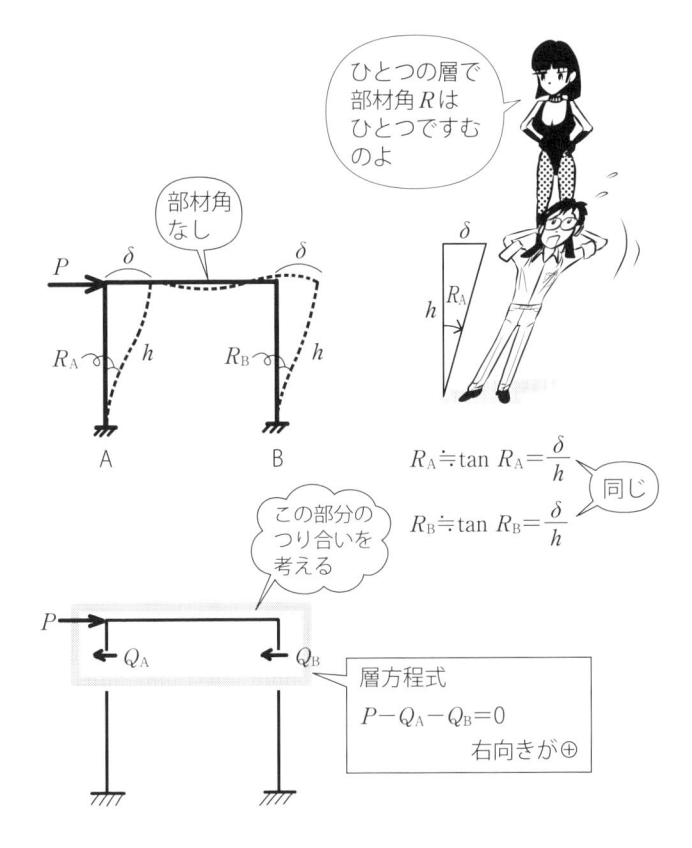

ひとつの層で部材角 R はひとつですむのよ

$$R_A \fallingdotseq \tan R_A = \frac{\delta}{h}$$

$$R_B \fallingdotseq \tan R_B = \frac{\delta}{h}$$

同じ

この部分のつり合いを考える

層方程式
$$P - Q_A - Q_B = 0$$
右向きが ⊕

- 柱の部材角 R は水平方向変位 δ と柱の高さ h を使って、R が小さいので $R \fallingdotseq \tan R = \frac{\delta}{h}$ と表せ、水平方向変位 δ と柱の高さ h が等しいと、各柱の R は等しくなります。
- Q_A、Q_B は材端モーメントと柱の高さで式を立てることができます（R262）。

★ R261　層方程式　その2

Q 柱の長さ h が違う場合、部材角 R はどうする？

A 長さと変位を使って、各層でひとつの未知数 R だけで表します。

水平方向変位 δ は、梁が縮まないとすると、柱の長さが変わっても一定です。そこから、各柱の部材角をひとつの未知数で表すことができます。

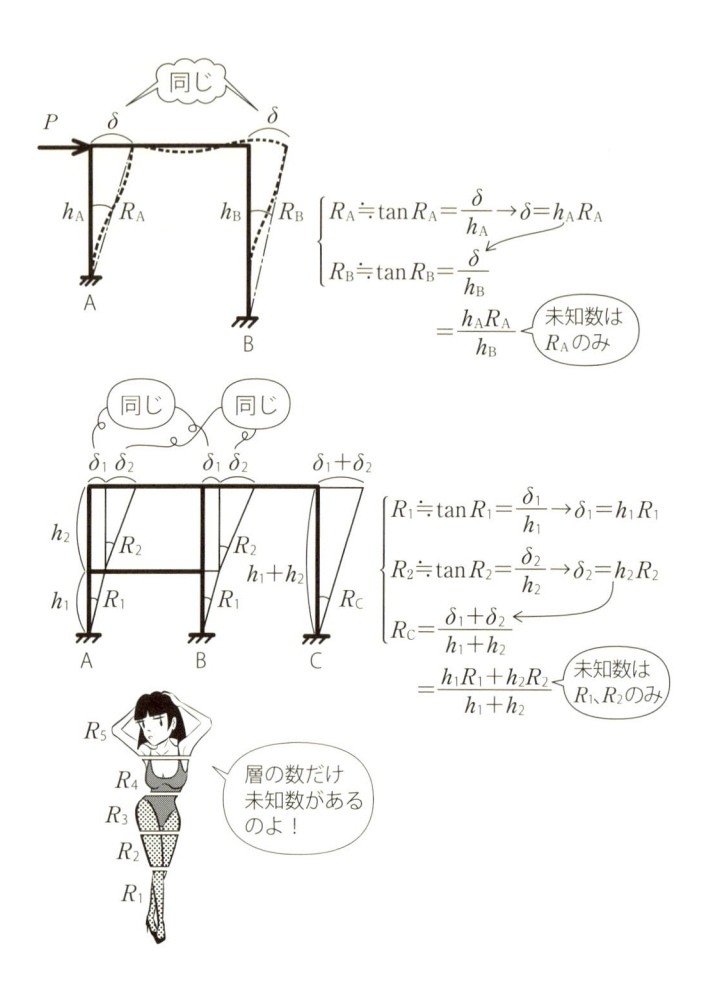

$$\begin{cases} R_A \fallingdotseq \tan R_A = \dfrac{\delta}{h_A} \to \delta = h_A R_A \\ R_B \fallingdotseq \tan R_B = \dfrac{\delta}{h_B} \\ \qquad = \dfrac{h_A R_A}{h_B} \end{cases}$$

未知数は R_A のみ

$$\begin{cases} R_1 \fallingdotseq \tan R_1 = \dfrac{\delta_1}{h_1} \to \delta_1 = h_1 R_1 \\ R_2 \fallingdotseq \tan R_2 = \dfrac{\delta_2}{h_2} \to \delta_2 = h_2 R_2 \\ R_C = \dfrac{\delta_1 + \delta_2}{h_1 + h_2} \\ \qquad = \dfrac{h_1 R_1 + h_2 R_2}{h_1 + h_2} \end{cases}$$

未知数は R_1、R_2 のみ

層の数だけ未知数があるのよ！

R262 層方程式 その3

Q 柱の材端モーメントから柱のせん断力 Q を求めるには？

A モーメントの傾き（微分）$= Q$ を使います。

たわみ角 θ、部材角 R を未知数とする材端モーメントの式をつくり、それを層方程式に代入します。その際、材端モーメントをせん断力に置き換える必要があります。

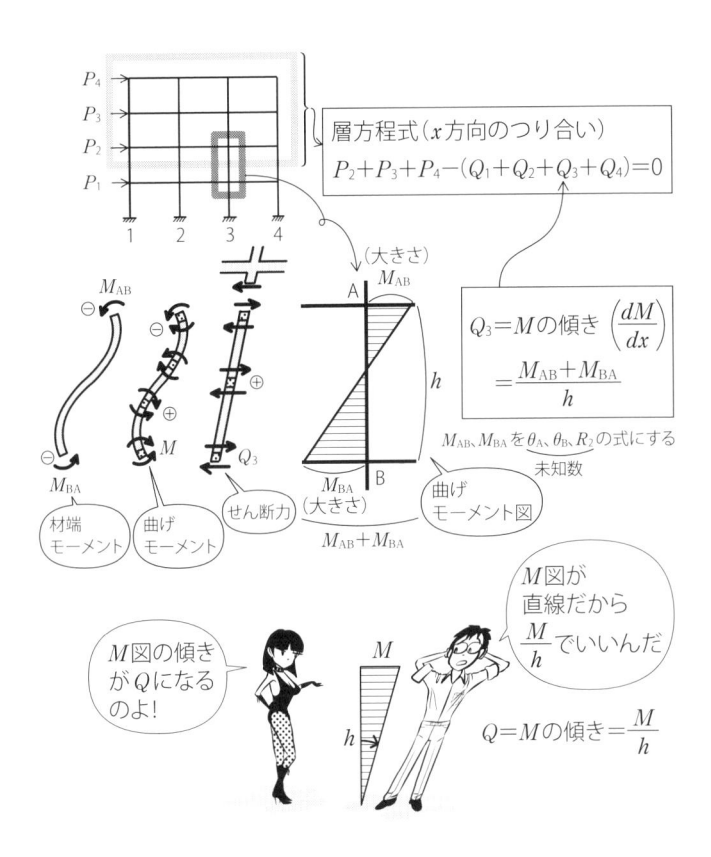

層方程式（x方向のつり合い）
$$P_2+P_3+P_4-(Q_1+Q_2+Q_3+Q_4)=0$$

$$Q_3 = M\text{の傾き}\left(\frac{dM}{dx}\right) = \frac{M_{AB}+M_{BA}}{h}$$

M_{AB}、M_{BA} を θ_A、θ_B、R_2 の式にする（未知数）

（材端モーメント）（曲げモーメント）（せん断力）（曲げモーメント図）

$M_{AB}+M_{BA}$

M図の傾きがQになるのよ！

M図が直線だから $\dfrac{M}{h}$ でいいんだ

$$Q = M\text{の傾き} = \frac{M}{h}$$

- Q を材端モーメント M_{AB} などで表し、材端モーメントをたわみ角法基本式の角度 θ、R の式で表すと、層方程式は θ、R の方程式となります。

★ R263　層方程式　その4

Q たわみ角法の未知数、方程式の数は？

A 節点数+層数　です。

節点数だけ節点の角度=たわみ角 θ があり、層数だけ柱の部材角 R があり、それぞれが未知数となります。また、節点数だけ節点まわりのモーメントのつり合いの式=節点方程式があり、層数だけ層方程式があるので、未知数の数=方程式数となって、連立方程式を解くことができます。

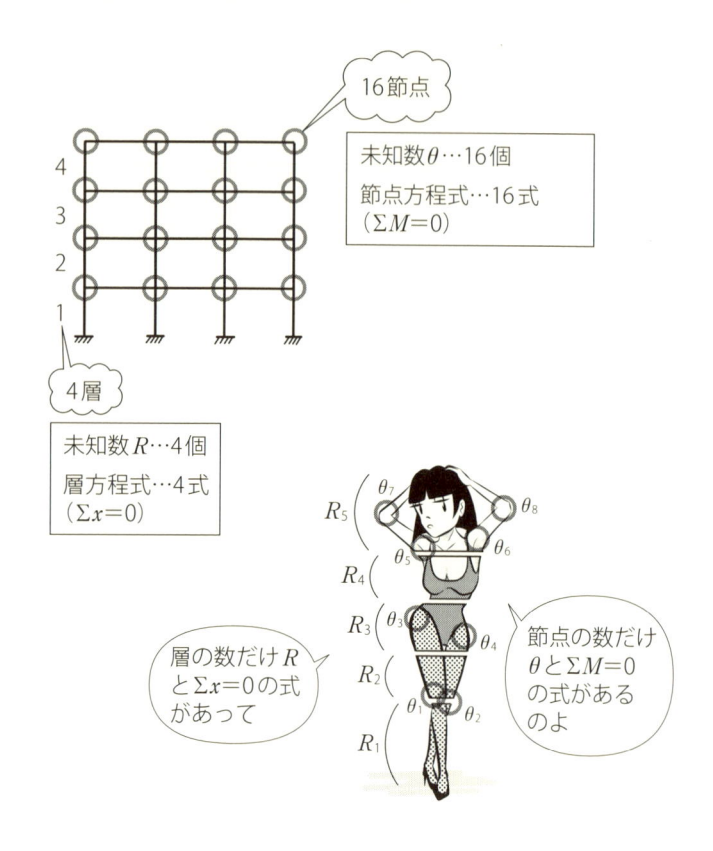

16節点

未知数 θ …16個
節点方程式…16式
（$\Sigma M = 0$）

4層

未知数 R …4個
層方程式…4式
（$\Sigma x = 0$）

層の数だけ R と $\Sigma x = 0$ の式があって

節点の数だけ θ と $\Sigma M = 0$ の式があるのよ

- 柱の高さ h は梁の中心から中心までの構造階高を使い、梁の長さ l は柱の中心から中心までの構造スパンを使います。

270

R264 層方程式 その5

Q たわみ角法の表とは？

A 下図のような、角度にかける数字だけ取り出したものです。

煩雑な連立方程式を、簡略にする工夫です。

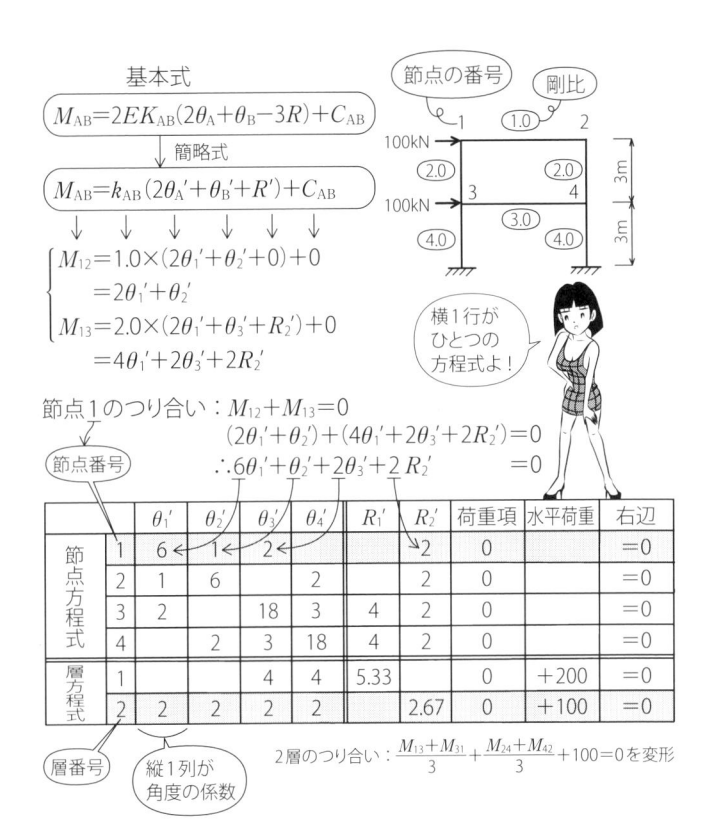

基本式
$$M_{AB}=2EK_{AB}(2\theta_A+\theta_B-3R)+C_{AB}$$
↓ 簡略式
$$M_{AB}=k_{AB}(2\theta_A'+\theta_B'+R')+C_{AB}$$
↓ ↓ ↓ ↓ ↓ ↓

$$\begin{cases} M_{12}=1.0\times(2\theta_1'+\theta_2'+0)+0 \\ \quad =2\theta_1'+\theta_2' \\ M_{13}=2.0\times(2\theta_1'+\theta_3'+R_2')+0 \\ \quad =4\theta_1'+2\theta_3'+2R_2' \end{cases}$$

節点1のつり合い：$M_{12}+M_{13}=0$
$$(2\theta_1'+\theta_2')+(4\theta_1'+2\theta_3'+2R_2')=0$$
$$\therefore 6\theta_1'+\theta_2'+2\theta_3'+2R_2'=0$$

横1行がひとつの方程式よ！

		θ_1'	θ_2'	θ_3'	θ_4'	R_1'	R_2'	荷重項	水平荷重	右辺
節点方程式	1	6	1	2			2	0		=0
	2	1	6		2		2	0		=0
	3	2		18	3	4	2	0		=0
	4		2	3	18	4	2	0		=0
層方程式	1			4	4	5.33		0	+200	=0
	2	2	2	2	2		2.67	0	+100	=0

節点番号　縦1列が角度の係数

2層のつり合い：$\dfrac{M_{13}+M_{31}}{3}+\dfrac{M_{24}+M_{42}}{3}+100=0$ を変形

★ R265　材端 M から曲げ M を求める

Q 材端モーメントが出たら、そこからどうやって材各部の曲げモーメントを出す？

A ラーメン部材を材端モーメントが働いている単純梁に置き換えて、各応力をつり合いで出します。

節点から受ける材端モーメントがわかれば、単純梁に置き換えることができます。ラーメンの各材は、材端モーメントによって端部の回転が拘束された単純梁と見ることができます。

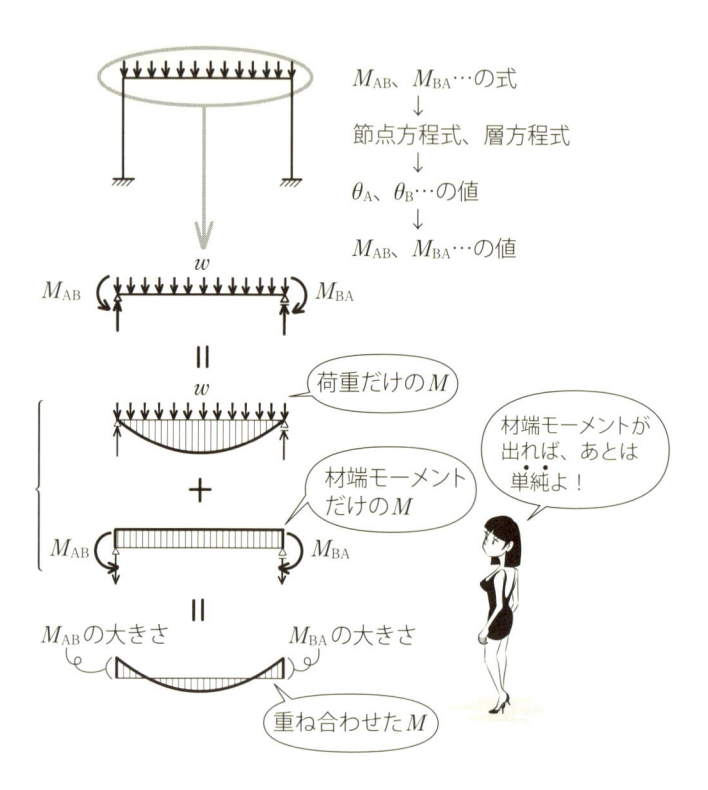

M_{AB}、M_{BA}…の式
↓
節点方程式、層方程式
↓
θ_A、θ_B…の値
↓
M_{AB}、M_{BA}…の値

材端モーメントが出れば、あとは単純よ！

- 材端モーメントの働いた単純梁では、荷重による M 図と材端モーメントによる M 図を重ねる（足し算する）と両者の働いた M 図を求めることができます。

★ R266 　固定モーメント法　その1

Q 固定モーメント法とは？

A ①各節点の回転を固定モーメントでいったん固定し、②その固定を解放モーメントで解放して、それぞれの応力を重ね合わせて応力を求める方法です。

🔲 節点を強引に固定する固定モーメントは、本来はないものですから、足すとゼロとなる逆向きの解放モーメントを後から加えて、つじつまを合わせるわけです。節点を固定するために+60kNの固定モーメントを加えたら、それを打ち消す-60kNの解放モーメントを次に加えます。

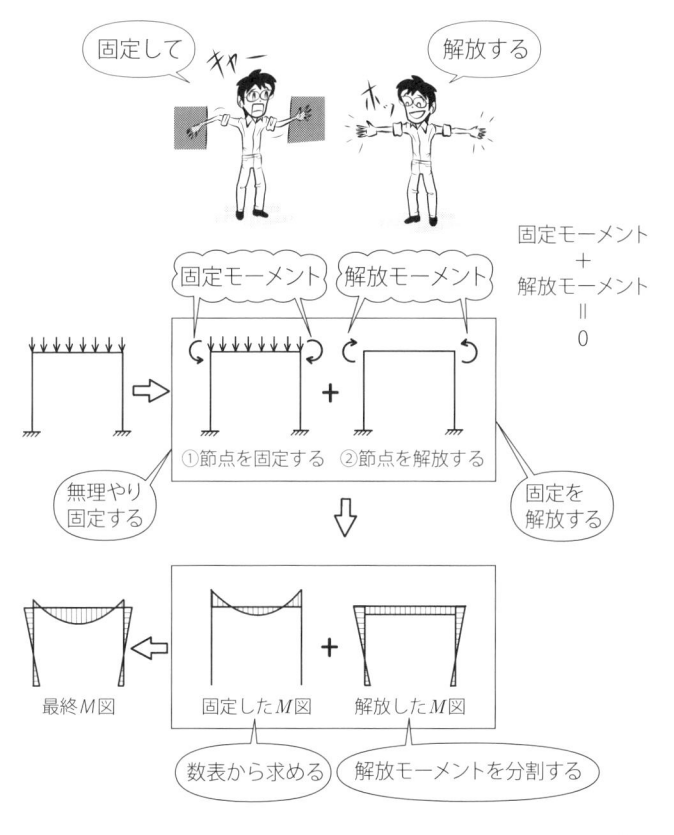

固定して　キャー　　解放する

固定モーメント　解放モーメント

固定モーメント
＋
解放モーメント
＝
0

①節点を固定する　②節点を解放する

無理やり固定する　　固定を解放する

最終M図　　固定したM図　　解放したM図

数表から求める　解放モーメントを分割する

- 固定モーメント法は、鉛直荷重ラーメンの応力を手計算で出すためによく使われる略算法です。

★ R267 固定モーメント法 その２

Q 節点に解放モーメントを加えたら次はどうする？

A ①有効剛比で分割し、②他端にその1/2を到達させます。

節点にモーメントを加えると、有効剛比に応じて各部材に配分されます。その分割された解放モーメントを、他端に1/2だけ到達させます。到達モーメントといいます（R259参照）。

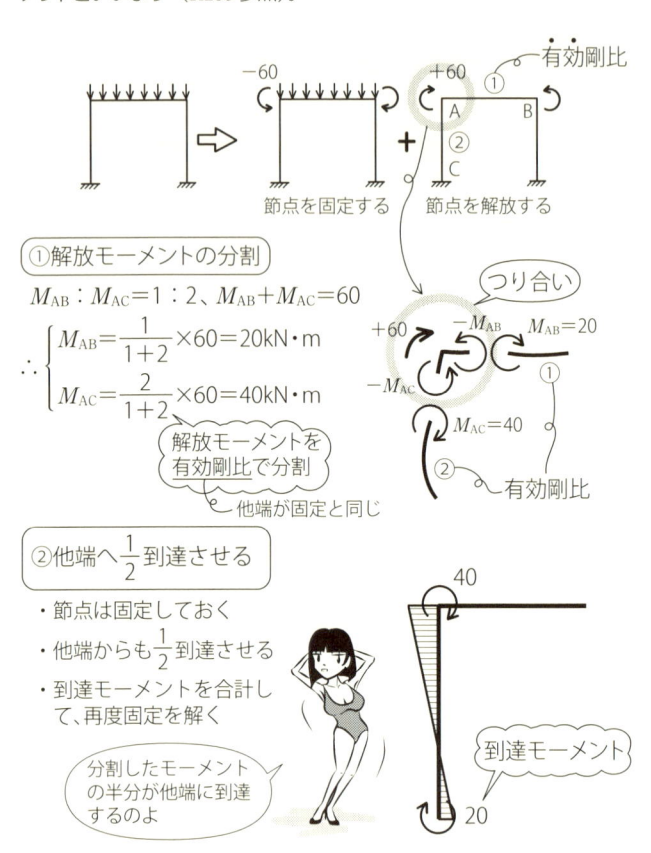

①解放モーメントの分割

$M_{AB} : M_{AC} = 1 : 2$、$M_{AB} + M_{AC} = 60$

$$\therefore \begin{cases} M_{AB} = \dfrac{1}{1+2} \times 60 = 20 \text{kN} \cdot \text{m} \\ M_{AC} = \dfrac{2}{1+2} \times 60 = 40 \text{kN} \cdot \text{m} \end{cases}$$

解放モーメントを有効剛比で分割

他端が固定と同じ

②他端へ $\dfrac{1}{2}$ 到達させる

・節点は固定しておく
・他端からも $\dfrac{1}{2}$ 到達させる
・到達モーメントを合計して、再度固定を解く

分割したモーメントの半分が他端に到達するのよ

到達モーメント

- 他端に到達させるときは、他端は固定しておきます。他端から到達モーメントが来るときは、自分も固定しておきます。節点に集まった到達モーメントを合計し、それと大きさが同じで逆向きのモーメントをかけて、もう一度固定を解放します。固定→解放→固定→解放を繰り返して、実際のモーメントに近づけます。

★ R268 　　　　　　　　　　　　　　　　　積載荷重　その1

Q 固定荷重、積載荷重とは？

A 建物本体の重さが固定荷重、家具、荷物、人間などの重さが積載荷重です。

🔲 人間にたとえると、体重が固定荷重で、手に持つ荷物が積載荷重です。

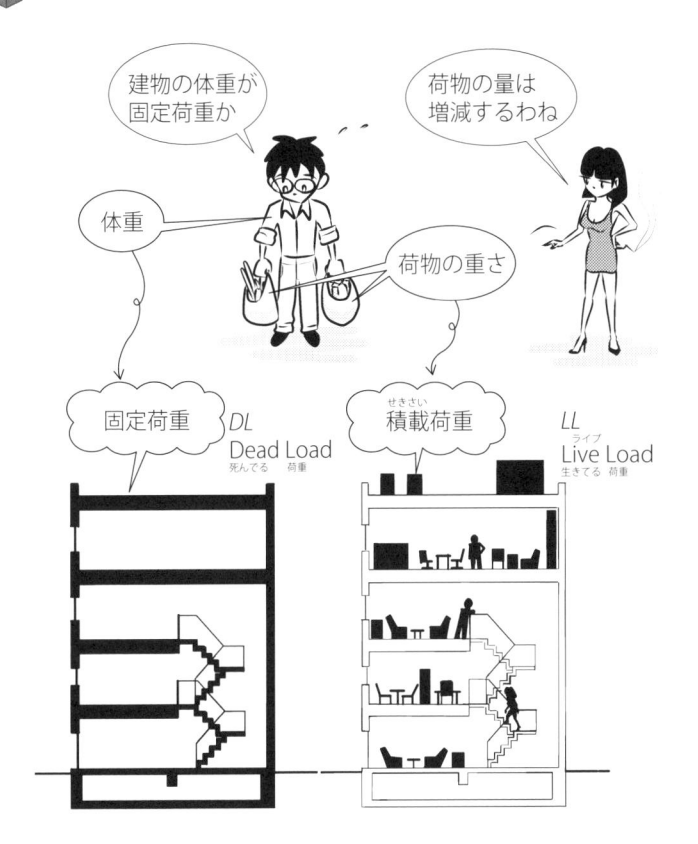

- 建物の体重が固定荷重か
- 荷物の量は増減するわね
- 体重
- 荷物の重さ

固定荷重 *DL* Dead Load 死んでる 荷重

積載荷重 *LL* Live Load 生きてる 荷重

- 建築基準法施行令84条に固定荷重、85条に積載荷重の$1m^2$当たりの数値があります。
- 建築基準法には「荷重および外力」とあります。物理でいう外力は、注目する物体の外側から加わる力のことで、荷重も地球が引く力ですから外力の一種です。また風荷重、地震荷重と水平の外力を荷重を付けていうこともあるので、外力と荷重は同じものと思ってさしつかえありません。

10 建築にかかる外力

R269 積載荷重 その2

Q 鉄筋コンクリート、コンクリート、モルタルの固定荷重は厚さ1cm、1m²当たりいくら？

A 0.24kN/cm·m²、0.23kN/cm·m²、0.2kN/cm·m²です。

水の重さ（10kN/m³）と比較した比重は鉄筋コンクリートは2.4、コンクリートは2.3、モルタルは2です。それだけ覚えておけば、あとは下のように計算で出ます。

[スーパー記憶術]
① <u>トン</u>　<u>テン</u>　<u>カン</u>
　1tの重さ=　10　　kN

② <u>西</u>（西洋）から来た<u>鉄筋コンクリート</u>
　2.4

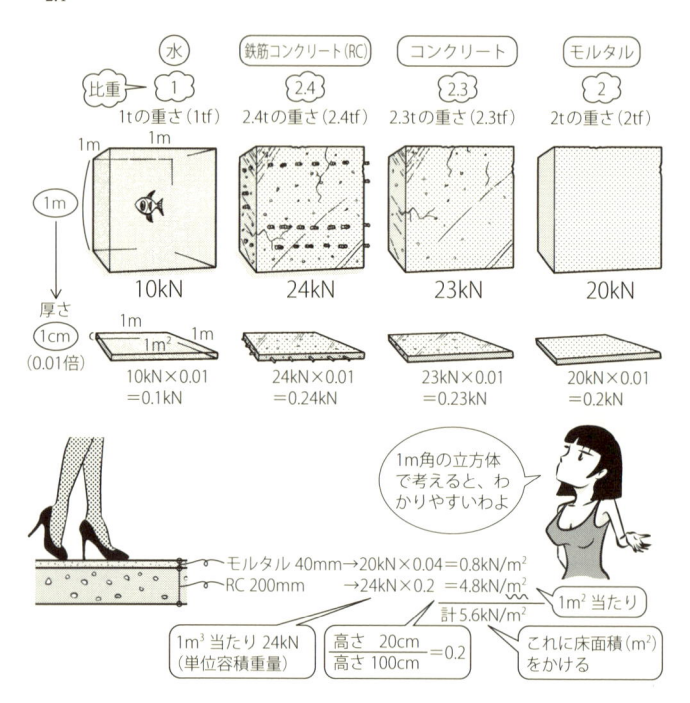

水　比重 1　1tの重さ(1tf)　10kN
鉄筋コンクリート(RC)　2.4　2.4tの重さ(2.4tf)　24kN
コンクリート　2.3　2.3tの重さ(2.3tf)　23kN
モルタル　2　2tの重さ(2tf)　20kN

厚さ1cm（0.01倍）
10kN×0.01＝0.1kN
24kN×0.01＝0.24kN
23kN×0.01＝0.23kN
20kN×0.01＝0.2kN

1m角の立方体で考えると、わかりやすいわよ

モルタル 40mm → 20kN×0.04＝0.8kN/m²
RC 200mm → 24kN×0.2＝4.8kN/m²
計 5.6kN/m²（1m²当たり）

1m³当たり 24kN（単位容積重量）
高さ20cm／高さ100cm＝0.2
これに床面積(m²)をかける

● 鉄筋コンクリートはコンクリートに鉄筋（比重7.85）が入っている分、コンクリートより重くなります。コンクリートはモルタルに砂利が入っている分、モルタルより重くなります。2.4→2.3→2と比重で覚えておくと便利です。

★ R270 　積載荷重　その3

Q 3種類の積載荷重とは？

A 床用、骨組み用、地震力用です。

積載荷重の大きさは、床用＞骨組み用＞地震力用となります。同じ住宅の居室でも、積載荷重はそれぞれ1800、1300、600N/m²と定められています。

[スーパー記憶術]
① スラブ人は骨格に自信あり　　② 住宅のモデュールは1800mm（1間、6尺）
　床スラブ　＞　骨組み＞地震

積載荷重

室の種類＼構造計算の対象	床	骨組み（大梁、柱、基礎）	地震力	
住宅の居室、住宅以外の建築物における寝室または病室	1800	1300	600	(N/m²)

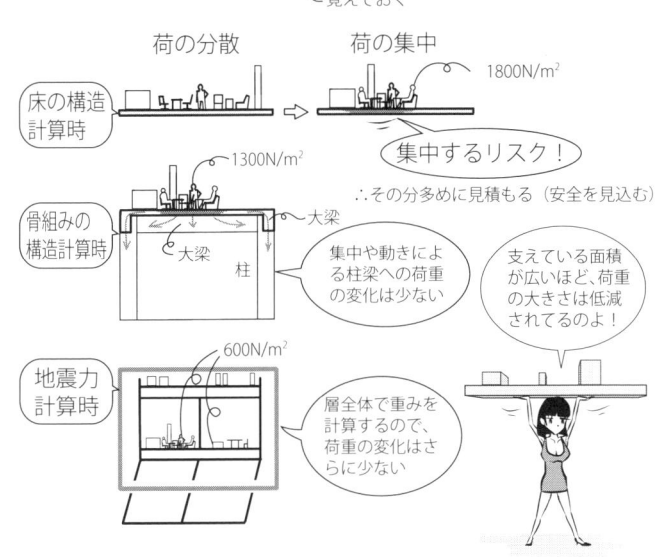

← 覚えておく

床の構造計算時 荷の分散 ⇒ 荷の集中　1800N/m²
集中するリスク！

骨組みの構造計算時 1300N/m² 大梁　柱
集中や動きによる柱梁への荷重の変化は少ない

∴その分多めに見積もる（安全を見込む）

支えている面積が広いほど、荷重の大きさは低減されてるのよ！

地震力計算時 600N/m²
層全体で重みを計算するので、荷重の変化はさらに少ない

- 床1m²にかかる荷重は、荷物の位置によって大きな違いが出ます。床を支える梁や柱は、荷物の位置にさほど影響されません。地震力は階から上の全重量を階にある柱全部で受けるので、さらに分散されます。注目している構造体が支える床が大きいほど、荷物の影響は分散されて危険が少なくなります。そのリスク減少分が見積もられて、低減された数値となっています。

277

★ R271 　積載荷重　その4

Q 床用積載荷重で 2900N/m² なのはどこ？

A 事務室、百貨店・店舗の売り場、劇場・映画館の客席などです。

　住宅の居室や教室よりも大きめに設定されています。

積載荷重　　　　　　　　　（N/m²）

室の種類 \ 構造計算の対象	床	備考・スーパー記憶術
(1) 住宅の居室、住宅以外の建築物における寝室または病室	1800	住宅のモジュールは 1800mm
(2) 事務室	2900	肉　売場の OL　客 2900　店舗　事務室　客席
(3) 教室	2300	(教室に兄さんを迎えに行く) 　　　　2300
(4) 百貨店または店舗の売場	2900	・2900 は (2) の記憶術で覚える
(5) 劇場、映画館、集会場などの客席、集会室	固定席 2900	・2900 は (2) の記憶術で覚える
	その他 3500	・固定席の方が変動が少ないので小さめ
(3)〜(5) の室に通じる廊下、玄関、階段	3500	・産後、廊下に出る 　　3500 ・荷の集中、衝撃の可能性から大きめに見込まれている

- 建築基準法施行令 85 条には実況に応じるか、この数字を使って計算すると書かれていますが、実務ではこの表の数値を使って計算するのが一般的です。

★ R272　積載荷重　その5

Q 倉庫業の倉庫、車庫の床用積載荷重は？

A $3900N/m^2$、$5400N/m^2$です。

倉庫は荷を置くスペースで、さらにドシンドシンと置く際の衝撃もあるので、$3900N/m^2$と高い数値です。また車は1台1t強（10000N強）と重く、その上動くので、積載荷重の表の中では一番大きい値となっています。また屋上広場、バルコニーは下表のように、$1800N/m^2$、$2900N/m^2$とされています。

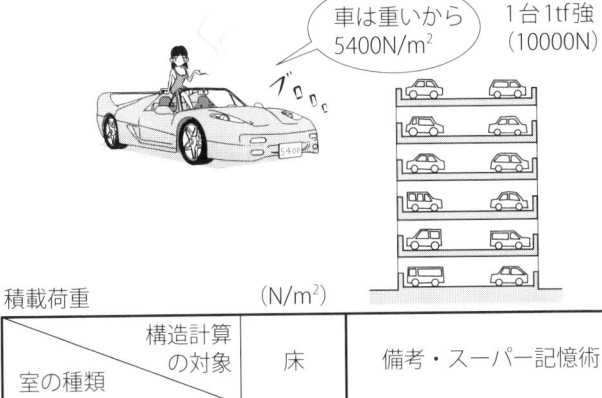

車は重いから $5400N/m^2$

1台1tf強（10000N）

積載荷重　　　　　　　　(N/m^2)

室の種類 \ 構造計算の対象	床	備考・スーパー記憶術
倉庫業の倉庫	3900	荷を置いてくれてサンキュー 倉庫　　　　　　3900
自動車車庫、自動車通路	5400	車の行進 車庫　5400
屋上広場、バルコニー	1800	学校のバルコニーで肉を焼く 　　　　　　　　2900
	学校、百貨店 2900	

- 倉庫業の倉庫では、実況に応じて計算した数値が$3900N/m^2$未満でも、安全のために$3900N/m^2$としなければなりません。

★ R273　積載荷重　その6

Q 床荷重表とは？

A 固定荷重（*DL*）、積載荷重（*LL*）を合計した全荷重（*TL*）を出して表にしたものです。

下図のような床荷重表をつくり、$1m^2$当たりの床の重さを整理しておきます。梁の重量は、その梁が負担する床面積で均した値としてしまうと、その数値に床面積をかけるだけで、床面積分の重さが計算できて便利です。

床荷重表（kN/m^2）

室名		床用	骨組み用	地震力用
R階屋根	DL	6.10	6.10	6.10
	LL	1.80	1.30	0.60
	TL	7.90	7.40	6.70
事務室	DL	4.50	4.50	4.50
	LL	2.90	1.80	0.80
	TL	7.40	6.30	5.30
階段	DL	6.90	6.90	6.90
	LL	2.90	1.80	0.80
	TL	9.80	8.70	7.70

（体積から計算した固定荷重で、3つとも同じ）

（法律で決められた積載荷重で、集中の可能性などで3つの違う値）

DL：Dead Load　固定荷重
LL：Live Load　積載荷重
TL：Total Load　合計荷重

（*DL* + *LL* = *TL*をまとめた表か）

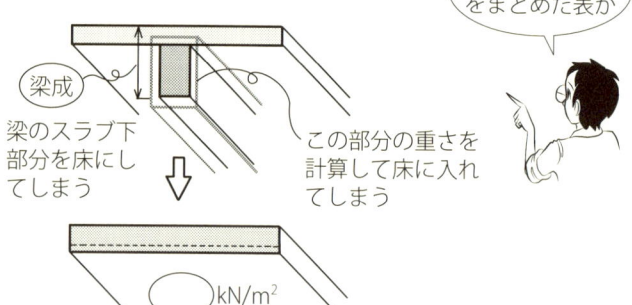

梁成

梁のスラブ下部分を床にしてしまう

この部分の重さを計算して床に入れてしまう

◯ kN/m^2

- 小梁設計用の積載荷重は決められていないので、床用を使う、骨組み用を使う、その平均を使うなどします。安全側は床用の数値です。

★ R274　積載荷重　その7

Q 積載荷重が低減できるケースは？

A 柱の圧縮力を計算する際に、下の階の柱ほど低減できます。

支える床の数によって、低減率が決められています。支える床が多いほど、各部での荷の集中による影響が、全体として見ると少なくなるからです。

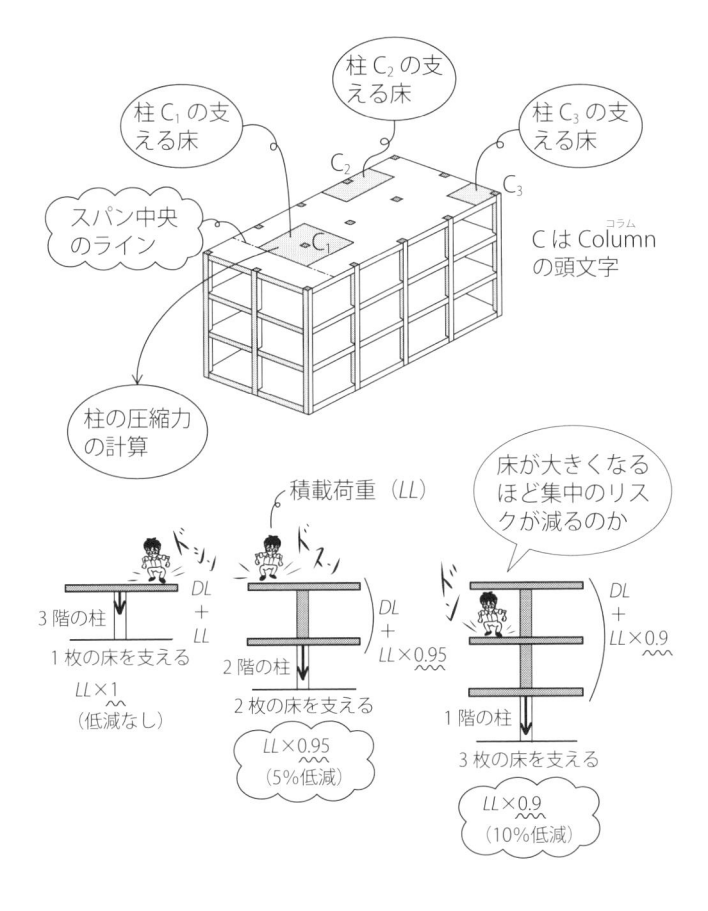

- 柱 C_1 の支える床
- 柱 C_2 の支える床
- 柱 C_3 の支える床
- スパン中央のライン
- C は Column（コラム）の頭文字
- 柱の圧縮力の計算

積載荷重（LL）

床が大きくなるほど集中のリスクが減るのか

3 階の柱
1 枚の床を支える
$DL + LL$
$LL × 1$
（低減なし）

2 階の柱
2 枚の床を支える
$DL + LL × 0.95$
$LL × 0.95$
（5%低減）

1 階の柱
3 枚の床を支える
$DL + LL × 0.9$
$LL × 0.9$
（10%低減）

- 柱が支える床は、スパンの中央で区切ります。梁の左右端でせん断力が違う場合、スパン中央で区切ってしまうと、左右で微妙に柱の圧縮力が違ってきますが、荷重計算では無視します。

★ **R275** 積載荷重 その8

Q 大梁による床荷重負担はどのように決める？

A 下図のように梁の交点からの2等分線（普通45°線）と梁に平行な線でつくられる台形、三角形の部分を負担するとします。

ざっくりと床を分割する形です。小梁がある場合は、まず小梁の負担部分を出し、それが大梁に集中荷重でかかるとします。

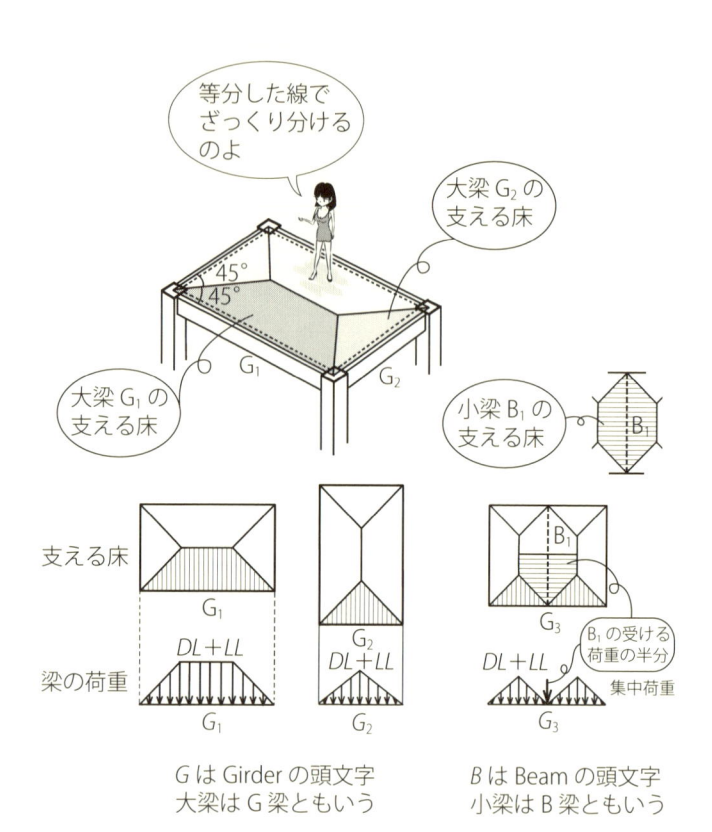

等分した線でざっくり分けるのよ

大梁 G_2 の支える床

大梁 G_1 の支える床

小梁 B_1 の支える床

支える床

梁の荷重

G_1 $DL+LL$

G_2 $DL+LL$

G_3 $DL+LL$ B_1の受ける荷重の半分 集中荷重

G は Girder の頭文字
大梁は G 梁ともいう

B は Beam の頭文字
小梁は B 梁ともいう

● 鉄骨造のデッキプレート（ギザギザに曲げた鋼板）では、重さのかかる方向が一方向に決まります。

★ R276　雪荷重　その1

Q 雪の重さはどれくらいで見積もる？

A $1m^2$当たり高さ1cm当たり$20N/m^2$で計算します。

降ってすぐの雪は比重が0.05前後が多く、積もって上から押されても0.1強程度ですが、建築の設計では安全側で0.2、水の0.2倍の重さで計算します。$1m^3$当たり$10kN×0.2=2000N$、1cmの厚みに直すと$2000N×0.01=20N$となります。

[スーパー記憶術]
雪だるま　ニンジン差して完成
　　　　　　　20N

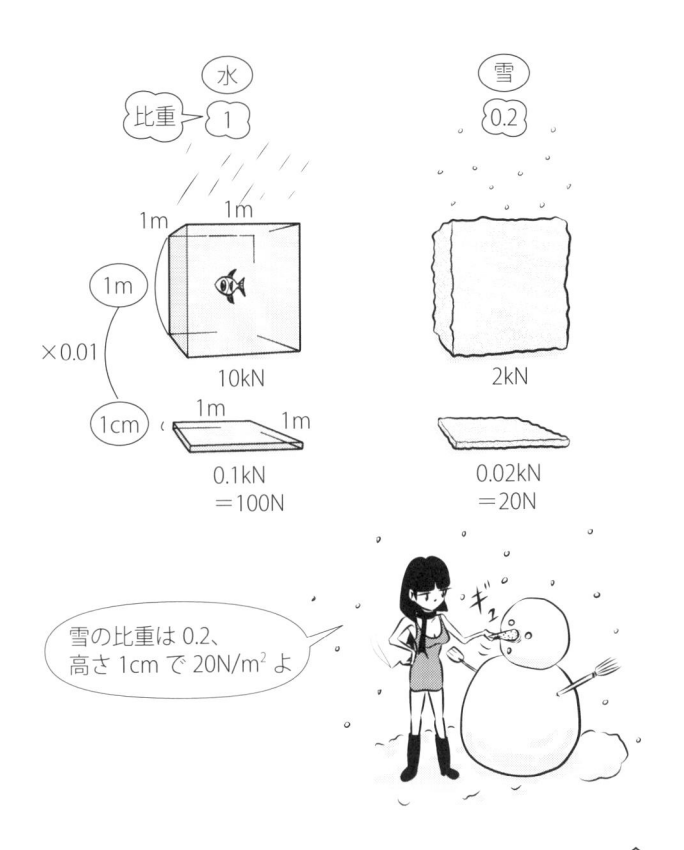

水　比重 1
1m × 1m × 1m　10kN
×0.01
1cm × 1m × 1m　0.1kN = 100N

雪　0.2
2kN
0.02kN = 20N

雪の比重は0.2、高さ1cmで$20N/m^2$よ

★ R277 雪荷重 その2

Q 積雪荷重は低減できる？

A 屋根勾配によって低減できます。

屋根勾配が60°を超える場合はゼロ、勾配 β が60°以下の場合は $\mu_b = \sqrt{\cos(1.5\beta)}$ だけ低減できます。低減率 μ_b は、屋根形状係数と呼ばれます。

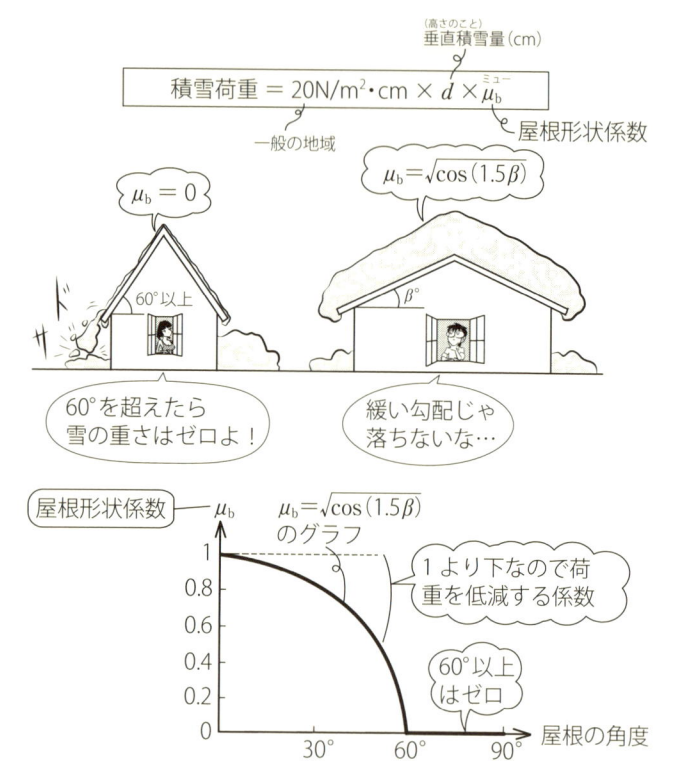

[スーパー記憶術]
雪道に<u>ルート</u>を<u>こ</u>さえて<u>行</u>こう！
　　　　√　　　　cos　　　1.5倍

$$\text{積雪荷重} = 20\text{N/m}^2\cdot\text{cm} \times d \times \mu_b$$

- 20N/m²·cm：一般の地域
- d：垂直積雪量(cm)（高さのこと）
- μ_b：屋根形状係数

$\mu_b = 0$
60°以上
「60°を超えたら雪の重さはゼロよ！」

$\mu_b = \sqrt{\cos(1.5\beta)}$
$\beta°$
「緩い勾配じゃ落ちないな…」

屋根形状係数　μ_b
$\mu_b = \sqrt{\cos(1.5\beta)}$ のグラフ
1より下なので荷重を低減する係数
60°以上はゼロ
屋根の角度：30°, 60°, 90°

- その他、雪おろしの実情に応じて積雪1mまで低減できます。
- 計算に使う垂直積雪量（高さ）は、地域ごとに定められています。雪が1m以上積もる地域は、多雪区域とされています。一般の地域では1cm当たり20N/m²ですが、多雪区域では地別の数字を使わなければなりません。

★ **R278** 風圧力 その1

Q 風荷重（かぜかじゅう）はどうやって計算する？

A 暴風時の風圧力（N/m^2）に、建物各層の受圧面積をかけて、各層にかかる風圧力の合計を出します。

風圧力が出たら、各層の風荷重（N）＝風圧力（N/m^2）×受圧面積（m^2）を計算します。それが各層の床に横からかかる力です。それに抵抗するのが、層全体の柱や壁によるせん断力（層せん断力）です。

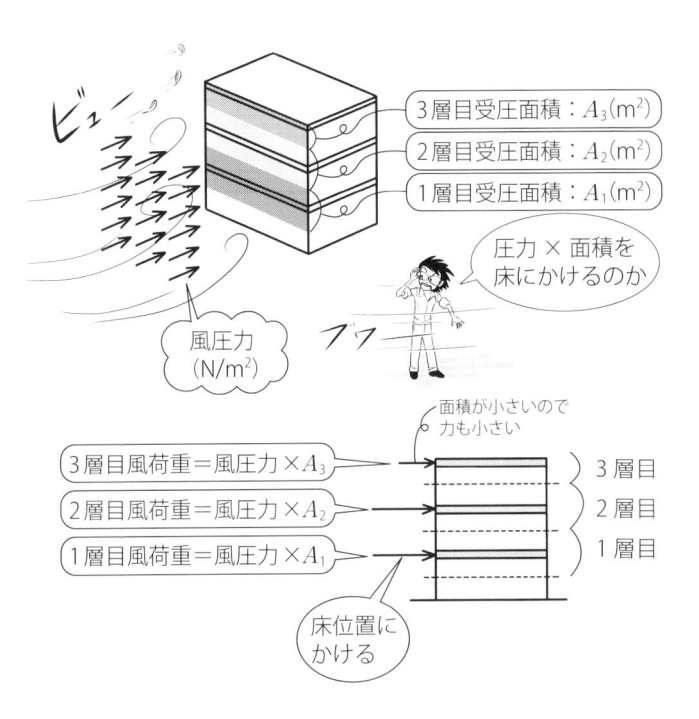

3層目受圧面積：$A_3(m^2)$
2層目受圧面積：$A_2(m^2)$
1層目受圧面積：$A_1(m^2)$

風圧力（N/m^2）

圧力 × 面積を床にかけるのか

面積が小さいので力も小さい

3層目風荷重＝風圧力×A_3 → 3層目
2層目風荷重＝風圧力×A_2 → 2層目
1層目風荷重＝風圧力×A_1 → 1層目

床位置にかける

- 各層別に風圧力の合計を出し、横から床にかけるのは、地震力と同じです。
- 短期の水平荷重は、地震荷重と風荷重を比較して、大きい方で計算します。低層の場合は地震荷重で計算することが多いです。

★ **R279** 風圧力 その2

Q 風圧力は風速の何乗に比例する?

A 2乗に比例します。

風の圧力は、空気の運動エネルギーによって生じます。質量 m、速度 v の運動エネルギーは $\frac{1}{2}mv^2$ ですから、v^2 に比例することになります。

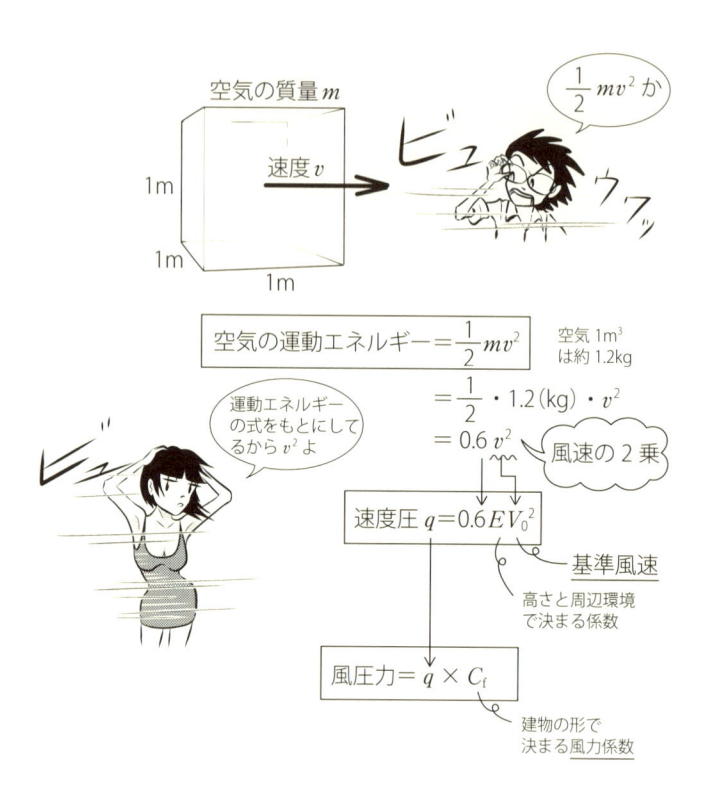

空気の質量 m
速度 v
$\frac{1}{2}mv^2$ か

空気の運動エネルギー $= \frac{1}{2}mv^2$　空気 $1m^3$ は約 1.2kg

運動エネルギーの式をもとにしてるから v^2 よ

$= \frac{1}{2} \cdot 1.2(kg) \cdot v^2$
$= 0.6 v^2$　風速の2乗

速度圧 $q = 0.6 E V_0^2$

基準風速

高さと周辺環境で決まる係数

風圧力 $= q \times C_f$

建物の形で決まる風力係数

- 建築基準法では、風圧力=速度圧×風力係数としていますが、速度圧の中に速度の2乗が含まれています。

R280 風圧力 その3

Q 地表面粗度区分とは？

A 風に対する抵抗がまわりにどれくらいあるかの区分です。

海岸沿いなどで障害物のない区分Ⅰから大都市で都市化が著しい区分Ⅳまで、4段階の区分があります。この区分に従って、G_f、E_rなどの係数を出し、そこからEを求めます。

地表面粗度区分

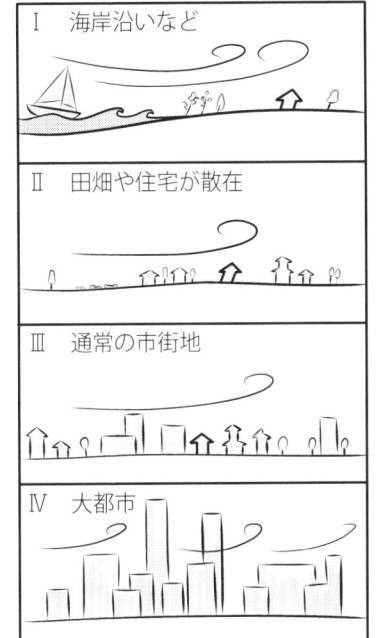

Ⅰ　海岸沿いなど

Ⅱ　田畑や住宅が散在

Ⅲ　通常の市街地

Ⅳ　大都市

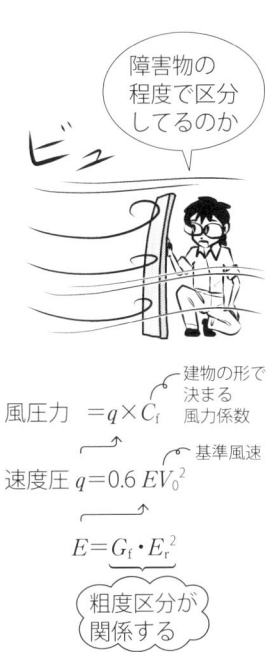

障害物の程度で区分してるのか

風圧力 $= q \times C_f$ （建物の形で決まる風力係数）

速度圧 $q = 0.6\, EV_0^2$ （基準風速）

$E = G_f \cdot E_r^2$

粗度区分が関係する

★ R281　風圧力　その4

Q 基準風速 V_0、$E_r \times V_0$ は何を表す？

A 基準風速 V_0 はまれに発生する暴風時の平均風速で、地域ごとに定められています。$E_r \times V_0$ は高さ方向の分布を加味した対象建物が受ける平均風速です。

V_0 は地域ごとに決められています。E_r は粗度区分と建物の高さによって決まる係数で、平均風速の高さ方向の分布係数といわれるものです。各粗度区分での E_r の大きさは、Ⅰ>Ⅱ>Ⅲ>Ⅳとなります。

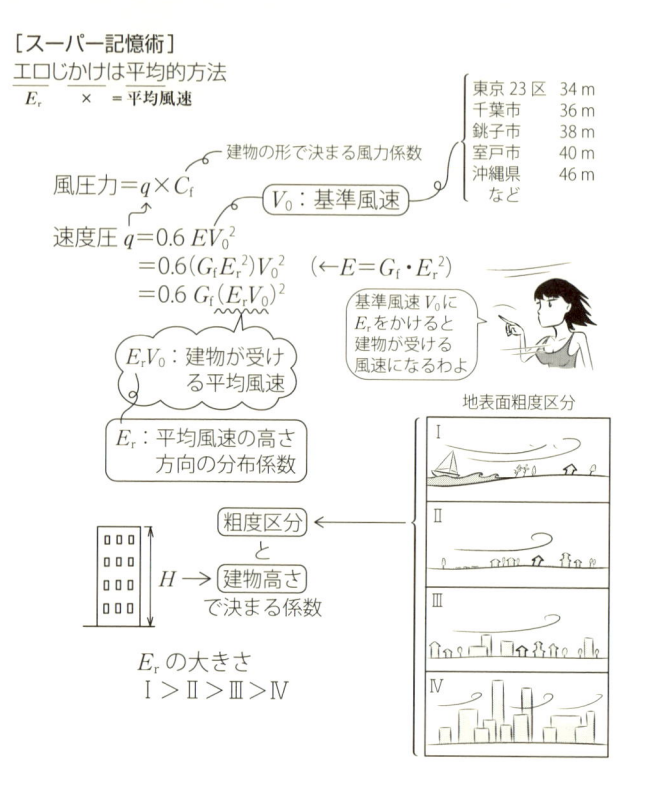

[スーパー記憶術]
エロじかけは平均的方法
$\underline{E_r} \times \underline{} = $ 平均風速

東京23区　34m
千葉市　　36m
銚子市　　38m
室戸市　　40m
沖縄県　　46m
など

　　　　　　　　　　建物の形で決まる風力係数
風圧力 $= q \times C_f$　　V_0：基準風速
速度圧 $q = 0.6\, EV_0^2$
　　　　　$= 0.6(G_f E_r^2)V_0^2$　（←$E = G_f \cdot E_r^2$）
　　　　　$= 0.6\, G_f (E_r V_0)^2$

基準風速 V_0 に E_r をかけると建物が受ける風速になるわよ

$E_r V_0$：建物が受ける平均風速

E_r：平均風速の高さ方向の分布係数

粗度区分　と　建物高さ　H　で決まる係数

E_r の大きさ
Ⅰ＞Ⅱ＞Ⅲ＞Ⅳ

地表面粗度区分
Ⅰ
Ⅱ
Ⅲ
Ⅳ

- 基準風速 V_0 は、まれに発生する暴風時の地上10mにおける10分間の平均風速です。その数字をもとに、まわりの状況（粗度区分）と建物の高さによる計算式から、建物が暴風時に受ける平均風速を出します。
- E_r を求める式は、$H > 10$ の時は（高さ/10）の0.27乗×1.7などと、かなり複雑な式が提示されています。

288

★ R282　風圧力　その5

Q ガスト影響係数 G_f とは？

A 突風成分を考えた平均風速を割り増しする係数です。

周囲に建物があるほど（粗度区分がⅢ、Ⅳほど）風速の変動は大きくなり、建物が高いほど風圧でしなって風を受け流して変動は小さくなります。各粗度区分での G_f の大きさは、Ⅰ＜Ⅱ＜Ⅲ＜Ⅳとなります。

[スーパー記憶術]
<u>突風</u>で<u>排気ガスとチリ</u>が舞う<u>都会</u>
　　　　　ガスト影響係数　　Ⅳが大きい

風圧力 $= q \times C_f$ ←建物の形で決まる風力係数

速度圧 $q = 0.6EV_0^2$　（V_0：基準風速）
　　　　$= 0.6(G_f E_r^2)V_0^2$　（←$E = G_f \cdot E_r^2$）
　　　　$= 0.6G_f(E_r V_0)^2$

G_f：ガスト影響係数

ガスト影響係数で突風による割り増しをするのよ

粗度区分 と 建物高さ で決まる係数

東京市街地（粗度区分Ⅳ）を高さ10mの建物では、$G_f = 3.1$

G_f の大きさ
Ⅰ＜Ⅱ＜Ⅲ＜Ⅳ

地表面粗度区分

Ⅰ　Ⅱ　Ⅲ　Ⅳ（都会）

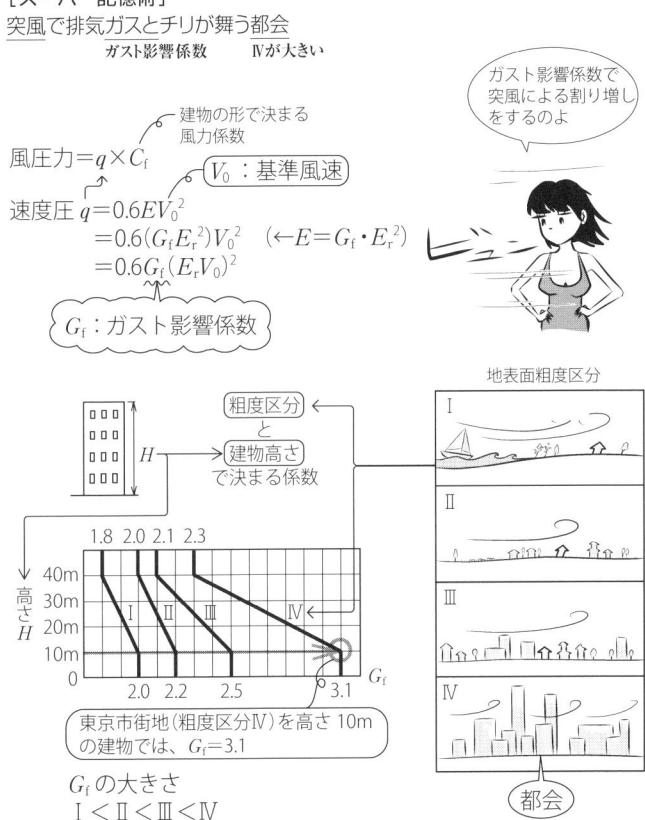

- 粗度区分ごとに G_f のグラフがあり、縦軸の建物高さで G_f を決めます。H は正確には、建物高さと軒の高さとの平均です。勾配屋根の場合は、平均の高さとなります。

★ R283　風圧力　その6

Q 風力係数 C_f とは？

A 建物の形状と風向きによって決定する係数です。

同じ速度圧でも、同じ高さ H の建物でも、形と風向きによって風圧力は変わります。それを係数で表したのが風力係数で、形と風圧力を計算しようとする高さ Z によって変わります。

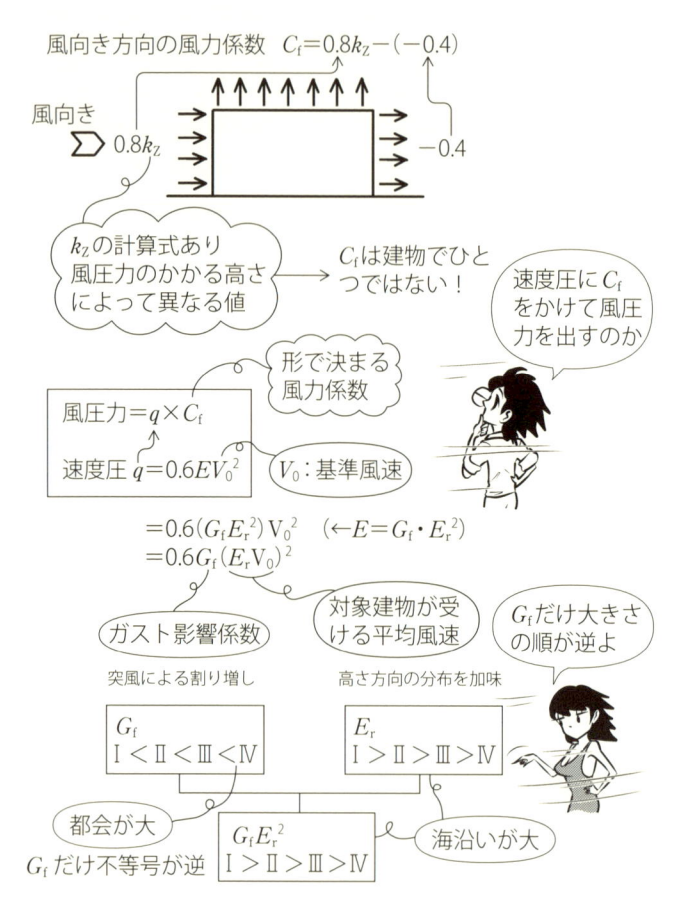

風向き方向の風力係数　$C_f = 0.8k_z - (-0.4)$

風向き　$0.8k_z$　　-0.4

- k_z の計算式あり 風圧力のかかる高さによって異なる値
- C_f は建物でひとつではない！
- 速度圧に C_f をかけて風圧力を出すのか

風圧力 $= q \times C_f$　（形で決まる風力係数）
速度圧 $q = 0.6EV_0^2$　　V_0：基準風速

$= 0.6(G_f E_r^2)V_0^2$　　（← $E = G_f \cdot E_r^2$）
$= 0.6 G_f (E_r V_0)^2$

- ガスト影響係数 — 突風による割り増し
- 対象建物が受ける平均風速 — 高さ方向の分布を加味
- G_f だけ大きさの順が逆よ

G_f　I < II < III < IV
E_r　I > II > III > IV

都会が大　　$G_f E_r^2$　I > II > III > IV　　海沿いが大

G_f だけ不等号が逆

• 風力係数 C_f は高さ Z によって変わるので、ひとつの建物にひとつの値ではありません。

★ R284　地震力　その1

Q 震度と震度階級（震度階）とは？

A 震度とは地震の加速度が重力加速度の何倍あるかの値、震度階とは気象庁が人の体感や被害状況に合わせて地震の大きさを表した階級です。

▼

テレビ、ラジオで発表される震度3などの震度とは、震度階のことです。震度は重力加速度 G（$9.8\text{m/s}^2 ≒ 10\text{m/s}^2$）の何倍かを表す値で、**0.2**を基準としています。地震荷重は、$0.2G$ の加速度を基準として計算します。

- Gの何倍かが震度か
- 震度 0.2
- $0.2G$
- 力 ＝ 質量 × 加速度
  ＝ 質量 × $(0.2G)$
  ＝ $0.2 ×$（質量 × G）
  ＝ $0.2 ×$ 体重
- $TL = DL + LL$
- ただ今、震度5の…
- 気象庁発表
- 震度階級（震度階） 体感と被害状況で決めたもの

マグニチュードは震源でのエネルギー

- 横方向に $0.2G$ の加速度がかかるということは、体重の0.2倍の横力がかかるということです。100kgの重さ（100kgf）の人には、20kgfの力が横からかかるとします。地震加速度は大きくなったり小さくなったり、逆から働いたりしますが、どちらの方向にもそれぞれ $0.2G$ がかかるとして計算します。
- マグニチュードは震源でのエネルギーです。

★ R285　地震力　その2

Q 構造計算で地震力（地震荷重）をかける位置は？
▼
A 各階の床にかけます。

重さは床に集中しているとして、床に水平の地震力をかけます。その地震力は、加速度×質量＝$0.2G$×各層の質量＝0.2×（各層の質量×G）＝0.2×各層の重さとなります。

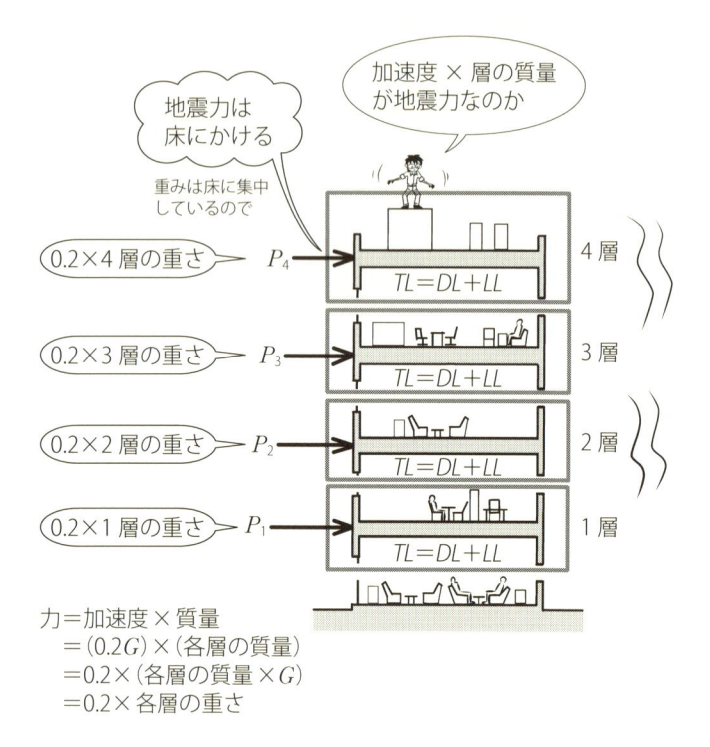

- 地震力は床にかける（重みは床に集中しているので）
- 加速度×層の質量が地震力なのか

- 0.2×4層の重さ → P_4　4層　$TL=DL+LL$
- 0.2×3層の重さ → P_3　3層　$TL=DL+LL$
- 0.2×2層の重さ → P_2　2層　$TL=DL+LL$
- 0.2×1層の重さ → P_1　1層　$TL=DL+LL$

力＝加速度×質量
　＝$(0.2G)$×(各層の質量)
　＝0.2×(各層の質量×G)
　＝0.2×各層の重さ

- 柱や壁は中央で半分にして、上下階の床の重さに算入します。床を中心として層で考えるのは、風圧力の時と同じです。
- 地震の加速度$0.2G$（$0.2×9.8m/s^2$）は、高さによる割り増しなどによって補正された値が使われます。上記の式は、若干複雑になります。
- 中低層の建物の場合、風圧力よりも地震力の方が大きくなります。中低層の重いRC造の場合、風圧力の検討を省略することがあります。また、大地震と台風は同時に来ない（来る確率が非常に低い）として計算しています。

★ **R286** 　　　　　　　　　　　　　　　　　　　　地震力　その3

Q 前項で、1階のせん断力の総計は？

A 0.2×(1層の重さ+2層の重さ+3層の重さ+4層の重さ) です。

各層の柱にかかるせん断力の合計=層せん断力は、その上にかかる外力 P の合計になります（R227参照）。1階ならば $P_1+P_2+P_3+P_4$、2階ならば $P_2+P_3+P_4$ です。

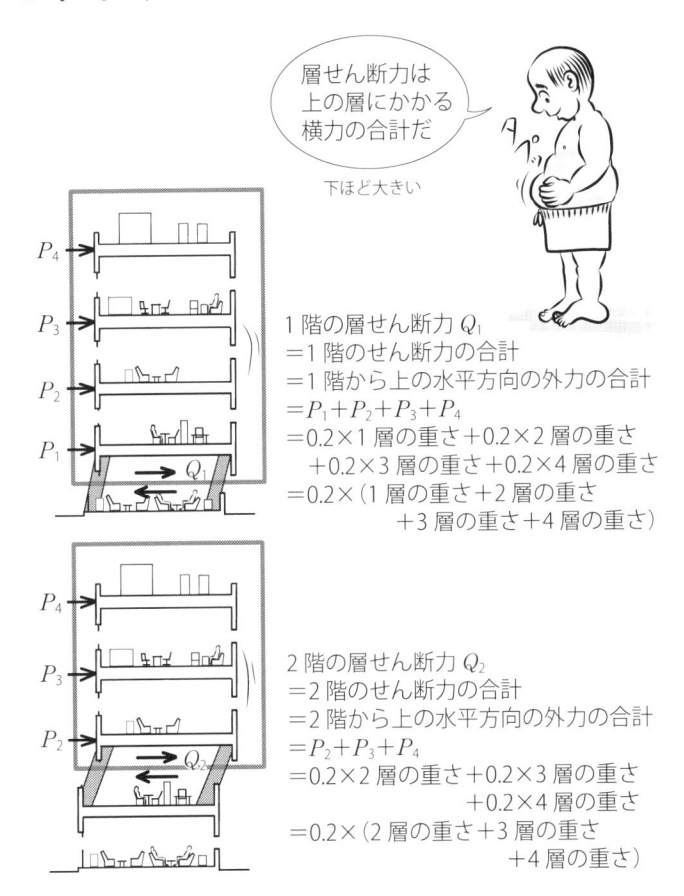

層せん断力は
上の層にかかる
横力の合計だ

下ほど大きい

1階の層せん断力 Q_1
= 1階のせん断力の合計
= 1階から上の水平方向の外力の合計
= $P_1+P_2+P_3+P_4$
= 0.2×1層の重さ+0.2×2層の重さ
　+0.2×3層の重さ+0.2×4層の重さ
= 0.2×(1層の重さ+2層の重さ
　　　+3層の重さ+4層の重さ)

2階の層せん断力 Q_2
= 2階のせん断力の合計
= 2階から上の水平方向の外力の合計
= $P_2+P_3+P_4$
= 0.2×2層の重さ+0.2×3層の重さ
　+0.2×4層の重さ
= 0.2×(2層の重さ+3層の重さ
　　　+4層の重さ)

- 地震の加速度が $0.2G$ と同じとした場合、上記のような単純な式になります。建築基準法では層ごとに $0.2G$ を補正した値とするので、式は複雑になります。

★ R287 地震力 その4

Q 地震層せん断力係数 C_i とは？

A 標準の震度を0.2として、それを層ごとに補正した値です。

震度0.2、地震加速度0.2Gを標準として、さまざまな係数で補正した層ごとの震度が地震層せん断力係数 C_i です。C_i に、i 層より上の重さをかけて、i 層の層せん断力を算出します。

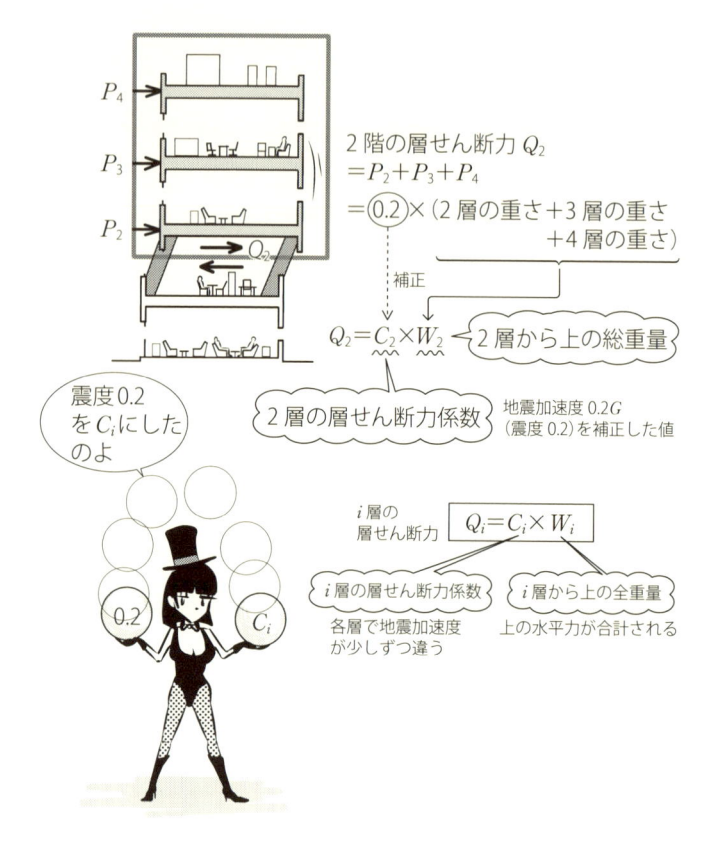

2階の層せん断力 Q_2
$= P_2 + P_3 + P_4$
$= (0.2) \times$（2層の重さ＋3層の重さ＋4層の重さ）

↓補正

$Q_2 = C_2 \times W_2$ ← 2層から上の総重量

2層の層せん断力係数

地震加速度0.2G（震度0.2）を補正した値

震度0.2を C_i にしたのよ

i 層の層せん断力 $\boxed{Q_i = C_i \times W_i}$

i 層の層せん断力係数（各層で地震加速度が少しずつ違う）

i 層から上の全重量（上の水平力が合計される）

- Q_i とともによく使われる W_i という記号は、i 層より上の全重量で、i 層の重量ではないので注意してください。$C_i \times W_i$ で出た Q_i は i 層での層せん断力ですが、i 層より上にかかる地震力の総計でもあります。それぞれの層にかかる P_i を出すには、Q_i どうしを引き算して出すことになります。応力計算では、各 P_i をそれぞれの床の重さにかけて計算します。

★ R288　　　　　　　　　　　　　　　　　　　　　　　地震力　その5

Q 層せん断力係数 C_i を出す式は？

A $C_i = Z \cdot R_t \cdot A_i \cdot C_0$ です。

C_0 は標準せん断力係数で、普通 0.2 とします。震度 0.2、地震加速度が $0.2G$（G：重力加速度）を標準としているということです。それに地域係数 Z（R289 参照）、振動特性係数 R_t（R290 参照）、高さ方向で割り増す分布係数 A_i（R295 参照）をかけると C_i が出ます。

[スーパー記憶術]
地震は絶対　ある、　あ　したにも
　　　　Z　　R_t　　A_i　C_0

$Q_i = C_i \times W_i$

i 層の層せん断力係数
i 層から上の全重量

$C_i = Z \times R_t \times A_i \times C_0$

震度 0.2
加速度 $0.2G$

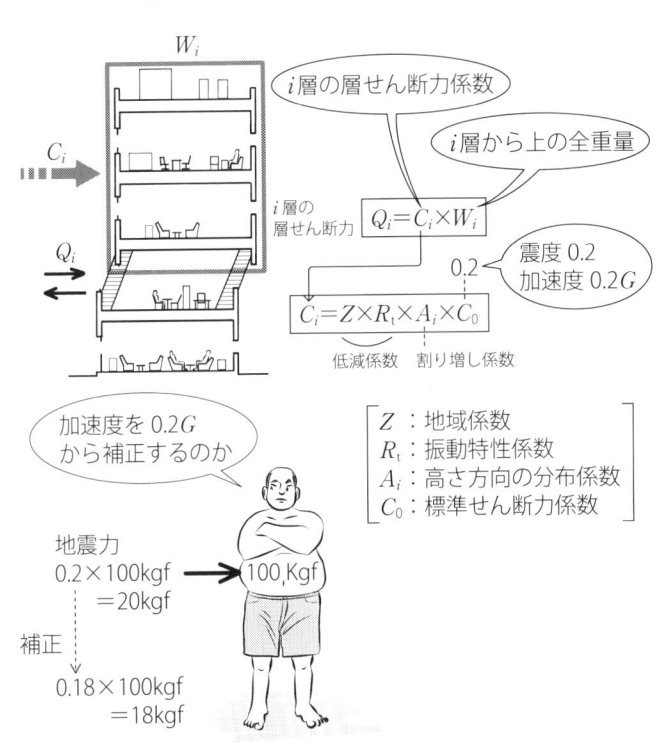

低減係数　　割り増し係数

加速度を $0.2G$ から補正するのか

$\begin{bmatrix} Z：地域係数 \\ R_t：振動特性係数 \\ A_i：高さ方向の分布係数 \\ C_0：標準せん断力係数 \end{bmatrix}$

地震力
$0.2 \times 100\text{kgf}$　→　100, Kgf
　＝ 20kgf

補正
$0.18 \times 100\text{kgf}$
　＝ 18kgf

- C_0 は 0.2 以上とし、地盤が著しく軟弱と定められた区域における木造建築物で 0.3 以上とされています。必要保有水平耐力の計算時には 1.0 以上とします。
- A_i の A は Amplification（増幅）を意味します。

★ **R289** 地震力 その6

Q 地震地域係数 Z とは？

A 過去の地震の統計から定めた地域による低減係数です。

大きな地震のなかった沖縄では **0.7**、さほど大きな地震がなかった福岡では **0.8**、札幌では **0.9**、東京、名古屋、大阪、仙台は1と、1以下に決められた層せん断力係数を低減する係数です。大地震の多い本州太平洋側は、Z による低減ができません。

- i 層の層せん断力 → $Q_i = C_i \times W_i$
- i 層から上の全重量
- i 層の層せん断力係数 ［補正された震度］
- $C_i = Z \times R_t \times A_i \times C_0$ （地震は絶対ある）
  - 0.2 / Z
- 地震地域係数 低減係数 1.0 以下

本州の太平洋側は低減なしよ！

$Z = 0.9$ 低減小
$Z = 0.8$ 低減中
$Z = 1$ 低減なし！
沖縄県 $Z = 0.7$ 低減最大

（　）内はスーパー記憶術

★ R290 　地震力 その7

Q 振動特性係数 R_t とは？

A 建物の固有周期と地盤の振動特性によって決まる低減係数です。

▼

🔲 **固有周期**が長い高層の建物では、周期の短い地震の振動で**共振**しにくい性質があります。そのため固有周期の長い建物では、振動特性係数 R_t は小さくされ、地震力は低減されます。ガタガタと速く揺れる地震に、ユーラユーラとゆっくり揺れる建物は、振動を合わせにくいということです。

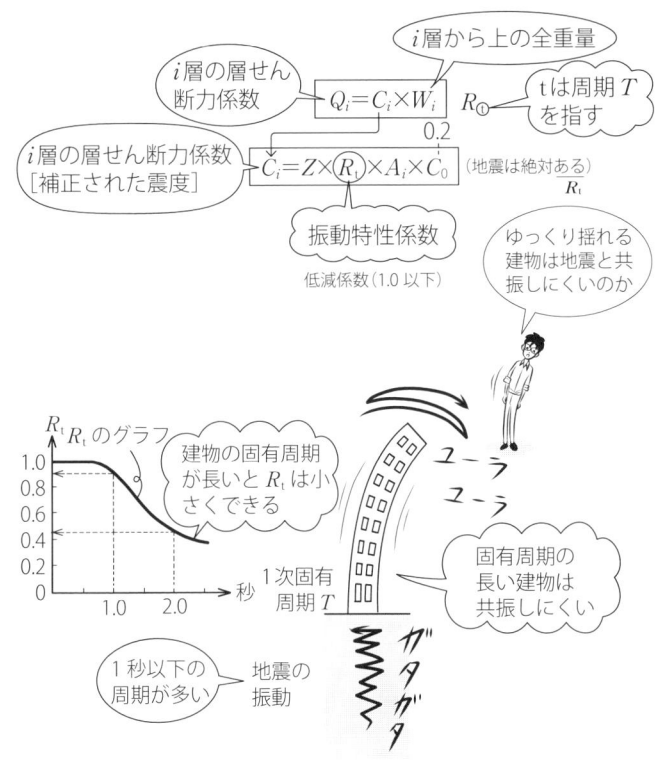

- $Q_i = C_i \times W_i$ （i層の層せん断力係数／i層から上の全重量）
- R_t （tは周期 T を指す）
- $C_i = Z \times R_t \times A_i \times C_0$ （i層の層せん断力係数［補正された震度］）
- 0.2 ÷ R_t （地震は絶対ある）
- 振動特性係数（低減係数（1.0以下））

ゆっくり揺れる建物は地震と共振しにくいのか

R_t のグラフ
- 1.0, 0.8, 0.6, 0.4, 0.2
- 1.0, 2.0 秒
- 1次固有周期 T

建物の固有周期が長いと R_t は小さくできる

固有周期の長い建物は共振しにくい

ユーラユーラ

1秒以下の周期が多い ― 地震の振動

ガタガタガタ

（　）内はスーパー記憶術

- 振り子は長さで周期が決まり、揺れ幅（振幅）によらず一定です。1秒で往復するなら、その振り子の周期は1秒で、大きく揺れても1秒、小さく揺れても1秒で同じです。それが振り子が本来持っている、振り子特有の周期、という意味で固有周期といいます。建物にも振り子同様に、固有の周期があります。

★ R291　　地震力　その8

Q 1次固有周期、2次固有周期、3次固有周期とは？

A 下図のような多質点のモデルで、振動の仕方によって異なる周期のことです。

別々に動く質点が多くなるごとに、周期が短くなります。3質点では3次固有周期が、最も周期が短い振動の仕方です。振動特性係数 R_t、高さ方向の分布係数 A_i を求める場合は、最も長い1次固有周期を使います。

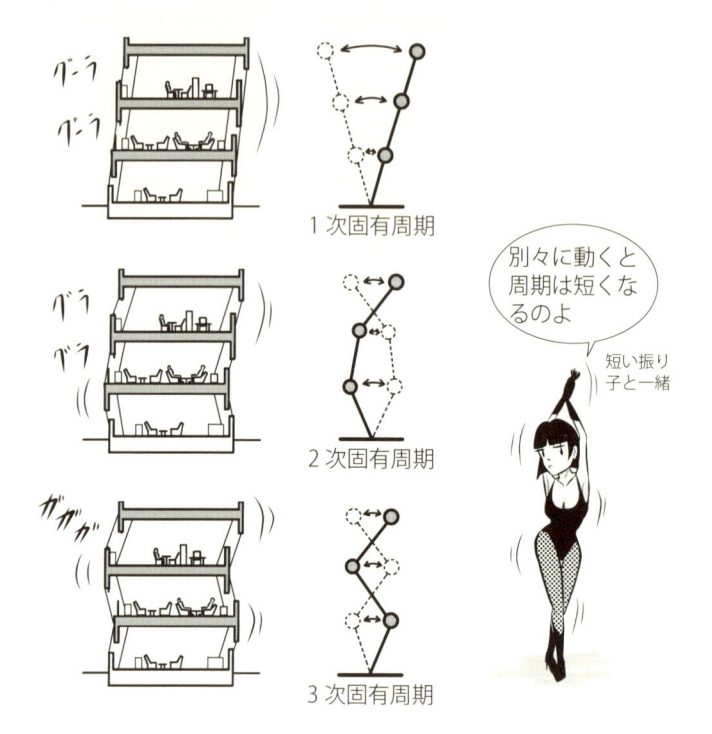

1次固有周期

2次固有周期

3次固有周期

別々に動くと周期は短くなるのよ

短い振り子と一緒

- 質量がひとつに集中したモデルでは固有周期はひとつですが、質量が複数あると、固有周期もその数だけあります。1次固有周期、2次固有周期、3次固有周期と次数が増えるほど、周期は短くなります。ひとつの建物がいくつもの固有周期を持っています。R_t が扱うのは、1次固有周期です。
- 地面の震動の周期に近い周期で、建物は共振します。長い周期で地面が揺れるときは、1次固有周期の揺れになり、短い周期だと2次や3次の揺れとなります。
- 中低層の1次固有周期は一般に0.5秒以下、40～50階の超高層の1次固有周期は4～5秒程度です。

R292 地震力 その9

Q 卓越周期とは？

A 地盤の揺れる周期の中で、最も主要な周期です。

地盤の揺れは、いろいろな周期が混じったものですが、その中で一番強い、卓越した周期が卓越周期です。地盤にとっての固有周期です。卓越周期と建物の固有周期が一致すると、建物が共振して大きく揺れてしまいます。建物の固有周期と地盤の卓越周期は、一致させないようにすることが重要です。

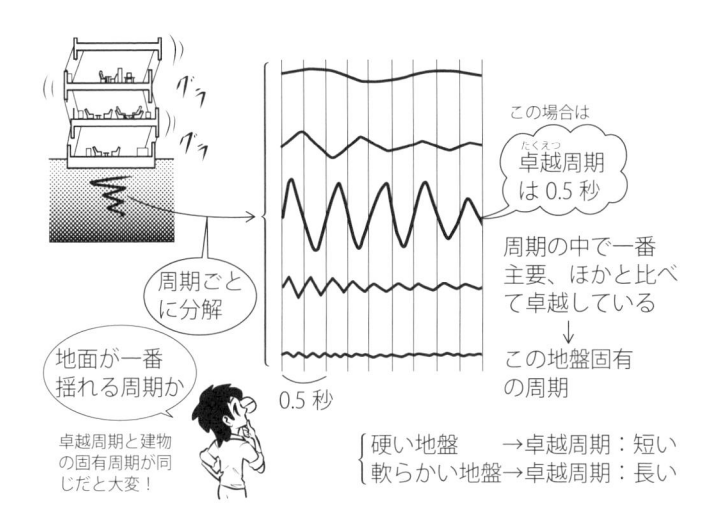

この場合は
卓越周期は 0.5 秒

周期の中で一番主要、ほかと比べて卓越している
↓
この地盤固有の周期

周期ごとに分解

地面が一番揺れる周期か

卓越周期と建物の固有周期が同じだと大変！

0.5 秒

- 硬い地盤　　→卓越周期：短い
- 軟らかい地盤→卓越周期：長い

- 卓越周期は、硬い地盤では短く、軟らかい地盤では長くなります。
- 高架水槽やペントハウスなどの屋上突出物の固有周期と、建物本体の固有周期が一致すると、やはり共振して建物が大きく揺れてしまいます。屋上突出物の固有周期は、建物の固有周期と一致させないようにします。逆に水槽の水の量を調整して周期をずらして、建物の揺れを抑えることもできます。

★ **R293** 地震力 その10

Q 高さ h（m）の建物の1次固有周期 T は？

A RC造では $0.02h$（秒）、S造か木造では $0.03h$（秒）です。

S造、木造は軟らかい分、周期は長くなります。RC造とS造の混ざった構造では、周期 $T = h \times (0.02 + 0.01 \times \alpha)$ で α はS造、木造の階の高さの全体の高さ h に対する比という式となります。RC造の $0.02h$ とS造の $0.03h$ を合わせた式です。

[スーパー記憶術]
① <u>短気な</u> <u>鬼</u>　② <u>長い</u> <u>お産</u>
　短周期 0.02　　　長周期 0.03

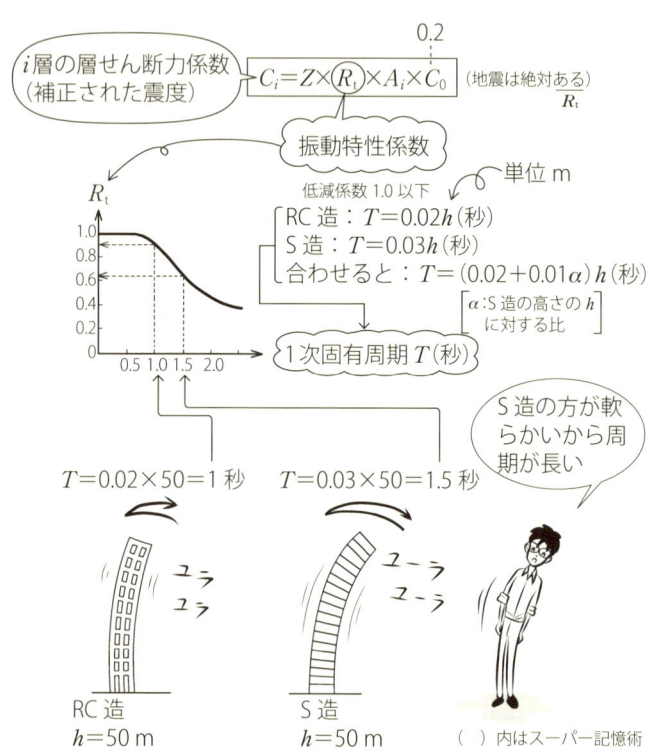

i 層の層せん断力係数（補正された震度）
$$C_i = Z \times R_t \times A_i \times C_0$$

0.2（地震は絶対ある）
R_t 振動特性係数

R_t グラフ（低減係数 1.0 以下）
単位 m
RC造：$T = 0.02h$（秒）
S造：$T = 0.03h$（秒）
合わせると：$T = (0.02 + 0.01\alpha)h$（秒）
［α：S造の高さの h に対する比］

1次固有周期 T（秒）

S造の方が軟らかいから周期が長い

$T = 0.02 \times 50 = 1$ 秒　　$T = 0.03 \times 50 = 1.5$ 秒

RC造 $h = 50$ m　　S造 $h = 50$ m　　（　）内はスーパー記憶術

● 0.02、0.03 をかけるので、10m では 0.2秒、0.3秒 となり、R_t はグラフから1となって、低層の建物にはほとんど関係ない低減係数とわかります。

300

★ R294　地震力　その11

Q 振動特性係数 R_t は地盤が硬いとどうなる?

A 小さくなります。

硬質の1種、普通の2種、軟弱の3種によってグラフが3段に分かれています。岩盤、土丹盤、密実なれき層のような硬い地盤では地震の震動は小さく、泥土、腐植土のような軟らかい地盤では振動は増幅されるからです。

[スーパー記憶術]
<u>下の</u>　<u>最初のころ</u>　の地層ほど硬い
グラフ　　1種

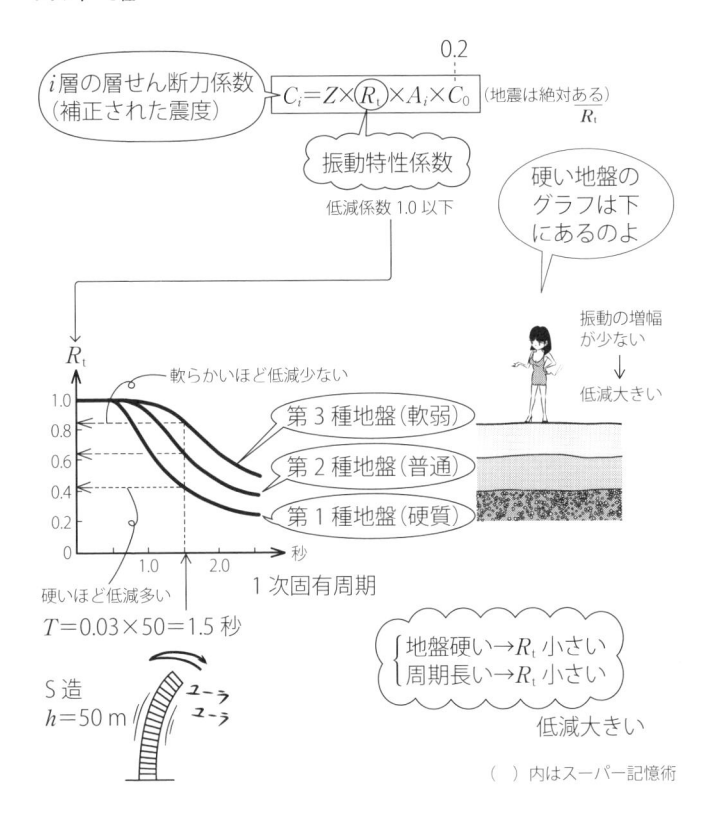

i 層の層せん断力係数（補正された震度）

$$C_i = Z \times R_t \times A_i \times C_0$$

(地震は絶対ある) $\dfrac{0.2}{R_t}$

振動特性係数
低減係数 1.0 以下

硬い地盤のグラフは下にあるのよ

振動の増幅が少ない
↓
低減大きい

- 軟らかいほど低減少ない
- 第3種地盤（軟弱）
- 第2種地盤（普通）
- 第1種地盤（硬質）

硬いほど低減多い

$T = 0.03 \times 50 = 1.5$ 秒

S造
$h = 50\,m$

{ 地盤硬い → R_t 小さい
  周期長い → R_t 小さい }

低減大きい

( ) 内はスーパー記憶術

- R_t は硬いほど、周期が長いほど小さくなり、地震力は低減されます。

★ R295　　　　　　　　　　　　　　　　　　　地震力　その12

Q 分布係数 A_i とは？

A 地震層せん断力係数 C_i の高さ方向の分布による割り増し係数です。

建物が高いほど軟らかいほど、むちを振るような効果で振動が大きくなります。A_i は1階で1.0、上階に行くほど軟らかいほど大きくなります。A_i によって、地震加速度、震度を割り増しするわけです。

Q_i、C_i、W_i、A_i
（i は層を指す）

i 層の層せん断力：$Q_i = C_i \times W_i$（i 層から上の全重量）

i 層の層せん断力係数（補正された震度）：$C_i = Z \times R_t \times A_i \times C_0$

（地震は絶対ある あしたにも）
A_i

高さ方向の分布係数
1.0より大きい割り増し係数

むち振りの効果よ！

高いほど軟らかいほど大きくなるのか

増幅

高いほど→震度大
軟らかいほど→震度大

（　）内はスーパー記憶術

- A_i の i は、Q_i、C_i、W_i の i と同様に i 層という意味で、層によって値は変わります。
- ほとんどの中低層の建物は Z は1、R_t も1が多く、$A_i \times C_0$ で C_i が決まります。

R296 地震力 その13

Q 分布係数 A_i を決める係数は？

A $\alpha_i = \dfrac{i\text{階から上の総重量}}{\text{地上の総重量}}$ と、1次固有周期 T です。

A_i のグラフは、縦軸に α_i、横軸に A_i として、T によって異なる曲線となります。上階に行くほど（背が高いほど）、T が長いほど（軟らかいほど）地震の加速度は増幅されるので、割り増しされます。1階では、どの周期でも 1.0 となります。

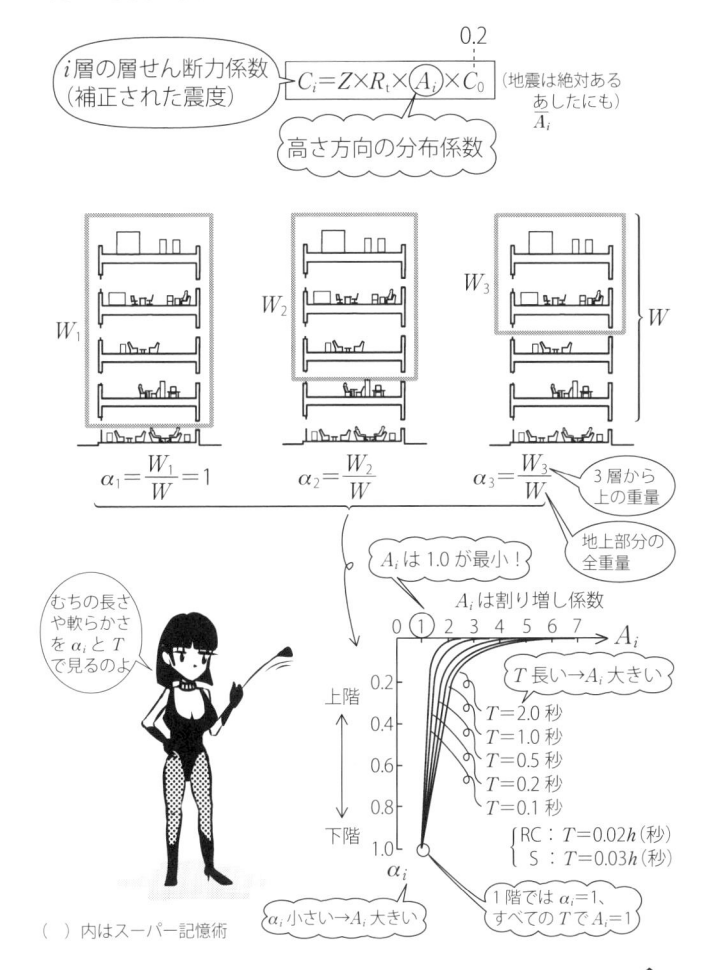

i 層の層せん断力係数（補正された震度）

$$C_i = Z \times R_t \times A_i \times C_0$$

高さ方向の分布係数

（地震は絶対あるあしたにも）
A_i

$\alpha_1 = \dfrac{W_1}{W} = 1$ $\alpha_2 = \dfrac{W_2}{W}$ $\alpha_3 = \dfrac{W_3}{W}$

3層から上の重量 / 地上部分の全重量

A_i は 1.0 が最小！
A_i は割り増し係数

むちの長さや軟らかさを α_i と T で見るのよ

T 長い → A_i 大きい
$T = 2.0$ 秒
$T = 1.0$ 秒
$T = 0.5$ 秒
$T = 0.2$ 秒
$T = 0.1$ 秒

上階 ↑ 下階

$\begin{cases} \text{RC}: T = 0.02h \text{(秒)} \\ \text{S}: T = 0.03h \text{(秒)} \end{cases}$

1階では $\alpha_i = 1$、すべての T で $A_i = 1$

α_i 小さい → A_i 大きい

（ ）内はスーパー記憶術

★ R297 地震力 その14

Q 東京で低層のRC造では、i層の層せん断力係数 C_i はどうなる?

A 多くの場合、$C_i = A_i \times C_0$ となります。

東京は$Z=1$の地域で、低層の場合は振動特性係数$R_t=1$が多くなるので、ほとんどが分布係数A_iで決まってしまいます。標準のせん断力係数（≒標準の震度）$C_0 = 0.2$とすると、$C_i = 0.2 A_i$ となります。

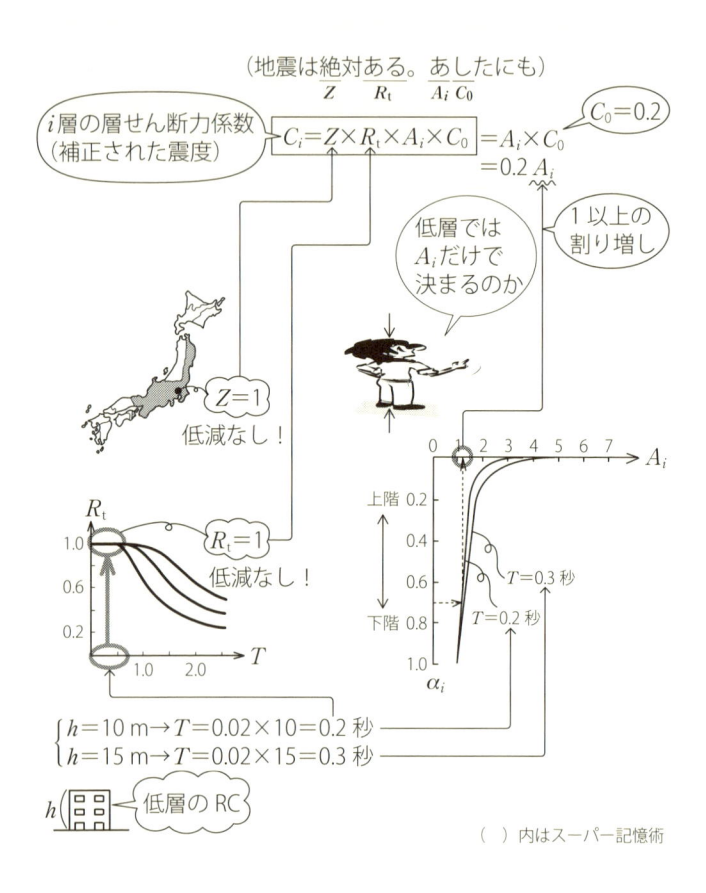

（地震は絶対ある。あしたにも）
$\underline{Z} \ \underline{R_t} \ \underline{A_i \ C_0}$

i層の層せん断力係数（補正された震度）
$$C_i = Z \times R_t \times A_i \times C_0 = A_i \times C_0 = 0.2 A_i$$

$C_0 = 0.2$

1以上の割り増し

低層ではA_iだけで決まるのか

$Z = 1$ 低減なし！

$R_t = 1$ 低減なし！

$\begin{cases} h = 10 \text{ m} \to T = 0.02 \times 10 = 0.2 \text{ 秒} \\ h = 15 \text{ m} \to T = 0.02 \times 15 = 0.3 \text{ 秒} \end{cases}$

$T = 0.3$ 秒
$T = 0.2$ 秒

上階 / 下階
α_i

低層のRC

（ ）内はスーパー記憶術

★ **R298** 地震力 その15

Q 地下の水平震度 k は？

A $k \geq 0.1\left(1-\dfrac{H}{40}\right)Z$ です（H：地盤面からの深さ。20mを超える深さでは $H=20$ とする）。

Zは地震地域係数で地上部分と同様に、地域によっては低減できます。この震度に地下部分の重さをかけると、地下部分の受ける地震力が出ます。

［スーパー記憶術］
<u>オイ！</u>　<u>始終</u>　<u>H</u>なやつは<u>除け！</u>
　0.1　　40分の　H　　　マイナス

$P_{B1}=k_1 \times$ B1層の重さ　　$P_{B2}=k_2 \times$ B2層の重さ

$k_1=0.1\left(1-\dfrac{H_1}{40}\right)\times Z$　　$k_2=0.1\left(1-\dfrac{H_2}{40}\right)\times Z$

地下の水平震度
標準の震度は0.1
地上は0.2
地域係数 $C_i = Z \cdot R_t \cdot A_i \cdot C_0$ 同じ
地盤面から力のかかる所までの深さ

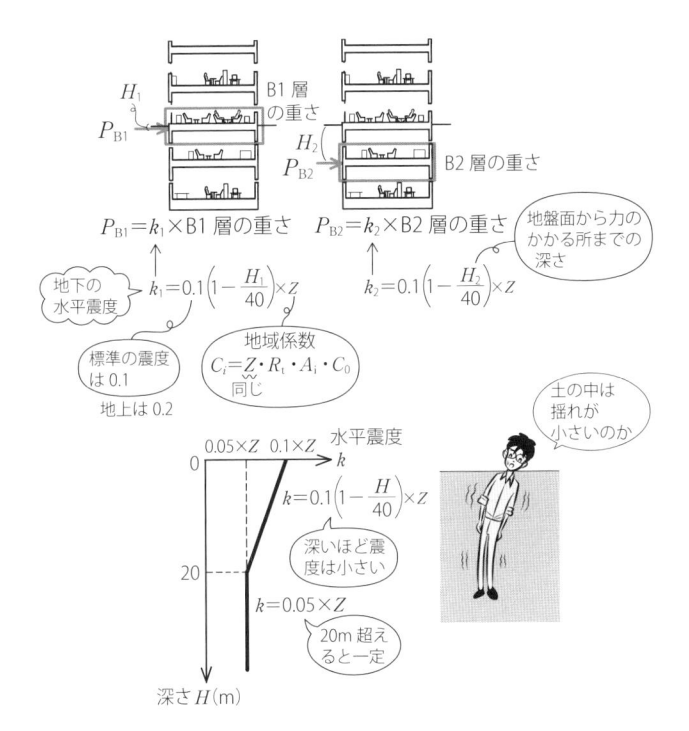

$k=0.1\left(1-\dfrac{H}{40}\right)\times Z$
深いほど震度は小さい

$k=0.05 \times Z$
20m超えると一定

土の中は揺れが小さいのか

- 地震波は地盤面で一番大きく揺れ、地下に行くほど小さくなります。振動のエネルギーが、境界面で放出されるわけです。地下の深いところでは、建物は地盤と一緒に揺れて、地上階のようにむち振り、さお振りのような増幅効果はないので、割り増し係数 A_i もありません。

★ R299　　　　　　　　　　　　　　　　　　地震力　その16

Q 地下1層の柱にかかるせん断力の合計（層せん断力）は？

A 地上1層の層せん断力 $Q_1 + k_1 \times$ 地下1層の重さ　です（k_1：地下1層の水平震度）。

水平震度×重さは、その部分にかかる水平力のみです。そこから上の力も合計した水平力に、地下の柱は抵抗して、つり合わねばなりません。

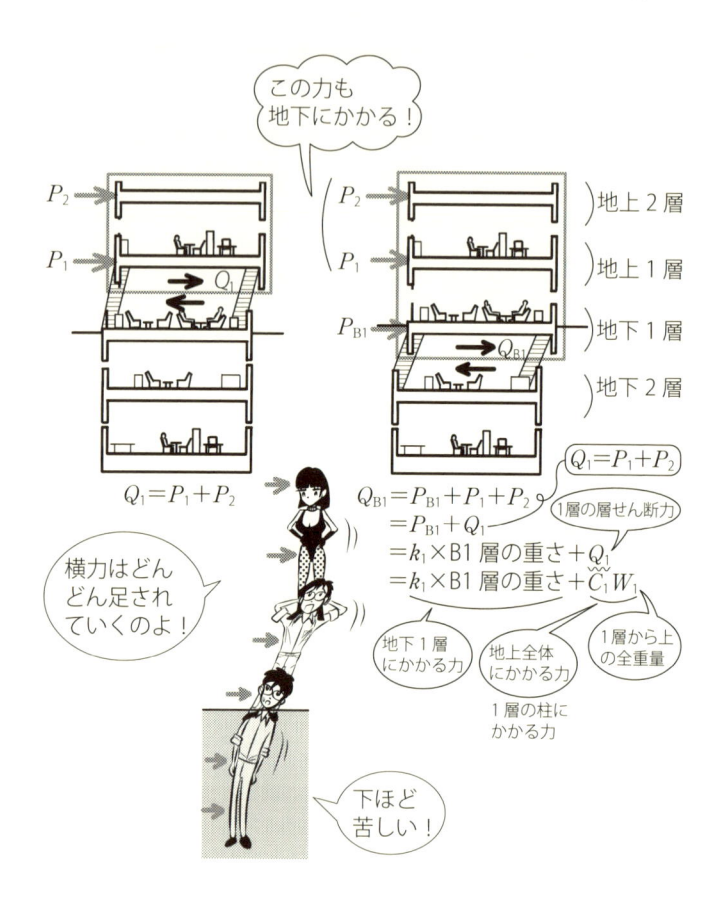

「この力も地下にかかる！」

P_2 → 地上2層
P_1 → 地上1層
P_{B1} → 地下1層
　　　　 地下2層

$Q_1 = P_1 + P_2$

$Q_{B1} = P_{B1} + P_1 + P_2$
　　　 $= P_{B1} + Q_1$
　　　 $= k_1 \times$ B1層の重さ $+ Q_1$
　　　 $= k_1 \times$ B1層の重さ $+ C_1 W_1$

$Q_1 = P_1 + P_2$　←1層の層せん断力

「横力はどんどん足されていくのよ！」

地下1層にかかる力　｜　地上全体にかかる力　｜　1層から上の全重量

1層の柱にかかる力

「下ほど苦しい！」

- 地上でも地下でも、層せん断力 Q は、その層から上の水平力の合計となります。地下の柱にも、地上の横力がすべて影響します。

R300 地震力 その17

Q 1 地上2層の層せん断力 Q_2 を求める式は？
　2 地下1層の層せん断力 Q_{B1} を求める式は？

A 1 $Q_2 = C_2 \times W_2 = (Z \cdot R_t \cdot A_2 \cdot C_0) \times W_2$ です。
　2 $Q_{B1} = k_{B1} \times W_{B1} + Q_1 = k_{B1} \times W_{B1} + (Z \cdot R_t \cdot A_1 \cdot C_0) \times W_1$ です。

再度、層せん断力を求める式を覚え直しておきましょう。W_2 は2層の重さではなく、2層より上の重さですから注意してください。また地下の層せん断力では、地上1層の層せん断力 Q_1 も足される点を、もう一度確認しておいてください。

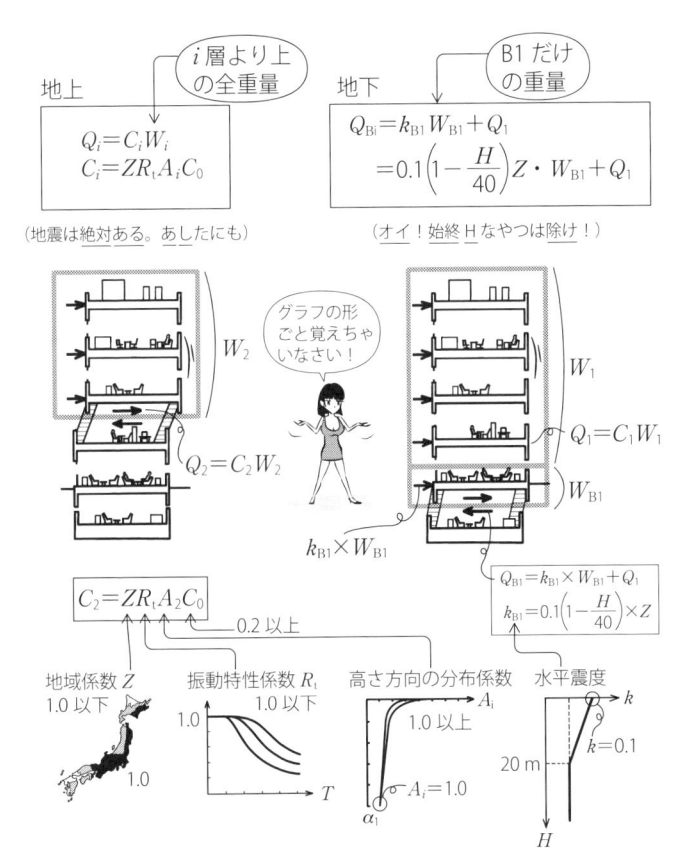

地上（i層より上の全重量）

$$Q_i = C_i W_i$$
$$C_i = Z R_t A_i C_0$$

（地震は絶対ある。あしたにも）

地下（B1だけの重量）

$$Q_{Bi} = k_{B1} W_{B1} + Q_1 = 0.1\left(1 - \frac{H}{40}\right) Z \cdot W_{B1} + Q_1$$

（オイ！始終 H なやつは除け！）

グラフの形ごと覚えちゃいなさい！

W_2
$Q_2 = C_2 W_2$

W_1
$Q_1 = C_1 W_1$
W_{B1}
$k_{B1} \times W_{B1}$

$$C_2 = Z R_t A_2 C_0$$

0.2以上

地域係数 Z　1.0以下
振動特性係数 R_t　1.0以下
高さ方向の分布係数 A_i　1.0以上、$A_i = 1.0$
水平震度 k、$k = 0.1$、20 m、H

$Q_{B1} = k_{B1} \times W_{B1} + Q_1$
$k_{B1} = 0.1\left(1 - \frac{H}{40}\right) \times Z$

（　）内のスーパー記憶術は R288、R298 を参照

★ R301 地震力 その18

Q 屋上にある塔屋、水槽、煙突に働く水平震度 k は？

A $1.0Z$ です（Z：地域係数）。

建物本体には、**0.2**を補正した震度（層せん断力係数）をかけますが、屋上では**1.0**をかけます。$1G$の加速度がかかる、すなわち塔屋と同じ重みが横力としてかかるとして計算することになります。

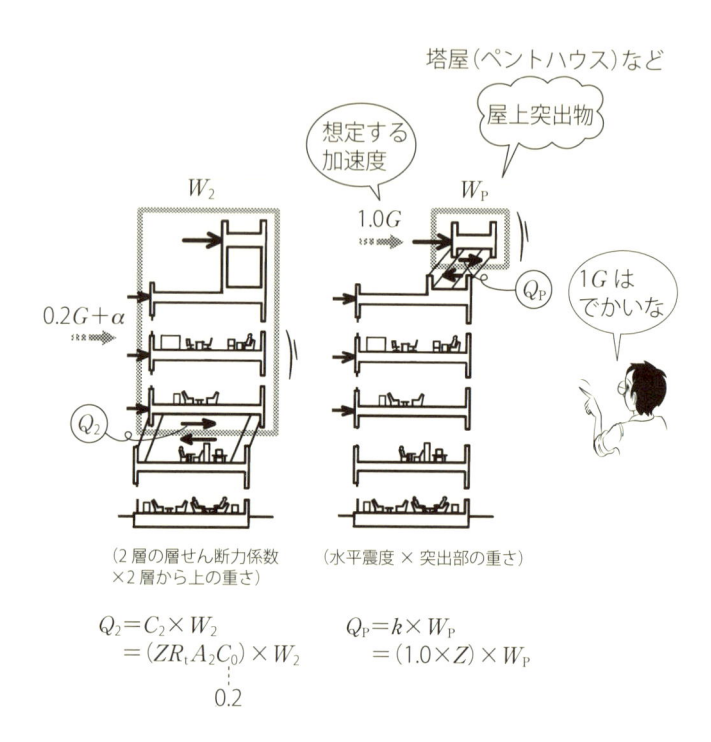

（2層の層せん断力係数 ×2層から上の重さ）

（水平震度 × 突出部の重さ）

$$Q_2 = C_2 \times W_2 = (ZR_t A_2 C_0) \times W_2$$
$$\underset{0.2}{}$$

$$Q_P = k \times W_P = (1.0 \times Z) \times W_P$$

- 正確には塔屋、水槽、煙突の前に、「地上階数4以上、または高さが20mを超える建物で、屋上から2mを超えて突出する」が付きます。突出物がある屋上は揺れが増幅されるので、震度を**1.0**とかなり大きめ、安全側に設定されています。
- 外壁から突出する屋外階段にかかる地震力も、水平震度を**1.0Z**として計算します。

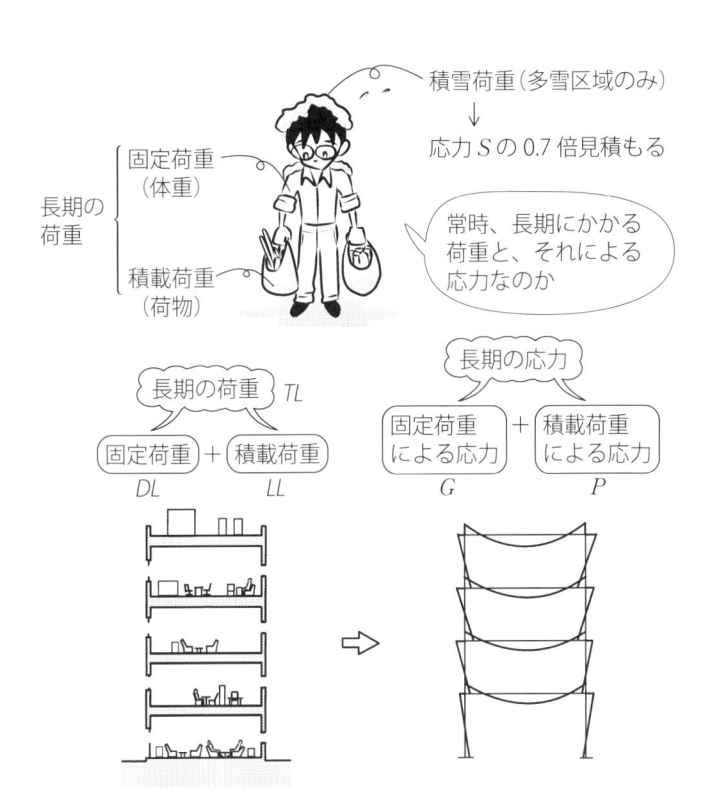

★ R302 荷重のとらえ方 その1

Q 長期に生じる応力は、どのような組み合わせになる?

A 一般区域は $G+P$、多雪区域は $G+P+0.7S$ です。
(G：固定荷重による応力、P：積載荷重による応力、S：積雪荷重による応力)

鉛直荷重による応力は、常時、長期で働いています。多雪区域では雪の季節のみ、$0.7S$を長期荷重に足して応力を計算します。長期荷重を求める→長期応力を計算するという順で、長期応力を求めます。

[スーパー記憶術]
長い道、ジープに女を乗せる
長期　$G+P$　$0.7S$

積雪荷重(多雪区域のみ)
↓
応力 S の 0.7 倍見積もる

長期の荷重
― 固定荷重(体重)
― 積載荷重(荷物)

常時、長期にかかる荷重と、それによる応力なのか

長期の荷重 TL
固定荷重 + 積載荷重
DL　　　　LL

長期の応力
固定荷重による応力 + 積載荷重による応力
G　　　　　　　　　P

★ R303 荷重のとらえ方 その2

Q 一般区域で短期に生じる応力は、どのような組み合わせになる？

A 積雪時は $G+P+S$、暴風時は $G+P+W$、地震時は $G+P+K$ です。
(G：固定荷重による応力、P：積載荷重による応力、S：積雪荷重による応力、W：風圧力による応力、K：地震力による応力)

鉛直荷重による応力は、常に、長期間働いています。多雪区域では雪の季節のみ、$0.7S$ を長期荷重に足して応力を計算します。長期荷重による応力 $G+P$ に、短期的荷重による応力 S、W、K を足します。

[スーパー記憶術]
ジープに短期間荷を載せる
$G + P +$ 短期荷重による応力

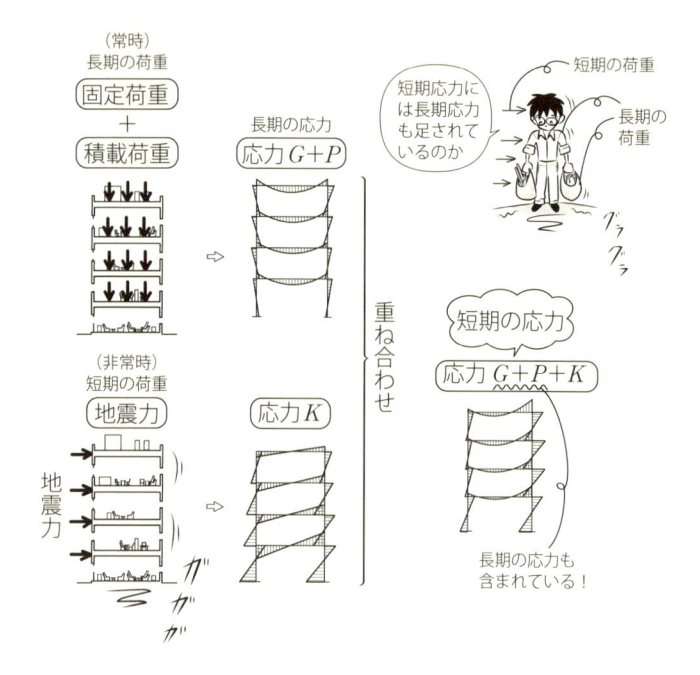

(常時)
長期の荷重
固定荷重 ＋ 積載荷重

長期の応力
応力 $G+P$

短期応力には長期応力も足されているのか

短期の荷重
長期の荷重

重ね合わせ

(非常時)
短期の荷重
地震力

応力 K

短期の応力
応力 $G+P+K$

地震力

長期の応力も含まれている！

- 非常時の短期的にかかる荷重に対して、建物内部の応力がどれくらいかを検討します。その場合、長期の鉛直荷重も足されている点に注意してください。固定荷重と積載荷重は、常時、長期にかかっています。積雪時にも暴風時にも地震時にもかかっています。短期的な非常時の応力を計算して、鉛直荷重の応力を重ね合わせて、短期応力とします。

★ R304　荷重のとらえ方　その3

Q 多雪区域で短期に生じる応力は、どのような組み合わせになる？

A 積雪時は $G+P+S$、暴風時は $G+P+W$、$G+P+W+0.35S$（両方検討）
地震時は $G+P+0.35S+K$　です。
（G：固定荷重による応力、P：積載荷重による応力、S：積雪荷重による応力、W：風圧力による応力、K：地震力による応力）

暴風時では、建物の転倒や柱の引き抜きは、雪が積もっていないときの方が起こりやすいことがあります。そこで積雪時とそうでない場合の両方で検討する必要があります。積雪+暴風、積雪+地震の場合は、**0.7** のさらに半分の **0.35** を S にかけます。

	外力の状態	一般区域	多雪区域
長期に生じる応力	常時	$G+P$	$G+P$
	積雪時		$G+P+0.7S$
短期に生じる応力	積雪時	$G+P+S$	$G+P+S$
	暴風時	$G+P+W$	$G+P+W$
			$G+P+0.35S+W$
	地震時	$G+P+K$	$G+P+0.35S+K$

2通り！

雪が積もってないときの応力も検討するのか

$G+P+W$　　$G+P+0.35S+W$

暴風時

雪による応力を $0.35S$ 見積もる

雪が積もっている方が転倒しにくく、安全側となることがある！

★ **R305**　　　　　　　　　　　　　　　　　　　1次設計

Q 1次設計とは？

A 許容応力度計算です。

まれに（数10年に1回）遭遇する中小規模の積雪、台風、地震（震度5程度）の外力がかかったときに、損傷しない（壊れない）ようにするための設計です。荷重を出し、応力計算して、各断面の応力度が許容応力度以下になるようにします。

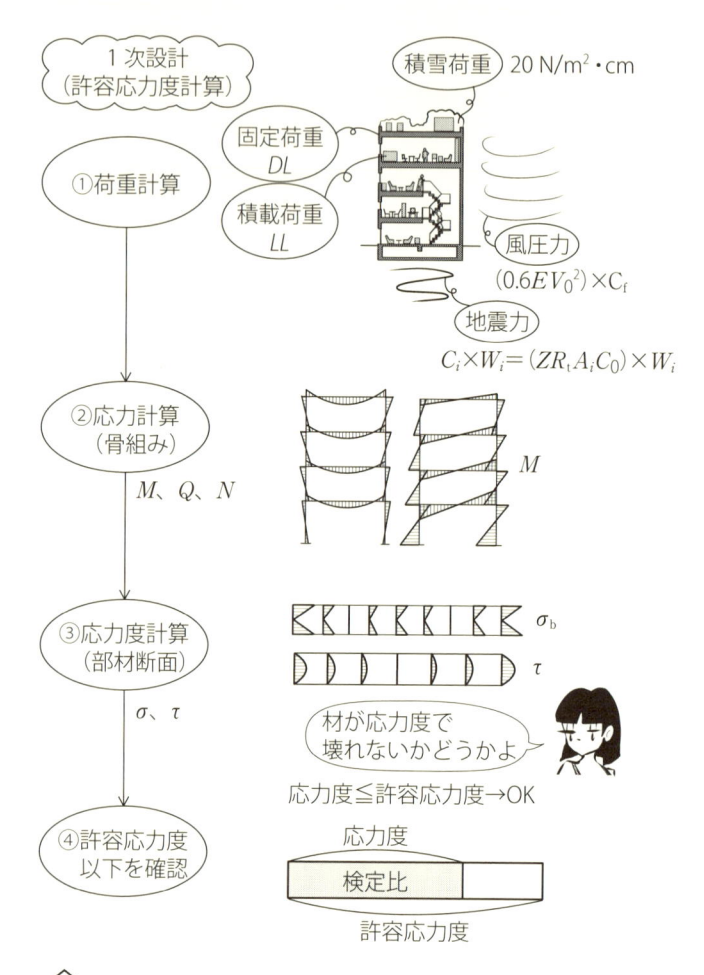

- 1次設計（許容応力度計算）

① 荷重計算
- 固定荷重 DL
- 積載荷重 LL
- 積雪荷重 20 N/m²·cm
- 風圧力 $(0.6EV_0^2) \times C_f$
- 地震力 $C_i \times W_i = (ZR_tA_iC_0) \times W_i$

② 応力計算（骨組み）
M、Q、N

③ 応力度計算（部材断面）
σ、τ
σ_b
τ

材が応力度で壊れないかどうかよ

応力度 ≦ 許容応力度 → OK

④ 許容応力度以下を確認

検定比 = 応力度 / 許容応力度

312

★ R306

2次設計

Q 2次設計とは？

A （ルート2）層間変形角→剛性率、偏心率の計算、（ルート3）層間変形角→保有水平耐力の計算を行います。

きわめてまれに（数100年に1回）発生する大地震（震度7強）の外力がかかったときに、倒壊、崩壊させずに人命を確保するための設計です。平行四辺形への変形、硬さのバランス、強い地震での層せん断力などを検討します。建物は変形して使用不可にはなるけれど、人命は保護しようとする考え方です。

[スーパー記憶術]
2次試験の（に受かる）確 率　を　確 保する
2次設計　　　ルート②角・率　ルート③角・保

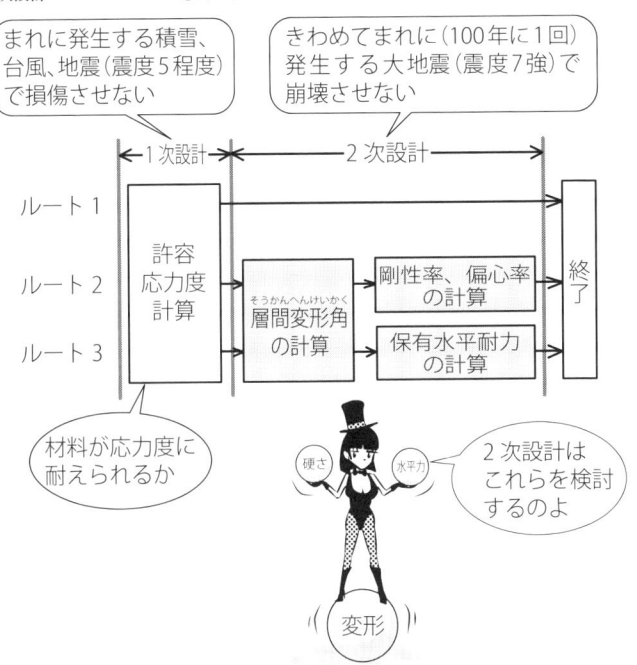

まれに発生する積雪、台風、地震（震度5程度）で損傷させない

きわめてまれに（100年に1回）発生する大地震（震度7強）で崩壊させない

```
         ←1次設計→←―― 2次設計 ――→
ルート1   ┌─────┐─────────────────────→┐
          │許容  │                            │
ルート2   │応力度│→ 層間変形角 →剛性率、偏心率  │終
          │計算  │   の計算     の計算         │了
ルート3   │      │            →保有水平耐力   │
          └─────┘              の計算        ┘
```

材料が応力度に耐えられるか

2次設計はこれらを検討するのよ
（硬さ）（水平力）
（変形）

- ルート1は低層で小規模な建物のみ。31m以下では、ルート2、ルート3のどちらで計算してもOK。31m超、60m以下の建物ではルート3です。境目の数字の31mは、昔の100尺規定（100尺超は禁止されていた）の名残で、非常用エレベーターの規定（31m超に必要：建築基準法34条）にも残っています。

313

★ R307 層間変形角

Q 層間変形角とは？
▼
A $\dfrac{層間変位}{階高}$ です。

層間変形角 γ（ガンマ）は、小さな角度なので $\gamma \fallingdotseq \tan\gamma = \dfrac{\delta}{h}$ となります。
地震による各層での層間変形角は1/200にするように決められています。

[スーパー記憶術]
<u>倒れ</u> やすい<u>通販</u> の柱で<u>がまん</u>する
   two hundred γ

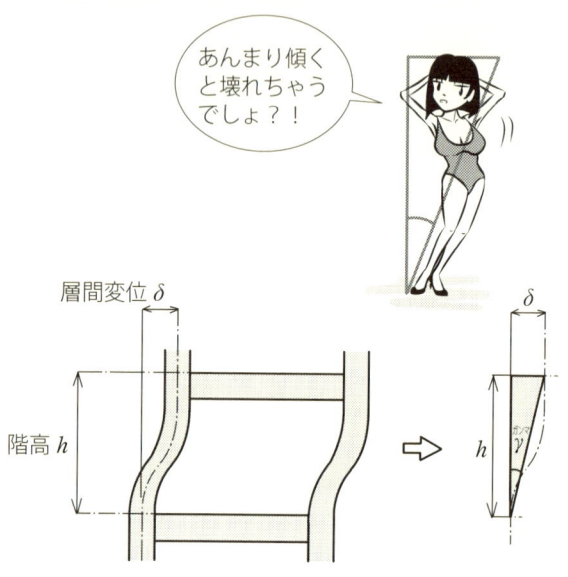

あんまり傾くと壊れちゃうでしょ？！

層間変位 δ

階高 h

$$層間変形角\ \gamma \fallingdotseq \tan\gamma = \frac{\delta}{h} \leq \frac{1}{200}$$

- 構造体よりも構造体に付く仕上げ材などが揺れに追随できずに落下、損傷することを防ぐための規定です。そのため帳壁（ちょうへき＝カーテンウォール：重さを負担しない壁）、内外装材、諸設備に著しい損傷が生じる恐れのないときには、層間変形角を1/120まで緩和することができます。
- 柱の高さは節点間の距離ではなく、上下階の床の間隔＝階高を使います。普通は下の階の梁成が大きく、梁の中心間の高さは階高より大きくなり、層間変形角が小さめ（危険側）に出てしまうからです。

★ R308 剛性率

Q 剛性率 R_s とは?

A 高さ方向の剛性の比です。

硬さの程度 r を層間変形角 γ の逆数で表し、その平均を $\bar{r}$ とすると、i 層の硬さ r_i の平均 $\bar{r}$ に対する比、剛性率は $\dfrac{r_i}{\bar{r}}$ で表されます。剛性率は 0.6 以上と決められています。高さ方向での硬さの比を一定以上とることで、一部の層だけ軟らかくて、そこで壊れるということがなくなります。

[スーパー記憶術]
豪勢なセックス
剛性　シックス→0.6

角度 γ の逆数 $\dfrac{1}{\gamma}$ で硬さを見るのよ

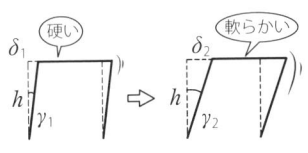

角度 … $\gamma_1 = \dfrac{\delta_1}{h}$ (小) 　　 $\gamma_2 = \dfrac{\delta_2}{h}$ (大) ── 層間変形角

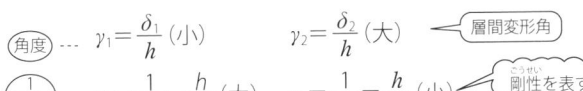

$\dfrac{1}{\text{角度}}$ … $r_1 = \dfrac{1}{\gamma_1} = \dfrac{h}{\delta_1}$ (大) 　　 $r_2 = \dfrac{1}{\gamma_2} = \dfrac{h}{\delta_2}$ (小) ── 剛性を表す硬さの程度

たとえば層間変形角を 1 層 1/200、
2 層と 3 層を 1/455 とした場合

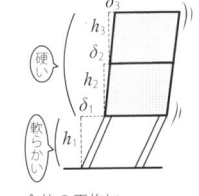

① 層間変形角　② 逆数　③ 剛性率　　全体の平均に比べてどれくらいか

$\gamma_3 = \dfrac{\delta_3}{h_3} = \dfrac{1}{455} \to r_3 = \dfrac{1}{\gamma_3} = 455$ 　 $Rs = \dfrac{r_3}{\bar{r}} = \dfrac{455}{370} = 1.23 \geqq 0.6$ 　○

$\gamma_2 = \dfrac{\delta_2}{h_2} = \dfrac{1}{455} \to r_2 = \dfrac{1}{\gamma_2} = 455$ 　 $Rs = \dfrac{r_2}{\bar{r}} = \dfrac{455}{370} = 1.23 \geqq 0.6$ 　○

$\gamma_1 = \dfrac{\delta_1}{h_1} = \dfrac{1}{200} \to r_1 = \dfrac{1}{\gamma_1} = 200$ 　 $Rs = \dfrac{r_1}{\bar{r}} = \dfrac{200}{370} = 0.54 < 0.6$ 　×

r の平均　$\bar{r} = \dfrac{r_1 + r_2 + r_3}{3} = \dfrac{455 + 455 + 200}{3} = 370$

★ R309　偏心率

Q 偏心率 R_e とは？

A 平面的な硬さのバランスを見る係数です。

力は重心にかかり、**ねじれ振動**は硬さの中心である**剛心**を中心にして回転するように起こります。重心と剛心が離れていると、剛心のまわりに大きなモーメントがかかって、ねじれ振動が起こってしまいます。偏心率 $= \dfrac{偏心距離}{弾力半径}$ という係数を 0.15 以下にするように、決められています。

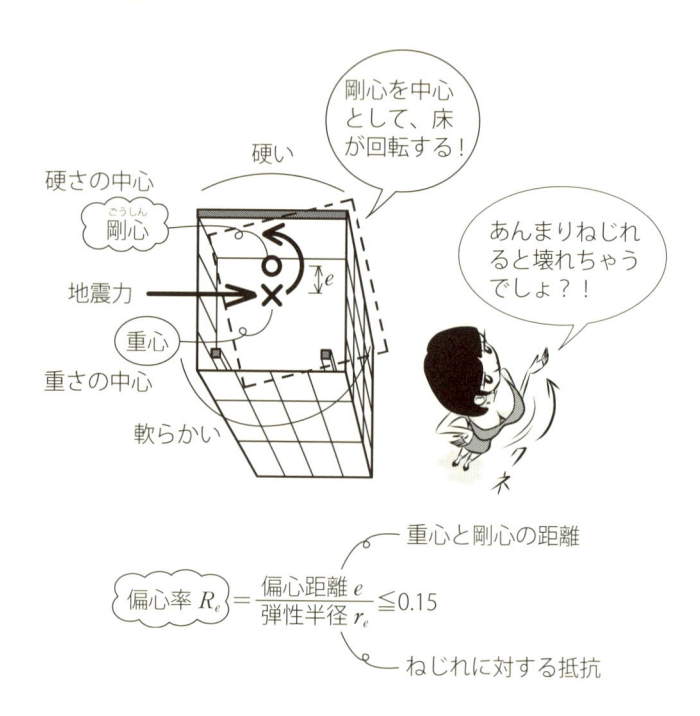

[スーパー記憶術]
<u>十五夜</u>に<u>変身</u>！
　0.15　　　偏心

$$偏心率\ R_e = \frac{偏心距離\ e}{弾性半径\ r_e} \leqq 0.15$$

- 重心と剛心の距離
- ねじれに対する抵抗

- 剛心を重心に近づけるように、耐震壁、筋かい（ブレース）などをバランスよく配置します。また平面のねじれ、回転を防ぐには、耐震壁や筋かいを中央部よりも周辺部に置くと効果的です。

★ R310 塔状比

Q 塔状比とは？

A $\dfrac{\text{高さ}H}{\text{幅}D}$ のことです。

塔の形の度合い、細長さです。ルート2（R306参照）では、塔状比を4以下とします。ルート3で塔状比が4を超える場合は、基礎杭の圧縮と引き抜きの極限支持力を計算して、転倒しないことを確認します。

[スーパー記憶術]
戦闘機の搭乗員、死を覚悟する
　尖塔　　塔状比　　4

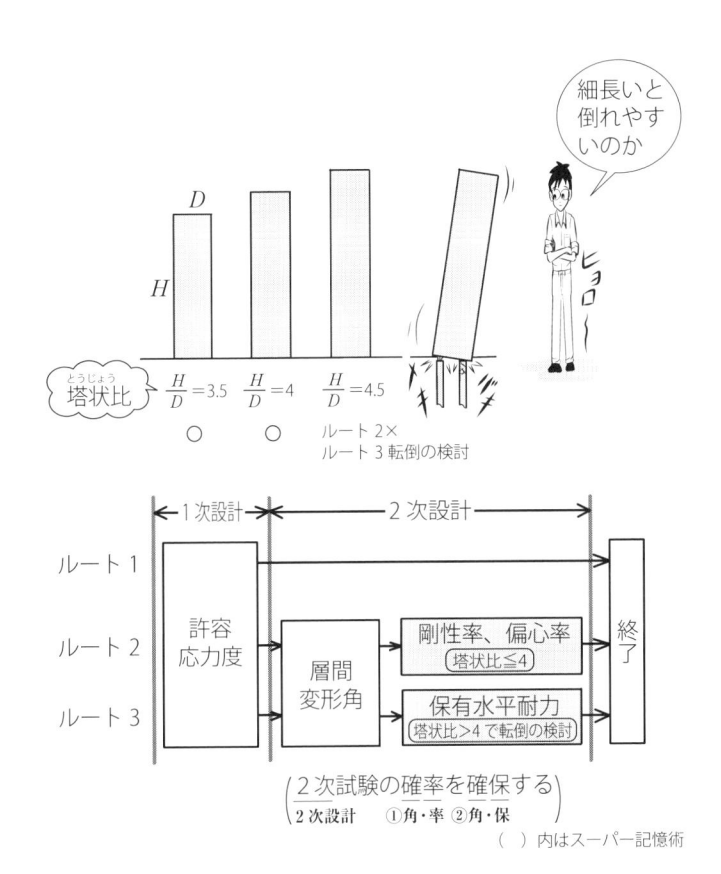

細長いと倒れやすいのか

塔状比

$\dfrac{H}{D}=3.5$ 　$\dfrac{H}{D}=4$ 　$\dfrac{H}{D}=4.5$
　○　　　　○　　　ルート2×
　　　　　　　　　　ルート3 転倒の検討

	←1次設計→	←―2次設計―→	
ルート1	許容応力度		終了
ルート2		層間変形角	剛性率、偏心率 塔状比≦4
ルート3			保有水平耐力 塔状比>4で転倒の検討

（2次試験の確率を確保する）
2次設計　①角・率　②角・保

（　）内はスーパー記憶術

★ R311 保有水平耐力 その1

Q 保有水平耐力 Q_u とは？

A 建物が崩壊しはじめるときの層せん断力です。

保有水平耐力は、崩壊しはじめるときの、各階の柱、耐力壁、筋かい（ブレース）が負担する水平せん断力の和として求められます。保有水平耐力が、法で定めた必要保有水平耐力以上となることが「必要」となります。

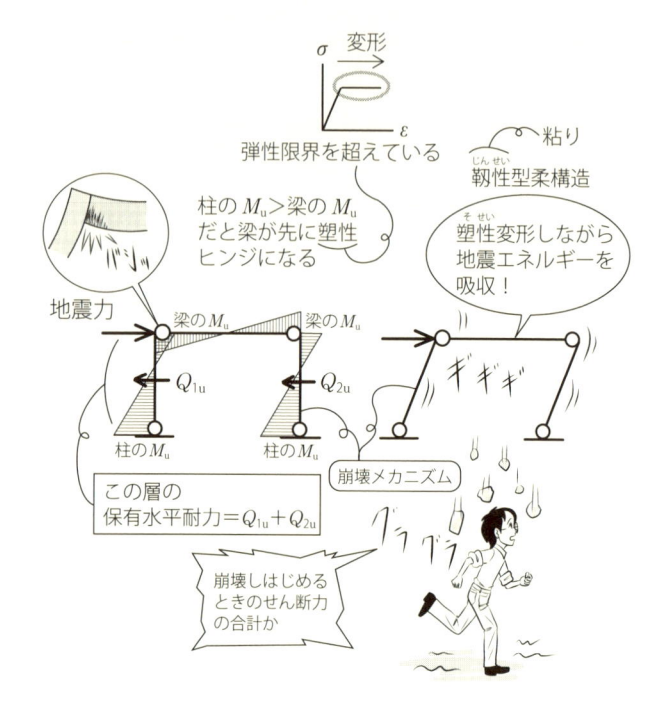

図中の記述：
- 変形
- 弾性限界を超えている
- 粘り
- 靱性型柔構造
- 柱の M_u > 梁の M_u だと梁が先に塑性ヒンジになる
- 塑性変形しながら地震エネルギーを吸収！
- 地震力
- 梁の M_u
- Q_{1u}, Q_{2u}
- 柱の M_u
- この層の保有水平耐力＝$Q_{1u}+Q_{2u}$
- 崩壊メカニズム
- ギギギ
- 崩壊しはじめるときのせん断力の合計か
- ブラブラ

- 建物全体や一部が崩壊メカニズムとなるときの、各塑性ヒンジ（降伏ヒンジ）の終局曲げモーメント M_u、全塑性モーメント M_p などから計算します。その層が「保有」している、「水平」方向の「耐力」です。
- 許容応力度計算は、各部材が弾性範囲内で一定の応力度以下に留まらせる、「強度型の剛構造」の考え方です。一方、保有水平耐力は、弾性域を超えて塑性域で変形しても、その変形にエネルギーを吸収させて、崩壊に抵抗させる「靱性（じんせい）型の柔構造」の考え方です。RC造の場合、ルート2の最後で、2-1、2-2、2-3にさらにルートが分岐しますが、最初の2つが強度型、最後が靱性型となっています。構造計算のルートには、強度型、靱性型の両者の考え方が組み込まれています。

318

★ R312　保有水平耐力　その2

Q 法で定めた保有水平耐力の最小値、必要保有水平耐力 Q_{un} はどうやって出す？

A $Q_{un} = D_s \cdot F_{es} \cdot Q_{ud}$　です。
（D_s：構造特性係数、F_{es}：形状係数、Q_{ud}：標準のせん断力係数 C_0 を 1.0 以上として計算した地震力（層せん断力））。

D_s は靱性（じんせい：粘り）、減衰性（振動を吸収）を考えた低減係数です。F_{es} は剛性率、偏心率に応じた割り増し係数です。標準のせん断力係数 C_0 を1とすることは、水平震度を1、地震の加速度を$1G$とする、つまり建物と同じ重みが横からかかるとすることです。その C_0 に地域係数 Z、振動特性係数 R_t、割り増し係数 A_i をかけて震度を補正した値に重さ W_i をかけて層せん断力を出します。

[スーパー記憶術]
<u>ディズニー</u>、<u>フェスティバル</u>、<u>感動</u>
　D_s　　　　F_{es}　　　　Q_{ud}

保有水平耐力 Q_u ≧ 必要保有水平耐力 Q_{un}
　$= Q_{1u} + Q_{2u}$　　　　$= D_s \cdot F_{es} \cdot Q_{ud}$

M_u, M_p などから計算

$C_0 = 1.0$ などから計算

$1G$　震度1でもまだ崩壊がはじまらないってことよ！

D_s：構造特性係数…低減係数
F_{es}：形状係数…割り増し係数
Q_{ud}：$C_0 = 1.0$ で計算した層せん断力

$C_0 = 0.2$ が普通

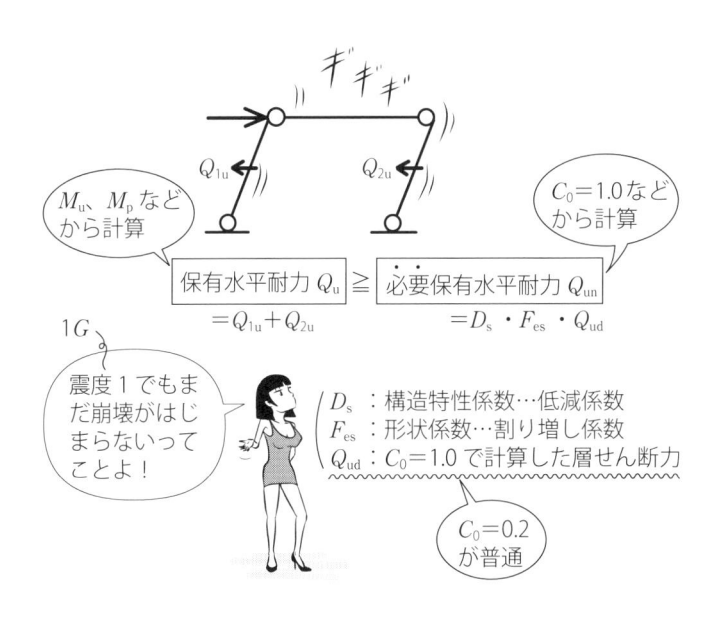

319

★ R313　限界耐力計算

Q 限界耐力計算とは？

A 安全限界時の層せん断力と変形、大地震時の加速度などにより耐震性能を確認する計算法です。

🔲 大地震時の「安全限界」を超えないことを、振動解析によらずに確かめる方法です。

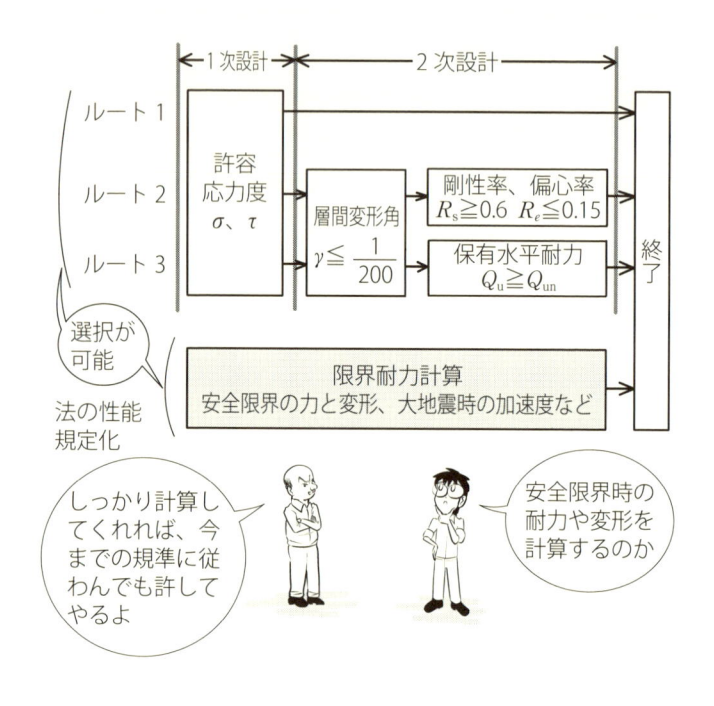

	1次設計	2次設計	
ルート1	許容応力度 σ、τ		終了
ルート2		層間変形角 $\gamma \leqq \dfrac{1}{200}$ → 剛性率、偏心率 $R_s \geqq 0.6$　$R_e \leqq 0.15$	
ルート3		→ 保有水平耐力 $Q_u \geqq Q_{un}$	

選択が可能

法の性能規定化

限界耐力計算
安全限界の力と変形、大地震時の加速度など

「しっかり計算してくれれば、今までの規準に従わんでも許してやるよ」

「安全限界時の耐力や変形を計算するのか」

- 2000年に建築基準法が改正されて性能規定が導入され、力と変形を直接計算する限界耐力計算ができるようになり、従来の計算ルートと選択が可能となりました。時刻歴応答解析が特別に高度な検証法であるのに対して、限界耐力計算は一般化した検証法です。

★ R314 時刻歴応答解析

Q 時刻歴応答解析とは？

A 地震波のデータなどを入力して建物の反応、応答を刻一刻と時刻歴で確かめ、構造体が耐えられるかどうかを確かめる解析です。

実物大モデルを振動台の上に載せて揺らすのが間違いありませんが、コストがかかるし、大型の建物では無理です。そこでコンピューターシミュレーション上で地震波のデジタルデータを与えて揺らしてみて、その応答を時間順に見ていく解析法です。

10階のビルはどうしよう

コンピューターでシミュレーションなさい！

阪神淡路大震災の振動など

地震力が刻一刻変わる

それに建物がどう反応、応答するか

コンピューターシミュレーションで解析する

時刻歴 応答 解析

動的解析、振動解析

一定の力：静的解析

- 専門の構造解析チームと構造設計チームが共同で行うなどして進める特別な検証法です。60mを超える超高層建築物の解析などに使われます。
- 変化しない一定の力を加えて内部応力を考えるのが静的解析、時間とともに変化する力を加えてその反応を見るのが動的解析、振動解析です。コンピューターの進歩で、大量の計算が一瞬で処理できるようになり、動的解析ができるようになりました。

原口秀昭（はらぐち　ひであき）

1959年東京都生まれ。1982年東京大学建築学科卒業、86年同大学修士課程修了。現在、東京家政学院大学生活デザイン学科教授。
著書に『20世紀の住宅－空間構成の比較分析』（鹿島出版会）、『ルイス・カーンの空間構成　アクソメで読む20世紀の建築家たち』『1級建築士受験スーパー記憶術』『2級建築士受験スーパー記憶術』『構造力学スーパー解法術』『建築士受験　建築法規スーパー解読術』『マンガでわかる構造力学』『マンガでわかる環境工学』『ゼロからはじめる建築の［数学・物理］教室』『ゼロからはじめる［RC造建築］入門』『ゼロからはじめる［木造建築］入門』『ゼロからはじめる建築の［設備］教室』『ゼロからはじめる［S造建築］入門』『ゼロからはじめる建築の［法規］入門』『ゼロからはじめる建築の［インテリア］入門』『ゼロからはじめる建築の［施工］入門』『ゼロからはじめる［構造力学］演習』『ゼロからはじめる［RC＋S構造］演習』『ゼロからはじめる［環境工学］入門』『ゼロからはじめる［建築計画］入門』『ゼロからはじめる建築の［設備］演習』『ゼロからはじめる［RC造施工］入門』『ゼロからはじめる建築の［歴史］入門』（以上、彰国社）など多数。

ゼロからはじめる　建築の［構造］入門

2013年 8月10日　第1版　発　行
2023年 5月10日　第1版　第6刷

著　者	原　口　秀　昭
発行者	下　出　雅　徳
発行所	株式会社　彰　国　社

162-0067 東京都新宿区富久町8-21
電　話　03-3359-3231（大代表）
振替口座　00160-2-173401

印刷：三美印刷　製本：中尾製本

著作権者との協定により検印省略

自然科学書協会会員
工学書協会会員

Printed in Japan
©原口秀昭　2013年
ISBN978-4-395-01041-7　C3052　https://www.shokokusha.co.jp

本書の内容の一部あるいは全部を、無断で複写（コピー）、複製、および磁気または光記録媒体等への入力を禁止します。許諾については小社あてにご照会ください。